U0793935

高职高专旅游与餐饮类专业系列教材

中国旅游地理

第 2 版

主　编　马丽明
副主编　王　旭　林飘华
参　编　庄　元　卓淑军　李秀英

机 械 工 业 出 版 社

本书是《中国旅游地理》的修订版，全书共分12章，第1~3章为总论部分，包括绪论、中国旅游资源、中国旅游交通与旅游线路；第4~11章为区域部分，包括东北旅游区、西北旅游区、华北旅游区、华东旅游区、华中旅游区、华南旅游区、西南旅游区、青藏高原旅游区；第12章为实训部分，包括学科教学实训概述、旅游地图的使用和编制技能、学科野外考察和调查技能。全书内容的组织形式由问题导学、正文与相应旅游地理略图、思考与练习三部分构成。

本书可作为高职院校相关专业的教材，也可作为职大、夜大、函大等类院校旅游专业的教材，以及旅游从业人员与旅游爱好者参考书。

为方便教学，本书配备电子课件等教学资源。凡选用本书作为教材的教师均可登录机械工业出版社教材服务网 www.cmpedu.com 注册后免费下载。如有问题请致电 010-88379375 联系营销人员。

图书在版编目（CIP）数据

中国旅游地理/马丽明主编. —2版. —北京：机械工业出版社，2014.9（2024.9重印）
ISBN 978-7-111-47962-8

Ⅰ.①中… Ⅱ.①马… Ⅲ.①旅游地理学-中国-高等职业教育-教材 Ⅳ.①F592.99

中国版本图书馆CIP数据核字（2014）第212890号

机械工业出版社（北京市百万庄大街22号 邮政编码100037）
策划编辑：余茂祚 赵志鹏 责任编辑：赵志鹏 宋 燕
版式设计：霍永明 责任校对：陈秀丽
封面设计：马精明 责任印制：张 博
北京雁林吉兆印刷有限公司印刷
2024年9月第2版·第9次印刷
169mm×239mm·15.75印张·301千字
标准书号：ISBN 978-7-111-47962-8
定价：39.00元

电话服务 网络服务
客服电话：010-88361066 机 工 官 网：www.cmpbook.com
010-88379833 机 工 官 博：weibo.com/cmp1952
010-68326294 金 书 网：www.golden-book.com

 机工教育服务网：www.cmpedu.com

第2版前言

本书是《中国旅游地理》的修订版，是为满足高等职业教育旅游管理专业的教学及相关人员的学习需要而编写的。

本书针对高等职业院校人才培养定位于实践应用型的特点，在第1版的基础上精简了一部分理论知识，增补和修订了必要的实用知识和实训技能知识。本书在内容的选择上尽量能够体现中国旅游地理的新变化，且有较强实用性的知识；在内容的组织上力求做到简明扼要，浅显易懂。本书旨在使读者掌握中国旅游地理基础知识和旅游地理基本技能。全书共分12章，内容包括绪论、中国旅游资源、中国旅游交通与旅游线路、东北旅游区、西北旅游区、华北旅游区、华东旅游区、华中旅游区、华南旅游区、西南旅游区、青藏高原旅游区和学科教学实训。为了加强教材的直观性和可读性，本书在各个旅游分区中新配有旅游地理略图。同时为了激发读者学习的兴趣和指导自学，每章开篇之处均附有“问题导学”栏目。

参加本书编写的有：张家界航空职业技术学院林飘华（第2章：2.1、2.2节，第8、10章），张家界航空职业技术学院卓淑军（第2章：2.3节），包头职业技术学院庄元（第3、7、11章），辽宁石化职业技术学院王旭（第5、9章），辽宁省农业经济学校李秀英（第6章），佳木斯大学马丽明（第1、4、12章）。全书由马丽明教授任主编并统稿，王旭、林飘华任副主编。

全书地理略图均由佳木斯大学大学生科技创新DZ2011-093项目组参与绘制，对该项目组指导教师殷殿龙，以及赵巧波、杨杰、袁金泉、刘佳敏、刘义勇五名同学的友情帮助，在此表示衷心的感谢！

本书在编写过程中参考了许多有关文献和资料，在此谨向有关作者，特别是由于个人原因未能参加本次教材修订的第1版作者表示诚挚的谢意。感谢机械工业出版社、佳木斯大学、辽宁石化职业技术学院、张家界航空职业技术学院、包头职业技术学院、辽宁省农业经济学校等单位的大力支持。

编　者

第1版前言

随着中国旅游事业的发展，中国旅游市场不断扩大，加强旅游知识学习、培养专门旅游方面人才是非常必要的。旅游地理是旅游专业教育的重要学科，也是旅游从业人员的必备知识。

本书是根据教育部教高［2000］2号文件精神，由中国机械工业教育协会和机械工业出版社组织多所院校编写的高职高专规划教材之一。

为了满足高职高专院校培养高等技术应用型专门人才的需要，内容以必需、够用为度，以讲清概念、强化应用为重点，具有新颖性、实用性、可读性。本书为了强化对基础理论知识的应用和实践能力的培养，特增设学科教学实训章节，系统地归纳了学科实训教学内容的基本体系，并在每章后设有适量的复习思考题、实训题及自测题。此外，为了使学生明确每章的学习目的和提高学生学习的主动性，在每章前设有教学目标和问题导学栏目。

本书由马丽明副教授任主编，负责统稿定稿。王旭、林飘华任副主编。葛文君任本书主审。具体编写分工为：马丽明负责编写第1、5、13章，王旭负责编写第6、7、11章，林飘华负责编写第2章2.1及10、12章，程善兰负责编写第3、8、9章，彭淑清负责编写第2章2.2的4、5、6、8，卢丽蓉负责编写第2章2.2的1、2、3、7、9及第4章。

本书在编写过程中得到了机械工业出版社、佳木斯大学、辽宁石化职业技术学院、张家界航空职业技术学院、苏州经贸职业技术学院、湖北大学职业技术学院、哈尔滨学院等单位的大力支持，在此表示感谢！另外，本书在编写过程中参考并引用了相关文献，在此对文献的作者表示感谢！

由于本书作者水平有限，加之编写时间仓促，书中不足之处，请读者指正。

编　者

目　　录

第1章　绪　　论

问题导学　通过绪论的学习，我们能够对本学科内容有一个整体了解。想一想还有什么疑问？有什么愿望和要求？也可以思考明朝地理学巨著《徐霞客游记》对当代旅游者有怎样的影响，从中可以看出旅游和地理有什么关系？

1.1　旅游地理学概述

1.1.1　旅游地理学的概念及学科性质

旅游地理学把旅游与地理结合在一起，作为地理学的一个分支学科，可以将旅游现象用地理学的理论与方法加以研究，即研究旅游活动的时空分布和演变规律，分析旅游活动与地理环境的关系，阐明旅游活动对社会经济的影响。因此，旅游地理学是一门研究人类旅游活动与地理环境及社会经济发展之间关系的科学。研究旅游地理学的主要目的是促进旅游业与社会经济的和谐发展，为人们能够合理地利用和保护旅游资源提供必要的理论指导。由于与人类旅游活动有密切联系的学科有很多，如地理学、民俗学、建筑学、经济学、历史学、社会学及宗教学等，而旅游地理学又是上述学科在旅游活动中的具体应用，因此，旅游地理学是一门由多学科交叉而成，具有综合性特点的边缘学科。又由于旅游地理学是为旅游业服务的，所以也可以说它是一门实用性很强的学科。

1.1.2　旅游地理学研究的主要内容

旅游地理学研究的主要内容包括以下几个方面：

1. 旅游资源的研究　它包括旅游资源的概念、分类、形成条件，旅游资源的评价与开发规划及旅游资源的保护与合理利用。

2. 旅游者的研究　它包括旅游者的概念，旅游者的行为规律，旅游者的旅游要求及旅游客源、客流的变化和发展预测的研究。

3. 旅游业的研究　它包括旅游规划、旅游线路设计、旅游区域网络构建、旅游特色营造与定位及旅游环境容量等方面的研究。

4. 旅游地图与旅游信息的研究　它包括旅游地图的绘制、使用及旅游信息的收集和传播等方面的研究。

1.2 中国旅游地理概述

1.2.1 中国旅游地理与旅游地理学的关系

旅游地理学是研究人类旅游与地理环境及社会经济发展之间关系的科学。其研究意义在于建立旅游地理学的理论体系，解决人类旅游活动中的共性问题，为研究区域旅游地理提供必要的理论基础。中国旅游地理属于区域旅游地理学范畴，重点研究中国区域内旅游及其组成要素的特点，是旅游地理学一般理论和方法的具体运用。可以说，旅游地理学对中国旅游地理具有一定的指导意义。

1.2.2 学习中国旅游地理的目的与方法

学习中国旅游地理的目的是为了掌握中国旅游地理的基础知识和基本技能，培养民族自豪感，激发爱国热情，为更好地服务于社会作准备。

学习中国旅游地理的基本方法主要有以下几种：

1. 实地考察法　实际考察研究是学好中国旅游地理行之有效的方法，它不但能使人们验证通过书本所学到的一些旅游知识，还能活化和深化知识，激发学习兴趣，从而获得更多的旅游地理知识。

2. 多媒体辅助学习法　由于多媒体教学具有形象逼真、信息量大、传播速度快等特点，所以将多媒体教学手段用于中国旅游地理的教学中，可以有效地增强对知识的理解和记忆，提高学习效率。

3. 地图辅助学习法　地图能够简捷、直观地反映各类地理事物的分布及变化规律，所以可将中国旅游地图作为学习中国旅游地理的有效工具。

4. 分析—综合法　分析—综合法是通过对不同区域旅游要素的分析比较，找出各区域旅游要素的差异，在此基础上进行综合归纳，建立起各区域旅游特征的概念。

1.2.3 本书内容结构

本书内容可分为总论、分区、实训三大部分，共12章。总论部分的第1～3章，属于旅游地理学的基本理论。第1章以绪论的形式，介绍了旅游地理学的基本概念、旅游地理学研究的基本内容及学习中国旅游地理的目的和方法等，使学习者能够全面、概要地了解旅游地理学，为进一步学习奠定基础。第2、3章从中国地域总体角度出发分别对旅游资源、旅游交通两大要素进行了分类叙述。这两章内容的设计是建立在旅游三要素，即旅游者、旅游资源、旅游业的基础上，侧重旅游资源和旅游业两要素。从旅游三要素中直接选取旅游资源，突出旅游客体的吸引作用。从旅游业中选取旅游交通，突出旅游交通的重要媒介作用。至此，为分区部分的学习做好了必要的知识准备。第4～11章为区域部分，将全国划分为八大旅游区（东北旅游区、西北旅游区、华北旅游区、华东旅游区、华中旅游区、华南旅游区、西南旅游区、青藏高原旅游区）分别成章，并大体按从北到南，由东至西的顺序编排。因为旅游地理环境特征是地区旅游资源特色的成因，也是旅游业发展的基础，所以各章主要从该区旅游地理环境特征入手，并依托各个景区、景点展开中国旅游地理分区部分的内容。中国旅游地理的分区部分是本教材的主体，是学习中国旅游地理应重点掌握的内容。第 12 章为实训部分，为加强高职高专学生实践能力的培养，本书归纳了学科实训内容体系，并单独编写设置了地图的使用和编制技能，以及学科野外考察和调查技能两个主要实训项目。

思考与练习

1. 中国旅游地理的核心内容是哪一部分？为什么？
2. 学习中国旅游地理需要掌握哪些方法？

第 2 章　中国旅游资源

问题导学　地理环境的地域差异性是旅游资源形成的基本条件，地球上千差万别的自然景观是旅游者实现空间位移的原动力。我国幅员辽阔，在 960 万 km^2 的土地上，山、河、湖、海无比壮丽，飞瀑涌泉数不胜数，并且气候多样，天气变化万千。既有地带性的森林、草原和动物，又有珍稀的树木、花草和珍禽异兽……形成千姿百态、丰富多彩的自然景色和旅游风景区。同时我国人文旅游资源丰富，类型多样。因此本章解决的问题是：什么是自然旅游资源？什么是人文旅游资源？其旅游价值表现在哪些方面？让我们带着这些问题，走进这五彩缤纷的世界。

2.1　旅游资源及中国旅游资源的特点

2.1.1　旅游资源的概念

旅游资源作为旅游活动的对象物，是一个国家或地区旅游业赖以存在和发展的最基本的条件。旅游资源的核心是其旅游的吸引功能。因此，凡是能够造就对旅游者具有吸引力环境的自然事物、文化事物、社会事物或其他任何客观事物，都可构成旅游资源。旅游资源作为旅游吸引因素，可以是天然的，也可以是人造的；可以是有形的，也可以是无形的；可以是具体的，也可以是抽象的；可以是真实的，也可以是虚构的；可以是历史的，也可以是当代的。总之，这是客观世界的复杂性所决定的，也是与人们旅游动机的多样性分不开的。

我国旅游资源品种多、分布广，有着极大的开发利用潜力。为了深入认识与研究旅游资源，以便更好地予以开发利用，更大限度地满足旅游者的需求和取得良好的效益，必须对旅游资源进行科学分类。根据不同的分类标准，可以将旅游资源作不同的类别划分：根据旅游资源的形成的原因，可以分为自然旅游资源和人文旅游资源两大类。前者是指地貌、水体、气候气象、生物等大自然造物所构成的、吸引人们前往进行旅游活动的天然景观，具有地域性、季节性、整体性、生态性等基本特征。后者内容广泛、类型多样，包括各种历史古迹、古今伟大建筑、民俗风情、文学艺术等，是人类活动的艺术结晶和文化成就，具有历史文化性、地方性、人为性和可创新性等特性；根据旅游吸引因素的特性，旅游资源又可分为场所吸引因素（如自然风景、名胜古迹等）、事件吸引因素（如世博会、奥运会等）和其他吸引因素；根据目前开发利用与否，可将旅游资源分为现实旅游资源和潜在旅游资源。

2.1.2 中国旅游资源形成的地理环境

自然环境是人类赖以生存和发展的物质基础，当然也是人类意识或精神形成的基础。中国地域辽阔，历史悠久，地理环境复杂多样，从而为中国旅游资源的多样性和丰富性提供了优越的条件。

1. 广袤的国土和多样的自然地带　中国位于世界最大的大陆亚欧大陆的东部，世界最大的大洋太平洋的西岸，陆地面积约960万km^2，同时还有约470万km^2的海域面积，7600多个岛屿，长达18000km的大陆海岸线，为世界上海陆兼备的大国。

中国领土的最南端在南沙群岛的曾母暗沙（4°N附近），最北端在漠河以北黑龙江主航道的中心线（约53°N），南北直线距离约5500km，跨赤道带、热带、亚热带、暖温带、中温带和寒温带6个温度带，并呈现出相应的热带雨林与季雨林、亚热带常绿林、暖温带落叶阔叶林、中温带针叶林和落叶林、寒温带针叶林等植被景观。在东西跨度上，中国东起黑龙江与乌苏里江主航道会合处（约135°E），西到新疆乌恰县以西的帕米尔高原（约73°E），东西直线距离约5200km，东西相差约5个时区。当最东端迎来旭日东升、阳光普照之时，最西端还处于星空寂寥、夜色深沉的午夜。由于大气环流的控制与距海远近的差异，加上地形的影响，由东南及东北沿海向西北内陆依次形成湿润的森林地带、半湿润森林草原地带、半干旱的草原地带和干旱的荒漠地带。因此，辽阔的国土与多样的自然地带是影响中国旅游资源形成与分布最基本的地理背景。

2. 复杂的环境结构与突出的地域差异　自然条件和环境结构的复杂性是中国地理环境最显著的特征之一。我国地势西高东低，呈阶梯状分布，第一阶梯以“世界屋脊”的青藏高原为主体，平均海拔在4000m以上，面积约230万km^2，由极高山、高山、大高原及其间的河谷平原和盆地构成。第二阶梯为青藏高原外缘至大兴安岭—太行山—巫山—雪峰山一线以西，由一系列高山、高原和盆地组成，平均海拔1000～2000m，包括阿尔泰山脉、天山山脉、秦岭，内蒙古高原、黄土高原、云贵高原，以及塔里木盆地、准噶尔盆地、四川盆地等。第三级阶梯最低，在大兴安岭—太行山—巫山—雪峰山以东。自北向南，有海拔200m以下的东北平原、华北平原和长江中下游平原，还有海拔数百米的丘陵和海拔达3000m以上的台湾山地。由海岸线向东，则是碧波万顷的海洋，沿海岛屿和南海诸岛星罗棋布，在水深不足200m的大陆水下延伸部分，是浅海大陆架区域，也属于第三级阶梯。

中国地形复杂多样，平原、高原、山地、丘陵、盆地5种地形齐备，山区面积广大，约占全国面积的2/3；这种复杂多样的地形，形成了复杂多样的气候。按照气温的不同，从南至北包括了赤道带、热带、亚热带、暖温带、中温带、寒温带6个温度带；按照水分条件的差异，从东到西可划分为温润、半湿润、半干旱、干旱4个干温区；不少山地因相对高度大，从山麓到山顶出现“一山有四季，十里不同天”的垂直分异特点；而青藏高原更是一个特殊的气候单元，形成独特的高寒气候区。

在幅员辽阔、自然环境复杂多样的条件下，中国的动植物资源表现出类型多样、种属丰富等特点，不仅为人类提供了丰富的食物资源，而且具有极高的美化环境和观赏功能，同时，也孕育了中国生机勃勃的生物旅游资源。

3. 悠久的历史、灿烂的文化　我国是人类历史的主要发源地之一。从我国发现的史前时期古人类文化遗址来看，中华民族主要发祥于古地理环境优越的长江流域和黄河流域。在旧石器时代，中国的史前文化就已经形成了华北和华南两大文化谱系。到新石器时代，中国已形成旱地农业、稻作农业和狩猎采集业三大史前文化区。

发现于河南殷墟的商代甲骨文是现代汉字的祖先，也是人类文明开始的重要标志。春秋战国时代产生的孔孟儒家文化以及墨、道、法家文化，奠定了中国传统思想文化深厚的根基，并出现了诸子百家争鸣、学术空前繁荣的崭新局面，把中国古代文化推到了高峰，同时这种文化一直延续并发展至明清时代。中国文化艺术源远流长，内容丰富，如唐诗宋词、国画书法、戏曲杂技等，均是世界上独具魅力的民族艺术形式。中国独特的医学、烹饪、武术也均为世界所瞩目。从特质文明来看，原始社会就开始发展的制陶、冶铜、漆器、烧瓷、丝织业等，都展现了中国著名的传统工艺技术，中国古代的造纸术、印刷术、指南针、火药四大发明，深刻地影响了世界历史发展的进程。中国古代的园林、建筑与石刻等实体艺术，以及以万里长城、京杭大运河为代表的众多古代工程，都是中国古代物质文明的宝贵结晶。

4. 众多的民族与多彩的民俗风情　中国有56个民族，是世界上人口最多的国家。由于我国疆域的广阔性和地形与自然环境的复杂性，使得各地的民族风貌具有强烈的地域特色和民族特色，各民族表现在服饰、建筑、饮食、生产、婚丧嫁娶、宗教、道德、礼仪、禁忌、语言文字、文学艺术、节庆等方面各异，在汉代就有“十里不同风，百里不同俗”的说法，因此成为中国人文旅游资源中最富活力的景观，为广大旅游者所向往。

2.1.3　中国旅游资源的基本特点

1. 资源类型多样，世界地位突出　我国特有的自然、历史、文化、社会等地理背景，孕育了极为丰富多彩的旅游资源，如山川河流、峡谷瀑布、湖泊泉涌、沙滩礁岛、峰林溶洞、雪原冰川、沙漠戈壁、珍禽异兽、奇花异草、历史古迹、园林建筑、风土民情、工艺特产、风味佳肴等，各类旅游资源应有尽有，堪称世界上旅游资源最为丰富的国家之一。到2010年为止，中国共有40项文化遗址和自然景观列入《世界遗产名录》，其中文化遗产 28 项，自然遗产 8 项，自然与文化双遗产 4 项。

2. 资源分布广泛而又相对集中　中国的旅游资源分布非常广泛，仅就国家级旅游资源而言，也遍及全国各个省区。受自然地带、自然地理环境结构、人类地域活动空间及其历史发展进程等因素的影响，旅游资源呈现出一定规律的相对集中性。例如，名山胜水主要集中在东部季风区，冰川雪域、沙漠戈壁、草原草甸则基本上在西部和北部地区，历史古迹主要集中于黄河流域及长江流域，民族风情则主要体现在西南、西北及南方部分山地和东北边陲等。

3. 资源地域组合特色突出，各地资源互补性强　由于各地地理环境结构的差异，中国旅游资源呈现出各具特色的旅游区域，大体可划分为八大区域：东北地区的冰原雪野与林海火山、华北地区的京都古迹与名山海景、华东地区的名城佳园与秀山丽水、华南地区的南国风光与山海景观、西南地区的岩溶山水与民族风情、华中地区的山水峡谷与文化胜迹、青藏地区的雪域藏乡与高原胜景、西北地区的丝路古迹与塞外风光。中国旅游资源无论是在南北之间还是东西之间，无论是自然旅游资源还是人文旅游资源，都有很强的对比性和互补性。

4. 各种资源交融性强，文化积淀深厚　中国五千年的文明史，不仅创造了众多的历史与文化价值很高的人文旅游资源，而且在崇山近水的民族文化心理的影响下，还赋予自然旅游资源以丰富的文化内涵，使不少山水名胜成为历史文化、宗教文化、审美文化的载体，成为人文旅游资源与自然旅游资源的复合交融体。我国历史上形成的名山胜水，几乎都留下了历代的诗文、题刻、碑碣以及亭台楼阁、寺庙宫观、文化书院等胜迹。也正因为如此，中国不少名山、名湖、名泉、名瀑都具有深厚的文化积淀和自然与人文的双重审美价值。例如，泰山、黄山、峨眉山与乐山大佛、武夷山被列入世界自然与文化双重遗产，庐山、青城山、五台山被列入文化遗产就是最好的例证。

2.2　中国自然旅游资源

自然旅游资源是指以大自然造物为吸引力本源的旅游资源。它包括山地幽谷、悬泉瀑布、海滨沙滩、河流湖泊、森林草原、飞禽走兽以及气候天象等，具有明显的天赋性质。在人类大规模利用和改造自然的今天，自然旅游资源的面貌会或多或少地受到人为因素的影响。尤其是人工改造的运河湖泊，人为培植的花草树木，人工喂养的珍禽异兽，情况更是如此。

作为大自然的直接造化，自然旅游资源的价值一方面表现为它是最基本的旅游资源，而人文旅游资源则是在一定自然环境甚至自然旅游资源基础上形成的。美国地理学家伊思·姆·马特勒说：“影响旅游活动场所的一切因素中，最重要的是自然因素。”因此，人们又称自然环境为旅游的第一环境。另一方面，由于自然环境是与人类生存休戚与共的根本物质基础和一切生命活动的地域空间，从而不仅使得人类对自然环境具有切肤之亲，并且使得人类对自然环境的审美需求成为最基本的环境审美需求。因此，以自然旅游资源为对象的旅游活动，成为人类最基本、最共同、最持久的旅游活动。投身大自然，寄情山水之间成为人类永恒的旅游主题。尤其是随着城市化进程的加快，回归大自然、追求美好自然环境更成了当代旅游活动的强烈趋向。

2.2.1 地质地貌旅游资源

1. 地貌类型及旅游价值　地貌是指地球表面起伏万千的形态面貌，也称地形。而由地质作用形成的各种具有旅游吸引力因素的地质地貌现象，即为地质地貌旅游资源。我国地质历史复杂，历经大规模的地壳运动，其中新构造运动奠定了我国地貌的基本轮廓，平原、高原、山地、丘陵、盆地5种基本地貌类型齐备，并分布广泛。地貌作为构成区域性整体景观的支撑骨架，对我国自然景观的形成与演变有着深刻的影响，其作为旅游资源，开发利用的潜力巨大。

平原一般是指海拔在200m以下，内部相对高差在50m以下的地形区。大平原以其视觉上的连续性与统一感，给人以平阔、畅达之美感。但平原又由于成因和地理位置的不同而表现出自然景观的差异性。例如，东北平原和华北平原一望无际，沃野千里；长江中下游平原和珠江三角洲河湖密布，地势低洼，一派江南水乡特色。平原是人类自古以来主要的栖息地，开发历史悠久，种植业发达，交通便利，有利于河湖的汇集、田园风光与园林景观的营造。因此，平原地区人文景观荟萃，城乡繁荣富庶，适于发展田园风光旅游。

高原一般是指海拔在500m以上，在我国则是指在1000m以上，有相对统一的高原面，边缘高差显著大于内部高差的大地形单元。高原以其高亢、辽远、清新的特殊空间美感，以及特殊的高原气候、自然环境和民俗特征，给人带来特殊的体验与神秘感。高原因其高度和地表组成物质的不同而景观各异：内蒙古高原开阔坦荡、黄土高原沟壑纵横、云贵高原奇峰林立、青藏高原号称“世界屋脊”等，均吸引着人们前往观光、休养、考察、探险。

山地一般是指海拔在500m以上，大体呈锥形，脊状隆起、轮廓曲折多变的地貌类型。它受人类的影响相对较小，较多地保留了原始景观，并且不同海拔的山地以它们独特的形态、气候、气象、飞瀑、流泉、奇花异卉强烈地吸引着久居平原和城市的人们。因此，山地是五大基本地貌类型中最富有多样性、组合性造型的自然景观资源 。由于山地自然环境结构的丰富性和特殊性，再加上不少山地所附着的人文景观与历史文化胜迹，从而构成了综合性很强的山地自然与人文景观资源和旅游生态环境资源，为人们进行观光、休憩、疗养、登山、攀岩、探险、考察等多种旅游活动，提供了特殊的条件。

丘陵一般是指海拔在500m以下，与外部相对高差在50～500m的隆起地形。丘陵的起伏相对较山地和缓，两者难以绝对区分，其可进入性比山地较优越，尤其在经济发达的地区，有可能附着更多的人文景观，在气候条件适宜的地区，适宜发展观光农业，如我国的江南丘陵就是如此。

盆地是指周边高中间低、相对高差一般在500m以上的地貌类型。盆地往往也是地势相对平坦、河湖汇集、人口密集之地，因此，多具有与平原相似的旅游价值。如有“天府之国”之称的四川盆地、云贵高原上的一些山间盆地等都是经济较发达的地区和城镇所在地，是区域性旅游景观的典型代表。

2. 地貌景观的成因类型及旅游价值　地球表面上千姿百态的地貌类型都是地球内力和外力共同作用的结果。地球的内力是决定海陆分布、岩浆活动、地势起伏等的地球内能，它对自然旅游景观的类型具有一定的控制作用。各种内动力地质作用可以形成不同类型的景观，如火山成景作用形成现代火山地貌、地热景观；构造运动形成若干的断陷湖泊、断块山、峡谷等地貌景观。外动力地质作用是发生在地壳外部，由岩石圈、大气圈、生物圈、水圈产生的改变地表形态的各种作用构成，具体又分为流水、冰川、冻融、风、海水等，它们直接或间接地受气候的支配。从理论上说，在地貌形成过程中，内动力与外动力是同时作用的，只是双方力量的对比，在时间上互有消长的更替，在空间上各有强弱的变化。各种地貌景观的具体特色又与岩石的性质有关。因此，地质作用与岩石性质是各类地质地貌旅游资源形成的基础。在不同的内外力作用及不同岩石性质的条件下，我国在五种基本地貌的基础上，又发育了大面积的岩溶地貌、丹霞地貌、流水地貌、海岸地貌、冰川地貌、火山地貌、风沙地貌、构造地貌等，它们形态独特，景观各异，具有很高的旅游价值。

（1）岩溶地貌　岩溶地貌是指地表可溶性岩石在以水的溶蚀为主的内外力作用下所形成的各种地貌形态，如石芽、石林、峰林、漏斗、暗河、落水洞、溶洞、溶蚀洼地等。因近代岩溶地貌的研究始于前南斯拉夫西北部的喀斯特高原，所以岩溶地貌又被称为喀斯特地貌。

我国可溶性岩石中分布最广、与风景地貌关系最大的是碳酸盐类岩石。其物理抗蚀力较强，但易被呈酸性的水溶蚀，加上长期以来气候温暖湿润，所以岩溶地貌十分发育，是世界上岩溶面积分布最大、发育最典型的国家。我国的广西、贵州、云南东部分布最广、岩溶发育最完善；其次，鄂西、粤西、湘西、川南、重庆、胶东、山西、北京等地分布较广。

喀斯特地貌景观以以下四种类型最具观赏价值：一是峰丛，其山体巨大，顶部为分割的峰林，基部彼此连接，相对高度可达500～600m，峰丛之间有溶蚀洼地、漏斗、落水洞等。二是峰林，形状如圆柱或锥体，如平均高达20余米的云南路南石林是世界罕见的特大型热带石林。三是孤峰，即分散的、孤立的峰林，相对高度一般在 50～100m。孤峰之间，地表有串珠状的落水洞，地下常有暗河。如桂林的独秀峰、象鼻山等则是著名的孤峰。四是“无洞不奇”的溶洞风光，如桂林的七星岩、芦笛岩，贵州的织金洞、安顺龙宫，江苏宜兴的善卷洞，湖南的九天洞、黄龙洞。

此外，由堤状乳黄色石灰华构成的边石堤景观，不仅常形成于溶洞底部，而且还破天荒地在我国大规模地出现于四川松潘黄龙洞的坡地上，形成了景色异常迷人的 3000 多个梯田状的石灰华五彩水池。

我国丰富的地表及地下岩溶地貌，为我国开展观光、考察、探险等旅游活动提供了非常优越的条件。

（2）构造地貌　构造地貌指的是久远地质时期构造运动所形成的各种地貌，如岩层褶曲而成的背斜、向斜，岩层错断而成的逆冲断层、正断层等；以及新第三纪以来的构造运动形成的并还在活动的各种构造。反映大地质构造的地貌有大陆、洋盆、山脉、大盆地、大平原等；小地质构造的地貌有背斜山脊、单面山、断层陡崖等。在我国最具旅游开发价值的构造地貌是由于岩石性质和具体成因差异综合产生的，其主要类型如下：

1）花岗岩地貌。花岗石是地面上最常见的酸性侵入体。它质地坚硬，岩性较均匀，垂直节理发育，多构成山地的核心，成为显著的隆起地形，在流水侵蚀和重力崩塌作用下，常形成挺拨险峻、峭壁耸立的雄奇景观。表层岩石球状风化显著，还可形成各种造型逼真的怪石，具有较高的观赏价值。

我国的花岗岩山地分布广泛，集中分布在云贵高原和燕山山脉以东的第二、三级地形阶梯上。以海拔 2500m 以下的中低山和丘陵为主，其他一些山地也有分布。中国的许多名山，如东北大、小兴安岭，辽宁千山、医巫闾山、凤凰山，山东泰山、崂山、峄山，陕西华山、太白山，安徽黄山、九华山、天柱山，浙江莫干山、普陀山、天台山，湖南衡山、九嶷山，江西三清山，河南鸡公山，福建太姥山、鼓浪屿，广东罗浮山，广西桂平西山、猫儿山，湖北九宫山、黄冈陵，江苏的灵岩山、天平山，天津盘山，北京云蒙山，河北老岭，宁夏贺兰山，甘肃祁连山，四川贡嘎山，海南大洲岛、铜鼓岭、七星岭、五指山等，均属花岗岩地貌景观。

2）石英砂岩峰林地貌。石英砂岩是一种比较坚硬的砂岩，一般情况下较难被风化侵蚀产生造型地貌。位于湖南省西北部的武陵源风景区，是我国独特的砂岩峰林地貌景观。它像一座天然的艺术宫殿，莽莽苍苍，绵延数百里，浩渺高大，气势磅礴。它是张家界森林公园以及索溪峪、天子山两个自然保护区的总称，共有 4000 多处砂岩石峰，集神、奇、秀、野等特色于一体，峭壁万仞，千姿百态，世所罕见。因武陵源景区内张家界地貌的典型性，国际上把在任何国家和地区发现类似张家界石英砂岩峰林的地貌，都统称为“张家界地貌”。

该地区巨厚的泥盆纪石英砂岩，北东与北西近于垂直的两组节理特别发育、集中，为塑造砂岩峰林地貌提供了良好条件。流水的侵蚀和重力崩塌，加之物理风化、化学风化和生物作用，造就了峰林、峰柱、方山、石林、峡谷、嶂谷、幽谷等奇特的砂岩峰林地貌景观。

武陵源砂岩峰林景区山清水秀，奇峰异石妙趣横生，具有原始性、单一性、时间延续性和季节变换性的特点，纯属自然风光类型，被誉为“自然雕塑博物馆”，已被列为国家森林公园和世界级风景名胜区，并被载入《世界遗产名录》。

3）流纹岩地貌。流纹岩是花岗质岩浆喷出地表后，在流动冷凝过程中形成具有绛红、肉红、灰黄等不同颜色的流纹状构造地貌。流纹岩于节理和裂隙特别发育的部位，易形成奇峰异洞、峭壁幽谷、石柱、石墩等丰富奇特的造型地貌。同时，同一景物，在不同的时间、不同的距离及不同的角度会有不同的意趣。此种地貌在我国东南沿海闽浙一带分布较广，尤以浙江雁荡山为典型代表，号称“东南第一山”，素有“造型地貌博物馆”的美誉。

4）丹霞地貌。世界上由红色砂砾构成的、以赤壁丹崖为特色的一类地貌是以广东仁化县的丹霞山命名的，称为丹霞地貌。在风景名山分类中，丹霞地貌名山是其重要一支，而丹霞山则是这一类风景名山的典型代表。丹霞山在科学上、美学上具有特殊的意义，是世界珍贵的自然遗产。丹霞地貌属于红层地貌，所谓红层，是指在中生代侏罗纪至新生代第三纪沉积形成的红色岩系，一般称为“红色砂砾岩”。现在悬崖上可以看到的粗细相间的沉积层理，颗粒粗大的岩层叫“砾岩”，细密均匀的岩层叫做“砂岩”。形成丹霞地貌的岩层是一种在内陆盆地沉积的红色屑岩，后来地壳抬升，岩石被流水切割侵蚀，山坡以崩塌过程为主而后退，保留下来的岩层就构成了红色山块。

世界上丹霞地貌主要分布在中国、美国西部、中欧和澳大利亚等地，以我国分布最广。丹霞地貌最突出的特点是“赤壁丹崖”广泛发育，形成了顶平、身陡、麓缓的方山、石墙、石峰、石柱等奇险的地貌形态。丹霞地貌，以其艳丽鲜红的丹霞赤壁，拔地而起的孤峰窄脊，仪态万千的奇山异石，巨大的岩廊洞穴和优美的丹霞峡谷与绿色森林、飞瀑流泉相映成趣，形成很高的旅游观赏价值，令游人倾倒。2010 年 8 月，“中国丹霞”被列入世界自然遗产名录，此项目是中国把全面展示丹霞地貌形成演化过程的 6 个丹霞地貌风景区“捆绑”申报的，包含的 6 个申报点分别是福建泰宁、湖南崀山、广东丹霞山、江西龙虎山（包括龟峰）、浙江江郎山和贵州赤水。

5）火山与熔岩地貌。地壳之下 100～150km 处，有一个“液态区”，区内存在着高温、高压且含气体挥发成分的熔融状硅酸盐物质，即岩浆。它一旦从地壳薄弱的地段冲出地表，就形成了火山。火山岩是被火山喷发出来的岩浆，当岩浆上升到接近地表的高度时，它的温度和压力开始下降，发生了物理和化学变化，岩浆就变成了火山岩。我国火山活动可分为两个带：东部活动带的火山有五大连池火山群、长白山火山、大同火山群、台湾大屯火山群、广东雷琼及安徽、江苏等地区的火山；西部活动带的火山包括腾冲火山群、新疆等地区的火山。诱人的火山风光，更是当今的旅游资源和疗养胜地的热点。日本的富士山、夏威夷岛的火山群、美国的黄石公园、法国的维希公园，都以其火山景观名噪于世。

（3）海岸地貌　海岸地貌是指海岸地带受波浪、海流、潮汐等外力因素综合作用而形成的地貌，它包括海蚀地貌和海积地貌两大类。前者有海蚀平台、海蚀洞、海蚀柱、海蚀崖等，后者有海滩、沙坝、沙嘴和泻湖等。

海岸风光及康乐度假条件是最富有吸引力的旅游资源之一。我国位于亚洲大陆东南部，濒临西北太平洋，大陆海岸线自鸭绿江口至北仑河口，长达18000km，如果加上7600多座大小岛屿的海岸线，总长32000km。中生代以来形成的构造体系控制了整个海岸的平面格局。杭州湾以北，海岸线穿过几个隆起带和沉降带，海岸地形表现为上升的山地丘陵海岸与下降的平原海岸交错分布，但以平原海岸居多。杭州湾以南的东南沿海地区则为整体抬升的山地丘陵海岸，其间镶嵌了小块的河口平原。此外，大致在北回归线以南的地方，在平原海岸与山地丘陵海岸的基础上，或发育了珊瑚礁，或丛生红树林，形成了中国另一个重要的海岸类型——生物海岸。

1）平原海岸。平原海岸可分为三角洲与三角湾海岸、淤泥质平原海岸及砂质或砾质平原海岸三类。

三角洲海岸（包括三角湾）是平原海岸中的一个重要组成部分。它是在冰后期最大海侵后，由于河流泥沙在河口不断沉积而成的。这类海岸在黄河、长江、珠江等河口较为典型，其他如滦河、韩江及台湾的浊水溪等河口也都有发育。位于钱塘江河口的杭州湾则是三角湾的典型。

淤泥质平原海岸主要分布在渤海的辽东湾、渤海湾和莱州湾沿岸及濒临黄海的苏北海岸。淤泥质平原海岸的特点是滩地宽广、滩坡平缓，携带大量细颗粒泥沙入海的河流，特别是黄河，对中国淤泥质平原海岸的发育具有极其重要的作用。该种海岸除少数地方外，一般不宜开发海上浴场。

砂砾质海岸是主要发育于岬角与港湾相间的平阔基岩海岸。海岬处多有海蚀地貌，海湾内则出现海积地貌。在波浪、海流、潮汐等作用下，易形成由沙石和砾石堆积而成的沙滩、砾石滩、沙嘴、连岛沙洲等海积地貌，形成了各种类型的沙坝，在海湾湾口处常因沙嘴和沙坝的发育而使海湾封闭，形成泻湖。在沙粒细软、沙质纯净的宽阔沙滩海岸，是开辟海滨浴场，进行海水浴、日光浴、沙滩浴，开展各种海上活动的最佳场所。我国自北而南有大连的金石滩、渤海湾的昌黎海滨、北戴河、南戴河、青岛海滨沙滩、普陀山千步金沙海滩、福建东山岛沙滩、广西北部湾北海市银色沙滩、海南三亚湾白色珊瑚海滩等都是有名的海滨沙滩。

2）山地丘陵海岸。山地丘陵海岸在我国分布较广，如山东半岛和辽东半岛海岸、杭州湾以南海岸以及台湾东海岸，绝大部分都是山地丘陵海岸，其中台湾岛东海岸发育了断层海岸，其余岸段多为岬湾式海岸。山地丘陵海岸易形成天然良港，也适宜开发海滨度假和疗养胜地，如青岛、烟台、厦门等是我国著名的海滨旅游胜地。

3）生物海岸。生物海岸分为珊瑚礁海岸和红树林海岸两类。我国的珊瑚礁主要分布在南海诸岛、海南岛沿海、雷州半岛南部沿海、澎湖列岛和台湾南部及其邻近岛屿。这些岛屿大多为环礁类型，礁平台宽度从几百米至两千米不等，平台表面有许多浪蚀沟槽和蜂窝状孔穴，大多为侵蚀型珊瑚礁，适宜发展海底潜水和观光游览。世界上最著名的绵延澳大利亚东海岸长达 2000km 的大堡礁，是海上著名的旅游胜地。红树林海岸主要分布在广东、广西、海南沿海，福建和台湾南部沿海也有分布。它们大多生长在海湾和泻湖中，尤以海南岛的红树林最为繁茂，计有红树植物 11 科 18 种，而台湾和福建仅有 6 种红树。中国红树林生长的北界可达北纬 27°20′左右。它们根系发达，枝繁叶茂，成为海上森林奇观。

（4）冰川地貌　冰川地貌主要是指山岳冰川对地表的冰蚀、搬运和堆积作用所形成的冰蚀地貌和冰川堆积地貌，有角峰、刃脊、冰斗、U 形谷、冰川湖等景观。第四纪古冰川所塑造的山岳冰川地貌以欧洲阿尔卑斯山脉最为典型。我国的冰川地貌跨越新疆、西藏、甘肃、青海、四川和云南 6 个省区，纵横 2500km，冰川总面积约 58651km^2，占亚洲冰川总面积的 40%，也是世界上山岳冰川面积最大的国家。我国冰川海拔多在 5000m 以上。其中 80% 为大陆性冰川，主要分布在阿尔泰山、天山西段、喀喇昆仑山、喜马拉雅山中段北坡和西段、念青唐古拉山西段、唐古拉山东段、巴颜喀拉山、阿尼玛卿山和祁连山东段。天山和昆仑山冰川数量最多，天山山脉冰川，约占冰川总数的 21.7%。昆仑山和喜马拉雅山冰川面积最大，青藏高原冰川占西部冰川总面积的 82.6%。我国最长的冰川是天山库马里河上游的南依诺勒切期冰川，长 63.5km。最著名的冰川地貌景区是海拔 7556m 的贡嘎山。它离我国经济发达地区最近，其中海螺沟冰川的冰舌伸展到海拔 2850m 的森林中，成为我国海拔最低的山岳冰川。此外，甘肃祁连山的“七一”冰川则为距城市最近的可游览冰川，新疆阿尔泰山的喀纳斯冰川湖、天山的扎木尔峰等也被开发，作为以冰川为重要吸引物的旅游区。

（5）流水地貌　地表流水在流动过程中，不仅能侵蚀地面，形成各种形态的沟谷，同时又将被侵蚀的物质沿途堆积，形成各种地貌。凡是由地表水作用塑造的各种地貌统称流水地貌，如沟谷、河谷、河漫滩、河流阶地、冲积平原、三角洲等。其中因河流切穿山地而形成的峡谷地貌，是一种极富观赏价值的地貌形态。我国河流众多，长江、黄河、珠江、黑龙江、澜沧江、怒江等名川大江，沿途都发育有壮观的峡谷，其中尤以长江三峡闻名于世，雅鲁藏布江大峡谷也吸引了越来越多的探险者。大河的中下游常形成大面积的冲积平原和三角洲。它们都以不同的景观吸引着游客。

（6）风沙地貌　风沙地貌形成于极端干旱的地区，其形态主要是由风力作用而形成的。我国风沙地貌主要分布于深处内陆的西北及内蒙古干旱和半干旱地区，沙漠、戈壁的总面积约占 $1.28\times10^4km^2$，是世界上风沙地貌面积最大的国家之一。其中，新疆塔克拉玛干沙漠为世界第二大沙漠。风沙景观与蜃楼幻影及远古城堡的神秘色彩，无论是对普通旅游者还是对科考探险者都有特殊的吸引力。强烈日照下的炽热沙粒，也是人们开展沙疗、沙浴、滑沙的理想场所。

风在对地表松散碎屑的侵蚀、搬运和堆积作用过程中，会相应形成风蚀地貌和风积地貌。风蚀部分有风蚀城堡、风蚀柱、风蚀蘑菇及雅丹地貌。以新疆罗布泊地区的雅丹地貌和准噶尔盆地的乌尔禾风城及将军戈壁滩最为典型。这两种地形都形成于风沙狂暴的古湖盆或湖积平原和戈壁滩。风积物质一般是沙。但在一些强风区则可以是小砾。例如，中国新疆艾比湖岸的砾波、库尔图河大桥以南9km 处东岸的砾丘等。沙丘有复合型沙丘和新月形沙丘及连绵不断的鱼鳞状、羽毛状的沙丘链，景色蔚为壮观。我国沙漠地区中鸣沙现象世界闻名。在一些沙丘，每当风吹流沙或游人沿沙坡下滑时，会发出轰隆作响的声音。其风景区以宁夏中卫沙坡头、内蒙古达拉特旗银肯沙丘和甘肃敦煌鸣沙山三大响沙最为著名。此外，新疆的伊吾鸣沙，包头市附近的响沙湾也很有名。

（7）黄土地貌　它是风积黄土掩覆了丘陵、盆地、阶地和河谷等古地貌，形成起伏连续的黄土盖层，在流水的侵蚀作用下，地表形成了千沟万壑：冲沟、河谷、黄土梁、黄土峁、黄土塬等特有的黄土地貌。区内沟壑十分发育，密度大，沟谷地貌和谷间地貌广泛分布，地表被切割得支离破碎，水土流失严重。但对旅游而言，黄土高原以它粗犷、豪放的高原面貌，壮观、奇特的土柱“峰丛”以及独具一格的黄土窑洞、革命史迹和民风民俗吸引着游客。

（8）其他地质现象　在地球演化的漫长地质历史时期，由于内外力的地质作用，形成了众多不可再生的地质自然遗产。例如，有重大观赏和重要科学研究价值的地质地貌景观，有重要价值的古人类遗址、古生物化石遗迹，典型的地质灾害遗迹等。建立地质公园是对这些自然遗产进行保护和合理开发的重要形式。除地质公园外，我国还建立地质遗迹自然保护区 87 处，其中地质构造、地质剖面和遗迹保护区 40 处，古生物化石保护区 25 处，其他类保护区 22 处。例如，国家地质自然保护区天津蓟县中、上元古界标准地层剖面，世界永久性重要地质文物保护处云南梅树村前寒武系地层界限标准剖面，以及大连白云山地质公园、唐山地震遗迹、四川自贡和内蒙古二连浩特的恐龙化石、山东旺古生物化石点等典型或特殊地质现象遗存地，均已开发作为地质旅游资源。

3. 中国山地旅游资源　我国是一个多山的国家，据统计，中国的山地丘陵约占全国土地面积的43%。如果把高山、中山、低山、丘陵和崎岖不平的高原都包括在内，中国山区的面积要占全国土地面积的2/3以上。山地类型众多，景观内容丰富，构成了自然风光的主体。山地按其高度可分为极高山、高山、中山、低山、丘陵等级别。中山、低山和丘陵往往因环境宜人、风景秀丽而吸引游人，高山和部分极高山则是科学研究和登山旅游的理想场所。作为旅游资源的山岳主要有以下几种：风景名胜区中的山岳、自然保护区和森林公园中的山岳、历史名山、佛教和道教名山、冰山雪峰和有科学考察意义的山岳。根据我国名山的文化价值取向，可将其划分为以下几种类别：

（1）五岳　五岳是源于远古以来人们对“山神”的敬畏和天地信仰而形成的历史名山。它是历代帝王根据封禅祭天、巡幸天下的需要，按地理方位加封的五座山岳，即东岳泰山，南岳衡山，西岳华山，北岳恒山，中岳嵩山，以此代表天的五个方位。中国的名山首推五岳，泰山之雄、华山之险、衡山之秀、恒山之幽、嵩山之峻，百态千姿，各怀绝景。以泰山为代表，五岳在其名山发展过程中为后世留下了不少诗文名篇、石刻碑碣、历史传说与建筑等文化遗产。

（2）宗教名山　宗教在我国名山发育中起着非常重要的作用。例如，佛教讲究修身养性，一些远离尘世、风景优美、环境清净的山林所在，自东汉以来成了佛教修行的寺庙的主要选址，由此形成了“天下名山僧占多”，“无山不寺，无寺不古”的态势。相传山西五台山曾是文殊菩萨的道场，四川峨眉山曾是普贤菩萨的道场，浙江普陀山曾是观音菩萨的道场，安徽九华山曾是地藏菩萨的道场，故称之为“佛教四大名山”，明代起就有“金五台、银普陀、铜峨眉、铁九华”之说。此外，我国还有八小佛教名山：北京香山、陕西终南山、河南嵩山、湖南衡山、江苏狼山、浙江天台山、江西南山、云南鸡足山。

道教更崇尚云雾缥缈的高山胜岳、奇峰异洞，传说道教发祥于江西省的龙虎山，第一代天师张道陵炼九转神丹于此，得道后入蜀，其孙张鲁在巴蜀传其道。当时道教有十大洞天、七十二福地，均为道教名山。十大洞天所依山岳依次为：河南王屋山、浙江黄岩羽山、青海西倾山、陕西华山、四川青城山、浙江天台赤城山、广东罗浮山、江苏茅山、太湖西洞庭山、浙江括苍山。其中湖北武当山、江西龙虎山、安徽齐云山、四川青城山尤为著名，被称为四大道教名山。

2.2.2　水体水景旅游资源

水是生命赖以生存的条件，在地球上有人的地方就有水。水以三种形态存在于自然界之中：固态、液态、气态。这几种形态以不同的表现形式构成了各具特色的水体旅游资源。固体的水形成了壮观的冰川、辽阔的雪原，使人观赏到“千里冰封，万里雪飘”的壮观景象。液态的水形成了奔流咆哮的大江、幽深静谧的湖泊、汩汩而来的山泉，无不吸引游人流连忘返。在地热温泉上空，气态的水凝结成水蒸气，好似袅袅白烟，为周围景色增添了梦幻般的感觉。

1. 水体资源的吸引因素与旅游功能

（1）水体是最重要的构景要素之一　水是自然界分布最广、最活跃的因素之一，也是最有生命力的塑景、构景因素之一。高山大河有汹涌之势，山间小溪有潺潺之音；平原河流蜿蜒流淌，大江湖泊烟波浩渺；微风涟漪使人感到宁静素雅，急流奔腾使人感到生气勃勃，瀑落深潭，声震故里，泉涌如驰，生机盎然。可以这样说，水和山、动植物、建筑物相映成趣，能增加风景区的明媚和活力。俗话说，“山是水的筋骨，水是山的血脉”；“因山而峻，因水而秀”。风景胜地大多数以有水为佳。这充分体现了水的魅力。水不仅自身可以成为相对独立的旅游资源，而且也是风景中不可或缺的最重要的构景要素之一。中国历来以山水并称作为自然风景代名词，因此，水体有“风景的血脉”之称。

（2）水体是最富有吸引力的康乐型自然旅游资源　由于水体自身的优美度，它包括形态美、色彩美、美丽光影以及声音美，人们往往从孩提时代就喜欢玩水。玩水比观水更富有情趣，海水浴、冲浪、滑水、游艇、舢板、帆船、垂钓、潜水、游泳、漂流、温泉浴等丰富多彩的水上活动项目，可以说都是不同形式的玩水。滑雪、雪橇、冰橇、滑冰等冰雪运动也属于利用固态水体开展的体育娱乐活动。地热资源形成的水热爆炸泉、热汽沟、沸泉等则是利用气态水体开发的有利于皮肤病、风湿性关节炎、高血压等疾病康复的特殊水体旅游项目。

（3）水体对其他自然旅游资源的形成有深刻影响　水有大自然的雕刻师之称，大气降水、地表流水对地貌形态具有普遍的塑形作用；水体可促进生物旅游资源的产生和聚集，更强化其作为“大自然美容师”的作用；水体还有“大自然的空调器”之誉，受水体热容量的影响，水面较大的地区，通常易形成较为舒适的区域性或局地小气候环境。

水作为生命的源泉，在人类与自然界的关系中具有特殊的亲和力。我国水域面积广大，水体旅游资源丰富，具体有海洋、河流、湖泊、涌泉、瀑布、冰川等各种类型，是旅游资源开发的重点内容之一。

2. 水体旅游资源的分类及其旅游价值

（1）海洋　海洋是地球水圈的主体，面积达 $361 \times 10^8 km^2$，占地球总面积的71%，水量更是占地球总水量的97%。浩瀚的大海，水天一色，神秘莫测，以其宽广的胸怀，容纳百川，使人心旷神怡，宠辱皆忘。受海洋调节产生的冬暖夏凉的宜人气候，空气中含有一定量的碘和负离子，海水中含有钠、钾、碘、镁、氯、钙等多种对人体非常重要的元素，以及海陆交界处形成的港湾、沙滩、礁石和各种优美的海岸、海岛风光等多种因素的综合作用，是开展各种水上娱乐活动的理想场所，同时也是理想的避暑、休假、疗养的场所。自20世纪60年代后期以来，在全世界范围内出现了前所未有的海洋旅游热，人们纷纷涌向海滨，走上沙滩，投身大海的怀抱，滨海休闲度假几乎成了旅游的代名词。

中国海的范围和面积广大而辽阔，就整个海域自然地理分布范围而言南北跨度约38个纬度，东西跨度约24个经度。渤海、黄海、东海和南海四海相通，似明镜镶嵌在神州大地的边缘，晶莹闪烁。我国拥有近300万km^2的管辖海域，而连接这片蔚蓝色海洋国土和青翠色陆地国土的，则是蜿蜒绵长的海岸线。我国的万里海疆，不仅美丽，而且富饶。它有种类繁多、储量巨大的资源，因而被人们称为“天然的鱼仓”“蓝色的煤海”“盐类的故乡”“能量的源泉”“娱乐的胜地”。

充分利用大海的自然风光，开发以阳光、沙滩、海水即西方人推崇的“3S”海滨旅游资源，也是人们利用与开发海洋资源的一个重要方面。我国十分重视海滨风景区的开发和建设，如渤海海滨的北戴河、秦皇岛，黄海海滨的大连、烟台、青岛和连云港，东海海滨的普陀山和厦门，南海海滨的深圳、北海和海南的天涯海角等都是重点开发的海滨旅游区，每年都有大批的海内外旅游者到这些地方旅游。目前沿海地区开发了数以万计的海滨旅游度假胜地，尤其以海南、台湾、广东、广西、福建等热带和南亚热带省区的海滨度假胜地利用季节为长，旅游价值更高。

（2）江河　江河是地球的血脉，它孕育着文明，同时与沿岸的山林风光，丰富多彩的人文景观和谐结合，形成了秀丽多姿、景象万千的景观。河流把对上游山地土壤侵蚀形成的泥沙输送到下游，形成冲积平原；河口的泥沙淤积在入海口形成三角洲。冲积平原和三角洲地区都是最适合人类居住的地方，也往往是经济发展最迅速的地方。许多民族和国家都把河流比做自己的母亲，如中国的黄河，印度的恒河和俄罗斯的伏尔加河。

到了近现代，世界上主要的大城市也基本上是傍水而建的，河流中下游地区成为经济相对发达的地区。中国的水系主要由七大江河组成，自北向南依次为松花江、辽河、海河、黄河、淮河、长江、珠江。在中国七大江河的下游地区，人口密集、城市集中、经济发达，集中了全国1/2的人口、1/3的耕地和70%的工农业产值，而由河流入海口泥沙沉积形成的三角洲，更是经济中心的所在。中国河流众多，流域面积在100km^2以上的河流有5万多条，面积在1000km^2以上的也达1500多条。因受地形、气候的影响，河流在地区上分布很不均匀，绝大多数分布在东部，西北内陆河流较少，还有面积广大的无流区。

河流的旅游价值在于其特殊的观光价值及其在观光的基础上对适当的河段开展的各种水上探险与康乐旅游度假活动，如开展的漂流、游艇、划船、游泳、垂钓及北方河流上开展的滑冰、冰橇等冰雪运动。

1）长江。长江全长约6300km，是我国最长的河流，居世界第三位。长江发源于青藏高原上的唐古拉山主峰格拉丹冬雪山，流经青海、西藏、四川、重庆、云南、湖北、湖南、江西、安徽、江苏、上海 11 个省级行政区，注入东海。上游江水深切于横断山脉，形成奇险的虎跳峡；在四川宜宾以下河段切穿巫山山地，形成举世闻名的长江三峡；出三峡后在两湖平原形成世界罕见的“九曲回肠”荆楚河段。长江中下游地区，尤其是长江三角洲地区则是一派水乡泽国景象，扬子江段江阔水深、水天一色，尤为壮观。

长江流域人文景观资源丰富，多古人类遗迹；作为古代蜀、巴、楚、吴、越等国的属地，名胜古迹众多，干流上就有 10 个国家级历史文化名城和上海、南京、武汉、重庆我国四座著名的特大城市，同时长江流域也是我国人口与城镇最密集、经济最发达的地区。因此，长江成为我国最重要的河川旅游线和黄金旅游线之一。

2）黄河。黄河发源于青藏高原上的巴颜喀拉山，全长 5464km，是我国第二长河。它流经青海、四川、甘肃、宁夏、内蒙古、陕西、山西、河南和山东 9 个省区，注入渤海。黄河是中华民族的母亲河，它塑造了肥沃的冲积平原，并在干旱的宁夏、内蒙古境内，塑造了具有“塞上江南”美称的宁夏平原和河套平原。同时由于黄河发源于我国地势第一级阶梯的青藏高原，流经我国地势第二级阶梯的内蒙古高原、黄土高原以及我国地势第三级阶梯的华北平原，因此上中游多在高山、高原峡谷中穿行，这些落差大、多峡谷的河段蕴藏着丰富的水能资源。中游河段形成了著名的龙门和壶口大瀑布。黄河流过河南孟津之后的下游河段，河床一般都比两岸高出 3 ~ 4m，有的河段高出 10m 以上，形成了长达 900km 的举世闻名的“地上河”。

黄河流域各地文物古迹极为丰富多彩，并有众多的古人类文化遗址。古都城有咸阳、西安、洛阳、开封等；兰州、银川、郑州、济南等则是黄河干流上著名的省会城市。因此，黄河是我国古代历史文化景观最丰富的河川旅游线。

3）珠江。珠江发源于云南高原，属我国第五长河，但流量仅次于长江，也是华南地区最长、最大的河流，主要流经 4 个省区，最后注入南海。珠江大部分流经石灰岩山地和丘陵，亚热带植被茂密，多峡谷急流与碧波清流，是全国含沙量最低的河流之一，被誉为中国各大江河中最为秀丽的一条大江。

我国其余的主要风景河溪主要分布在长江以南地区及东北地区。浙闽、珠江流域、长江中游、西南、东北等山区尤为集中，如富春江、漓江、楠溪江、瑞丽江、浏阳河、大宁河、鸭绿江等。漂流河段多集中于南方，比较有代表性的有湖南猛洞河、贵州马岭河、重庆大宁河、广西资江、浙江天目溪、海南万泉河、台湾的秀姑峦溪等。此外，在黄河的宁夏、内蒙古河段还开展了独具特色的羊皮筏与牛皮筏漂流活动。

（3）湖泊　波光潋滟的湖泊自古被人们视为风景佳地。“淡妆浓抹总相宜”的杭州西湖驰名于世，全国以“西湖”命名的湖泊不下数十处。中国拥有大小湖泊 2 万多个，许多湖泊因其风光明媚而具有疗养与旅游价值。湖泊是相对静态的水体，更是陆上水域开展水上休闲娱乐活动的理想场所。湖泊一般均适合划船、游泳、垂钓、游艇等活动，湖区的气候往往也适合休闲度假，因此，湖泊具有比河流更为集中的旅游功能。

我国湖泊分布最广的是青藏高原湖区。青藏高原湖区是世界上最大的高原湖泊群分布区。全区湖泊面积约占我国湖泊总面积的一半，仅西藏自治区就有大小湖泊 1000 多个。星罗棋布的湖泊与闪闪发光的冰川，交相辉映，形成青藏高原特有的自然景色。本区的青海湖是我国最大的湖泊。其次是东部平原湖区。我国东部的长江中下游平原、淮河下游和山东南部，是我国淡水湖最集中的地区。全区湖泊面积约占全国湖泊总面积的 1/3。我国的主要淡水湖——鄱阳湖、洞庭湖、太湖、洪泽湖、巢湖都分布在这一地区。再次是蒙新地区、东北地区及云贵高原湖区的少量湖泊。

具有不同旖旎风光的湖泊成因类型大致可分为以下几类：河迹湖（牛轭湖）——由河流泥沙淤积河道或分割水域而成，我国东部平原及东北松嫩平原的湖泊多属此类；构造湖（断层湖）——形态狭长，湖底深陷，如云南的滇池、洱海、抚仙湖等较典型；泻湖（海迹湖）——古海湾被沙嘴、沙坝围闭而成，太湖、西湖就是由此形成的；火口湖——由岩浆大量喷出，并堆积在喷火口周围，形成高耸的锥状山体，而喷火口内，因大量浮石（很轻）被喷出和挥发性物质的散失，引起颈部塌陷而形成漏斗状洼地，之后经积水而成火口湖。我国火口湖分布范围很广，长白山天池水深达 312.7m，为我国已知的最深湖泊；堰塞湖——火山熔岩或岩土碎屑阻塞河道而成，如东北的镜泊湖、五大连池，新疆天山天池；岩溶湖——由溶蚀洼地积水而成，以贵州的草海、昆明的黑龙潭为代表；风蚀湖——由风蚀洼地积水而成，敦煌月牙泉即是；冰川湖——由冰川挖蚀成的洼坑和水碛物堵塞冰川槽谷积水而成的一类湖泊，主要分布在西藏、新疆等高原冰川区，如新疆的天池即属此类。此外还有人工湖，一般是以天然湖泊、河段为基础或完全由人工建设而成的湖泊。如各地兴建大量的人工湖——水库，其中已有多处辟为游览地，如新安江水库（千岛湖）、刘家峡水库、红枫湖水库、十三陵水库及近年建成的三峡大坝等。在上述湖泊成因类型中，一些湖泊因渗透着人工的智慧，而更具旅游价值，如杭州西湖、北京颐和园的昆明湖、南京玄武湖、济南的大明湖等。因此它们又被称为风景园林湖泊。

（4）涌泉　地下水的天然露头称为泉。它有美化环境、提供饮料、沐浴治病、疗养健身等功能。我国是世界上涌泉最为丰富多样的国家之一，总泉数大约在 10 万以上，其中名泉不下数百。涌泉主要分布于山区，尤其是沟谷、溪源、坡麓、河岸处。通常地表径流丰富的地区涌泉更多，而在地壳活动地带更易出现大规模涌泉，尤其是温泉。我国涌泉分布广泛，而南方明显多于北方。

杭州九溪十八涧、黑龙江五大连池、台湾北投和阳明山等地，都有丰富的泉水资源，最具代表性的是在山东济南，它有名可考的泉就有 108 处，被誉为“泉城”，趵突泉、珍珠泉、黑虎泉、五龙潭四大泉群是最具影响的。号称中国古代五大名泉的是镇江金山天下第一泉、无锡惠山天下第二泉、苏州虎丘天下第三泉、杭州虎跑天下第四泉、济南趵突天下第五泉。陕西临潼华清池、云南安宁“天下第一汤”是著名的沐浴泉。

矿泉和温泉疗养已成为今日世界重要的健身休假旅游活动内容。矿化度小于 1g/L 为淡水泉；大于 1g/L 为矿泉；冷水泉水温小于 20℃；20～37℃为温泉；高于 37℃为热泉。我国地处全球环太平洋和地中海-喜马拉雅两大火山与地震活动带，由此形成了遍布各省区数以万计的温泉。其中又主要集中于东南沿海的粤、闽、台三省和西南滇、藏两省，这些省区合占全国温泉的一半以上，且泉水温度普遍偏高。台湾是我国温泉平均密度最大的地区。西藏和云南两省区是我国温泉总数最多的两个省区，分别以羊八井和腾冲地区为代表，多热泉、沸泉和气泉。此外，四川盆地及渝、陕、鄂、赣、浙、冀、鲁、辽、黑等省区的温泉也相对较多。

我国丰富的地热资源，为开展以温泉、矿泉为中心的旅游度假区提供了得天独厚的条件。其中康体性矿泉较为著名的有辽宁汤岗子泉、黑龙江五大连池、广东从化温泉。此外，内蒙古的阿尔山温泉和云南的安宁温泉也很有名。至于以温泉为中心的著名风景旅游度假地主要有广东从化，湖北应城，南京汤山，贵州息烽，重庆南、北温泉，北京小汤山，辽宁汤岗子，山东即墨，陕西临潼华清池，台湾北投、阳明山、关子岭等。奇异的泉类颇多，有声压诱发虹吸作用的泉涌或阻止地下水毛细现象的喊泉、含羞泉；有由于特殊地质现象构成的雌雄泉、双味泉；有因水温高，溶解大量纯净碳酸钙，涌出后水温骤降，使之随水流在泉口周围析出沉淀而形成蔚为奇观的乳泉、白泉；有在特殊地理环境中因地表气温低，地下冷泉涌出后立即成冰而成为罕见的冰泉；有受岩浆加热的浅层热储中的地热流体在特定的条件下突然爆发的水热爆炸泉等。奇特的泉更能引起游人的兴趣，具有特殊的观赏价值。例如，安徽寿县的“喊泉”，安徽无为的“笑泉”，四川广元的“羞泉”，河北水县的“鱼谷泉”，云南大理的“蝴蝶泉”，青藏高原上的间歇喷泉、水热爆炸泉等都是世所罕见的。

（5）瀑布　瀑布是从河、湖、泉的纵断面陡坡或悬崖处倾泻而下的水流，规模小的叫跌水。瀑布具有很高的观赏价值，它将山水完美地结合在一起，形、色、声俱佳，其景观价值主要由瀑布的宽度、高度、水量大小及环境等综合因素决定。观瀑是旅游活动中一项诱人的观赏游览活动。世界七大自然奇观之一的维多利亚大瀑布被誉为“咆哮的云雾”。中国的瀑布大多集中在南方，我国最大的瀑布是黄果树瀑布，也是世界上第四大瀑布。黄果树瀑布和黄河壶口瀑布、镜泊湖吊水楼瀑布，为我国的三大名瀑，除此之外，许多名山也不乏瀑布胜景，如“飞流直下三千尺，疑是银河落九天”的庐山香炉瀑布、三叠泉瀑布，黄山百丈瀑、人字瀑，“五丈以上尚是水，十丈以下全为烟”的雁荡山的大小龙湫瀑，鸡足山玉龙瀑，九寨沟的森林奇瀑诺日朗瀑布，台湾阳明山第一瀑，广东西樵山玉岩瀑，泰山黑龙潭瀑布，崂山瀑布，沂山瀑布，福建九鲤瀑布群，云南昭通大标山岩瀑，湖南修武云台山瀑布和湖北蕲春的笔架山飞瀑等。浙江金华冰壶洞瀑布则是在岩洞中形成的地下瀑，瀑布跌入地下暗河潜流而去，世人称其为“银河倒泻入冰壶”。

2.2.3 气象气候旅游资源

气温、湿度、气压及风、云、雨、雪、雷、电等大气物理要素统称为气象。天气是指某地短时间内各气象要素的综合状况和表现特征。气候则是指某地区多年的平均天气状况及其变化特征。气候的地区差异也会对旅游者形成具有吸引力的旅游胜景。许多国家都充分利用优越的气候资源发展旅游业。例如，地中海沿岸、加勒比海沿海及美国的夏威夷等国家和地区，就是利用温暖的气候、和煦的阳光发展旅游业的，每年接待比本国人口还要多的游客，从而增加本国的外汇收入。

1. 我国的气候特点　我国疆域广大，南北跨49个纬度，西部距海四五千千米之遥，地势高差达8000多米，因此，造成我国气候类型复杂多样。按纬度位置，从南到北大致可分为热带、亚热带、暖温带、温带和寒温带五个热量带；按水分条件，全国自东南向西北可分为湿润、半湿润、半干旱和干旱四个类型，此外山区的垂直性气候差异也很明显。决定我国气候基本格局的是四季分明的大陆性季风气候。春夏秋冬四季的更迭，造成了植物、水面景观的变化：植物“春花、夏荣、秋萧、冬枯”，水面“春水绿而潋滟，夏津涨而弥漫，秋潦尽而澄清，寒泉涸而凝滞”，形成了四时律动节奏，使自然界呈现出“春山詹冶而如笑，夏山苍翠而如滴，秋山明净而如妆，冬山惨淡而如睡”的景观。

气象、气候的旅游资源有其自身独特性，首先表现为多变性及动态性，自然山水景观给人的美感主要以固定的实体形式存在，而大气景观则是飘忽不定、丰富多彩、变化万千的，一日内的冷、暖、阴、晴和云雾变幻莫测，给人以不同的美感享受，其次表现为借景性和背景性。风景气象虽可直接观赏，但不像山水那样具体形象，常需在特定的场所，与其他景配合，才能使气象奇观更富魅力，如林海雪原、高山云海、海上日出、沙漠蜃景，有些景观借助气象、气候的背景，更能增加美感效果。

2. 各地气候旅游资源与旅游季节　我国大部分地区位于适于旅游活动的温带和亚热带地区，从气温和干湿状况来说气候条件十分优越。华北平原四季分明，云贵高原四季如春，南岭以南终年少见霜雪，长夏无冬，东北北部冰封雪盖，长冬无夏。各地气候的差异性，便于组织与气候条件相适应的多种旅游活动。即使在同一季节，也可以在全国开展多种气候旅游：隆冬季节在海南岛可以避寒，还可以进行滑水、帆船等水上娱乐活动；而在哈尔滨可以观赏“千里冰封，万里雪飘”的北国风光，也可以组织滑雪、冬猎、观赏冰雕旅游。

我国天气旅游主要有云、雾、雨景观。由这类气象因素构成的景观，主要以南方及东部沿海地区较为普遍，尤其是山区。例如，“黄山自古云成海”，云是黄山四绝之一，景区也分别命名为东海、西海、前海、后海和天海；齐云山、峨眉山、阿里山的云海久负盛名；庐山的瀑布云、苍山的玉带云、三清山的响云、泰山的云海玉盘都是云中奇景。轻纱般缥缈的雾景则为山水景观锦上添花，“草堂烟雾”也被作为关中八景之一。雨丝也能唤起人们的多种情感和遐想，“雨中看山也莫嫌，只缘山色雨中添”，“水光潋滟晴方好，山色空蒙雨亦奇”都是用来赞美雨景的佳句。我国江南，雨期较长，常常细雨如丝，呈烟雾状态，配以山林小景，小桥流水，炊烟缭绕，其意境十分耐人寻味。例如，潇湘夜雨、江南春雨、巴山夜雨、蓬莱的“漏天银雨”、西湖雨景等都是著名的雨景。其次是冰雪、雾凇、雨凇景观。此类景观主要以北方为多。例如，西安的“终南积雪”、北京香山的“西山晴雪”、湖南橘子洲的“江天暮雪”、西湖的“断桥残雪”，分别为关中八景、燕京八景、潇湘八景及西湖十景之一。在千里冰封、万里雪飘的北国，雾凇、冰挂已成为重要的旅游活动内容。雾凇又称树挂，是雾滴直接凝结在低温物体上的微型晶粒，形成结构疏松、色泽洁白的美丽树挂。在东北及我国一些山地冬季出现较多，吉林树挂是最著名的雾凇奇景，与桂林山水、云南石林、长江三峡同称为中国四大自然奇观。吉林市自 1991 年起，每年举办一次“雾凇冰雪节”。再次，佛光和海市蜃楼也是一种天气旅游资源。佛光（宝光）是阳光照在云雾表面所起的折射作用而形成的自然现象。峨眉山佛光最为著名，它每月均有出现，夏天和初冬出现的次数最多，最多时全年可见 100 次左右。另外，我国庐山、泰山、黄山、五台山等也都有佛光出现。海市蜃楼是大气层中的一种光折射现象，常出现在冬春季节的北极地区，夏季的沙漠、大海边及江河湖泊上空。山东蓬莱的海市蜃楼闻名全国，呈现在空中的楼阁“如楼台、如亭阁，如奇树、如怪峰，时而横卧海面，时而倒悬空中”，虚无缥缈，变幻神奇，被誉为“蓬莱仙境”。江苏海州湾、山东长岛县、河北东联峰山、浙江普陀山等地都可成为观景点。

我国大多数地区冬季寒冷，夏季炎热，春季南方多雨、北方多风沙，从而使全国大部分地区，秋季成为最好的旅游季节，因为秋天大气层结构稳定，多秋高气爽的好天气，被称为黄金季节，即使是西北干旱地区或青藏高原也是如此。但由于我国气候类型多样，各地气候季节变化的特点也有所不同，如夏季凉爽的山地、海滨地区和冬季温暖的低纬度地区，吸引着避暑或避寒的人们前往度假，从而夏季和冬季成为这类地区的旅游旺季。特别是有些特定的气候条件往往也能满足有特定旅游目的的旅游者的需要。例如，冰雪运动的开展就必须以严寒的冬季为基础。目前在世界范围内，冰雪运动日益成为冬季的旅游热点项目。其中滑雪堪称世界上规模最大的户外大众性运动项目。不仅冰雪运动，且银装素裹的景色亦有动人之处，对那些生活在低纬度地区从未见过冰雪的人们，受好奇心的驱使，往往会特意选择冬季到严寒地区出游。我国黑龙江、吉林、内蒙古等省区已开辟了亚布力、松花湖、海拉尔等著名滑雪场。哈尔滨与齐齐哈尔开展的“冰雕节”活动驰名中外，已成为与加拿大的魁北克、日本的札幌齐名的以冰雪雕刻艺术发展冬季旅游业的三大著名地区之一。我国许多风景游览地，因与气候、天气变化融合在一起而组成独特的自然景观，耐人寻味。例如，香山红叶，洛阳牡丹，西湖的“断桥残雪”、“三潭印月”，“骊山晚照”等，都有特定的观赏季节、时间和方位，也都是重要的旅游吸引因素。

2.2.4 我国动植物旅游资源

1. 动植物的旅游价值　动植物是自然界中的最活跃、最有生机的因素。它们是自然生态环境的主体，也是自然景观的重要组成部分。地带性植物及其栖息的动物是各地区自然风光富有生气的组成部分，它们的存在可以美化、净化和活化环境。植物具有装点旅游区的功能，动物是园林构景的要素之一，也是发展观赏、采集、垂钓和狩猎旅游的重要条件。同时，森林和绿化程度高的地区，空气中富含的负氧离子能促进人体新陈代谢，森林还可吸收和屏蔽噪音、调节气候和杀灭病菌。

2. 我国动植物旅游资源　我国幅员辽阔、自然地理条件复杂多样，并且由于中国大陆受第四纪冰川（最近一次冰期）影响较小，保存了许多古老的遗属种。在地球陆地的主要集中分布区——北半球，中国的自然物种多样性首屈一指，是世界上植物资源丰富的国家之一，在我国各个不同的自然地带，自然植被种类极为丰富。我国现有的种子植物约 2900 多个属，24600 个种，并有不少珍稀的古老孑遗植物。由此，使得我国生物多样性程度居世界第八位。仅森林树种，就有 2800 种，包括各种针叶树、落叶阔叶树、常绿阔叶树和热带季雨林及它们之间的各种过渡类型。其中有质地优良、经济价值极高的乔木 1000 余种。此外，还保留了一批古老和稀有的树种，被称为“活化石”。原始森林覆盖面积占全国土地面积的 12%。我国天然草地面积达 53 亿亩（1 亩≈666m^2，全书同），包括温带草原、干旱荒漠草原和高寒草原。其中温带草原面积广阔，形成许多优良牧场。

我国植被的分布有着明显的水平地带性和垂直分布规律。植物受地形、气候因素的影响，从东南向西北依次出现森林、草原、荒漠三大基本区域。

我国的动物种类多，数量大，仅脊椎动物有 3700 种，兽类 420 种，哺乳动物占世界哺乳动物总数的11.2%；鸟类1175种，占世界总数的15.3%；两栖及爬行类520种。在我国的动物中，不少珍禽异兽是目前世界上特有的种属，如野马、牛羚、金丝猴、大熊猫、丹顶鹤、扬子鳄、白鳍豚等，已被列为国家重点保护动物。

我国历史上就很重视植树种草，以及园中放养动物。杭州西湖八景之一的“柳浪闻莺”，北京香山红叶，洛阳牡丹，庐山和杭州的植物园等，都是以观赏植物而闻名的风景区；一些旅游景点还以养殖或种植的动植物为原料，制作具有地方风味的食品，以飨四方游客，更增添了一项受旅客欢迎且富有情趣的旅游内容。我国近年来也广泛开展了森林旅游活动，已建森林公园810余处。

（1）珍稀动物　我国具有世界上特有的珍禽异兽。其中列为一级保护动物的就有68种。例如，大熊猫、金丝猴、白唇鹿和白鳍豚被称为我国的四大国宝动物。其分布比较集中的地区主要有青藏高原东缘及川西地区，有大熊猫、小熊猫、大鲵、麝、白唇鹿、雪豹、藏羚羊、金钱豹、黑颈鹤、盘羊等珍稀动物；云南西双版纳地区有绿孔雀、亚洲象、长臂猿、犀鸟等珍稀动物；东北地区的东北虎、金钱豹、丹顶鹤、梅花鹿、紫貂、天鹅等珍稀动物；华南地区有华南虎、长臂猿、坡鹿、叶猴、鳄蜥、海龟等珍稀动物；长江中下游地区有扬子鳄、中华鲟、金钱龟、大鲵等珍稀动物。

（2）珍贵植物　我国拥有名贵花卉近600种，约占世界的3/4，其中牡丹、芍药、月季、菊花、兰花、莲花、海棠、山茶花、水仙、梅花被国人评为我国的十大名花；梅、兰、竹、菊被称为“四君子”；兰花、菊花、水仙、菖蒲被誉为“花草四雅”；玫瑰、蔷薇、月季被誉为“园中三杰”；松、竹、梅被称为“岁寒三友”，由此也形成了许多著名的赏花旅游地，例如，北京、石家庄、常州的月季，洛阳、菏泽的牡丹，成都、昆明的海棠，广州、福建的兰花等。

珍贵树木有被誉为世界三大“活化石”的水杉、银杉与银杏。这种树木主干挺拔，枝叶秀丽、典雅，为著名的观赏树木。现经人工育种，它们已在我国广泛栽培，遍布各地。此外金钱松、台湾杉、白豆杉皆属珍稀孑遗裸子植物。被子植物中，中国占世界总科数的53%，其中不乏古老类型和特有种，如珙桐、香果树、昆栏树、连香树、鹅掌楸、水青树等。都主要分布于我国的长江流域和西南地区。我国的名贵古树众多，如黄山的迎客松，树龄达800多年；陕西轩辕庙的“轩辕柏”，相传为黄帝亲栽，有4000多年历史；河南嵩阳书院内有两棵参天的“将军柏”为2100多年前汉武帝所封；曲阜孔林占地30hm^2，树龄多在数百年至两千多年，堪称我国最大的名贵古树林；北京戒台寺的卧龙松、九龙松、活动松、松抱塔，均有几百年历史，至于树龄在100年以上的古树数以万计；昆明黑龙潭的唐梅、宋柏、明茶，以梅饰山的南京梅花山、无锡梅园及浙江国清寺古老的隋梅等。它们或烘托主景，或独立成景。

此外，我国还有一些著名的观赏树木，如松树和竹子。竹子以高风亮节和虚心自持为喻，成为重要庭院和园林植物，而宜宾的“蜀南竹海”则尉为壮观。松树则以抗寒暑、耐瘠旱而著名，有雪松、塔松、红松、落叶松、五针松等多个品种，尤以顶平如削的黄山松最为著名。榕树赢得“独木成林”的雅号，桂花则以香飘九里博得人们的喜爱。

2.2.5 我国的自然保护区

为了保护各种生物资源和生态系统，我国建立了很多自然保护区。在保护区内一般都拥有特殊的自然景观和生态系统以及珍贵物种，并有较高的科研价值和旅游观赏价值。自 1956 年我国建立第一个自然保护区——鼎湖山自然保护区，至 2013 年 9 月国家级自然保护区为 381 个。鼎湖山、长白山、梵净山等 28 个自然保护区被联合国教科文组织认定为世界生物圈保护区，全国共建成 200 多处珍稀濒危物种基地。这些自然保护区对保护我国丰富的野生动植物、湿地、文化和风景等资源，有着不可替代的重要作用，对改善我国生态环境，促进国际合作与交流，进行科学研究和宣传教育，实施旅游业的可持续发展战略也具有极为重要的意义。

一些动植物的栖息繁衍区，如黑龙江扎龙鹤乡，江苏与青海鸟岛，福建鸳鸯溪，云南大理蝴蝶泉，世界罕见的物种基因库——武夷山自然保护区，有动植物生命摇篮之称的西双版纳自然保护区，以景色奇秀著称的张家界国家森林公园以及列入联合国组织的世界生物圈保护区网的长白山、卧龙和鼎湖山自然保护区等，都是发展旅游的得天独厚的地方。值得注意的是，自然保护区发展旅游必须充分注意处理好其与生态环境保护的关系，可采取规定线路、限制客流量、禁采禁猎及防火等措施，以使自然环境免遭破坏。

2.3 中国人文旅游资源

人文旅游资源又称人文景观旅游资源，它是由各种社会环境、人民生活、历史文物、文化艺术、民族风情和物质生产构成的人文景观。以人类劳动成果与历史文化内容为基础，比较集中体现人们对于艺术美和生活美追求的人文旅游资源，往往各具传统特色，类型很多，大致包括人文景物类，如历史遗迹和遗址、古城镇、古代宫殿与礼制建筑等；文化传统类，如民族节日、民族工艺、风土人情、民族饮食、宗教等；其他类，如以各种形式出现的文学艺术因素及各类博物馆等。

人文旅游资源是人类历史文化的结晶，是民族风貌的集中反映，既含有人类历史长河中遗留的精神与物质财富，也包括当今人类社会的各个侧面，是旅游者了解旅游目的地历史和文化的主要凭借。与自然风景旅游资源不同，人文景观旅游资源是人类在改造自然、利用自然的过程中创造出来的，蕴含着一定的社会生活内容，成为人类生活的背景，进而成为人类物质生活的组成部分。随着社会的发展和人们生活水平的普遍提高，日益频繁的旅游活动已经不再局限于自然景观的观赏游览，更多地体现为文化欣赏与交流。人文旅游资源，正在成为传播人类文明的使者。

2.3.1 古人类文化遗址旅游资源

古人类文化遗址是指从人类形成到有文字记载历史以前的人类活动遗址。这些遗址反映了几百万年的人类进化史，通常可划分为旧石器时代和新石器时代两个区间。

1. 旧石器时代人类文化遗址　目前的古人类学研究表明，人类起源于非洲，已知最早的旧石器发现在埃塞俄比亚，距今约 233 万年。

（1）我国旧石器时代的古人类遗址　根据我国考古发掘资料证实，迄今为止，我国已知最早的原始人类是在重庆市巫山县龙骨坡发掘的“巫山猿人”，距今约 204 万年。此外，距今约 170 万年的云南元谋人，距今约 80 万年的陕西蓝田人，距今约 50 万年的北京人都是我国直立猿人的典型代表，其中周口店北京猿人遗址最具代表性。此遗址位于北京市西南房山区龙骨山上，1929 年 12 月中国学者裴文中在此发现了第一个完整的北京猿人头盖骨，随后又发现了石器和用火的遗迹，这在古人类学研究上具有划时代的意义。

距今约 20 万 ~ 10 万年，中国大地上出现了早期智人，又称古人，主要遗址有陕西大荔人、山西丁村人、广东马坝人、湖北长阳人、山西许家窑人。距今数万年至万余年出现了晚期智人，又称新人，主要遗址有广西柳江人、四川资阳人、北京山顶洞人。

（2）旧石器时代人类文化遗址总体特征　第一，旧石器时代的人类化石表明，人通过劳动，生理进化已与动物形成显著区别，上肢灵活，下肢直立，脑容量已达 780 ~ 1400ml，能够发出分节语言。第二，旧石器时代以打制石器为主，从早期的粗糙向后期的细小精致发展，石器类型逐渐增加。后期新人发明了弓箭和复合工具，磨光钻孔工艺已开始使用，且猿人已能利用天然火种，中期古人已懂人工取火。第三，旧石器时代人们主要以天然岩洞穴居为主，组合成一定的社会群体。婚姻制度逐渐进化，从乱婚发展到猿人和古人的血缘内婚（辈婚），发展到新人的族外群婚，家族内部成为完全的非性关系集团。社会结构也逐步进化，血缘内婚形成较为松散的血缘家族，血缘家族扩大发展成较稳定的血缘集团，而族外通婚又使血缘家族组合成具有特定名号、共同信仰、牢固经济联系的社会单位——氏族公社。

2. 新石器时代古人类文化遗址　新石器时代是指以磨制石器使用为主的原始社会中后期，持续约为 6000 年，分为母系氏族公社和父系氏族公社两个阶段。

此时，人类进入现代人阶段，出现了磨制石器、陶器、纺织，并由原来完全依赖采集、渔猎为生向耕种和畜牧转变。这一时期是中国古代经济、文化发展的新起点，新石器时代文化是中华文明的源泉。

（1）母系氏族公社阶段　距今约五六千年的时候，进入母系氏族公社阶段，仰韶文化与浙江余姚的河姆渡文化是此时期的典型代表。

仰韶文化是黄河中游新石器文化，因最早发掘于河南省渑池县仰韶村而得名，其年代约为公元前5000年~公元前3000年。仰韶文化以手制泥质红陶和夹砂红陶为主，主要遗址有：半坡遗址、姜寨遗址、庙底沟遗址、后冈遗址等，而西安半坡遗址是仰韶文化中的一个典型，人们已建造房屋、定居生活，学会了制造弓箭、纺织，种植粟、麻、菜和饲养家畜家禽，制作的彩陶很精美，上面的刻画符号可能是中国原始文字的萌芽。

河姆渡文化是长江下游地区的新石器时代文化，因在浙江余姚市的河姆渡遗址首先发现而得名。河姆渡文化主要以夹炭黑陶和夹砂红陶、红灰陶为主，农业主要是稻作农业，河姆渡人已定居生活，学会打井，饲养猪、狗等家畜，并盛行一种栽桩架板高于地面的干栏式建筑。

（2）父系氏族公社阶段　距今约四五千年的时候，古人类进入父系氏族公社阶段，大汶口文化中晚期、龙山文化等是此时期的典型代表。

大汶口文化是黄河下游的新石器文化，因1959年发掘的山东省泰安市大汶口文化遗址而得名。其年代约为公元前4300年~公元前2500年。大汶口文化以夹砂红陶、泥质红陶为主，也有灰陶、黑陶，并有少量硬质白陶。经济主要以原始农业为主，种植粟，家庭饲养业也很发达。

龙山文化是黄河流域新石器晚期的文化遗存，因1928年首先在山东省章丘县龙山镇发现而得名，因其遗址中多出土黑陶，所以又称“黑陶文化”。龙山文化分布很广，有山东龙山文化、河南龙山文化、陕西龙山文化等。

现在这些古人类文化遗址经过发掘和建设，大都已对外开放，接待游客，旅游者通过对古人类文化遗址的参观与考察，可以获得许多关于人类起源、发展及如何生活的知识，是人类认识自我的非常有意义的一项旅游活动。

2.3.2　古城镇旅游资源

城市是全国性或地方性的政治、经济、文化、科学、交通的中心，是社会文明的集中体现，反映着它所处时期的社会状况。在中国五千年文明发展进程中，我们的祖先为我们留下了许多保存于地上或地下的古城镇。

1. 中国城市的发展　在新石器时代晚期，一些聚落遗址已经出现规模较小的城堡，具有了城市的雏形。中国最早的城市，据《吕氏春秋》记载：“夏鲧作城”，应为鲧城。

商周时期，形成了规模较大、有防御设施的都城。根据考古发掘，可以确认的有河南偃师尸乡沟商城、郑州商城、安阳殷墟、陕西岐山与扶风的周原遗址和西安的丰镐。商周时期的都城城内有宫城，宫城内有宫殿。关于城市规划，周朝即提出了一整套明确的要求，其影响一直延续到近代。据《周札·考工记》记载周代都城形制："匠人营国，方九里，旁三门。国中九经，九纬，经涂九轨。左祖右社，面朝后市，市朝一夫。"

春秋战国时期，各诸侯国都城的面积增大，一般为 10 ~ 20km²，各国都城均分成宫城和郭城两部分。宫城和郭城都有各自的城垣，每边城垣均有数目不等的城门，与城内的街道相接。宫城内都有高大的建筑群。

秦汉时期，因有一段相对较长的和平时期，加上郡县制的推行，城市数目急剧增多，都城的规模也进一步扩大。以汉长安城为例，城的平面形状大体近于方形，城的四面各有三个城门，每个城门有三个门道，经由城门的大街都分成平行的三股，中间一条是专供皇帝使用的"驰道"，两侧的两条是官吏和平民的交通道路，长乐宫和未央宫在城南部，东市和西市在城北部。

三国两晋南北朝时期的城市，多利用东汉旧城改建而成。改建的重点在于集中宫苑衙署和加强西北隅的军事据点，扩大并规整居民区，调整并对称地安排工商业区。以北魏洛阳城为例，其规划布局原则在汉末邺城的传统上逐步推进，作为都城中心的皇宫，其位置向北移，构成以宫室为中心的南北轴线，并在城外设立东、西两市。

隋唐时期的都城，加长安城结构严谨，区划整齐，平面呈长方形，分内城和郭城，内城又分为宫城和皇城，宫城置于郭城北部正中，北连禁苑，南接皇城。宫城皇城以外为里坊区，由 11 条南北向大街和 14 条东西向大街将其划分为棋盘式格局。其间布列 110 坊及东、西两市。

北宋时期，城市数量增加，唐代 10 万户以上的城市只有十几座，北宋时期则增至 40 座。北宋时期的城市拆除坊墙，居民区由原坊内小街发展成横列的巷（胡同），商业店铺沿城市大街布局。

明清时期是我国城市布局的成熟期，明北京城是在元大都的基础上改建扩建而成的，由皇城、内城和外城三部分组成。皇城位于内城的中心偏南，呈不规则的方形。城四方开门，南面的门就是天安门。皇城中的宫城，四面都有高大的城门。宫城内是明清两朝皇帝听政和居住的宫室。内城呈长方形，南面三门，东、北、西各两门。这些城门都有瓮城，建成城楼和箭楼。内城的街巷，大体沿用元大都的规划，分布在皇宫衙署的两侧，有两条南北大干道，胡同则分布在干道两旁。在胡同与胡同之间再配以南北向或东西向的次要干道，从平面上看形成相互垂直的方格形。大、小干道旁散布着各种各样的商店和作坊。胡同小巷则是市民居住区。外城区主要是手工业区和商业区及天坛和先农坛。

2. 中国古代城市规划的特点

（1）按一定的制度进行规划　中国古代的城市，特别是都城和地方城市行政中心，往往是按一定的制度进行规划和建设的。《周礼·考工记》对周代的城市建设制度有明确的记载。

（2）重视城市的选址　中国古代城市一般都重视城市的选址。建设城市之初，会尽可能选择自然条件较理想的地点，包括优越的区位、充足的水源、优美的环境、宜人的气候、丰饶的物产，通常还要考虑到防卫的需要等。例如，中国六大古都的选址，都经过了周密的考虑。

（3）有围绕的墙垣　中国古代城市，上自天子王侯的都城，下至郡、州、府、县的治所，都有城墙和护城河围绕，由城门、城楼、角楼、墙台、敌楼、堞墙、垛口等构成一整套的城防体系。

（4）以方格网街道系统为主，区划整齐　中国古代城市的道路网多为方格形，这种街道便于交通，街坊内便于布置建筑。

（5）采用中轴线对称的平面布局　中国古代城市采用中轴线对称的平面布局。中国古代城市以宫殿、衙署或钟楼等公共建筑为中心采用中轴线的规划布局，反映了统治阶级严格的等级观念和秩序感。

（6）重视水源的利用和城市的绿化　中国古代城市规划重视水源的利用和城市的绿化。例如，元大都自玉泉山引水入城，注入太液池，为金水河，此河提供皇宫用水，开凿通惠河使江南货物粮船直达什刹海码头。城市绿化自汉以来，在主要大道两侧植槐。洛阳从隋朝起，以樱桃、石榴作行道树，河岸则植柳。

3. 城镇类型

（1）古都　都城是一个国家在一定社会时期的政治、经济、文化、科学、交通、国际交往中心，必然集中了全国的人之精英，物之精华，并经过大规模的营造，最能体现一个国家在一定时期各个领域的最高成就，因而必然既是国际旅游也是国内旅游的重点。中国古代曾作为都城的城市有很多，其中最引人注目的七大古都是西安、开封、洛阳、杭州、南京、北京和安阳。

（2）古代名城　以名人故乡、遗迹或名胜古迹等见长，有着灿烂文化、悠久历史和较高知名度的古城为古代名城。例如，曲阜因孔子的故乡及“三孔”而闻名，承德因避暑山庄而著名。这样的古城还有乐山、大同、敦煌、丽江、平遥、苏州等。

（3）物产名城　物产名城是以著名物产的产出地而闻名的城市，如景德镇（瓷器）、宜兴（紫砂）、湖州（笔）、歙县（砚台）、潍坊（风筝）、东阿（阿胶）等。

（4）特色小城镇　特色小城镇是指保存完整、特色鲜明的古镇，如中国四大名镇，即开封朱仙镇、湖北汉口镇、江西景德镇、广州佛山镇。除此之外，全国各地还有大量风格各异的古镇。

（5）中国历史文化名镇（村） 中国历史文化名镇，是由建设部和国家文物局共同组织评选的，保存文物特别丰富且具有重大历史价值或纪念意义的，能较完整地反映一些历史时期传统风貌和地方民族特色的镇。通常，它和“中国历史文化名村”一起公布。从2003年起，国家建设部和国家文物局分六批公布了共计252个国家级历史文化名镇，周庄、同里、角直、西塘等是其中的典型代表。

2.3.3 宫殿与礼制建筑旅游资源

1. 宫殿 宫殿是古建筑中最高级、最豪华的类型，是帝王专有的居所。它以建筑艺术烘托出皇权至高无上的威严。宫，在秦以前是居住建筑的通用名；殿，原指大房屋。秦汉以后，宫殿成为帝王居所中重要建筑的专用名。在首都中，宫殿是国家权力中心，外有宫城，驻军防守。

根据考古发掘，在河南偃师二里头发现了两座规模宏大的宫殿建筑基址，足以证明，早在商代，就出现了宫殿。秦汉以后，宫殿规模更大、更为富丽堂皇，如秦的阿房宫，汉的未央宫、长乐宫、建章宫，唐的太极宫、大明宫、兴庆宫等。宫殿虽豪华壮丽，却大多数都在王朝更替或争夺皇位时，毁于无情的战火或后代的焚毁，只有北京和沈阳两座明清故宫保存完好。

（1）宫殿布局

1）中轴对称。为了表现君权受命于天和以皇权为核心的等级观念，中国的宫殿建筑采取严格的中轴对称的布局方式。中轴线上的建筑高大华丽，轴线两侧的建筑低小简单。这种明显的反差，体现了皇权的至高无上；中轴线纵长深远，更显示了帝王宫殿的尊严华贵。

2）左祖右社。中国古代的礼制思想有一个重要内容，即崇敬祖先，提倡孝道；祭祀土地神和粮食神。历代帝王都提倡以德化治国，推崇孝道，同时也明确有土地才有粮食，“民以食为天”，“有粮则安，无粮则乱”。左祖右社正是这一思想的体现。左祖，是在宫殿的左前方设祖庙，是帝王祭祀祖先的地方，因为是天子的祖庙，故称太庙；右社，是在宫殿的右前方设社稷坛，社为土地，稷为粮食，社稷坛是帝王祭祀土地神、粮食神的地方。古代以左为上，所以左在前、右在后。

3）三朝五门。根据帝王朝事活动内容的不同，朝事分别在不同规模的殿堂内举行，自古就确立了三种朝事活动的殿堂，即三朝制。三朝是指大朝、内朝、外朝。以北京故宫为例，与三朝相对应的建筑，是太和殿、中和殿、保和殿。五门制，是在举行大型朝事活动的宫殿庭院前，沿中线以五道门及辅助建筑构成四座庭院，作为大朝宫殿的前导空间，为突出三朝进行层层铺垫。这五道门由外向内依次为皇城前导门（大清门）、皇城门（天安门）、宫城前导门（端门）、宫门（午门）、朝门（太和门）。

4）前朝后寝。宫殿自身的布局大体上有前后两部分：前朝，是帝王上朝理政、举行大典的地方，而后寝则是帝王与后妃及其子女生活起居的地方。

（2）宫殿外陈设

1）华表。中国古代设在宫殿、城垣、桥梁、陵墓前作为标志和装饰用的大柱。一般为石制，柱身通常雕有蟠龙等纹饰，上为方板和蹲兽。华表高高耸立，既体现了皇家的尊严，又给人以美的享受。华表竖立于皇宫或帝王陵园之前，作为皇室建筑的特殊标志。

2）石狮。宫殿大门前都有一对石狮（或铜狮）。石狮（或铜狮），有辟邪的作用。又因为狮子是兽中之王，所以又有显示尊贵和威严的作用。按中国文化的传统习俗成对石狮是左雄右雌，亦可以从狮下所踩之物来辨别雄雌。爪下踩着球，象征着统一寰宇和无上权力，必为雄狮。爪下踩着幼狮，象征着子孙绵延，必为雌狮。

3）日晷。日晷即日影，它利用太阳的投影和地球自转的原理，借指针所生阴影的位置来显示时间。

4）嘉量。嘉量是我国古代的标准量器，含有统一度量衡的意义，象征着国家统一和强盛。

5）吉祥缸。吉祥缸是指置于宫殿前盛满清水以防火灾的水缸，有的是铜铸的，古代称之为“门海”，比喻缸中水似海可以扑灭火灾。

6）鼎式香炉。有盖为鼎，无盖为炉。鼎式香炉是古代的一种礼器，举行大典时用来燃檀香和松枝。

7）铜龟、铜鹤。龟和鹤是中国文化中的神灵动物，用来象征长寿，庆贺享受天年。

2. 礼制建筑　“礼”为中国古代“六艺”之一，并逐渐形成了一套完整的宗法礼制，包含着浓重的对祖先的崇敬，对土地、粮食、天地、日月、各种神的崇拜，对各种文神、武神及其他神的尊敬，集中反映了封建社会中的天人关系、阶级与等级关系、人伦关系、行为准则等，成为上层建筑的重要部分，在维系封建统治中起着非常大的作用。因而也必然出现了能够体现这一宗法礼制的建筑，即礼制建筑。其中以庙坛最具代表性。

（1）祖庙　祖庙是祭祀祖先的地方。帝王的祖庙称太庙，现存有北京太庙。北京太庙位于天安门左侧，现为北京劳动人民文化宫。北京太庙有明显的中轴线，左右配殿严格对称。其位置也严格遵循中国传统的“左祖右社”的规定。除了帝王的祖庙外，民间还有许多家族的祠堂和家庙。

（2）北京社稷坛　中国传统的治国思想是“以农为本”。发展农业生产与土地密切相关，北京社稷坛则是帝王祭祀土地神和粮食神的地方，位于天安门右侧。主体建筑为坐落在中轴线上的社稷坛和拜殿。社稷坛为汉白玉砌成的三层方坛，用五色土覆盖于上层坛面，中央为黄，东方为青，南方为红，西方为白，北方为黑，以象征“普天之下，莫非王土”和祈求全国风调雨顺，五谷丰登。

（3）天、地等坛　祭祀天、地、日、月、泰山神等活动，是历代帝王登基后的重要活动。因为君权“受命于天”，且要秉承天意治理国家，所以皇帝必须亲自于冬至日去天坛祭天，祭天在南郊；而土地是国家的根本，皇帝必须亲自或派人于夏至日去地坛祭地，祭地在北郊；万物生长靠太阳，所以必须于春分日到日坛去祭日，祭日在东郊；月亮为夜明之神，另有二十八宿（星宿）、五星（金、木、水、火、土），也必须于秋分日到月坛祭月，祭月在西郊。因为祭祀天、地、日、月都在郊外进行，所以统称郊祭。历史上还有许多皇帝登五岳之首泰山祭泰山神，举行封禅大典，如秦始皇、汉武帝等。

在众多祭祀礼仪中，最重要的是祭天。所以在所有礼制建筑中，地位最高、规模最大、艺术成就最突出、保存最完好的要数天坛，也是中国现存最大的古代祭祀建筑群。1988 年，天坛被列入《世界遗产名录》。

（4）名人祠庙　礼制建筑还包括许多纪念历代名人的祠或庙。其中全国各地保存的历代孔庙最多，尤以孔子故乡山东曲阜的孔庙规模最大，时代最早。曲阜孔庙与孔府、孔林合称“三孔”，1994 年被列入《世界遗产名录》。另有祭祀诸葛亮的武侯祠、杭州的岳飞庙、福建的林则徐庙、湖南汨罗的屈子祠、四川峨眉山的三苏祠、台湾的郑成功庙等。

2.3.4　陵寝旅游资源

大约在十多万年前的旧石器时代中期，人类便产生了万物有灵的原始宗教观念。当时，人们认为人死后，肉体可以消失，而灵魂长存不死，并同他生前所在的群体保持着密切的联系。为了祈求祖灵保佑，就产生了祭祀祖先的观念，祭祀祖先除了庙祭之外，还需要为祖先建造阴间安息的地方，即坟墓。

在中国几千年的墓葬史中，帝王陵墓规模宏大，体制完善，是典型的代表，被称为“陵寝”。从战国中期开始，有的君主的坟墓建得最高，像高大的山陵，这是陵的由来；而寝是指皇陵上的宫殿建筑，它是由前朝后寝的宫殿建筑发展而来。根据“事死如事生”的原则，皇帝的陵墓应按其生前所居的宫廷格局设计，所以皇帝死后就在前部制庙以像朝，后部制寝以像寝，作为死者灵魂饮食起居的处所。中国历代帝王无不动用大量人力、物力、财力，修建规模宏大的陵墓和用来供奉、祭祀、朝拜的寝，其形制、规模多种多样，并珍藏着许多珍贵的历史文物，现在大多已成为旅游胜地。

1. 封土的沿革　据文献记载和考古发掘，中国中原地区，最初墓葬是没有坟丘的，大约从周代开始，出现了“封土为坟”的做法，即在墓上堆筑土丘。而统治者的陵墓封土无疑是最大的。

（1）秦汉两代的“方上”　早期帝王的陵墓，是在地宫上用黄土层层夯筑而成，呈覆斗形。因为陵墓的上部是方形平顶，犹如方形锥体被截去顶部，故名“方上”。现存秦始皇陵及汉代帝王陵墓，都是采取方上形式，尤以秦始皇陵为典型代表。

（2）唐代的“以山为陵” 到了唐代，李世民认为平地筑起高坡太劳民伤财，同时为了防止水土流失和盗墓，改为“以山为陵”的形式，即利用山峰作为陵墓坟头，在山丘上造陵。唐乾陵是典型代表。

（3）宋代的“方上” 宋代恢复“方上”的形式，但是其规模比秦汉时代小得多。

（4）明清两代的“宝城宝顶” 明清两代的皇陵形制由汉唐两宋的方形改为圆形，即在地宫上砌筑高大的圆形砖墙，于砖墙内填土，使之高出城墙成圆顶，这一圆顶即为宝顶；城墙上设垛口和女儿墙，犹如一座小城，即为宝城。宝城上建有明楼，楼内立石碑，刻着皇帝的庙号、谥号。

2. 陵园的建筑布局 因为帝王在幽冥世界也要享受在现实世界时的至高无上的荣耀，所以帝王陵寝除了封土之外，陵墓前的建筑规模亦很宏大，富丽豪华。帝王陵的地面建筑主要有四部分：

（1）祭祀建筑区 祭祀建筑是陵园建筑的重要部分，用来供祭祀之用。其主要建筑物是祭殿，早期曾称作享殿、献殿、陵殿等。

（2）寝殿 寝殿是供死者灵魂起居生活的建筑，秦始皇率先在陵墓旁侧设寝殿，开帝陵设寝之先河。帝陵寝殿规模宏大，设施齐全，甚至有宫人定时侍奉。

（3）神道 神道又称“御路”“甬路”，是通向祭殿和宝城的导引大道。历代帝王墓前神道两旁都陈列着石刻群，包括华表、石碑、石人、石兽等，最早出现于霍去病墓，唐乾陵形成定制。唐乾陵陵前石刻不少保存至今，成为珍贵的古代雕刻艺术品。

（4）护陵监 护陵监是专门保护和管理陵园的机构，为了防止被盗掘和破坏，每个皇帝的陵都有护陵监。监的外面有城墙围绕，里面有衙署、市衙、住宅等建筑。

3. 墓室结构

（1）土墓穴 原始社会早期，墓穴形式很简单，只在地下挖一土坑，墓坑仅能容纳尸体，尸体也无特殊东西加以包裹。后将尸体放于底部，周围用一些柔软的树枝、树皮和乱草加以裹衬，再用土填实，地面上不留任何标志。

（2）木椁墓 进入阶级社会后，墓葬制度中存在着严格的阶级和等级的差别，王和各级贵族的墓，都用木材筑成椁室。椁是盛放棺木的“宫室”，即棺外的套棺，用砍伐整齐的大木枋子或原板用榫卯构成一个扁平的大套箱，下有底盘，上有大盖，在椁内分成数格，正中放棺，两旁和上下围绕几个方格，称之为东厢、西厢、头厢、脚厢，分别安放殉葬品。“黄肠题凑”是这种木椁玄宫发展的顶峰，“以柏木黄心，致累棺外，故曰黄肠；木头皆向内，故曰题凑”。

（3）砖砌墓　从西汉开始，普遍采用砖石墓室，木椁室被逐渐取代。西汉中期，中原一带流行空心砖墓。西汉晚期开始出现石墓室，墓室中雕刻着画像，故称“画像石墓”。墓室的结构和发展，也是仿照现实生活中的住宅。经历代发展，砖石砌筑的墓室和地宫一直在不断发展。最著名的地下宫殿，是明代万历皇帝的定陵。

4. 随葬品　随葬品指墓穴里埋藏的物品。由于这些物品“备物而不可用”，其意义“神鬼明之”，故又称“明器”。

原始社会早期，墓中随葬品主要是死者生前喜欢和使用过的物品，包括陶器、石制或骨制的工具、取火用的磁石、装饰品等物。在同一墓地中，各墓随葬品的多寡、厚薄往往差别不大。原始社会末期，出现了贫富分化的现象。一些部落首领的墓葬中随葬品越来越多，出现了精美的玉石饰物、玉器、陶器、象牙器等。

奴隶社会时期，贫富分化更加悬殊，且随葬之风日盛。王和贵族墓的随葬品极为奢侈，包括青铜器、玉石器、漆木器、骨角器等。商代还流行人殉制度。商王和大贵族的陵墓，殉葬者少则数十人，多则一二百人。人殉在西周中期稍减，从战国开始，用木俑和陶俑随葬的风俗已盛，这可看作是人殉的替代。秦始皇兵马俑就是为其殉葬的陶器。

西汉中期以后，随葬品中增添了各种专门为随葬而做的陶质明器，包括仓、灶、井、磨、楼阁等模型和猪、狗、鸡等模型。而汉皇陵随葬品更为丰富，帝王死后还要穿“金缕玉衣”作为殓服，河北满城汉墓及长沙马王堆出土的金缕玉衣就是证明。

唐以后，皇陵的随葬品以珠宝、玉器、字画等贵重物品为主，更为奢华。

宋至明代，随葬品以实用物品和珠宝为主，包括陶瓷器、金银器和玉器。

明代皇陵出现了更为奢华的“金井玉葬”，即指玄宫内的棺床全用“金砖”（一种特别烧制的，工艺极其复杂的“澄泥砖”）铺就，在其中留一孔穴，中填黄土，此孔穴名“金井”，又称“黄泉”。棺的周围放置各种玉器，死者的口中、手中也都实以珠玉，称“玉葬”。清代帝后陵也用了“金井玉葬”。例如，慈禧葬时，嘴里就含有一颗夜明珠。

5. 中国古代墓葬的主要特点

（1）鲜明的政治等级性　墓葬制度所表现出的封土高低大小、棺椁重层多少、墓穴大小形制、随葬品的多少、墓前石刻规格等，都是死者身份的象征，生者权势的体现，具有十分明显的等级性。

（2）强烈的宗法观念　中国古代墓葬与宗法制度密切相关，是宗族伦理观念的反映，又约束人的行为观念，形成强烈的宗族墓地（祖坟）情结。不肖子孙不得入祖坟被认为是最严厉的惩罚，祖坟被毁被认为是最大的耻辱，客死他乡也有葬归祖坟的心愿，即为明证。

（3）“事死如事生”的表现形式　以死者生前生活情形来安排死者的墓葬，在中国古代墓葬中表现十分突出。例如，历代帝王公侯陵墓的多重墓室，尽显生前的宫殿庭堂风采。又如，秦始皇陪葬有象征秦军的兵马俑；唐乾陵前的石像生、石翁仲，如皇帝御下的满朝文武。

（4）深受“堪舆学说”的影响　相地之术——堪舆学说对墓地选址及布局影响之大，远过于阳宅之风水。迷信认为阴宅风水的好坏，与子孙福祸密切相连。帝王陵墓要反复踏勘确定，讲究聚气纳势，依山带河，以求王气永存。

6. 中国现存著名的古代陵墓

（1）秦始皇陵　秦始皇陵位于陕西省临潼区骊山北麓，是中国古代最大的一座单一帝陵，也是世界上最大的一座单一陵墓。作为中国历史上第一个封建王朝的统治者，秦始皇从即位（公元前 246 年）就开始为自己筑建陵墓，历时 36 年。1987 年，秦始皇陵被列入《世界遗产名录》。

（2）汉茂陵　汉茂陵是汉武帝刘彻（公元前 157 年～公元前 87 年在位）的陵墓，位于陕西兴平县，是西汉帝陵中规模最大的一座。始建于汉武帝即位后第二年（公元前 137 年），历时 53 年才修成。陵前石刻 16 件为我国最早陵墓石刻的遗存，浑厚传神。

（3）唐代帝陵　唐代历时 290 年 20 帝，其中 18 位皇帝葬于渭水之北、北山之阳，东西绵延 120km 多，号称唐十八陵。最为典型的是昭陵和乾陵。

唐昭陵位于陕西省礼泉县，是唐十八陵中规模最大的一座。以九峻山为陵丘，首开唐代以山为陵的先例。从唐贞观十年（公元 636 年）太宗文德皇后长孙氏首葬到开元二十九年（公元 743 年），昭陵陵园建设持续了 107 年之久。地宫开凿于山南半腰绝壁处，昭陵六骏原置于玄武门内，为著名石刻艺术品。昭陵南侧有 180 余座陪葬墓，使陪葬从葬成为定制。

唐乾陵位于陕西省乾县，是我国唯一的两位皇帝——唐高宗李治和女皇武则天的合葬墓。陵前遗存石刻 114 件，武则天的无字碑就在其中。

（4）北宋帝陵　北宋帝陵位于河南巩义市境内。北宋九个皇帝，除徽、钦二帝被金虏后囚死漠北外，其他七帝八陵（包括赵匡胤父亲赵宏殷墓）均葬于此，附葬皇后 20 余个。陪葬宗室及王公大臣，如寇准、包拯等墓 300 多座。

北宋帝陵一改居山面河居高临下的布局传统，面朝嵩山，背负洛阳，南高北低，陵台封土最低，这是因为赵姓在五音中属角，“吉自高山来”的风水思想影响所致。宋陵规制整齐划一，由南向北依次为鹊台、乳门、华表、石像生、上宫及陵台、后陵、下宫。石刻数量多且保存完好。

南宋帝陵位于浙江绍兴一带，因思归葬中原，营造简陋，今尚存遗迹。

（5）元代帝陵　元代帝王驾崩，多运草原深埋，马踏去迹，不封不树，难觅其所在，仅存有成吉思汗陵。成吉思汗陵位于内蒙古伊金霍洛旗的鄂尔多斯草原上，陵园方圆7.5km，由3座蒙古包式大殿和廊庑构成，中央纪念堂高20m，上穹隆顶下八角形，中为成吉思汗坐像，两廊为事迹壁画，后为灵柩寝宫。每年农历三月十七日举行公祭大典。

（6）明代帝陵　明代帝陵包括南京明孝陵、北京明十三陵和景泰陵、湖北钟祥明显陵。

其中明十三陵最为集中，位于北京市昌平区北天寿山南麓，是我国保存最完整的帝王陵园。各陵布局规则基本相同，三进院落，有陵门、碑亭、棱恩门、棱恩殿，方城明楼，宝城宝顶。

（7）清代帝陵　清代帝陵共分四个陵区：永陵在今辽宁新宾；清太祖福陵和太宗昭陵在今辽宁沈阳附近；清东陵位于河北遵化市；清西陵位于河北易县。清东陵、清西陵的平面布置沿袭了明代诸陵的旧制，只是其坟丘上部增设了月牙城。清东陵以孝陵为中心，其他陵墓依山势在孝陵东、西两侧呈扇形展开，左右对称形成子孙陪护之势。西陵以泰陵为中心，其他帝陵分布在东西两侧。

2.3.5　园林旅游资源

1. 中国园林的起源与发展　什么是园林？刘振礼的观点是：中国园林是为游览观赏、起居理事、读书养性而建的，包括山、水、石、动植物与厅、堂、馆、榭、楼、台、亭、阁、路、廊、桥等各种建筑物的综合建筑群。在园林中，自然景物、人工建筑巧妙结合，且融雕塑、绘画、文学、书法、金石艺术于一体，造就出富有诗情画意的艺术性境界。中国园林艺术具有悠久的历史。纵观其发展过程，大致可分以下几个阶段：

（1）商周——中国园林的萌芽时期　中国园林起源可追溯到黄帝时期。相传黄帝时即有囿，囿内主要建筑为台。囿，即在圈定的范围内让草木鸟兽滋生繁育，供狩猎之用。台是用土堆筑而成的高台，供观天象、通神明之用。而有史可证的最早的园林则是公元前11世纪商纣王所建的“沙丘苑台”和周文王时期的灵台、灵沼、灵囿，其他诸侯也多建园囿、宫苑。此为中国园林的萌芽时期。园林的特点是以自然景色为主，少事人工。

（2）秦汉——中国园林的奠基时期　秦始皇统一六国之后，在都城咸阳修建上林苑，并“筑长池，引渭水，……，筑土为蓬莱山”（《三秦记》），以供游乐观赏。汉代继续修建上林苑，将其范围扩充至周围超过150km，宫苑内饲养珍禽异兽，多植花木，凿池堆山。汉武帝为求长生，听信术士之言在建章宫内开凿太液池，池中堆筑蓬莱、方丈、瀛洲三岛，以象征传说中东海上的三座仙山，从而开创了皇家园林“一池三山”的主要模式。同时，亦有私人园林出现。此为中国园林的奠基时期。这一时期的园林以模拟自然山水为特色。

（3）魏晋南北朝——中国园林艺术的转变时期　魏晋南北朝时期，因连年战争，社会动荡，文人士大夫多逃避现实，崇尚玄学，寄情山水，山水诗画大力发展，推动了中国古典园林的发展。园林艺术不再是单纯的模仿自然，而是对其进行艺术加工处理，形成了我国园林源于自然而高于自然的艺术特色。构园正如绘画，正所谓“竖画三寸，当千仞之高；横墨数尺，体百里之回”。除皇家园林外，这一时期的私家园林异军突起，寺庙园林亦大量出现。尤其是私家园林，其规模虽不及皇家园林，但艺术造诣却远在其上。至此，中国园林的三大类型已告齐备。这一时期著名园林有曹魏邺城铜雀台、北魏洛阳御苑华林园、石崇的金谷园、萧绎的湘东园等。

（4）唐宋——中国园林的成熟时期　唐宋时期，国富民强，文学艺术昌盛，造园艺术进一步发展。无论是皇家园林，还是私家园林，都规模空前。园林艺术方面，因官僚及文人墨客参与造园，从而促进了山水诗、山水画与园林艺术的相互渗透，使得这一时期园林自然美与艺术美达到高度、巧妙的结合，中国园林进入了成熟时期。著名皇家园林有大明宫、兴庆宫、华清宫、艮岳、琼林苑、玉津园等。私家园林如王维的辋川别业、李德裕平泉山庄和丛春园、沈尚书园等。唐朝长安还出现了我国历史上的第一座公共游览性质的大型园林——曲江池。

（5）明清——中国园林的巅峰时期　明清时期，园林艺术达到巅峰。园林规模更是前所未有，以圆明园、颐和园、避暑山庄等皇家园林为代表的北方园林和以苏州、杭州、无锡等地的私家园林为代表的江南园林都蓬勃发展起来。在园林艺术和技术方面，都达到了最高的水平。尤其是江南园林的艺术境界之高，最能体现文人墨客所追求的“诗情画意”，也使其成为北方皇家园林模拟和仿造的对象。

到了清朝末年，因政局江河日下，不仅园林艺术亦无进展，反使一代名园圆明园毁于一旦。近代虽有造园，但终不及明清园林。

2. 中国园林的艺术特征　世界上的园林据风格特征可分为两大系统：一类是18世纪以前的欧洲园林；一类是中国的古典园林。欧洲园林又称几何式园林、规整式园林或规则式园林。欧洲园林艺术追求人工美，整齐一律，均衡对称。因此，园林中无论是树木花草的配置，还是道路、喷泉、水池、花坛的建造，无一不以“几何图形”为特色，处处给人以人工雕塑之感。而中国园林则呈现完全不同的风格特征。

（1）造园艺术，师法自然　中国古典园林属于写意自然山水型。造园艺术，讲究师法自然，即以客观存在的自然山水为蓝本，按照特定的艺术构思，经艺术加工提炼，将山光水色、四时景象、贵贱僧俗等荟萃一处。正如宗炳在《山水画序》所云：“纳千顷之汪洋，收四时之烂漫”，以借景生情，托景言志，从而形成情景交融的艺术境界。

师法自然主要体现在两个方面：其一是园林的总体布局要合乎自然，即园林的选址要与周围的环境相协调，因地制宜，因势利导；园林中山、水、石、树木花草等各要素的组合，要符合自然山水的组合规律，充分体现自然山水之美，让人身处其中，有回归自然的感觉。其二是园林中每一山水要素的形象组合也要合乎自然规律。例如，堆砌假山，石与石之间叠砌时要符合天然岩石的纹脉，尽量减少人工拼叠的痕迹；园林中的水，应随形而弯，就势而曲；树木花草的配置应疏密相间，妙趣天成。

（2）造园手法，有定法而无定式　它是指有固定的法则而无固定的程式。其基本法则是：“虽由人作，宛自天成”。园林虽是人工所为，但应达到妙造自然的境界。为此，在园林布局上，园林建筑要顺应自然，与自然相协调；在空间处理上，则追求分割、通连、伸缩、虚实等手法，分隔空间，以突破园林空间有限的局限性，使大者不感其旷，小者不觉其促，而完全融于自然之中。

（3）中国园林追求“三境”　“三境”即指“生境”“画境”“意境”三种艺术境界，而以“意境”为最终目标。所谓生境，即追求自然美，要求园林要体现自然之美，符合自然之趣；所谓画境，即追求艺术美，要求园林犹如绘画，源于自然而高于自然；意境追求理想美，要求园林情景交融，借景能生情，托景能言志，即通过种种技巧和手法，用山、水、石、动植物及亭、台、楼、阁等具体的形象要素，将诗情画意体现出来。例如扬州个园，最妙之处在于利用不同颜色的山石与不同品种的植物相配置，利用“枯山水”手法，造就春夏秋冬四季之景。游人在此游览一遍，一日之内便可领略四时情趣。

3. 中国园林的分类

（1）依园林的性质分类　中国古典园林依性质可分为皇家园林、私家园林、宗教园林三大类。

1）皇家园林。皇家园林又名囿、苑、宫、城、山庄等，是专供帝王游乐之所。皇家园林起源最早，相传黄帝时期即有“囿”，是供帝王游猎的场所，同时也带有炫耀武功的政治色彩，故常建在政治军事要地。皇家园林一般面积很大，动辄占地几千亩。园林中多保持天然环境和自然景色，多有鸟兽，真山真水较多。传统皇家园林力求形成“一池三山”的意境，这是中国皇家园林自汉代以来的传统模式。“三山”象征海上的蓬莱、瀛洲、方丈三山，表示帝王身在园中犹如置身神仙世界。皇家园林功能分区明确，一般分政治活动区、游览区和生活区。为满足帝王在园中政治活动的需要，政治活动区常有局部的中轴线，轴线上的建筑色彩炫丽，体形高大，一如宫殿建筑金碧辉煌，其他景区则力求自然。典型代表有北京的颐和园、北海公园，承德的避暑山庄等。

2）私家园林。私家园林又称“府宅园林”“宅园”，是供文人雅士，尤其是王公贵族、富豪商贾游乐之所，多依附于府宅院内。私家园林因财力有限，规模较小，一般大者才有几公顷。面积虽小，然营造精心，故艺术水平较高。园林中常用假山假水，建筑小巧玲珑，色彩淡雅素净。典型代表有北京的恭王府、上海的豫园、苏州的网师园等。

3）宗教园林。宗教园林是指附属于宗教建筑、祭祀场所和陵寝的园林，而多建于城郊旷野之处，以获得肃穆清静的环境。园林总体布局独具匠心，且广植松柏、银杏等特定品种树木，以造就肃穆、庄严、神秘的意境，达到对人产生强烈感应的目的。典型代表有北京的天坛、杭州的灵隐寺、陕西黄帝陵等。

（2）依艺术风格分类　中国古典园林据艺术风格的不同，可分为北方园林、江南园林和岭南园林三种流派。

1）北方园林。北方园林一般分布于北京、西安、洛阳、开封等古都城及其附近地区，而以北京为中心。它主要指北京及其附近的皇家园林和私家园林，而以皇家园林为代表，规模宏大，雄伟豪放，充分体现“北方之雄”的特色。园林风格粗犷，多天然野趣，各种人工建筑偏于厚重。因地处北国，秀媚不足，故常依照江南景色或模拟江南名园。例如，颐和园的谐趣园乃仿无锡寄畅园，苏州街则是苏州市景的再现。典型代表有北京的颐和园、恭王府，承德的避暑山庄等。

2）江南园林。江南园林中的“江南”是指长江下游太湖流域一带。因自然条件优越，经济发达，富商文人云集，亦成园林荟萃之地。江南园林多属私园，以宅园为主，规模有限，小巧玲珑，但布局巧妙，构景雅丽，极具“南方之秀”。园林中多奇石秀水，青瓦白墙，小桥流水，淡雅而幽静，极富田园情趣，称之为“城市山林”最为贴切。园林主人多为达官巨富、文人墨客，或仕途失意，或解甲归田为颐养天年而建，故意境多趋消沉。江南园林因艺术造诣最高，故常作为中国园林的代表，成为后人效法范例，其影响渗透到各类园林之中。江南园林分布在苏州、杭州、无锡、镇江、扬州等地，而以苏州为最，不仅数量多，且艺术水平高。故史有“江南园林甲天下，苏州园林甲江南”之说。其中典型代表有沧浪亭、狮子林、拙政园、留园，号称“苏州四大名园”。

3）岭南园林。岭南园林分布在以珠江三角洲为中心的南亚热带地区，以私家宅园为主。因地理位置因素影响，植物终年常绿，故具有明显热带亚热带景观特征。岭南园林历史发展较晚，造园艺术吸取北方园林与江南园林的特点，近代又受西方构园技法的影响，故园林风格具有综合性特征，兼备北方园林与江南园林的特点，又有西方园林的某些特点。岭南园林的建筑物洗练简洁，轻盈秀雅；室内造景，内外呼应。岭南园林主要分布在广州、潮州、番禺、佛山、顺德、东莞等地，其中典型代表有顺德之清晖园、东莞之可园、佛山之十二石斋、番禺之余荫山房，被称为“岭南四大名园”。

4. 园林常用的构景手段　中国园林为求意境深远，往往用多种构景手段来表现，以求得渐入佳境、小中见大、移步换景的理想境界，以取得自然、淡泊、恬静、含蓄的艺术效果，常用的构景手段有以下几种：

（1）借景　所谓借景即借别处景色、借园外景色来丰富或衬托本园景色。园林不管规模如何，空间总归是有限的，如何才能扩大空间，增加景深和层次？最好的办法即是借景。借景因距离、视角、时间、地点不同而有远借、邻借、仰借、俯借、应时而借之分。借园林外远处的景物，叫远借，如颐和园借西山玉泉山之景；借邻近的景物叫邻借，如沧浪亭之借园边水景；借高处景物称仰借，如北京北海公园之借景山；借低处景物称俯借，如登杭州六和塔展望钱塘江上景色；借四季的花或其他自然景色，称应时而借，如春借桃柳，夏借风荷，秋借丹桂，冬借飞雪等。

（2）障景　障景又称抑景，即在园林中能抑制视线，引导空间转变方向的屏障景物均为障景。中国传统艺术历来讲究含蓄，园林造景亦是如此，最好的藏在最后。即所谓欲扬先抑，欲露先藏，造成“山重水复疑无路，柳暗花明又一村”的效果。例如园林入口处常迎面挡以假山、竹丛或古树，阻挡视线，以免一览无余，此即障景手法。

（3）对景　在园林中，登上亭、台、楼、阁、榭，可观赏堂、山、桥处，而在堂、山、桥等处，则可观赏亭、台、楼、阁、榭。这种从甲观赏点观赏乙观赏点，从乙观赏点观赏甲观赏点的构景方法，叫对景。例如上海大观园内，登大观楼而赏怡红院、潇湘馆，同样，登怡红院、潇湘馆也可赏大观楼，此即对景手法。

（4）添景　若主景的前方大而空，就显得单调，缺乏层次，则在中间可通过添加建筑小品、树木花卉而使景深富有层次感，此种构景手段即为添景。例如，在颐和园昆明湖南岸欣赏万寿山时，因湖岸倒挂的垂柳的装饰使万寿山更加生动。

（5）夹景　为突出优美的主景，常将视线两侧的较贫乏的景观用建筑物或树木花卉加以屏障起来，以突出主景，使其更富诗情画意，此即夹景手法。例如，在扬州瘦西湖划船，远方的主景是白塔，通向白塔的两岸是长堤春柳，从湖中看，长堤春柳对远方白塔即发挥夹景作用。

（6）框景　利用门、窗、洞或树干树枝所形成的框，有选择的摄取另一空间的景色，恰似一幅嵌于镜框中的图画。这种利用景框所观赏的景物，称为框景。例如在苏州网师园的集虚斋内，透过月洞门可见园内的假山、花木等美景，即为框景手法。

（7）漏景　由框景发展而来，即通过漏窗取景。漏窗是指雕有各种美丽的图案如动植物或几何形状的窗。透过漏窗，使景色若隐若现，比较含蓄，有“犹抱琵琶半遮面”之感。此外，还可通过花墙、漏屏风、漏隔扇、树干、疏林、垂柳取景。例如透过葡萄、老梅、修竹等图案的窗隙，可见园外或院外的美景，此即漏景手法。

（8）点景　点景即抓住景色的特点进行概括，点出景色的精华，点出景色的境界，为景点增加诗意，提高品位。点景手法很多，如景色的命名、园林题咏、导游说明等。最常见的是园林题咏，可用对联、匾额、石碑、石刻等表现出来，增添园林艺术魅力。例如，济南大明湖小沧浪园对联："四面荷花三面柳，一城山色半城湖"，虽寥寥数语，"尽画了大明湖的绝景"（刘锷《老残游记》），有画龙点睛之妙。

5. 园林的旅游功能　中国古典园林因造诣之高，而成为一项极其重要的旅游资源。有些城市如承德、苏州、扬州、无锡等之所以名扬四海，其主要原因就在于它拥有出色的园林。

中国古典园林具有深远的艺术意境，它通过巧妙组织构思，将山光水色、四时景象、贵贱僧俗等以诗情画意的形式融于园林之中。帝王宫苑体现的是帝王的唯我独尊；坛庙寺院表达的是祀祖、祀神求得庇护的意愿；私家园林则以梅兰竹菊"四君子"和松竹梅"岁寒三友"等来寓意文雅和高洁。古典园林的这种艺术境界，足以陶冶游人的性情，涤荡游人的心灵。

中国古典园林亦是重要的历史见证地。皇家园林与帝王活动息息相关，许多重大历史事件即发生于园林之中。例如，慈禧发动政变于承德避暑山庄，戊戌政变之后，又将光绪皇帝幽禁于颐和园的玉澜堂和中南海的瀛台。私家园林也常与历史名人有关，如陆游、唐琬泪洒沈园，李清照与漱玉泉，薛涛与望江楼等，都是比较突出的例子。

中国古典园林文化特色明显，能提高游人的艺术修养和鉴赏水平。例如，园林中凡建筑物必有楹联匾额，山石多有题刻。这些楹联匾额和题刻从内容看，往往点出风景特色，启发想象，或表达园主的志趣，箴规游人的思想；从文辞看，多源于名人名篇，蕴含典故，言辞隽永，耐人寻味；从书法看，多出自名家手笔，书艺精湛，故能提高游人的文化艺术修养和鉴赏水平。

2.3.6　古代著名工程旅游资源

1. 城防工程　城是中国古代都邑周围用土或砖石砌成的防御性墙垣。中国古代的城市，无论是都城还是郡、州等的治所，都有城墙和护城河围绕。护城河为城防的第一道关，上有吊桥，便于平时进出和战时抗敌。城墙上有城门、城楼、角楼、墙台、敌楼、垛口等防御工事，构成坚固的防御体系。在城墙的建筑方面，宋代之前的绝大多数城墙均为夯土建筑。但在边塞重镇，则采用石料或其他材料砌成。到宋代，开始用砖包砌城墙。明朝中期后，砖砌城墙普及，清朝县城以上的城市皆为砖砌。目前我国保存较为完好的古城墙很多，如北京故宫紫禁城、西安古城、平遥古城、辽宁兴城和荆州古城等。

西安城墙是明代初年在唐长安城的皇城基础上建筑起来的，总周长 11.9km，有城门四座，每个城门都由箭楼和城楼组成。现存的西安城墙建于明洪武七年到十一年（1374—1378），至今已有 600 多年历史，是中世纪后期中国历史上最著名的城垣建筑之一，是中国现存最完整的一座古代城垣建筑。

2. 长城　长城是中国古代军事工程体系中最大的防御工程，堪称世界奇迹的伟大工程之一，其修筑历时之长，规模之大，体系之全，保存之好，为世所罕见。

长城的修建最早可追溯到公元前 7 世纪的西周。春秋战国时期，列国纷争，各诸侯国之间为互相防御，同时还须防止北方游牧民族的南侵，纷纷修筑长城，主要有齐、楚、燕、韩、赵、魏、秦、郑等国的长城。有史记载的最早的长城是齐、楚长城。齐长城西起济水，东至琅琊，全长超过 500km。楚长城以南阳为中心，在其东、南、西三面，利用伏牛山地形，依山为壁，临水为堑，连山相接，构成一道超过 500km 的“楚方城”。其他如燕长城，西起造阳，东至辽东。魏长城分东西两段，目前在陕西韩城市南马凌庄附近所发现的魏长城，是我国保留的最早的古长城遗址。在中国历史上，曾在秦朝、汉朝和明朝，出现三次修筑长城的高潮。

秦始皇统一六国之后，为防止北方少数民族的入侵，从公元前 214 年起，令蒙恬率 30 万大军，开始大举修筑长城。但秦长城并非从无开始，而是把原战国时燕、赵、秦三国北边长城加固连接并向外扩展，修起了一条西起临洮（今甘肃岷县），东止辽东，延袤一万余里的长城，俗称万里长城，开万里长城之始。此为中国历史上修筑长城的第一个高峰期。值得注意的是，秦始皇在修筑长城的同时，还拆毁过境内长城，以利于境内统治和交通。目前在内蒙古包头附近，甘肃临洮附近等多地有秦长城遗迹残存。史传秦始皇为修长城大量征集民伕，激起民怨，故民间流传有孟姜女哭长城的故事。

汉代立国之后，始终以匈奴入侵为大患，故在大力开展军事外交活动，打通了陆上丝绸之路的同时，在秦长城之外大规模修筑外长城，以为丝绸之路北部的屏障。汉长城西起罗布泊，东止鸭绿江，绵延一万余千米，为我国历史上规模最大，长度最长的长城。

汉代之后至明代之间，也有不少朝代如北宋、金等朝代有修城之举，只是规模不如其前，其中规模较大的是金代，在蒙古高原上修筑了西起河套西曲东至嫩江西的金长城，长度超过 5000km。

明代为防御少数民族部落的侵扰，曾多次大规模地修筑长城。朱元璋立国之初，因天下初定，外患仍频，乃定下三大国策，第一条即是“高筑墙”。自建国第一年始即派大将徐达筑构长城，直至清兵入关，山海关的工程尚未完工。一般常说明长城西起嘉峪关，东至山海关，全长超过 6350km，实际上延伸至山海关外的辽东鸭绿江畔，是我国历史上工程质量最坚固、设计最科学、结构最完善、保存最完好、旅游价值最高的长城。目前，长城主要旅游点如北京八达岭、慕田峪，河北山海关、金山岭，甘肃嘉峪关等几乎都是明代长城。

明代长城由城墙、城台、关隘、烽火台四大部分组成一道可攻、可守、可防御敌人的防御工程。城墙是长城的主体工程，以条石为基，表层多以砖石包砌，规则而坚固，外侧墙设垛口，上有瞭望口及射孔，供瞭望、射击等之用。城台建于城墙之上，一般为拱形结构，主要用于守卫长城的士兵住宿、储存弹药武器及站岗放哨、抵御外敌之用。关隘是长城上的军事要道，常设在山势险峻的交通咽喉地带。关隘的关城，大都由方形或多边形的城墙及城门、城楼、墩台相互结合而成，有的还有护城河。关隘的关城能驻扎和部署较多的兵力，储备足够的兵器、食粮和军用物资，直接供应和支援关城所管辖范围内长城线上的防御作战。烽燧是一种墩台式的报警建筑，夜晚以火光传递军情，曰“烽”，白昼燃烟或举醒目标志传递军情曰“燧”。

回顾中国修筑长城的历史，从春秋战国列国开始，历经秦、汉、西晋、北魏、东魏、北齐、北周、隋、唐、辽、金、明等十几个朝代，延续了2500余年，几乎贯穿了整个封建社会阶段。所修长城分布于今新、甘、蒙、宁、晋、陕、京、津、辽、吉、黑、鲁、冀、鄂、湘等十几个省、市、自治区，总长度超过5万km。工程规模之大，持续时间之长，令人惊叹。尤其是长城在历史上对捍卫国家的疆域，保卫人民的安宁所起的作用不容低估。

3. 古代水利工程　我国历史上先后兴建了众多的水利工程，它们对地区乃至全国的政治、经济发展曾起过重大作用，有些至今仍在发挥巨大的效益。它们是古代劳动人民科学改造自然的见证，典型代表有都江堰、灵渠、京杭大运河、坎儿井等。

（1）都江堰　都江堰水利工程位于四川省都江堰市境内的岷江，建于公元前250年的战国末期，由秦蜀郡太守李冰父子主持修建，是我国现存最早的古代水利工程。此项工程由分水鱼嘴、飞沙堰溢洪坝、宝瓶口引水渠三部分组成，三者之间相互配合形成设计科学、调度有序的水利工程，既可引岷江之水浇灌田园，又能有效分洪减灾，还有航运、流送木材之效益。2000年11月，都江堰与附近青城山一起作为自然与文化双重遗产被列入《世界遗产名录》。

（2）灵渠　灵渠又名湘桂运河，位于广西兴安县境内，是2100多年前秦始皇为统一岭南，命史禄主持兴建，全长34km，主要工程由铧嘴、分水坝（大、小天平）、南渠、北渠、泄水坝、陡门等组成。由此把湘江与漓江连接起来，沟通了长江与珠江两大水系，从而促进了中原与岭南的经济与文化交流。尤其是陡门的设计，技术高超，解决了船只在落差大的河流中航运的问题，使船只能逐步升高，其原理和功能与现代船闸相同，只是设施简单一些而已，是现代船闸的先导。

（3）京杭大运河　京杭大运河北起北京，南至杭州，全长1794km。它纵贯北京、天津、河北、山东、江苏、浙江六省市，沟通了海河、黄河、淮河、长江、钱塘江五大水系，为世界上最早最长的人工运河。

大运河的历史，可追溯到公元前5世纪的春秋末期，吴王为北上争霸而开“邗沟”（今淮安至扬州），此即大运河的前身。战国初期，魏国也曾开“鸿沟”（沟通黄河和颍河）。真正大规模修建是在隋、元两代，先后通达洛阳和北京。建成之后的大运河，不仅在历史上对我国南北方之间的政治、经济、文化的交流起过重要作用，还是南北物资运输的主要通道。因为我国的能源基地集中在北方，而江南是富饶的鱼米之乡，在没有铁路的古代，北方的煤炭、南方的大米及其他农副产品都是靠大运河源源不断地运输。而且大运河至今仍在发挥巨大的作用，尤其是江南段，既是江浙两省的黄金运输线，又是一条黄金旅游线，还是“南水北调”工程的主要通道之一。

（4）坎儿井　坎儿井是分布于我国西北干旱地区的一项特殊水利工程，其方法是在山前地下水丰富的地带，通过若干竖井、引水暗渠、地上明渠把地下水引到适宜地点，用于生产和生活。这种方法既有效地避免了渗漏和蒸发，又保持了水质的纯净，是沙漠地区绿洲赖以存在的基础。历史上坎儿井的总长度逾万千米，现存仍有1100多条，总长超过3000km，以吐鲁番为最多。

4. 古代的桥梁

（1）河北赵州桥　赵州桥又称安济桥，位于河北赵县洨河之上，为隋朝著名工匠李春主持修建，为“空腹式”石拱桥。赵州桥桥长50.82m，宽9.6m，净跨37.35m，由28道独立纵向并列石拱砌筑，其间用铁榫连接为一体。赵州桥的跨度大而弧形平，桥拱肩敞开，主拱之肩又各建两个小拱，这一设计，既省料减轻桥重，又减少水流阻力，增大泄洪能力，外观轻盈美观、构思精巧，使其历时1300余年而安然无恙，乃桥梁史上的一大奇迹。

（2）北京卢沟桥　卢沟桥位于北京西南15km的永定河上。初建于金，现桥为康熙三十七年（公元1698年）重建。桥长266.5m，宽7.5m，下分11个涵孔，是我国北方最大的古代石桥。桥身两侧护栏、望柱雕有精美的石狮，大小相连，难计其数，故老北京曾流传“卢沟桥的石狮——数不清”的歇后语，1961年北京文物部门用编号清点的办法，确定卢沟桥的石狮共计为485只。1937年7月7日，日本帝国主义在此挑起“卢沟桥事变”，发动侵华战争。

（3）福建晋江安平桥　安平桥横跨于福建晋江、南安交界的海湾上。安平桥为南宋时期（公元1138年）所建，原长2255m，现长2070m，为当时世界最长的梁式石桥，驰名中外，享有“天下无桥长此桥”之誉。

（4）泉州洛阳桥　洛阳桥位于泉州市东约10km的洛阳江入海口，建于北宋

（公元 1059 年），原长 1200m，现长 834m，宽 7m，47 孔石梁横架，为我国古代多孔梁式石桥的代表，因洛阳江江阔、水深、浪高，建桥工程艰巨，乃首创“筏型桥基”以造桥墩，同时又大量种植牡蛎以固桥基，开生物固桥之先河。

（5）广西三江风雨桥　位于广西三江程阳的风雨桥，是侗族传统建筑技艺的杰出代表作。桥上建廊亭，形制特殊，可遮风避雨，也是群众贸易聚会之所，极富民族特色。

5. 天文建筑　我国古代在天文观测，历法研究方面成就卓著。几乎每一朝代都有天文观测中心，建有不少天文观测设施，称“观星台”或“观象台”，科学意义重大。保存较好的有：位于河南登封告成镇的周公测景台（唐建）、观星台（元代郭守敬建）和北京的古观象台等。其中登封观星台是我国现存最早，也是世界上最重要的古代天文建筑之一，郭守敬等曾以此台测得的数据而制“授时历”，定一年长度为 365d5h49min12s，与今日历法之间误差仅为 26s，其精确度远远领先于当时世界各国历法。北京古观象台既是世界上使用年代最久、保存资料最完整的天文和气象观测台，也是中国和世界保存古代天文仪器最多的天文展览馆。

2.3.7　宗教旅游资源

什么是宗教？宗教是人类社会发展到一定历史阶段，人类思维能力发展到一定水平后产生的社会现象。它既是一种社会意识形态，也是一种社会历史文化现象，属于上层建筑。说宗教是一种意识形态，是因为它使一些人相信在现实生活之外还存在超自然、超人间的神秘境界和力量，主宰着自然和社会，因而对其敬畏和崇拜。说宗教是一种社会现象，是因为它不仅存在于人们的头脑中，而且拥有庞大的宗教信仰群体、宗教神职人员、宗教活动场所及宗教活动内容。说宗教是一种文化现象，是因为在宗教精神领域中，广泛涉及哲学、政治、思想、道德、文化、艺术，从而形成独特的宗教文化。

原始宗教大约产生于 10 万年前的旧石器时代的中期或更晚。由于当时社会生产力水平低下，人们对许多束缚自身的自然现象、社会现象以及生理上的做梦等现象既不能解释，更无法控制，便幻想出能够主宰一切的“神”并由此产生“万物有灵”的观念，幻想能通过祈祷、祭献或巫术来影响、感化神灵，以达到避祸赐福、消灾免难的目的。于是，一个个神被创造出来，一套套崇拜仪式被发明出来，原始宗教由此而产生。例如，原始社会晚期古埃及、古希腊、古罗马产生了拜物教，同一时期的中国则盛行巫术。随着社会生产力的不断发展，随着阶级和国家的出现，原始宗教逐步衰微，代之而起的是产生了反映阶级社会形态的系统宗教。由于不同地区的自然环境、社会历史、民族及政权形式的不一致，出现了不同形式的宗教，如佛教、基督教、伊斯兰教、道教、神道教、印度教、犹太教等。宗教产生以后，逐渐向人类生活的各个方面拓展，包括哲学、科学、艺术、社会伦理道德以及社会政治制度等方面，最后导致了宗教文化的产生，宗教在世界许多国家和人民的政治、经济、文化生活中起着重大作用。

中国历史上曾经流传的宗教有道教、佛教、基督教、伊斯兰教等，其中佛教、基督教、伊斯兰教称“世界三大宗教”。

1. 佛教

（1）产生、传播　佛教起源于公元前6世纪~公元前5世纪的古印度，创始人为悉达多·乔达摩，成佛后佛教徒尊称为“释迦牟尼”（意即“释迦族的圣人”）“佛”或“佛陀”（意即“觉悟者”）。他是古印度迦毗罗卫国净饭王的太子，其母是摩耶夫人。相传他诞生于蓝毗尼花园。释迦牟尼长大后深感人世间充满了生、老、病、死等种种苦难，立志求解脱之法，于29岁出家修行，苦修6年仍一无所获。35岁时弃苦行而至菩提伽耶，在一棵菩提树下打坐静思，立誓“如不成佛，誓不起座”，经七七四十九天，终于悟得“四谛”、“十二因缘”，得道而成佛。得道后，释迦牟尼在鹿野苑初转法轮，弘扬佛法，传教45年，至80岁涅槃于拘尸那迦。释迦牟尼出生地蓝毗尼花园、成道地菩提伽耶、初转法轮地鹿野苑、涅槃地拘尸那迦是举世闻名的佛祖四大圣迹。

佛教产生之后，在印度于公元前3世纪孔雀王朝阿育王时期非常兴盛，逐渐分裂成大乘佛教和小乘佛教两大派别，并由印度向外传播，共分三条路线：一条从古印度向北传入中国，再由中国传入朝鲜、日本、越南等国，以大乘佛教为主，称北传路线；一条从古印度向南传入斯里兰卡、缅甸、泰国、老挝、柬埔寨等国及中国云南傣族等少数民族地区，以小乘佛教为主，称南传路线；另一条从印度传入青藏高原，与当地原始宗教苯教结合，形成了藏传佛教。故佛教在世界上主要分布于东亚、东南亚地区。据不完全统计，至2007年为止，全世界佛教徒将近6亿，为世界第三大宗教。

佛教产生于印度，却发展于中国。佛教传入中国，始于公元前2年的西汉，大月氏王使臣伊存向中国博士弟子景卢口授《浮屠经》，史称“伊存授经”，为佛教初传中国的历史标志。东汉永平七年（公元63年），明帝派使者12人前往西域求取佛法。永平十一年（公元67年），使者与天竺僧人摄摩腾、竺法兰以白马驮经至洛阳。东汉明帝于洛阳专门修建一座用以供奉由西域所得佛像和经卷的寺院，取名白马寺，在此翻译出中国最早的汉译佛经——《四十二章经》，因而白马寺被称为“祖庭”、“释源”。在此之前，西域地区已有佛教流传。早期佛教广泛吸收印度、尼泊尔宗教艺术，至隋唐时期，逐渐被吸收改造，与中国文化相融合，形成了中国化的佛教，并形成禅宗、净土宗、三论宗、天台宗、华严宗、法相宗、律宗、密宗八大宗派，佛教艺术臻于成熟。

佛教约在公元7世纪中叶从印度、中原两个方向传入西藏地区，与当地原始宗教苯教结合，形成了藏传佛教。在教义上，藏传佛教是大、小乘兼容而以大乘为主；大乘中显密共修，先显后密，并以无上瑜伽密为最高修行次第，形成藏密。藏传佛教具有咒术性、对喇嘛异常尊崇、活佛转世思想、政教合一四大特点，并分宁玛派（俗称红教）、萨迦派（花教）、噶举派（白教）、格鲁派（黄教）四大教派。

（2）佛教建筑　佛教主要建筑有佛寺、石窟、佛塔等。佛寺是佛教徒供佛、居住、修行和举行各种法事活动的场所，也是信徒进香朝拜，参加宗教活动的中心。典型的佛寺一般为伽蓝七堂，如禅宗七堂：山门、佛殿、法堂、僧堂、厨库、浴室、西净。中国佛寺带有明显的民族特色，由数进四合院组成，中轴对称。中轴线上主要建筑依次有：山门、天王殿、大雄宝殿、法堂、方丈室、藏经楼等。山门为佛寺大门，因有空门（中）、无相门（东）、无作门（西），象征三解脱，故又称三门。空门两侧立有哼哈二将守卫。入山门后第一座大殿为天王殿，正中供奉的是未来世界的佛祖弥勒佛。大雄宝殿为佛寺正殿，又称“大殿”，有供奉一佛、三佛、五佛、七佛等情况，以三佛居多。大殿东、西两侧，常供 16 罗汉或 18 罗汉。大殿之后为法堂，是演说佛法皈戒集会之处。法堂之后为方丈室，是佛寺方丈居住、说法与接客之处。中轴线最后一进为藏经楼，是佛寺珍藏佛像、文物、经卷之所。我国佛寺建筑非常普遍，古语云：“天下名山僧占尽”，正说明佛寺之多。著名的有：洛阳白马寺、北京法源寺、广州六榕寺、福州开元寺、嵩山少林寺等等。南京栖霞寺、天台国清寺、山东灵岩寺与湖北玉泉寺合称“天下丛林四绝”。

中国的石窟寺大约始于公元 3 世纪，后经北朝、盛唐、两宋三个石刻高潮时期的发展，遍布于全国各地，拥有极其丰富的石雕、泥塑和壁画，成为中华民族的艺术宝库。以敦煌石窟、大同云冈石窟、洛阳龙门石窟、麦积山石窟为代表，合称我国四大石窟艺术宝库。其中，敦煌石窟规模最大，内容最丰富，尤以唐代壁画艺术著称于世；大同云冈石窟以石雕造像粗犷古朴、气魄雄伟、内容丰富多彩见长；洛阳龙门石窟以盛唐石造像端庄健美为特色；麦积山石窟以敷彩泥塑造像清新秀丽，生活气息浓厚著称，有塑像馆之美誉。此外，凿于唐代的乐山大佛，通高 71m，为中国最大石雕佛像。

佛塔起源于印度，最初是佛门弟子为藏置佛祖舍利和遗物而建。发展到后来，高僧圆寂之后亦建塔供奉，佛塔的层数一般都是奇数：1 层、3 层、5 层、7 层……，中型塔多半为 7 层，大型塔多半为 13 层，故俗语：“救人一命，胜造七级浮屠。”浮屠即梵文中的塔。佛塔传入中国之后，用途更加广泛，除供奉舍利之外，还有登高远眺、瞭望敌情、导航引渡、装点河山之功能。至于佛塔的种类依据其结构形式区分，则有楼阁式、密檐式、亭阁式、覆钵式、金刚宝座式等多种形式，我国现存佛塔有近万座。著名的有：位于河北定州的开元寺塔，八角十一层，高 84m，是我国现存最高的佛塔；山西应县木塔，本名佛宫寺释迦塔，因其是全木结构，故通称应县木塔。应县木塔塔高67.31m，是我国现存最高、最古也是唯一的木构塔；北京妙应寺白塔，高50.9m，是我国现存最高的喇嘛塔。

（3）佛教圣地　我国佛教名胜非常之多，山西五台山、浙江普陀山、四川峨眉山、安徽九华山，合称四大佛教名山（又称四大道场），为明代以来禅僧和信徒集中参拜的地方。其中，五台山为文殊菩萨道场，普陀山为观音菩萨道场，峨眉山为普贤菩萨道场，九华山为地藏菩萨道场。明代有“金五台、银普陀、铜峨眉、铁九华”之说，以区别四山在信徒心目中的不同地位。

2. 道教

（1）产生、发展　道教是中国土生土长的宗教，是在古代的巫术、神仙方术、阴阳五行术的基础上形成的。一般认为，道教产生于东汉时期（公元142年），首创者为张道陵，发源地在四川鹤鸣山。由于当时饥荒严重，规定凡信徒入教须交纳五斗米，故称五斗米道。道教尊老子为道祖，以《道德经》为经典，后逐步发展为天师道。到宋、金对峙时期，因我国南北方政治经济文化的差别，道教分化为正一、全真两大派别。正一道由天师道长期演变与其他派别综合而成，以《正一经》为经典，不重修持，崇拜神仙，相信画符念咒、降神驱鬼、祈福禳灾之术。全真道于1176年由王重阳所创立，主张儒、佛、道三教合一，以道教《道德经》、儒教《孝经》、佛教《般若心经》为必修经典。全真道强调清心寡欲，注重修持，主张通过除情去欲来修炼性命，使精、气、神结合而得道成仙。

（2）道教建筑及神祇　道教建筑一般称观、庙、道院，有特殊地位的道观称宫。道教建筑与仪式多吸取佛教，但以墙壁、柱子、门窗等皆用红色为特点。布局亦与佛教相近，中轴线上主要殿堂依次有：山门、灵宫殿、三清殿、玉皇殿、三官殿等。山门为道观的大门，一般供奉青龙神和白虎神。中轴线上第一座大殿为灵宫殿，内供王灵宫。三清殿是道观中最主要的大殿，供奉道教最高神三清天，即玉清元始天尊、上清灵宝天尊、太清道德天尊，分别为三清天教主。玉皇殿供奉玉皇大帝或供四御，即玉皇大帝、勾陈南极大帝、紫微北极大帝、后土皇地祇。三官殿供奉天官、地官、水官（又称三元大帝）。天官赐福，地官赦罪，水官解厄。

（3）道教圣地　因道士理想乃修炼成仙，故而选择深远幽静、奇峰异石、花木繁茂之地，作为修炼之地，其中著名的有“三山五岳”之说。“五岳”：东岳泰山、西岳华山、中岳嵩山、南岳衡山和北岳恒山。五岳是远古山神崇拜、五行观念和帝王巡猎封禅相结合的产物，后为道教所继承而成为道教名山。“三山”则指江西之庐山、广东之罗浮山和浙江之天台山。四川青城山、陕西终南山为道教发祥地。江西龙虎山、贵溪县天师府、湖北武当山为道教之最大道场。此外，山西太原龙山石窟为最重要的道教石窟。福建泉州老君岩为道教最大造像。

3. 基督教

（1）产生、发展　基督教产生于公元 1 世纪，发源地是罗马帝国统治之下的巴勒斯坦。相传，基督教创始人耶稣，是上帝耶和华的独生子，一个名叫约瑟的木匠的未婚妻玛丽亚因圣灵受孕，生耶稣于伯利恒。耶稣自 30 岁起，开始宣扬上帝的福音，招收十二门徒，并施行许多神术，使盲人复明，跛子行走，死人复活，拿 2 条鱼、5 个面饼给 5000 人吃饱等。他的传教吸引了许多民众，但遭到犹太祭司和罗马统治者的仇视。后因叛徒，其门徒之一的犹大出卖，被钉死在十字架上，故后人把十字架作为信仰基督教的标志。据传耶稣死后第三天复活，显现于诸门徒，复活后第 40 天升天。据称，耶稣将来会再降人间，审判死人和活人。因耶稣受难之日是星期五，受难之前最后的晚餐中一共有 13 人，故此西方人忌讳 13 和星期五，视之为凶日，日常生活中尽量避开。

原始基督教产生之后，逐渐受到罗马帝国的认可，公元 313 年君士坦丁大帝发表“米兰敕令”，宣布基督教为合法宗教。尤其是公元 392 年，狄奥多西一世定其为国教，基督教迅速发展。后经欧洲封建化过程及欧洲资本主义的殖民扩张，基督教广泛传播到世界各地，且分裂为天主教、东正教、新教三个不同教派。到 2000 年，全世界基督教徒达 19.99 亿，主要集中在欧洲、美洲和大洋洲，为世界第一大宗教。

基督教最早于唐代传入中国，称做景教，后于元代又一次传入。明清之际，基督教三传中国，但三次均未成功。鸦片战争后四传中国，在不平等条约保护下强行传教，取得成功，但遭到中国人民的强烈抵制，常被斥之为“洋教”，未能融于中国文化之中，故基本上以原貌客居中国大地，旅游价值非常有限。

（2）基督教建筑　基督教建筑为教堂，是基督教举行礼拜和重要宗教仪式的场所。不同时代的教堂有不同的建筑风格。但总体说来，教堂讲究立面效果，采用复杂而精致的结构，使用高耸而细尖的塔楼，直刺蓝天，在视觉上造成飞升的效果，仿佛带领教徒与天主相会。教堂内部空间巨大，流光溢彩，充满神秘的宗教色彩，教徒置身其中深感自己的渺小而不得不乞求上帝的保护。例如，法国巴黎圣母院、德国的科隆大教堂、梵蒂冈的圣彼得大教堂等皆为此种建筑的典范。

4. 伊斯兰教

（1）产生、发展　伊斯兰教产生于公元 7 世纪初的阿拉伯半岛，创始人为穆罕默德。相传穆罕默德于公元 570 年出生于麦加，年轻时忧虑于麦加人的社会风气，经常进入麦加附近的希拉山洞沉思，专心致志于思索神圣之道。至公元 610 年穆罕默德初步创立伊斯兰教。公元 622 年，穆罕默德在麦地那，建立政教合一的宗教公社。伊斯兰教起初提出反对高利贷、号召赈济、释放奴隶等宣传，吸引了下层人民的支持和信仰。穆罕默德带领着他的信徒于公元630年统一了阿拉伯半岛，建立了政教合一的国家和社会。公元632年穆罕默德逝世于麦地那以后，伊斯兰教传入北非、南亚、东南亚等地。到2012年年末，全世界伊斯兰教教徒人数突破16亿，穆斯林人口占多数的国家有50个，其中印度尼西亚、巴基斯坦等国家的穆斯林人口占该国全部人口的三分之二以上，主要分布于西亚、北非、南亚、东南亚等地，为世界第二大宗教。伊斯兰教有许多派别，其中最主要的有逊尼派和什叶派，逊尼派为多数派，人数约占伊斯兰人口总数的85%；什叶派属少数派，流行于伊朗、也门等国。

伊斯兰教约于唐贞观年间经由海路和陆路传入我国，故早期伊斯兰建筑多集中于广州、泉州、杭州、扬州等沿海城市，广州怀圣寺（狮子寺）、泉州清净寺（麒麟寺）、杭州真教寺（凤凰寺）、扬州仙鹤寺为中国沿海伊斯兰教四大古寺。另外，伊斯兰教也经陆路由西域传入。伊斯兰教主要分布在我国西北地区，与回族、维吾尔族、哈萨克族等少数民族的历史、文化及世俗生活息息相关，同时也散布在全国各省。

（2）伊斯兰教建筑　伊斯兰教主要建筑清真寺，也称礼拜寺，是穆斯林举行宗教仪式、传授宗教知识的寺院的通称，有礼拜殿、望月楼、邦克楼、浴室等特有建筑。典型的清真寺为阿拉伯式风格，多采用圆形拱顶，犹如苍天笼罩大地万物，顶部收束为优美的尖塔，同样给人以飞升之感。寺内不设偶像，也不以动物形象作装饰，只是在建筑细部上多用阿拉伯文经文和花草加强装饰性，一般祭坛设于背向麦加的墙上，以使教徒向着麦加方向朝拜，这种规定有效地强化了圣地麦加在伊斯兰教教徒心目中的地位。因麦加位于中国的西方，故中国清真寺朝向为坐西朝东，有别于中国传统的建筑。

（3）伊期兰教主要习俗　伊斯兰教为世俗化宗教，宗教与世俗生活紧密相连，由此形成特有的礼俗。教徒在饮食上有严格的禁食制度，总的原则：“洁净的为适宜，污浊的受禁止”。故忌食猪肉及有关食品。禁食自死动物、血液、外形丑陋之物，及未经诵经而宰杀的动物，禁止饮酒及饮含酒精的饮料，牛、羊、驼等必先经诵安拉之名宰杀后方可食用；进礼拜殿前必须作大、小净和脱鞋。例如在沙漠，则可用沙洗脸和手。政教合一的伊斯兰国家，对女性的要求非常严格，女性出门须披黑色长袍，罩上面纱，不许露出眼睛以外的身体的任何部位，且不允许女性与丈夫以外的男性交往；敬茶、端饭、握手均用右手，忌左手。

5. 宗教与旅游　宗教的旅游价值主要体现在以下几方面：

（1）宗教本身　每一种宗教都有大量信徒。例如，世界上仅基督教、伊斯兰教、佛教三大宗教信徒人数就高达21亿之多。古往今来，为求法朝圣，虔诚的教徒不绝于路，由此形成一股庞大的宗教朝觐旅游流。例如，伊斯兰教圣地麦加仅每年大朝期间就有200多万伊斯兰教徒从世界各地云集于此。同时宗教活动、宗教文化对广大非教徒游客亦有很强的吸引力，因为宗教仪式、活动往往笼罩着浓重的神秘色彩，能满足游客猎奇的心理；而透过宗教文化，旅游者不仅能获得大量的宗教知识，还可了解到一个国家或地区一定历史时期社会、经济、科技、文学艺术的发展面貌，从而满足求知的欲望。

（2）宗教建筑的吸引力　出于人们对神佛的崇拜，著名的宗教建筑几乎都成为当时建筑的典范。它们不仅在结构、用料、装饰、布局等方面体现着时代建筑的艺术高峰，而且易造就庄严、肃穆的气氛，尤其是在与环境关系的处理方面，往往形成强烈、神秘的宗教色彩，提高宗教建筑的心理感应效果。例如佛教寺庙，多建在高山峭壁，地势险要处，加之密林幽谷、云遮雾绕，使人产生飘然若仙的感觉。殿前往往要利用自然地形修筑高高的台阶，最好是108级，虔诚的教徒往往是一步一叩而上，自然会产生对神佛的敬畏之情，更何况在佛教教义中它寓意人生的108种烦恼，每登一级即意味着消除一种烦恼。有的还用天文、光学、声学现象造成某些奇观，如云南曹溪寺每60年一现的“曹溪印月”，峨眉山的“金顶宝光”、陕西太白山的“太白池光”等，给人以神佛显灵的神秘感觉。而基督教教堂则利用高耸的尖塔、阴冷的石料、巨大的空间、光怪陆离的色彩，形成特殊的宗教意境，使人置身其中顿觉自己的渺小而不得不乞求上帝的保护。这都是宗教建筑艺术给人的感动。

（3）宗教艺术成就　宗教艺术是世界艺术宝库中极其珍贵的一部分。宗教艺术的内容同样有绘画、雕塑、音乐、舞蹈、书法等形式，无不散发着强烈的感染力，为旅游者提供多种美感享受。仅以绘画为例，中国历史上因艺术造诣而闻名的宗教画家，如东晋、南北朝的顾恺之、张僧繇、曹仲达，唐代吴道子，清代朱耷、石涛等。顾恺之、张僧繇的画极富神采，尤以眼睛最为生动，中国家喻户晓的说明绘画艺术高超的成语“画龙点睛”即源于张僧繇为安乐寺作画的故事。曹仲达与吴道子所绘佛像，画艺高超，形象生动，且神态各异。曹仲达所绘神像衣饰紧贴身体，如才自水出，充分体现人体之美；吴道子所绘佛像，衣饰飘扬，如随风起舞，有飘然若仙之感；世称“曹衣出水，吴带当风”。西方历史上许多杰出的艺术家尤其是文艺复兴时期艺术家达·芬奇、拉斐尔、提香、米开朗基罗等都以宗教绘画而闻名。达·芬奇不仅因名画《蒙娜丽莎》而闻名，他为米兰圣玛丽亚修道院所绘的《最后的晚餐》同样是世界艺术史的杰作。米开朗基罗既因《大卫》雕塑而出名，他为罗马西斯廷教堂绘制的《末日审判》同样闻名。拉斐尔一生作画近300幅，其中最有代表性的就是各种圣母像。此外，还有提香的《弗罗拉》等，都是这一时期不朽的名画。

2.3.8　民风民俗旅游资源

民风民俗旅游资源，是指那些突出表现了每个民族特点和他们所居住地区地方性特征的因素，从显而易见的建筑、饮食、服饰、礼仪、节庆活动、婚丧嫁娶、文体娱乐、乡土工艺，到需要细心观察、深入体会的思维方式、心理特征、道德观念、审美情趣等。民族不同是形成民风民俗差异的关键。但是，不同民族如果生活于同一地区，这种差异会逐渐削弱，各民族之间相互融合、同化，所以如今民风民俗主要表现在地域的差异上。

从民风民俗中，旅游者不仅可以获得多方面、丰富的人类历史文化知识，开阔视野，而且可以得到新鲜有趣的生活感受，入乡随俗，从而更深入了解各民族心理特征，也促进了各民族间的理解和交流。

1. 传统节日　根据有关资料统计，中国 56 个民族从古到今约有节日 1700 多个，其中少数民族民间节日就有 1200 多个，汉族节日约 500 个。中国节日数量之多，在世界首屈一指，而每逢节日期间，几乎所有的成员都情不自禁地以不同方式来参与，整个生活节奏都会服从节日活动的需要。

（1）时序节日　时序节日主要是依据一年内的季节变化而形成的节日，它们历史悠久、流传面广，具有较大的普及性、群众性甚至全面性特点，其中影响较大，至今仍广泛流传的主要节日，按时序先后分别是：春节、元宵节、清明节、端午节、中秋节。

1）春节。春节俗称“新年”，是中华民族最隆重的传统节日。春节起源于原始社会的腊祭，我国古代居民在岁尾年初之际，用一年的收获物来祭祀众神和祖先，并歌舞戏要，举行各种娱乐活动，逐渐形成了新春佳节。如今人们从腊月二十三过小年起就开始打扫房间、置办年货、添新衣、贴春联、挂年画、祭灶、祀祖，大年三十，人们合家吃团圆饭、守岁等，节日期间人们还互相拜年，吃年糕、饺子，放爆竹，舞狮子、龙灯，扭秧歌，踩高跷，跑旱船等。

2）元宵节。正月十五元宵节，是每年第一个望月，又称上元节，在元宵节之夜有放灯、观灯、赏灯等娱乐活动，故又称“灯节”。

3）清明节。清明节是由二十四节气之一清明演变而来的，后演变为节日。清明节节期在公历每年 4 月 5 日前后，标志着春耕时节的到来。清明节有禁火寒食、扫墓、插柳、踏青、射柳、放风筝、荡秋千等一系列民俗活动。

4）端午节。端午节节期在农历五月初五，是中国民间夏季最重要的传统节日，又名端阳节、五月节、女儿节、天中节、诗人节等。其由来以纪念屈原说流传最广。节日期间有赛龙舟、吃粽子、挂钟馗像、饮雄黄酒、插菖蒲等活动。

5）中秋节。中秋节节期在农历八月十五日，因恰值三秋之中，故名之。中秋节的一切活动均围绕月亮这个主题，吃月饼、赏月、拜月等。

（2）少数民族节日　中国少数民族丰富多彩的民族节日，具有浓郁的民族风情，是吸引旅游者观赏和参与的一项极有潜力的旅游资源。

1）泼水节。泼水节是傣族人民一个古老的传统节日，被视为傣族的春节，一般在傣历六月中旬（农历清明节前后十天左右）举行。最主要的节日活动是人们以清水互相泼洒，被人泼水越多，说明受到的祝福越多。

2）火把节。火把节是中国云南、四川两省彝、白、佤、布朗、拉祜、纳西、阿昌等民族的传统节日，一般在农历六月二十四日前后举行。节日期间，村寨和田野里的火把彻夜不熄，在节日高潮的夜晚，人们举着火把又唱又跳，闪动的火把不时组成各种绚丽多彩的图案。

3）那达慕大会。那达慕大会是蒙古族最具民族特色的传统盛会。“那达慕”是蒙古语音译，意为游戏和娱乐。那达慕大会多在夏秋（农历七八月）牲畜肥壮季节择日举行。那达慕大会起源于古代的祭敖包，早期只有赛马、摔跤、射箭等活动，后渐有说书、歌舞、下棋、拔河、歌舞表演及物资交流等活动。

4）藏族新年。藏族新年是藏族人民一年中最重要的传统节日。藏族人从藏历十二月上、中旬就开始做过节的准备，做一种叫“喀赛”的油炸食品，在被称为“切玛”的五谷斗中装上麦粒、蚕豆、糌粑面、人参果，并插上青稞穗，放上一小块酥油，预祝来年风调雨顺。新年之前，家家户户把院子打扫得干干净净，用牛羊肉等做一种带汤的食品，类似于汉族的年夜饭。新年期间，大家都换上节日的新衣服，初一主要是家人团聚，从初二开始，亲朋好友互相拜年祝贺，在广场和草地上聚会，唱歌跳舞或举行传统的角力、投掷、赛马、射箭等比赛项目，这样的活动一直要持续3~5天。

5）三月街。云南大理白族自治州的白族“三月街”，又称“观音街”，它是白族人民的盛大街期和传统盛会，最初是崇信者们礼拜诵经，祭祀观音，后发展成为远近闻名的物资交流大会，农历三月十五日至二十一日在大理城北举行。节日期间，大理白族和附近各族人民云集于此，交流和选购各种商品。近年来，国内外客商也纷纷前往。

2. 婚丧习俗

（1）婚嫁习俗　中国古代婚姻礼仪讲究“六礼”：纳彩（说媒）、问合（合八字）、纳吉（正式提亲）、纳征（送彩礼、嫁妆）、请期（定娶亲吉日）、亲迎（娶亲）。它是完整的婚姻礼仪中缺一不可的环节。现代的婚姻礼仪主要指定亲和娶亲两大礼中的一系列仪式。而最有特色和情趣的就要算千奇百怪的迎娶仪式了，如哭嫁、抢亲、打亲。

1）哭嫁。土家族的哭嫁极有特色。一是哭期长，从出嫁前三个月就开始，后缩减为一个月或二十天；二是陪哭，不只是姑娘一个人哭，而是群体性地哭，陪哭对哭；三是哭的项目多，至少有20多种，出嫁当晚是哭嫁的高潮，哭得越伤心，就越表现出女儿依依不舍的离别之情和对长辈的尊敬。

2）抢亲。傣族、彝族、苗族、侗族、瑶族、傈僳族等民族至今仍有抢亲的习俗。抢亲最初产生是因为男方出不起彩礼钱而通过真刀实枪地械斗来抢新娘，如今抢亲已是双方自愿，事先约定的。它只是因循传统，且使婚礼更加热闹。

3）打亲。仡佬族和哈尼族有打亲的习俗。在迎娶仪式中，对新郎拳打或棒打。意在打掉新婚夫妇的是非口角，使新人婚后恩爱和睦。

（2）丧葬习俗　不同民族由于社会形态、文化状况、生产力发展水平和地理环境等因素的综合作用，形成了千奇百怪的丧葬习俗。

1）土葬。土葬又叫墓葬，其历史久远。古代墓葬中，死者地位越高，经济条件越好，棺木和墓室就越考究。而少数民族又呈现不同的民俗形态，如蒙古族土葬不见坟丘。

2）天葬。天葬主要流行于部分藏族地区。它有专门以此为职的天葬师。方法是人死后停尸数日，然后把尸体送到天葬坊，由天葬师做肢解后，让鹫鹰吞食，以示灵魂升天。

3）水葬。水葬是指把尸体投入水中。在此之前一般先用白布包裹尸体，然后投入江海。

4）塔葬。塔葬是佛门为高僧施行的葬礼，又称“灵塔葬”，是藏族最高贵的只有像达赖和班禅这样为数极少的大活佛死后才能实行的葬礼。

5）悬棺葬。悬棺葬是将装有死者的棺木放置于形势险峻的崖洞内。崖洞或是天然的，或是人工所凿，悬棺葬一般在水边山崖上，有让灵魂随水逝去之意。

6）火葬。火葬习俗起源很早，可以追溯到原始社会时期，而且是先流行于少数民族的，如羌族、彝族、白族等。这一习俗在如今的中国已被广泛采用。

3. 民居　以民居为主的各类民用建筑，不仅保证了居民的生活需要，也反映着民众利用自然、战胜自然的智慧及建筑艺术美。它既是旅游者的观光对象，还可作为旅游途中的特色旅舍，对旅游者具有极强的吸引力。根据各自的特点，大致可以归纳为以下几类：

（1）四合院式的住宅　四合院式的住宅多为木构架房屋，南方与北方的区别在于南方的院子较小，地板多为石板，以适应南方温湿的气候。典型代表即为北京的四合院。它由四座房屋组成，北房为正房，前出廓后出厦，在北京的自然条件下，冬暖夏凉，是长辈的居室；东、西厢房为晚辈居室；南房做客房、书房。四座房子围成一个院落，是全家共同活动的空间。这种四合院环境幽静，家中长幼分明，每一对夫妻与未成年子女都有自己的独立空间，又有全家人交流感情的场所，非常符合中国人的家庭观念与生活习惯。

（2）干栏式住宅　干栏式住宅主要分布于中国西南、中南及华南地区。傣族、苗族、壮族、土家族等少数民族的住宅属于此类型。土家族的吊脚楼为典型代表，它依山而建，整个楼房的前半部是用木柱撑在斜坡上，铺以木板，再在上面建住房。楼房一般为两层，上层住人，底层堆放杂物或圈养牲畜。过去土司和土官居住的吊脚楼，雕梁画栋，极具特色。

（3）窑洞式住宅　窑洞式住宅主要分布在中国中西部的河南、山西、陕西、甘肃、青海等黄土较厚的地区。黄土高原地区的人民创造了窑洞式民居，其历史可追溯到穴居时代，人们利用黄土干燥时立而不塌的特点，挖洞居住，省工省料，又冬暖夏凉，更体现了浓郁的黄土气息。

（4）客家住宅　客家住宅主要分布于南方的福建和广东。福建西部的土楼，是典型的代表，整体呈圆形或方形，一般为 3～4 层，最高为 6 层，包含庭院，可住 50 多户人家。庭院中有厅堂、仓库、畜舍、水井等公用房屋。这种住宅防卫性很强。客家人为保护自己的生存创造独特的建筑形式，不仅至今仍在使用，而且成为当地最具特色吸引力的旅游资源。

（5）蒙古包　蒙古包是草原上牧民为适应游牧生活的圆形穹庐顶的流动住宅，在蒙古族、哈萨克等民族中被广泛使用。其大小不等，一般直径 4m，周围高 2 m，中高 4～5m。蒙古包由木栅栏和白毛毡构成。

（6）碉房　藏族的碉房是中国西南部的青藏高原的住宅形式，外地人因其用土或石砌筑，形似碉堡，故称碉房。碉房一般为 2～3 层，底层养牲畜，楼上住人。过游牧生活的蒙、藏等民族的住房还有毡帐，这是一种便于装卸运输的可移动的帐篷。

4. 民间工艺品　民间工艺品是旅游购物的主要对象，在旅游收入中举足轻重，因为它们具有的民族特色和地方味道让旅游者爱不释手。中国民间工艺品历史悠久，传统优良，种类繁多，工艺精湛。

（1）陶瓷　中国陶瓷生产历史悠久，早在六七千年前的新石器时代，中华民族的祖先就开始烧制各种陶器器皿。商代中期，原始瓷器问世。陶器是用黏土成形，经 700～800℃的炉温焙烧而成的无釉或上釉的日用品和陈设品。中国著名的陶器有江苏宜兴的紫砂陶、山东淄博的雨点釉陶、河南洛阳的仿唐三彩陶和四川会理绿陶等。瓷器是以精选或淘选的瓷土为原料，经 1200℃以上的高温焙烧的器皿。中国一直被誉为“瓷器之国”，著名瓷器有江西景德镇瓷器、湖南醴陵的釉下彩瓷、福建德化的白瓷、浙江龙泉的青瓷、河南禹州市的钧瓷等。

（2）染织　染织是染和织的合称。染即染色，织即织造、织花。中国染织工艺品著名的有蜡染、丝绸、缂丝、地毯等。如今土家族和苗族地区的蜡染很有特色。中国是世界上最早发明丝织的国家。早在公元前 3 世纪，就以盛产丝织物而闻名于世，被誉为“丝国”。当代三大名锦为南京的云锦、四川的蜀锦和苏州的宋锦。缂丝是中国传统的采用通经断纬织出花纹的丝织工艺品之一。最著名的缂丝是苏州缂丝。

（3）刺绣　刺绣是用针引线在绣料上穿刺出一定图案和色彩花纹的装饰织物，是中国著名的传统工艺，被誉为“东方艺术明珠”。苏州的苏绣、湖南的湘绣、广东的粤绣、四川的蜀绣被誉为我国四大名绣。

（4）漆器　生漆自古盛产中国，漆器制作始于六七千年前，是用天然生漆涂在各种器物质面，制成具有透明、发亮、防腐、耐酸碱等特点的各种制品。当代漆器以北京雕漆、扬州镶嵌漆器、平遥推光漆器、福州脱胎漆器、成都雕嵌填彩漆器、甘肃天水雕填漆器、贵州大方皮胎漆器为典型代表。

（5）金属工艺品　金属工艺品是用金、银、铜、铁、锡等金属为原料，采用掐、錾、点抽、烧制、镶嵌等工艺，制成各种富丽堂皇或清雅实用的工艺品。典型代表有：铜器工艺品（北京景泰蓝、云南会泽斑铜等）、金银器工艺品（成都银丝制器、蒙古族银器）、锡器工艺品（云南个旧锡制品、福建锡雕）、铁器工艺品（安徽芜湖铁画、浙江龙泉钢剑、新疆英吉沙小刀和藏腰刀）。

（6）雕塑工艺品　这是中国工艺美术品中种类最多的一类，是雕、刻、塑三种制作方法的总称。玉雕，亦称玉器，是我国的特种工艺品之一。距今7000年的新石器时代就有玉制工具，玉器是由玉制工具发展而来的。著名的玉雕有北京玉雕、扬州玉雕、苏州玉雕和甘肃酒泉的夜光杯。石雕，我国三大佳石为福建寿山田黄石、浙江青田冻石、浙江昌化鸡血石，在此基础上的石雕艺术品十分独特而珍贵。竹刻，是以竹为原料雕刻成的各种艺术品，以江南产竹的湖南邵阳翻黄竹刻、上海嘉定竹刻、浙江黄岩翻黄竹刻等最为著名。泥塑，是用泥做原料，在黏土中渗入少许棉花纤维，捣匀后捏成各种人物、动物的泥坯，经阴干后制成，若再上粉底，施以彩绘，则为彩塑。典型代表有无锡惠山泥人和天津“泥人张”彩塑。

（7）文房四宝　笔、墨、纸、砚素称文房四宝，而浙江湖州湖笔、安徽歙县和休宁的徽墨、安徽泾县宣纸和广东肇庆端砚，被称为文房四宝之首。

（8）木版年画　年画，是我国传统的民俗艺术品。木版年画出现于雕版印刷术发明之后的宋代。著名年画产地主要有：天津杨柳青、江苏苏州桃花坞、山东潍坊杨家埠。

5. 民族服饰　服饰包括两部分：一部分为服装，即衣、裤、裙、鞋、袜等；另一部分为头、手、颈、胸、足等人体部位所佩戴的各种饰物。人类早在石器时代便已有衣服和饰物，这说明服饰的作用首先是遮羞和美化自己。在服饰的发展进程中，服饰也成为身份、地位、职业的重要标志。而在旅游活动中，民族服饰和身体修饰是民族文化中最易被人觉察、最具有魅力的组成部分之一，很多时候单凭服饰便可判断某人的民族成分或了解其所传递的信息。以下简单介绍几种传统民族服饰：

（1）旗袍　旗袍起源于16世纪中期满族人民的民族服饰，因当时是旗人穿着，故称“旗袍”。如今中国女性爱穿旗袍是因为旗袍造型与女性体型相适合，线条简练，优美大方，以其浓郁的民族风格，体现了中华民族传统的服饰美。旗袍不仅成为中国女装的代表，也被公认为“东方传统女装”的象征。

（2）蒙古族服饰　蒙古族服饰可分为首饰、长袍、腰带、靴子四个组成部分。首饰是蒙古族妇女用于头上的装饰品，多用玛瑙、珍珠、宝石、金银制成，逢年过节、探亲访友时使用。平时牧区女子多用红、绿等色的长绸子把头缠上。蒙古族男女老幼都喜爱穿长袍。这种袍子宽大袖长，下端左右一般不分岔，领子较高，纽扣在右侧，领口、袖口、边沿常用漂亮的花边点缀。腰带是穿蒙古袍必备的。靴子尖稍向上翘起，靴筒上至膝盖，可防风防寒。

（3）苗族服饰　各地苗族服饰有不同特点，而贵州东南的苗族妇女服饰特点更为突出，她们多将银饰钉在衣服上，称为“银衣”。头上戴着形如牛角的银质头饰，高达尺余，独具特色。有的苗族妇女盛装上的银饰近10kg。

（4）藏族服饰　藏袍是藏族人民的主要服装，有明显的高原民族特色，长及脚面，袖子宽大而长，既无口袋，亦无纽扣，穿时只要在腰间束一根带子，日常用品诸如木碗、小糌粑袋等可放在胸前。藏族妇女喜爱的饰物是帮典，意为围裙，它是羊毛织品，色彩鲜艳，编织精密。

（5）傣族服饰　傣族男子服装，上着无领对襟或大襟小袖短衫，下着长裤，冷天外披毛毡，多用白布或蓝布包头，男子文身的习俗很普遍。妇女的服饰虽上身衣服各地有所不同，但下身着花筒裙较为普遍。式样像水桶，长至脚背。

（6）纳西族服饰　丽江地区纳西族妇女服饰极具民族特色，上身穿宽腰大袖大褂外加坎肩，下穿长裤，系百褶围裙，脚穿绣花鞋，在领、袖、襟等处绣有花边，衣料多为蓝、白、黑三色，以黑为贵。纳西族妇女劳动或出门披黑羊皮七星披肩。披肩过去在肩部缀有两个大圆布圈代表日、月，背上并排缀着七个小圆布圈，垂穗七对，用丝线绣成各种图案，俗称披星戴月，象征着辛勤劳动。

6. 民族风味饮食　品尝风味饮食，是旅游者旅游过程中不可缺少的内容。品尝风味的目的不在果腹，而在获得特殊的精神享受。当今世界上，中国烹饪、法国烹饪和土耳其烹饪，被认为是三大烹饪流派的代表，而中国烹饪由于历史最悠久、特色最丰富、文化内涵最为博大精深，使用人口最多等特点而首屈一指。

中国烹饪风味流派依地域分，有四大菜系之说，即山东（鲁）、淮扬（苏）、四川（川），广东（粤）等菜系；又有“八大菜系”之说，即四大菜系再加上浙江（浙）、安徽（徽）、湖南（湘）、福建（闽）四个菜系。

（1）山东菜系　鲁菜的特点是注重以当地特产为条件选料，精于制汤和以汤调味，烹调法以爆、炒、扒、熘最为突出，味型以咸鲜为主而善于用葱香调味。代表菜有：爆双脆、葱爆海参、九转大肠、清汤燕菜等。面点小吃品种繁多，以面制品最具特色，以福山抻面、周村酥烧饼、济南扁食、潍县杠子头火烧等较为著名。

（2）四川风味　川菜的特点是取料广泛，技法中以小炒、小煎、小烧、小焙、干烧、干煸见长，味型丰富，百菜百味，以麻辣、鱼香、怪味等擅长。代表菜有：宫保鸡丁、麻婆豆腐、鱼香肉丝、水煮肉片、干煸牛肉丝、怪味鸡块等。

面点小吃制法多样，味型多样，以钟水饺、夫妻肺片、赖汤圆、灯影牛肉等较为著名。

（3）江苏风味　苏菜的特点是取料不拘一格而物尽其用，重鲜活。苏菜特别讲究刀工、火工和造型，擅长炖、焖、煨、焐。调味重清爽鲜淡平和。代表菜有：三套鸭、清炖狮子头、叫化鸡、松鼠鳜鱼、生炒蝴蝶片、霸王别姬等。面点小吃荤素兼备，清淡而咸淡适中，造型多而美观，以蟹黄汤包、常熟莲子血糯饭、芙蓉藿香饺、黄桥烧饼等较为著名。

（4）广东风味　粤菜的特点是取料广博奇杂而重“生猛”，烹调方法多而善于变化，长于炒泡、清蒸、煲，尤其擅焗、焗、软炒等。调味重清脆鲜爽嫩滑而突出原味。代表菜有：三蛇龙虎会、白云猪手、白焯螺片、东江盐焗鸡、瓦罉焗水鱼等。面点小吃花色品种丰富、制作精细、味型多样，以各式月饼、糕点、粥品、蟹黄灌汤饺、鸡仔饼等较为著名。

（5）浙江风味　浙菜的特点是味美滑嫩，色彩鲜明，脆软清爽，菜式小巧玲珑。它以炖、炸、焖、蒸见长，重原汁原味。代表菜为西湖醋鱼、东坡肉、龙井虾仁、干菜焖肉等。面点小吃以虾爆鳝面、宁波汤圆、猫耳朵、五芳斋粽子等较为著名。

（6）福建风味　闽菜的特点是以炸、熘、焖、炒、炖、蒸为特色，尤以烹饪海鲜见长，具有鲜、淡、香、烂，稍带甜酸辣的独特风味。代表菜为佛跳墙、炒西施舌、沙茶焖鸭块、梅开二度等。面点小吃以蚝煎、薄饼、手抓面、锅边等较为著名。

（7）湖南风味　湘菜的特点是制作精细，用料广泛，讲究原料的入味，重油、重辣，采用熏、蒸、腌、腊、泡等方法。代表菜有麻辣仔鸡、生溜鱼片、腊味合蒸、板栗烧菜心等。面点小吃以火宫殿油炸臭豆腐、姊妹团子、健米茶、大边炉等较为著名。

（8）安徽风味　徽菜的特点是重油、重色、重火工。它以烹制山珍野味著称，擅长蒸、炖、烧。代表菜有葡萄鱼、黄山炖鸽、问政山笋，符离集烧鸡等。面点小吃以寿县大救架、合肥鸡血糊、和县霸王酥、芜湖虾子面等较为著名。

2.3.9　文学艺术旅游资源

1. 文学艺术旅游资源的特点和功能

（1）具有广泛的群众性和强烈的感染力　文学艺术是人类文化的重要组成部分，形式多样，包括有诗词、小说、游记、散文、楹联、神话传说、音乐、舞蹈、戏剧、绘画、雕塑、书法、影视等类别。同其他旅游资源相比，文学艺术在内容上更接近生活，更充满作者的激情，更能引起人们心灵的共鸣；在形式上更为直观，更易为广大群众所喜爱和接受。且文学艺术形式上的多姿多彩，可满足不同群众类别的欣赏口味。尤其是不同艺术形式之间可相互转换：小说可改编为电影、戏剧，诗词可改编为音乐、绘画等，使文学艺术具有了长久不衰的艺术感染力，这是文学艺术区别于其他旅游资源的一大特点。

（2）导致旅游资源的产生　文学艺术中如摩崖题刻、雕塑、影视作品等形式自身就是极具吸引力的旅游资源。例如到海南三亚旅游，人们最留恋的是“天涯海角”刻石，到泰山也绝不会错过观赏“纪泰山铭”“经石峪”等题刻。而雕塑更是西方城市最引人注目的旅游资源，如罗马的城徽母狼哺婴图案，布鲁塞尔市的“第一市民”塑像，丹麦首都哥本哈根市的美人鱼铜像等，无不被视为所在城市的标志。

还有一些借助文学艺术的魅力而产生的旅游资源。晋代陶渊明的《桃花源记》描绘了一个美好的世外桃源，一直为人们所向往，因而湖南桃源县一个风光优美的旅游地便被逐渐按照陶公的描写建成了“桃花源”。无独有偶，西方人心目中也有一个世外桃源。这就是英国作家詹姆斯·希尔顿在《失去的地平线》中所描写的香格里拉：雪峰、幽谷、蓝天、绿野、喇嘛寺、尼姑庵、道观、清真寺、天主教堂，人与自然，多民族、多宗教和谐相处，秩序井然……然而，长期以来人们一直不知道香格里拉究竟在哪里。直到 1997 年，经数十位专家学者的考证，香格里拉就在中国云南迪庆藏族自治州。此消息一出，大批旅游者纷至沓来。

更有甚者，我们知道三国时赤壁大战实际发生于蒲圻（现为赤壁市）赤壁。而北宋大文豪苏轼当年贬居黄州时，常在黄州的赤鼻矶游憩，此地断崖临江，形势险要，引起他诗兴大发，先后写下了前、后《赤壁赋》，成为千古佳作。由于文学的渲染，以致黄州赤鼻竟名在真正的赤壁之上，人们不得不称蒲圻赤壁为“武赤壁”，称黄州赤鼻为“文赤壁”或干脆称“东坡赤壁”，以示区别。清人有诗为证：“不是当年两篇赋，为何赤壁在黄州?”可见苏轼作品影响之大。其他如《红楼梦》与大观园，《西游记》与花果山，《西厢记》与普救寺，《水浒传》与梁山泊等，皆为因果，类似的例子举不胜举。《三国演义》因家喻户晓，妇孺皆知，借助《三国演义》还形成了一条专题旅游路线，涉及四川、湖北、江苏、浙江等省，景点达数十个之多。

此外，因某部文学名著或某种艺术可形成隆重的节日。这些文化艺术节同时也是重大旅游活动。例如，意大利因《木偶奇遇记》而形成的木偶节、维也纳的国际音乐节、潍坊的国际风筝节、美国的奥斯卡金像奖评奖活动、法国戛纳电影节、德国柏林电影节、意大利威尼斯电影节、俄罗斯莫斯科电影节等，节日期间都会形成旅游的高潮。

（3）渗透到各类旅游资源之中　文学艺术作为一种艺术形式，可以独立存在，但作为旅游资源多数时候是渗透于其他旅游资源之中，从而赋予这些旅游资源浓厚的文学色彩，使其更具艺术感染力。这种渗透可分两种情况：

1）文学艺术的内容以直观的形象出现于其他各类旅游资源之中，即为有形渗透，如楹联、匾额、书画、题刻等历来是中国古建筑中的点睛之笔，这些艺术形式或因内容精辟，富含哲理，或书法精湛，或言辞隽永，从而增添建筑的文化内涵，赋予其高度的艺术鉴赏价值。例如，杭州西湖岳飞墓前楹联："青山有幸埋忠骨，白铁无辜铸佞臣。"通过"青山有幸"与"白铁无辜"的对比，揭示出英雄永受人民的尊敬而奸佞小人永远受到人们唾骂的真理，有箴世规人之用。又如，武汉黄鹤楼之楹联："一楼萃三楚精神，云鹤俱空横笛在；二水汇百川支流，古今无尽大江流。"虽为景物联，但形胜壮观，意境深远，气势博大。故常用做导游的绝妙材料。

2）文学艺术虽然不以具体的形象出现于旅游资源之中，然而由于它们的艺术魅力早已深入人心，使得这些旅游资源成为"千古胜景"，此为无形渗透。正是这此文学艺术作品激发起人们前往某地旅游的愿望，或在游览过程中增加游兴。这种渗透比有形渗透范围更广、影响更大。尤其是山水诗游记等文学作品，皆因自然山水激发诗人的灵感而写出，而这些风流文采一经问世又使原有景点更加显胜扬名。正所谓：文因景成，景借文传。例如杭州西湖之扬名，与苏东坡的《饮湖上初晴后雨》是分不开的："水光潋滟晴方好，山色空濛雨亦奇。欲把西湖比西子，淡妆浓抹总相宜。"寥寥数语，写尽了西湖千变万化的景象，并使其获得"西子湖"的美誉。苏州寒山寺，寺并不大，景亦平常，但自唐朝至今，香火不绝，游人不断。唯一奥妙就是因唐朝诗人张继的一首《枫桥夜泊》让它出尽了风头："月落乌啼霜满天，江枫渔火对愁眠。姑苏城外寒山寺，夜半钟声到客船。"

鼎鼎有名的江南三大名楼都是因一文而扬名。岳阳楼自唐开元盛世建成之后，李白、杜甫、白居易等大诗人都曾在此临风赋诗，但真正使它扬名的则是北宋名臣范仲淹的《岳阳楼记》。范仲淹不仅写景出色，更因他忧国忧民的崇高思想，留下了"先天下之忧而忧，后天下之乐而乐"的千古名句，因而文垂千古，景亦流芳百世。武汉黄鹤楼则是因唐朝诗人崔颢七律《黄鹤楼》而扬名："昔人已乘黄鹤去，此地空余黄鹤楼。黄鹤一去不复返，白云千载空悠悠。晴川历历汉阳树，芳草萋萋鹦鹉洲。日暮乡关何处是，烟波江上使人愁。"这首诗一经写出，就被认为是题黄鹤楼的千古绝唱。相传诗仙李白登黄鹤楼见此诗，也叹而搁笔："眼前有景道不得，崔颢题诗在上头。"南昌滕王阁更是因一篇鸿文而名垂青史，蜚声中外。滕王阁本是唐太宗之弟李元婴都督洪州时所修的一座帝子之阁，建成之初，默默无闻。但过了22年之后，因初唐四杰之一的王勃写了一篇才华横溢的《滕王阁序》，局面立即改观，俨然成为一个文学聚会中心，文人墨客莫不以登临此阁为人生快事。在此后的1300多年岁月里，滕王阁屡毁屡建，共经历过28次重修，造型愈建愈美，声誉愈建愈高。究其原因，皆有赖于《滕王阁序》本身的艺术魅力及王勃写《滕王阁序》时所留下的千古佳话。

（4）文学艺术具有旅游审美的作用　美学家叶朗认为："旅游从本质上说，就是一种审美活动，旅游涉及审美的一切领域，又涉及审美的一切形态，旅游活动就是审美活动。"

旅游过程实质上就是一个追求美、发现美、欣赏美的审美过程，历代文人雅士以较高的文化素质和较高的审美水平，使得他们的旅游活动伴随着强烈的审美渴求，他们以艺术家特有的敏锐眼光，捕捉大自然之美，尤其是能捕捉出一般人常熟视无睹的美，以艺术的手法道出一般人常言而不达之意，并通过文学艺术作品营造出或清丽淡雅，或雄浑博大，或幽深邈远的审美意境。旅游者在旅游过程中，借助于这些文学艺术作品，可唤醒旅游者的审美意识，启发想象，催化情感，帮助旅游者获得美的享受，从而达到审美的目的。

（5）文学艺术修养是导游人员必备的素质　导游在旅游活动中担负的主要任务就是向游客导游讲解。要完成好这一任务，导游人员必须具备较高的文学艺术修养，掌握和旅游景点相关的历史典故、风物传说等，尤其要掌握有关的文学知识。俗话说："山河美不美，全靠导游嘴。"眼前的景物，旅游者同导游人员一样能看得到，但要讲出美之所在，就要求导游人员能将游人看不到的文化背景、历史佳话、奇闻趣事等用文学的语言来做生动的讲解。让游人在观景的同时，深入了解相关的典故传说等背景知识，既能提高游兴，又能开阔视野、增长知识。这对于历史古迹游览地尤为重要。例如在西安汉唐皇宫遗址，呈现在游客面前的不过是一些断壁残垣。有的导游竟能旁征博引有关诗词歌赋、历史典故，滔滔不绝地讲述两个多小时，足以令人发思古之幽情，兴无穷之感叹。又如我国的"古三国旅游""古丝绸之路"等游览线路，沿途历史古迹、遗址众多，历史典故知识浩如烟海，更需要导游人员掌握有关的历史文学知识，具有较高的文学艺术修养，才能真正起到导游的作用。

2. 文学艺术旅游资源的类别　如前所述，文学艺术的内容相当广泛。在此，我们着重对山水诗、游记散文、楹联匾额、碑文石刻、神话传说等加以讨论。

（1）山水诗　山水诗通过对山水景物、田园风光等的描写，借景生情，抒发作者对祖国大好河山、名胜古迹的赞颂。山水诗语言简洁凝练，含蓄而有韵律，读起来朗朗上口，韵味无穷。独特的艺术风格，优美的艺术情趣，给人们以无穷的美的享受。我国山水诗的发展，始于南北朝的谢灵运。谢灵运一生遍游永嘉、新安、会稽、匡庐等名胜，写有"池塘生春草，园柳变鸣禽""野旷沙岸净，天高秋月明"等不少名词佳句，开我国山水诗先河，被称为山水诗的鼻祖。唐代首开科举制，文人入京应试，少不了翻山涉水，大大开拓了游览的途径，游览之作如群星灿烂。李白、杜甫、王维、孟浩然、白居易……皆留下了大量诗词歌赋。尤其是王维的诗，描绘的风光特别潇洒和优美，如"江流天地外，山色有无中”、“明月松间照，清泉石上流”、“欲投人处宿，隔水问樵夫”，被后人赞曰“诗中有画，画中有诗”，他把我国山水诗推到一个新高峰。宋代山水诗不仅描山状水，且蕴涵哲理，使游人在欣赏景色之余，又得到理性的启迪。例如，在苏轼的《题西林壁》中：“不识庐山真面目，只缘身在此山中。”道出了“当局者迷旁观者清”的道理。再如在王安石的《登飞来峰》中：“不畏浮云遮望眼，只缘身在最高层”早已成为激励人们奋发向上的至理名言。又如陆游的《游山西村》“山重水复疑无路，柳暗花明又一村”，千古传诵，皆因它不仅生动地描写了深山野谷的山村风光，更因它富含深刻的哲理。

（2）游记散文　游记是一种以旅途的山水景物、名胜古迹为描写对象的文学体裁，在我国源远流长。晋慧远的《庐山诸道人游石门诗序》可说是我国古代游记中最早的作品。之后，陶渊明的《桃花源记》、郦道元的《水经注》、柳宗元的《永州八记》、欧阳修的《醉翁亭记》、范仲淹的《岳阳楼记》、袁宏道的《虎丘记》、袁枚的《游黄山记》等源源不断，都是游记文学的上乘之作。它们不仅描绘了山川景物，揭示自然之美，更富情于景，寓理于景，给游人以莫大的人生启迪。例如，在王安石的《游褒禅山记》中：“夫夷以近，则游者众；险以远，则至者少；而世之奇伟瑰怪，非常之观，常在于险远而人之所罕至焉。故非有志者，不能至矣。有至矣，不随以止也。然力不足者，亦不能至也。有志复有力而又不随以怠，于幽暗昏惑，而无物以相之，亦不能至也。”这岂止是对旅游而发，人生的道路不也正是如此吗？又如，范仲淹《岳阳楼记》中的“先天下之忧而忧，后天下之乐而乐”已成为激励仁人志士忧国忧民，先国后己的千古座右铭。

（3）楹联匾额　我国寺庙园林、名胜古迹多有楹联匾额，往往寥寥几句，就把当地极有特色的景、物、人、事表现出来，或描绘祖国山川的壮丽景象，或歌颂历代名人的轶文趣事，或记事铭志、评古论今，或写景抒怀……往往对风景起到画龙点睛的作用。例如，长城山海关对联：“两京锁钥无双地，万里长城第一关。”简明扼要地点出了山海关的特点：地势险恶，气象雄伟；一关雄踞，万夫莫开。又如，眉山三苏祠联：“一门父子三词客，千古文章四大家”评述了三苏父子在我国文学史上的地位及其产生的深远影响。再如，滇池大观楼长联：“五百里滇池，奔来眼底。披襟岸帻，喜茫茫空阔无边。看：东骧神骏，西翥灵仪，北走蜿蜒，南翔缟素；高人韵士，何妨选胜登临，趁蟹屿螺洲，梳裹就风鬟雾鬓，更苹天苇地，点缀些翠羽丹霞；莫辜负四围稻香，万顷晴沙，九夏芙蓉，三春杨柳。数千年往事，注到心头，把酒凌虚，叹滚滚英雄谁在？想：汉习楼船，唐标铁柱，宋挥玉斧，元跨革囊；伟业丰功，费尽移山心力，尽珠帘画栋，卷不及暮雨朝云，便断碣残碑，都付与苍烟落照；只赢得几杵疏钟，半江渔火，两行秋雁，一枕清霜。”上联写景，但写景中有抒情，滇池风光充满诗情画意；

下联记事，记事中生议，历数云南历史变迁，揭示了历史必然前进的客观规律，且对仗工整，意境高超，字句洗练，气势不凡。难怪它被誉为“海内第一佳长联”。更有妙趣横生的叠字联、回文联等。例如，山海关孟姜女庙对联：“海水朝朝朝朝朝朝朝落，浮云长长长长长长长消”。同字异音，内含哲理，意味深长。又如，杭州西湖：“山山水水处处明明秀秀，晴晴雨雨时时好好奇奇。”描绘一幅迷人的西湖风景，与苏东坡笔下的西湖景色有异曲同工之妙。若将这副对联倒念：“秀秀明明处处水水山山，奇奇好好时时雨雨晴晴。”仍是一幅迷人的山水图画。正看反读，都具韵味，妙趣横生。

（4）碑文石刻　遍布全国各地的碑文石刻，也是一种文学艺术旅游资源，我国碑文起源于周文王时期，现存最古老的碑文当属现存于北京国子监的《石鼓文》。此外碑碣数量最多的有泰山刻石、西安碑林、孔庙碑林、桂林桂海碑林等，这些碑碣石刻其文多源出于名人名篇，蕴含典故，耐人寻味，其书法艺术精湛令人倾倒，如泰山“泰二世刻石”“纪泰山铭”“经石峪”等。

（5）神话传说　流传于祖国各地，特别是风景名胜区的优美的神话传说和民间故事，犹如一条彩练，把自然风景美和人文特色美巧妙而协调地结合起来，更增添风景名胜区的魅力。例如，我国著名的四大传说——石宝寨“女娲补天”的传说、嵩山“启母石”及大禹治水传说、山海关孟姜女哭长城的传说、杭州西湖“白蛇传”的传说，使传说地更添奇妙色彩。此外如西安华山的“劈山救母”、长江三峡的“巫山神女”、路南石林的“阿诗玛”、洞庭君山的“柳毅传书”、陕西白水的“仓颉造字”、陕西骊山的“烽火戏诸侯”等传说，无不具有雄厚的群众基础、浓郁的民族特色，对游人极富吸引力，也使传说地更具旅游价值。

2.3.10　其他人文旅游资源

1. 博物展览旅游　博物馆是陈列、研究、保藏物质文化和精神文化的实物及自然标本的一种文化教育机构。从宇宙现象、地球演变、人类历史、科技发展、文化艺术、民风民俗、重大事件、名人遗迹，直到个人及家庭生活所涉及的琐事及细小物品，无不可作为博物展览的内容，因而被人们称为反映各国文化的教科书。它可有效满足旅游者丰富知识和扩大视野的旅游需求。

中国博物馆的历史可从周代算起。周代就有了“掌祖庙之收藏”的官员。《周礼》即谓“凡国之玉镇在大宝藏焉”。司马迁游鲁时曾“观仲尼庙堂，车服，礼器”。第一个近代公共博物馆是清代状元张謇在1905年创办的南通博物馆。新中国成立以来，我国博物馆已初具规模，形成体系。目前，我国有各类博物馆1500余座，藏品数百万件。其中有些博物馆因内容独特，规模宏大，在世界博物馆事业中也占有重要地位。

按博物馆的展品内容，大致可分为以下几种类型体系：

（1）反映我国古代历史的专题性体系　此类体系的博物馆如北京周口店猿人博物馆等。

（2）自然博物馆体系　此类体系的博物馆如北京自然博物馆、自贡恐龙博物馆、地质博物馆等。

（3）反映中国百余年来革命斗争专题博物馆和纪念馆体系　此类体系的博物馆如中国人民革命军事博物馆、地方革命博物馆、太平天国历史博物馆、延安革命纪念馆、中国人民抗日战争纪念馆等。

（4）人物传记性博物馆体系　此类体系的博物馆一般展示我国历史和伟大思想家、文学家、革命家的生平事迹、文物等，如北京鲁迅博物馆、山东蒲松龄博物馆等。

（5）墓葬及碑刻文物博物馆体系　此类体系的博物馆如定陵博物馆、秦始皇兵马俑博物馆、湖北省博物馆曾侯乙墓文物展馆等。

（6）各专业博物馆　此类博物馆内容十分广泛，并具有地方特色和乡土风情，如北京古钟博物馆、四川盐业博物馆、天津戏曲博物馆、泉州海外交通史博物馆、云南民族博物馆及邮票博物馆、陶瓷博物馆等。

近年来各地建成一批民间收藏馆，如以茶具、火花、蝴蝶等为内容。其规模小，展品单一，但内容新颖，颇受欢迎。

2. 人造景观　人造景观是主要为了旅游目的而兴建的那些模拟景点。其主要方法是利用各种手段，将历史上、异国异地的、想象的自然或人文现象，“移植”、集中在一起，以达到娱乐、消遣、增长知识的目的。根据人造景观内容的不同，人造景观可以分为人文类和自然类两大类。

（1）人文类人造景观

1）文化类人造景观。文化类人造景观包括再现中国古典文学名著中的建筑、人物、重要情节的，如北京“大观园”、河北正定的“荣国府”；形象表现中国传统文化的，如无锡的“吴文化园”、武汉东湖的“楚文化园”、杭州的“宋城”；将全国或某一地域名胜微缩荟萃一园的，如深圳的“锦绣中华”；移植国外名胜的，如深圳的“世界之窗”；影视城，如无锡影视城的“唐城”“三国城”“水浒城”；展现各民族景观和风情的，如昆明的“中华民族村”、张家界武陵源的“魅力湘西”；以独具特色的音乐和文艺演出取胜的，如丽江的“丽水金沙”、嵩山少林寺的“禅宗少林音乐大典”、张家界天门山的“天门狐仙”。

2）非文化类人造景观。非文化类人造景观包括机械类型人造景观，主要以城市市政公园为载体，设施以高科技的现代游乐设施为依托，如上海的锦江乐园、中国香港的海洋公园和迪士尼乐园、深圳的欢乐谷等；军事主题类人造景观，如深圳“明斯克航母世界”。

（2）自然类人造景观

1）以植物为主题的人造景观。此类景观以昆明的“世博园”、深圳的“青青世界”、青岛的“雨林谷”、广州的“向日葵”为代表，体现回归自然、融于自然的主题。

2）以动物为主题的人造景观。此类景观以广州番禺“香江野生动物园”以及各地的海洋馆为典型代表。

3）以水为主题的人造景观。此类景观以广州兴隆的水上乐园、上海热带风暴水上乐园、天津水上乐园为典型代表。

我国的人造景观虽起步较晚，但发展很快，更应注意出奇制胜，力争采用新科学技术，并不断更新和充实内容。

思考与练习

1. 为什么说在五大基本地貌类型中，以山地的旅游价值最大？
2. 什么水体有“风景的血脉”之称，并广泛成为旅游活动的兴奋中心？
3. 根据我国的海岸与气候特点，分析我国海洋旅游资源开发利用的方向。
4. 为什么说生物旅游资源是美化、活化、净化人类环境的主角？
5. 你所在省份的自然旅游资源具有哪些开发利用的价值？
6. 请绘制出中国自然旅游资源代表性景点所在的位置。
7. 宫殿建筑布局有什么特点？
8. 我国古代帝陵有哪几种封土形式？
9. 中国园林依艺术风格分类，可分为哪几类？各有什么特点？
10. 列举几个现已开发、并在旅游中发挥重大作用的文学艺术资源。
11. 傣族、彝族、白族、壮族和蒙古族的主要节日是什么？
12. 旅游活动如何利用节庆做文章？试举几个实例说明。
13. 除本书介绍的人造景观外，请列举 1 ~ 2 个你认为可行且对旅游者有较强吸引力的项目，并作详细阐述。

第3章　中国旅游交通与旅游线路

问题导学　高速铁路为中国旅游注入了一剂兴奋剂，贴地“时行千里”令更多的人舒适、快捷地感受着不同的美景。中国多条高铁线路的正式开通，对于喜欢外出旅游的人来说，除了汽车、动车之外，又多了一种新选择。通过查阅中国交通网等相关资料，了解我国旅游交通发展情况，理解旅游与交通的关系，做好充分的课前预习准备工作。

3.1　中国旅游交通概述

旅游交通属“旅游媒介”，是构成现代旅游业的3个基本要素之一，对旅游者和旅游对象起着联系纽带的作用，被称为旅游业的三大支柱产业（旅行社业、旅游交通业、旅游饭店业）之一。旅游交通便利程度，或称交通可进入性（可达性），不仅是开发旅游资源和建设旅游地的必要条件，而且也是衡量旅游业发达程度的重要标志。

近年来，随着国民经济与旅游业的繁荣，中国的民航、铁路、内河及海洋客运、公路交通事业得以迅速发展，已形成海、陆、空纵横交错的交通网络，加之众多国际航空公司提供多条来往中国的航线，为中国旅游业的发展提供了交通保证。

3.1.1　基本概念

旅游交通是指旅游业经营者为旅游者在游览过程中提供各类交通运输服务而产生的一系列社会经济活动和现象的总和。由此可见，旅游交通即是旅游业经营者借助飞机、火车、轮船、汽车等交通运输工具，将游客从旅游客源地安全地送往旅游目的地以及在旅游目的地之间提供的交通设施及服务的社会生产活动。

3.1.2　旅游交通的特性

我国的旅游交通虽然不是一个完全独立的行业，却是整个国民经济交通运输业的一个重要组成部分。在整个国民经济交通运输业中，旅游交通既具有其特殊性，又具有相对的独立性。其特性为：

1. 公共性　旅游交通是整个国民经济交通运输业的一个重要组成部分，具有交通运输业的基本特征。从宏观上看，旅游交通与一般的交通运输之间很难划定明确的界线。旅游者经常使用的交通方式是铁路、公路、水运和航空等公共交通，旅游专用交通在基本硬件构成上与公共交通也没有大的差别。因此，旅游交通具有公共性的特征。

2. 特殊性　旅游交通服务的对象是进行消遣、娱乐活动的旅游者，因此，旅游交通既要快速、安全、正点，更应体现舒适性和游览性。在旅游活动中游客容易产生疲劳困乏感，要想让游览活动能顺利进展下去，游客往往会重视旅游交通的舒适性。现在，舒适宽敞、干净整洁的交通工具备受游客的青睐。旅游交通的舒适性，突出体现在一些国际旅游专列和巨型远洋游船的豪华设施设备上。同时，为体现游览性，旅游交通往往比较注意线路上景点的安排，将各旅游景区、沿途风光巧妙地串联起来，让游客既饱览美景，又不走回头路，从而满足旅游者猎奇求新的心态。

3. 层次性　旅游交通按涉及的空间尺度和旅行过程可以分为 3 个层次。

第一层次是外部交通，是指从旅游客源地到目的地所依托的中心城市的交通，所涉及的是跨国、跨省的长距离空间；交通方式主要是航空和铁路交通。

第二层次是由旅游中心城市到旅游景区的交通，所涉及的是中、短距离空间；交通方式主要是铁路、公路和水路交通。例如，昆明到石林的铁路或公路，重庆到三峡的长江水路。

第三层次是内部交通，是指旅游景区内的交通；交通方式主要靠步行或特种旅游交通。特种旅游交通方式主要有：电动车、马车、轿子、游船、滑竿、索道等。

4. 季节性　受旅游活动季节性的影响，旅游交通也具有明显的旺、淡季之分。经营者应通过浮动价格适时调节淡旺季客流量，与景区、饭店等相关企业共同开展常客优惠和淡季优惠等促销项目，从而实现淡季不淡、旺季不旺、常年均衡的良性运输目标。

3.1.3　旅游交通的方式

当今可用于旅游交通的工具有飞机、火车、汽车、轮船等各类交通工具。每一种交通方式都有它自身存在的意义和价值。

1. 铁路旅游交通　铁路长期以来在中国交通运输体系中一直起着骨干作用，并具有经济、安全、准时、舒适、快捷等优点，铁路事业的发展尤其是近年来中国高速铁路的快速发展对旅游业的发展具有重要意义。到 2012 年底，中国铁路营业里程达到 9.8 万 km，位居亚洲第一、世界第二。其中，客运专线和城际铁路的营业里程达到 1.3 万 km，成为全球高铁运营里程最长的国家。

随着人们生活水平的不断提高和双休日制度的实行，外出旅游正在成为一种生活休闲时尚。国家交通部门加大对基础设施建设的投资以及增强铁路运营意识，并采取增加线路、列车提速、增多车次等方式，以满足国内旅游事业快速发展的需求。在推出快速客车和朝发夕至客车之际，还开通旅游专列，为人们到胜地旅游提供了便捷的服务。

2. 公路旅游交通　公路长久以来就是我国交通运输的主体之一，随着旅游业不断的兴盛，公路越来越体现出它的价值。2004 年国务院审议通过的《国家高速公路网规划》中提出采用放射线与纵横网格相结合的布局方案，形成由中心城市向外放射以及横贯东西、纵贯南北的大通道，由 7 条首都放射线、9 条南北纵向线和 18 条东西横向线组成，称为“7918 网”，总规模约 8.5 万 km，高速公路网的建设使旅游线路更加丰富、行车时间更短，极大地促进了旅游业的快速发展。

3. 水路旅游交通　水路运输可分为内河和海洋运输，是各种交通运输方式中发展历史最悠久的一种。

我国东临海洋，内陆水域广阔，具有发展水运的良好条件。水陆交通具有经济、舒适的优点，适宜在旅途中观赏山水风光，但速度慢，并受自然条件和季节的限制，灵活性和连续性较差。

4. 航空旅游交通　航空是一种先进的现代化运输方式，它具有灵活、快速、舒适等优点，是远距离旅行的理想交通方式，尤其能满足旅游者惜时如金的心理需求。

随着人民生活水平的不断提高，人们对旅游的舒适程度的要求也日益提高，航空运输以它特有的优越性越来越受到旅游者的青睐。

5. 特种旅游交通　特种旅游交通往往是指民间运输和索道，这些交通方式多用于风景区内，具有浓郁的地方特色。在现代化运输方式无法达到的地方，特种旅游运输不失为一支别开生面的运输力量。

民间运输包括轿子、三轮车、骆驼、牦牛、驴和马等，虽然运量小，速度慢，但具有灵活方便、贴近生活等特点。民间运输本身就是一大游览项目，在风景区内的交通中占有一定的地位，如北方的马车，西北的沙漠之舟——骆驼，江南水乡的八抬大轿，旅游城市的人力三轮车等。

索道是一种便捷的登山交通工具，有利于节省时间和充分利用有限的山区旅游场所，也为老弱病残者登山提供了方便。目前，在国内主要的风景名山均建有高架索道，也为旅游区增添了一道亮丽的风景线。

3.1.4　中国旅游交通线网分布

1. 铁路线网分布　我国铁路网的布局呈“四纵三横”网格状的特征。具体地说南北方向有 4 条干线：京沪线、京广线、京九线、北同蒲—太焦—焦枝—枝柳线；东西方向有 3 条干线：京包—包兰线、陇海—兰新线、沪杭—浙赣—湘黔—贵昆线。以上述 7 条干线为骨架，以北京为中心，还包括东北铁路网、西南铁路网、关内外 3 条联系干线，以及台湾铁路网和其他干线、支线、辅助线、联络线以及地方铁路在内，共同组成了全国铁路网。

近年来，中国高速铁路迅速发展，中国规划建设的高速铁路客运网骨架为

“四横四纵”。“四纵”客运专线有：连接环渤海和长江三角洲两大经济区的京沪线，连接华北、华中和华南地区的京深线，连接东北和关内地区的京哈线，连接长江、珠江三角洲和东南沿海地区的沪深线。“四横”客运专线有：连接西北和华东地区的徐州—郑州—兰州线，连接华中、华东和西南地区的上海—杭州—南昌—长沙—昆明线，连接华北和华东地区的青岛—石家庄—太原线，连接西南和华东地区的上海—南京—武汉—重庆—成都线。

2. 公路线网分布　我国公路运输由国家、省级、县级三级公路组成，运输线遍及全国，形成了以北京为中心的公路运输网。目前，全国有 70 条主要干线被划定为国道。根据国道的地理走向，编号分为 3 类：以北京为中心的放射线国道，编号为 1 × ×；南北走向国道（纵向国道），编号为 2 × ×；东西走向国道（横向国道），编号为 3 × ×。

首都放射线 7 条：北京—上海、北京—台北、北京—港澳、北京—昆明、北京—拉萨、北京—乌鲁木齐、北京—哈尔滨。

南北纵向线 9 条：鹤岗—大连、沈阳—海口、长春—深圳、济南—广州、大庆—广州、二连浩特—广州、包头—茂名、兰州—海口、重庆—昆明。

东西横向线 18 条：绥芬河—满洲里、珲春—乌兰浩特、丹东—锡林浩特、荣成—乌海、青岛—银川、青岛—兰州、连云港—霍尔果斯、南京—洛阳、上海—西安、上海—成都、上海—重庆、杭州—瑞丽、上海—昆明、福州—银川、泉州—南宁、厦门—成都、汕头—昆明、广州—昆明。

3. 水路线网分布　按航行区域，水路运输分为远洋运输、沿海运输、内河运输。我国东临太平洋，海岸线曲折漫长，大陆海岸线 1.8 万 km，海岛海岸线 1.4 万 km，分布着大量的河口和海湾、海峡，有许多优良的天然港湾。海洋运输常分为沿海运输和远洋运输两部分。

沿海运输分北方和南方两大航区。北方航区以上海、大连为中心，开辟的路线有：上海—青岛—大连、上海—烟台—天津、上海—秦皇岛、上海—连云港、上海—宁波—温州、大连—石岛—青岛、大连—烟台、大连—龙口、大连—天津等航线；南方航区以广州为中心，开辟的航线有：广州—汕头、广州—海口、广州—湛江、广州—厦门等航线。

内河运输系统是指在一条河流（包括运河）上或通过几条河流的运输，一般为国内运输。我国现有的内河航道中起重要作用的是“三江两河”，即长江、珠江、黑龙江（包括松花江）航线以及淮河、京杭大运河航线。长江是我国最著名的内河旅游航道。目前京杭大运河旅游线，主要是指以杭州、苏州、无锡、常州、镇江、扬州、淮安等热点旅游城市为始终停靠地的里运河和江南运河河道。

4. 航空线网分布

（1）国内航空运输网　我国国内航空运输线分布格局是以北京为中心呈放射状辐射全国。目前，主要航空公司有中国国际航空股份有限公司、中国东方航空股份有限公司、中国南方航空股份有限公司、海南航空股份有限公司、四川航空股份有限公司、深圳航空有限责任公司、上海航空股份有限公司、山东航空股份有限公司、厦门航空有限公司等。其中中国南方航空股份有限公司是国内飞机最多、航线网络最密集、年客运量最大的航空公司。

（2）国际航空运输网　北京是我国最大的国际航空港，上海、广州也是我国重要的国际航空口岸。此外，乌鲁木齐、伊宁、西安、拉萨、大连、南京、厦门、汕头、海口、昆明、天津、杭州、福州、成都、重庆、桂林等地也有飞往国外的国际航线或飞往中国香港地区的地区性航线。

3.1.5　旅游交通方式选择的影响因素

当游客面对各种旅游交通方式作选择时，往往会受到一定因素的影响。一是旅游交通价格及旅游费用的因素。经济型游客对于价格比较敏感，通常价格的高低起到了决定性的作用，因而他们选择的交通方式往往是经济实惠的水路或铁路。二是目的地距离和旅游时间的因素。受到时间和地域条件的限制，人们常会追求快捷、安全、高效的航空或铁路等方式。三是收入及旅游经验的因素。游客往往根据自身的实际情况，量入为出。享受型游客比较注重游览价值以及舒适程度，他们愿意选择航空或特种交通方式。

3.2　旅游线路设计

3.2.1　旅游线路的类型

旅游线路是指在一定的区域内，为使游人能够以最短的时间获得最大的观赏效果，由交通线把若干个旅游景点或旅游城市合理地连接起来，并具有一定特色的线路。旅游线路的形成受到旅游点、交通条件、旅游市场、旅游时间等因素的制约，可以在一个旅游区或行政区内自成体系；也可进行旅游区域之间的协作，共同安排。根据线路组织、设计者的思路及线路本身的用途不同，可以设计出多种各具目的的旅游线路，具体类型如下：

1. 按旅游者活动行为划分

（1）周游观光性旅游线路　游客的目的主要在于观赏，线路中包括多个旅游目的地，同一旅游者重复利用同一路线的可能性小，其成本相对较高，在设计周游观光性旅游线路时应从单纯的周游性向线性化转移。

（2）度假逗留性旅游线路　此种线路主要为度假旅游者设计。度假旅游者的目的在于休息或娱乐，不是很在乎景观的多样性变化，因此，度假逗留性线路所串联的旅游目的地相对较少，有时甚至可以是一两个旅游点，同一旅游者重复利用同一线路的可能性大。

2. 按旅游线路的结构划分

（1）环状旅游线路　该线路一般适用于大、中尺度的旅游活动。例如，我国以北京（入境）为起点的东线和西线串联合并而成旅游环状线路：东线主要有北京—南京、苏州—上海、杭州—广州、香港（出境）；西线主要有北京（入境）—西安—成都、昆明—桂林—广州、香港（出境）。这类旅游线路的特点：一是跨度大，主要由航空交通连接，铁路或公路交通主要用于连接站点相对密集的区段；二是所选各点均为知名度较高的精华旅游城市或风景旅游地；三是基本不走“回头路”，对境外游客的出入境地点一般安排在不同口岸。

（2）节点状旅游线路　该线路是一种小尺度的旅游线路。旅游者选择一个中心城市或自己的常居地为“节点”，然后以此为中心向四周旅游点作往返性的短途旅游。这类旅游线路在国内游客出游中较为常见。原因在于：第一，节点多为旅游地或旅游点的依托城市，游客对中心城市有归属感，食、宿、行、购等条件较好；第二，节点的交通联系更为方便；第三，游览游程短，可以在短期内往返；第四，经济适用，多种因素促使游客宁愿走回头路，而不选择环线。

3. 按旅游活动的内容划分

（1）综合性旅游线路　综合性旅游线路所串联的各点旅游资源性质各不相同，整条线路表现为综合性特色。例如，国家旅游局推出的“中国民俗风情游”依托风格独特的民俗节庆活动逐月展开，贯穿全年，并按照历史上形成的地方传统习俗和民族风情，推出了北方风情卷，中原民俗画廊，大漠丝路情怀，江南水乡风物集锦，西南民族风情，一江两湖漫游和南国风景窗七大旅游区。这七大旅游风情区域，民俗风情异彩纷呈，基本涵盖了我国各个各族传统文化的特点，其产品具有大众化的鲜明特点。

（2）专题性旅游线路　专题性旅游线路是一种以某一主题内容为基本思想串联各点而成的旅游路线。全线各点的旅游景物或活动有比较专一的内容和属性，因而具有较强的文化性、知识性和趣味性，受到兴趣爱好不同的游客的欢迎。例如，国家旅游局推出的 16 条中国旅游专线中，有 15 条属于专题性旅游线路，这些线路把我国大部分精华旅游点、旅游地用各种专题串联，供兴趣爱好不同的游客选择。

4. 按照旅游组织的形式划分

（1）传统的包价旅游　旅游线路全程所需的所有行程及服务都由旅行社负责安排。

（2）灵便式包价旅游　其中灵便式旅游线又可分为：①拼合选择式旅游线路——整个旅程有几种分段组合线路，游客可以自己选择拼合，并可在旅游过程中改变原有选择；②跳跃式旅游线——旅游部门只提供旅程中几小段路线或大段服务，其余皆由旅游者自己设计。

5. 按旅游者旅游目的划分　这类旅游线路可以划分为观光旅游线、探险考察旅游线、文化旅游线、宗教旅游线、度假休闲旅游线、民族风情旅游线、节庆活动旅游线等。

（1）观光旅游线路　观光旅游线路是利用旅游目的地的自然旅游资源和人文旅游资源，组织旅游者参观游览及考察。观光旅游线路的内容包括文化观光、自然观光、民俗观光、生态观光、艺术观光、都市观光、农业观光、工业观光、科技观光、修学观光、军事观光等。观光旅游线路一般具有资源丰富、可进入性强、服务设施齐全、安全保障强等条件。

观光旅游线路开发难度小，操作程序简易，使旅游者能在较短的时间内领略旅游目的地的特色，缺点是旅游者参与的项目少，旅游者对旅游目的地感受不深。

（2）度假旅游线路　度假旅游线路是指组织旅游者前往度假地区短期居住，进行包括娱乐、休憩、健身、疗养等消遣性活动。度假旅游线路内容包括海滨度假、山地度假、湖滨度假、温泉度假、滑雪度假、海岛度假、森林度假、乡村度假等。

度假旅游线路要求度假地（区）具备四个条件：环境质量好、区位条件优越、高标准的住宿设施和健身娱乐设施、服务功能强。度假旅游线路所含的项目都是参与性很强的户外休闲、健身、娱乐运动等。度假旅游线路中的旅游者在旅游目的地的停留时间较长、消费水平较高且大多以散客的形式出行。度假旅游产品适应了散客旅游、自助旅游日益增多的潮流，是值得开发的旅游产品。

（3）专项旅游线路　专项旅游线路又称特种旅游线路，具有主题繁多、特色鲜明的特点。专项旅游线路包括：探险旅游、烹饪旅游、保健旅游、考古旅游、漂流旅游、登山旅游、自驾车旅游、品茶旅游、书画旅游、朝圣与祭祀旅游等。专项旅游线路适应了旅游者个性化、多样化的需求特点，广受旅游者的青睐，是今后旅行社产品的开发趋势。专项旅游线路的缺点是开发难度大，操作程序多，需要多个政府部门、社会组织的协作，成本一般较高。

此外，旅游线路类型按照旅游目的划分为公务旅游、休闲旅游（含观光和度假）、探亲游和专项旅游（奖励、农业、工业、会议、会展、修学、文化、考察、生态、宗教、康复、新婚、购物、探险、体育、特殊兴趣等）；按旅游活动的时间可分为一日游线、多日游线；按照产品的档次划分为豪华旅游、标准旅游和经济旅游；按旅游线路跨越的空间尺度可分为洲际旅游线、周边国家旅游线、国内旅游线、邻近省际旅游线及区内旅游线等。无论设计何种旅游线路，都是为了增强旅游活动组合的科学性，提高旅游组织的效能，方便游客，使其达到满意的旅游效果。

3.2.2 旅游线路的设计

1. 影响因素　在一定区域内，旅游资源、旅游设施和其他条件是客观存在的，关键是旅游策划者如何经过自己的巧妙构思，设计出多种有吸引力的产品，进行推销。在线路设计中必须考虑以下几点因素：

（1）旅游资源　旅游资源是进行旅游线路设计的核心和物质基础，是旅游者选择和购买旅游线路的决定性因素。旅游资源的吸引力决定了旅游线路的主题与特色。旅游线路的设计必须最大限度地体现出旅游资源的价值。

（2）旅游设施　旅游设施是旅行社向旅游者提供旅游线路所凭借的服务性载体。旅游设施不是旅游者选择和购买旅游线路的决定性因素，但它能影响旅游活动开展的顺利与否以及旅游服务质量的高低。旅游设施分为专门设施和基础设施两大类。前者是指游览、购物、娱乐、住宿等服务；后者是指交通、通信、供电、卫生、医疗等设施。

（3）旅游服务　旅游服务的存在与旅游设施的存在密切相关，二者相辅相成，离开了旅游设施，旅游服务就无法实现。旅游服务的质量直接影响旅游线路的质量，因而旅游服务是旅游线路设计的核心内容。

（4）旅游可进入性　旅游线路设计时必须考虑到旅游者进入旅游目的地的难易程度和时效性。旅游者是否能顺利到达旅游目的地是构成旅游线路设计的重要因素，因此，旅游可进入性是旅游线路实现其价值的前提条件。它主要包括畅通的交通条件，简便的通关手续条件及良好的社会环境。

2. 旅游线路设计的原则

（1）安全原则　旅游线路设计时应注意线路的安全性。游客在满足娱乐、休闲的同时，更注重游玩中的安全性。就旅游消费心理而言，安全需要是人们最基本的需要，游客的安全感极大地影响到外出的可能性。所以，设计旅游线路时，应遵循“安全第一”的原则。

（2）市场原则　旅游线路设计好坏与否，关系到旅游市场的需求程度。市场原则就是要求旅游行业在设计旅游线路前，对市场进行充分的调查研究，预测市场需求的趋势和需求的数量，分析旅游者的旅游动机。唯有如此，才能让旅游线路最大限度地满足游客的需求，提高产品的价值。

根据市场需求变化的状况设计开发线路。旅游者的需求是千差万别的，同时又是千变万化的，但其中也不乏相对稳定的因素：如猎奇求新的心理；回归自然，返朴归真的心态；讲究经济实惠，物美价廉等。根据旅游者的需求特点，同时结合不同时期的不同风尚和潮流，设计出适合市场需求的旅游产品。此外，还可以创造性地引导旅游消费。

（3）结构合理、布局得当原则　在设计旅游线路时，应慎重选择构成旅游线路的各个旅游点，并对其进行科学的优化组合。一是尽量避免走重复路线。一条旅游线路应竭力避免重复经过同一旅游点，游客走回头路会感到乏味，减弱旅游的兴趣。二是择点适当。在旅游活动中不宜设置过多的景点，这样容易使旅游者紧张疲劳，达不到休息和娱乐的目的。但景点也不能太少，游客往往追求价廉物美，希望花少量的钱，观赏较多的游览点。三是点间距离适中。同一旅游线路各旅游点间的距离不宜太远，以免造成大量时间和金钱耗费在旅途中。四是顺序科学。在交通合理方便的前提下，同一线路旅游点的游览顺序应由一般的旅游点逐步过渡到吸引力较大的旅游点，这样才能极大地调动旅游者的游览兴趣，促使游程顺利完成。同时，尽量做到旅游“热点”与“冷点”的综合平衡。

（4）内容丰富、独特的原则　每一条旅游线路都有特定的游览内容，应尽量避免与其他旅游线路雷同，要有自己的特色，做到“人无我有，人有我优”。旅游线路设计一般应突出某个主题，并且针对不同性质的旅游团确定不同的主题；同时，还要围绕主题安排相关的旅游项目，让旅游者通过各种活动，满足他们的休息、娱乐和求知的欲望。

3.3　我国主要旅游线路

我国的旅游资源十分丰富，根据旅游市场需求的不断变化，近年来国家旅游局推出了一系列具有针对性的精品旅游路线。

3.3.1　我国主要的旅游线路简介

2009 年，国家旅游局公布了“丝绸之路”“香格里拉”“长江三峡”“青藏铁路”等 12 条首批中国国家旅游线路。这些线路主题明确、形象鲜明、典型代表性强，社会认知、游客认可、市场影响力强，交通连贯、线路通达、适游可游性强，穿越区域、跨越省市、辐射带动性强。

1. “丝绸之路”游　以丝路文化为核心，跨越河南、陕西、甘肃、宁夏、青海、新疆六省区，是一条典型的国际旅游线路，在海内外形成了较大的市场影响。

2. “香格里拉”游　以川滇藏民族文化和特色景观为内涵，形成了从昆明经大理、丽江至迪庆的核心旅游线路，并辐射至四川甘孜及西藏等地，是中国目前热点的旅游线路之一，在海内外旅游市场中深受欢迎。

3. “长江三峡”游　以峡谷景观、高峡平湖风光、大坝景观、历史文化、地域文化为主要吸引物，是中国对外推广的经典旅游线路。

4. “青藏铁路”游　以青藏铁路为依托形成的通往雪域高原的旅游线路，东起青海西宁，西至西藏拉萨，并延伸至西藏其他地区。

5. “万里长城”游　长城是中华文化的象征，也是我国最为重要的旅游吸引物之一，东起山海关、西至嘉峪关，跨越东西多个省区市。

6. “京杭大运河”游　以京杭大运河历史遗存为内涵，北起北京通州，南至杭州，跨越北京、天津、河北、山东、江苏、浙江六省市，是我国东部贯穿南北的文化旅游线。

7. “红军长征”游　红军长征旅游线是目前我国红色旅游中最受欢迎的旅游线，该线从江西瑞金出发，经江西、湖南、贵州、四川、陕西，直达延安，是我国贯穿东西、连接南北、重点在西部的旅游线。

8. “松花江—鸭绿江”游　以东北三省林海雪原、白山黑水、民族文化、边疆风情为内涵，以冰雪旅游、文化旅游、生态旅游、边疆旅游为核心，以大江界河旅游贯穿东北三省。

9. “黄河文明”游　以黄河文明为纽带，自西向东连接青海、甘肃、宁夏、陕西、内蒙古、山西、河南、山东八省区，重点是陕西、河南、山西、山东等中原黄河文化旅游区。

10. “长江中下游”游　以长江中下游城市群和世界遗产为核心，连接湖北、湖南、江西、安徽、江苏、上海，以都市旅游、遗产旅游、山水观光为特色。

11. “京西沪桂广”游　该线路主要是以空中航线为主，连接北京、西安、上海、桂林、广州五个著名旅游城市，是中国旅游市场最早对外推出、保持长盛不衰的典型旅游线路，被誉为“经典中国”旅游线。

12. “滨海度假”游　以空中航线、海上航线连贯我国东部沿海度假城市旅游目的地，从北向南包括大连、烟台、威海、青岛、日照、连云港、福州、泉州、厦门、深圳、珠海、海口、三亚、北海等，突出中国滨海度假旅游品牌，引导居民休闲度假。

3.3.2　我国旅游线路举例分析

根据“中国旅游交易会”上全国各地多家旅行社提供的旅游线路资料，本书精选推出了6条旅游线路，其特点是：在时间上安排比较紧凑，景点内容也很丰富，且具有较大的灵活性。

1. 东北冰雪双飞六日游

（1）行程安排　（第一天）飞抵大连。宿：大连→（第二天）赴沈阳，下午东北亚滑雪场，观冰雪项目，晚餐赠送东北特色年夜饭。宿：沈阳→（第三天）游览张氏帅府，满清一条街，下午赴长春。宿：长春→（第四天）参观伪满皇宫博物院、电影城，游览净月潭景区，滑雪场滑雪、观赏冰雪项目，晚赴哈尔滨。宿：哈尔滨→（第五天）参观中央大街、圣·索菲亚教堂、防洪纪念塔、斯大林公园、中俄民贸一条街道、松花江冰雪大世界，晚赴大连。宿：火车上→（第六天）早抵大连，游览人民广场、北大桥、滨海路、老虎滩公园、星海广场，晚上飞回，结束愉快行程。

（2）线路特点分析 其线路特点有：能参与各种丰富多彩的冰雪活动；能一览东北各省主要的名胜古迹；在活动中还赠送滑雪帽、手套、两次滑雪以及富有东北特色的年夜饭，感受东北的民风民情。

2. 北京、承德七日游

（1）行程安排 （第一天）抵达北京，游览雍和宫，安排入住。→（第二天）游天安门广场、毛主席纪念堂、故宫、北海、景山。→（第三天）游颐和园、香山、碧云寺。→（第四天）游长城、定陵、奥运场馆外景。→（第五天）早上乘车赴承德，下午游避暑山庄。→（第六天）游小布达拉宫、普乐寺，午餐后返北京。→（第七天）游天坛、王府井购物，下午返回，结束愉快的旅程。

（2）线路特点分析 此条线路特点有：可饱览我国首都风貌和具有世界之最的古建筑群；瞻仰一代伟人毛泽东的遗容；欣赏不同风格的建筑。

3. 长江三峡七日游

（1）行程安排 （第一天）抵九寨沟，沿途观赏岷江河谷风光、藏羌民族风情。宿：九寨沟。→（第二天）到九寨沟大门，换乘观光车进入九寨沟内游览。晚上可自费参加藏羌民族风情烤羊篝火晚会。→（第三天）返回成都，途经都江堰，根据客人意愿可安排前往参观（自费购门票）。宿：成都。→（第四天）赴重庆，游览白公馆、渣滓洞，晚上乘船前往丰都。宿：船上。→（第五天）抵丰都，游丰都鬼城。下午游石宝寨或张飞庙，晚上船停奉节。宿：船上。→（第六天）三峡游览，上午游览三国著名景点——白帝城，过瞿塘峡，中午乘船抵巫山，换船游览小三峡，可观赏到悬棺、古栈道及小三峡等，船过巫峡、西陵峡。宿：船上。→（第七天）三峡游览，上午游览著名词人屈原故里——秭归屈原祠，下午抵达茅坪港或太平溪港，游览三峡大坝，参观后乘船赴宜昌，结束行程。

（2）线路特点分析 本线以美丽的高原湖群为起点，沿途景点以长江中游为最佳，可观赏到长江三峡的无限风光；此外还能欣赏到沿江重要的名胜古迹和革命胜迹。

4. 江南水乡风情六日游

（1）行程安排 （第一天）抵达无锡，游鼋头渚、三山、蠡园。→（第二天）游同里退思园、水乡周庄。→（第三天）游太湖大桥、石公山、林屋洞、盘门三景。→（第四天）游虎丘、寒山寺、西园寺、拙政园，晚乘船赴杭州。→（第五天）游杭州灵隐寺、黄龙洞、西湖、虎跑泉。→（第六天）到达上海，游豫园、外滩、南京路，结束行程。

（2）线路特点分析 本线路以水为主题，游程途中可以领略到别具浓郁的小桥、流水、人家的江南韵味，还可感受上海国际大都市的现代气息与繁华景象。

5. 丝绸之路十二天游

（1）行程安排 （第一天）抵西宁。→（第二天）游瞿坛寺、柳湾墓地观光、博物馆。→（第三天）游塔尔寺、北禅寺、东关清真大寺观光。→（第四天）赴日月山、青海湖、鸟岛观光游。→（第五天）赴格尔木、途中戈壁、绿洲、雪山观光。→（第六天）赴敦煌，参观万丈盐桥、雅丹地貌。→（第七天）游莫高窟、鸣沙山、月牙泉。→（第八天）游民俗博物馆，后赴吐鲁番。→（第九天）游吐鲁番、苏公塔、高昌古城。→（第十天）游阿斯塔娜古墓、火焰山、葡萄沟。→（第十一天）赴乌市。→（第十二天）游南山牧场、博物馆，返回，结束行程。

（2）线路特点分析 此条线路的特点是：重温2000多年以前丝绸之路的风土人情，观赏丝绸之路的主要名胜古迹。

6. 西南民族风情九日游

（1）行程安排 （第一天）抵昆明，游西山龙门、大观楼→（第二天）石林一日游→（第三天）抵大理，乘船游洱海、蝴蝶泉、三塔寺、白族民居、大理古城→（第四天）抵丽江，云杉坪（含索道）、干海子、白水河、玉峰寺→（第五天）玉泉公园、四方街古城，赴西双版纳，游览市内西双版纳森林公园→（第六天）缅甸勐拉、拉洛边境集市、景真八角亭、独木成林、界碑、禁毒展览馆→（第七天）勐伦植物园，橄榄坝，返回昆明→（第八天）游金殿、世博园。宿：昆明→（第九天）市内购物，返回。

（2）线路特点分析 此条线路的特点是：遍游云南地区多姿多彩的民族居所，体验少数民族的民俗风情，如参加傣族的泼水节。

思考与练习

1. 旅游交通的定义及特性是什么？
2. 影响旅游交通方式选择的因素有哪些？
3. 影响旅游线路设计的主要因素有哪些？设计旅游线路时应遵循的基本原则是什么？
4. 动手实践，玩趣味地图游戏。（登入 http：//www. hua2. com/MAPWORLD）
5. 自行设计一条“江南古镇、水乡三日游”。

第4章　东北旅游区

问题导学　俄罗斯著名歌曲《三套车》这样唱道："冰雪覆盖着伏尔加河，冰河上跑着三套车……"。你对马拉着车过河感到怀疑和好奇吗？建议你到东北亲自体验一下。当你的双脚踏踏实实地落到河面上时，心情会怎样？当看到载重汽车在江面上自由行驶时，你会怎样想？同学们，还了解哪些东北旅游地理知识？最向往的东北旅游地是哪里？为什么？

4.1　东北旅游区旅游地理环境特征

东北旅游区包括黑龙江、吉林、辽宁三省。因本区在山海关以东，故俗称"关外"或"关东"。

4.1.1　旅游自然地理环境特征

1. 山环水绕 、沃野千里，火山熔岩地貌典型　在富饶美丽的东北大地上，有山有水，平原广布，其地貌类型的分布很有规律。东北地区的中心区域是东北平原，它是由三江平原、松嫩平原、辽河平原组成的大平原。这里的土地油黑色暗（俗称黑土地），土壤肥沃，是我国重要的商品粮生产基地。平原的外围被向南敞开的半环状低山与丘陵环抱，山地与丘陵的面积大体相当，海拔大多在千米以下。西部的大兴安岭、北部的小兴安岭、东部的长白山地等，它们略呈弧形框架，是我国重要的林业生产基地。本区外围的北、东、南边缘地带被一连串江河湖海所环绕，主要有黑龙江与其支流乌苏里江、兴凯湖、以及分别流入日本海和黄海的图们江和鸭绿江、黄海和渤海及辽河等。在规则的环状地貌背景上，最具特色的旅游地貌景观当属火山熔岩地貌。

东北地区位于世界环太平洋火山地震带的边缘，其火山形成与板块的运动有关。由于太平洋板块向亚欧大陆的俯冲、挤压作用，造成本区山脉多为东北—西南走向，并且地壳发生一系列东北—西南向的深大断裂，为地球内部岩浆喷出打开了通道。因此，本区火山排列多是东北—西南走向。

本区共有火山230多座，组成约30个火山群，占全国总数的30%。这些火山有的成丘陵状分布在大、小兴安岭山麓附近，有的挺立在山地之上，主要集中分布在吉林和黑龙江两省，是我国火山熔岩地貌类型最丰富、数量最多、分布最广的地区。

本区的火山熔岩景观既有集中分布的火山群，如在长白山区集中了100多座火山，其中辉南、靖宇县境内的龙岗火山群是东北区最大的火山群，火山锥共100多座，又有由于火山作用形成的天池瀑布、湖泊、地下森林等，如长白山天池和瀑布、五大连池、镜泊湖、牡丹江地下森林等。

2. 冬长严寒、夏短温湿，冰雪旅游资源得天独厚　本区占据我国最北与最东两端点，位于中纬度大陆东岸，是我国纬度最高的地区，其气候类型属于温带季风气候，气候特征为冬季严寒而漫长，夏季暖湿而短促。由于本区紧邻着亚洲北部寒冷的冬季风源地（蒙古高压），而山体高度不大，不足以阻挡冷空气入侵，1月均温在－12～－30℃，是世界上同纬度陆地气温最低的地区。素有“中国寒极”之称的漠河，曾记录了－52℃的全国气温最低值。冬长严寒是东北气候的主要特征，冬季长达半年以上，积雪期长，积雪可厚达50cm左右。夏季全区气温不高，7月平均气温，大兴安岭北部低于18℃，基本无夏天，平原南部为24℃，平原北部的哈尔滨仅22.5℃。夏季风于7、8月到来，形成雨热同期。东北大部分地区年降水量在600mm左右，降水量虽然不是十分丰富，但由于气温低，蒸发弱，湿度仍然较高，比邻近的黄河中下游地区湿润得多，属湿润和半湿润地区。典型的温带季风气候是本区发展气候旅游的有利条件。

东北地区山水兼备，山区山体高度一般不大，外形也比较浑圆，尤其是山地向平原过渡的丘陵地带，坡度和缓且有变化，又有大量优质积雪覆盖，雪期较长。积雪厚度平原一般为20cm，山地厚达40～50cm。哈尔滨平均全年降雪日32.9天，积雪期长达122.5天。适宜的地形条件与积雪条件的结合，使本区成为我国低海拔地区中最有条件开展各种滑雪运动的地区。2003年仅黑龙江省开设的滑雪场就有60多家。随着滑雪旅游热的到来，往日寂静的林海雪原将成为游人赏雪、戏雪、滑雪的乐园。此外，喜欢冬猎的朋友也可到这里一显身手。

本区河湖在冬季普遍封冻断流，黑龙江封冻期最长，可达6个月，冰厚1.5m左右。哈尔滨附近松花江封冻期5个月，冰厚将近1m。自然封冻的河、湖冰面上是开展各种冰上活动的天然场所，有滑冰、冰球、冰帆、冰橇、冰陀螺、狗拉爬犁及露天冬泳等体育、游乐、健身活动。另外，冰层较厚，坚实如石，一些大型交通工具，如载重汽车可以行驶，往来运输。

本区除上述可供游人进行参与性活动的冰雪旅游资源外，冰雪艺术作品和雾凇也是本区独具魅力的奇景。冰雪艺术主要有冰灯、冰雕、雪雕等。在冰雪天地中，有一枝奇葩独秀，这就是被誉为中国四大自然奇观之一的吉林雾凇。雾凇天气现象在东北各地时有发生，仅吉林雾凇以其发生频率高、观赏价值大等优势吸引了大批中外游客。

3. 避暑胜地众多，消夏生态旅游地域广阔　全区夏季温度不高，白天时间长而温暖，夜晚时间短而凉爽，是本区消夏避暑的基本条件。本区避暑胜地遍布，具有代表性及地域特色的主要有：漠河“北极”特色游、温带海滨风光游、森林湿地生态游。

我国北至点所处的行政区是黑龙江省漠河县，漠河是我国纬度最高的县份，特殊的地理位置决定了旅游资源的独特性。由于夏至前后这里没有真正的黑夜，又常有北极光出现，因此，它成为我国独具北极特色的避暑胜地。

本区南部濒临海洋，夏季海滨气候凉爽宜人，是避暑、观光、度假的胜地，其中以大连最为著名，此外还有兴城海滨风景区、庄河冰峪沟风景区等。

本区山环水绕、平原中开的地表结构，在不同程度上加强了气候的冷湿性。山地形成了寒温带明亮针叶林和温带针阔混交林。山地的内侧、东北中部平原，湿度减低，形成了温带森林草原与草甸草原景观。由于气候冷湿，适宜林木生长，使森林成为本区主要的自然景观。其中具有很强观赏性的森林旅游资源有：大兴安岭明亮针叶林，小兴安岭挺拔红松、冷杉，长白山针叶及针阔混交林区，以及别具北国情调的次生白桦林等。在茫茫林海中，蕴藏着不少野生动植物资源，有东北虎、紫貂、熊、梅花鹿、猞猁、狐等，人参、貂皮、鹿茸被称为“东北三宝”。

此外，广泛分布的湿地景观也是本区一个重要景观特征。湿地是一种独特的景观，是冷湿环境的重要组成部分和标志。我国约70%的湿地分布在本区，其中黑龙江省为沼泽湿地分布最广、类型最丰富的地区。沼泽湿地为鸟类生息繁育提供了良好的环境，一些湿地还栖息着丹顶鹤、野天鹅等珍贵美丽的禽类，因而为发展观鸟旅游创造了极好的条件。

总之，本区林密物丰，生态旅游地域广阔，有待于进一步合理开发、利用。目前东北已建成的著名自然保护区有长白山、扎龙、蛇岛、三江湿地等十余处。在提倡生态旅游的今天，这些地方必将成为人们向往的旅游胜地。

4.1.2 旅游人文地理环境特征

本区历史上的土著民族是长期以游猎为生的少数民族，其中满族的前身也是游牧狩猎部族，满族于明末在此建立大清，随后入关迁都至北京。在民族和文化发展的演进过程中，直至明清以前本区始终以少数民族土著文化占主导地位，其中包括满族农耕文化，蒙古族游牧文化，鄂伦春族、达斡尔族的狩猎文化，以及赫哲族的渔猎文化等。随着土著文化入主中原和中原人口大量流入东北，中原文化才融入东北当地民族文化，形成具有东北味的传统关东农业文化，并成为本区文化的主体。近代由于沙俄、日本入侵及欧美移民的涌入，给关东文化留下了殖民色彩的痕迹，表现在城市建设、宗教、经济、生活等方面。总之，特殊的地域历史，决定了本区无论在民族成分，还是在生产方式、文化景观方面，都体现出典型的多元文化特性，从而形成别具特色的人文旅游资源。

1. 丰富多彩的民俗风情　在多元文化背景下，农耕与渔猎文化相复合，透射出具有关东文化特色的民俗风情。最能代表关东农耕文化的民俗，当属乡土气息极为浓厚的“二人转”。东北“二人转”是由东北农村民间歌舞“大秧歌”演变而成的一种自娱性的民间歌舞艺术形式，至今已有200多年历史。由于这种民间艺术深深地植根于黑土地，所以最能充分表现关东农民直率、豪爽的性格与气质特征。其机动灵活、活泼风趣的表演常常出现台上台下融为一体的火热场面，深受广大群众，尤其是当地农民欢迎。而独具特色的游猎和渔猎民族风情则更能引起人们的好奇和竞相体验。历史上长期生活在大森林中的鄂伦春、鄂温克民族，吃兽肉、穿兽皮、乘驯鹿拉的雪橇，住宅是用树木杆搭成的圆锥形架子，上面冬天盖狍皮，夏天覆盖着桦树皮，生活充满了洪荒时代的山野气息。他们判断野兽行踪的能力和捕猎技巧令人称奇。世世代代依江而居，渔猎为生的赫哲族，是我国北方唯一依靠渔猎为生的民族。他们吃“杀生鱼”，穿鱼皮衣，乘桦皮舟，男女老少都是捕鱼高手，叉鱼技术举世罕见。冬季或狩猎野兽，或于江上凿冰洞下铃铛网捕鱼，方法颇具奇趣。

冰雪艺术活动和冰雪娱乐活动是既传统又时尚的独具北国特色的关东风情。寒冷漫长的冬季，千里冰封，万里雪飘，一派银装素裹、分外妖娆的北国冬景，吸引着无数未曾领略过冰天雪地的南方朋友。洁白的冰雪是大地的棉被，游人的地毯，到了这里的人们便会情不自禁地玩耍起来。热爱生活的东北人民对大自然给予的丰厚恩赐，并没有熟视无睹，他们积极地投身于大自然的怀抱，借助冰雪开展各种体育、健身、游乐活动，并用自己勤劳的双手打造出一个个冰晶宫般的奇妙世界。哈尔滨自清代起就有人制作冰灯、冰雕，在1964年举办的第二届冰灯游园会上，开始创作展出冰雕作品，现在每年定期展出壮观绚丽的大型冰雕艺术群。冰雪艺术不断丰富发展，继冰雕后，雪雕成为哈尔滨人为冰雪赋予艺术生命的又一杰作。自1983年起，在举办冰灯游园活动期间，哈尔滨又创办了冰雪节。经过近30年的运作，特别是近几年的精心打造，已与日本的冰雪节、加拿大的冬令节、挪威的滑雪节并称世界四大冰雪节。

2. 受多种文化影响的建筑艺术　东北少数民族的发展历史及中原文化对本区的影响，在各地特色建筑中得到了很好的反映。其中明清以前的建筑文化遗址主要体现了游牧民族风格，但也可发现其中与中原文化的联系，如吉林省集安市汉魏时期高句丽古建筑、古墓群和壁画，黑龙江宁安市上京龙泉府遗址及留下来的八宝琉璃井和南大庙等古迹，辽宁省境内现存的多处近代佛塔，黑龙江省哈尔滨市阿城区金代时期的都城——上京会宁府遗址等。

从明代起，河北、山东农民开始“闯关东”，随着中原人口的大量迁入，使得中原文化与当地文化进一步融合。满族人所建的沈阳故宫，是清朝入关前的清室皇宫，独具满族生活色彩与艺术风格，是融合满、汉两族建筑风格的经典之作。

在近代历史上，由于沙俄和日本以城市为据点对本区进行殖民统治，使本区城市建筑风貌呈现出与关内截然不同的风格，留下了大量欧式及日式或多种文化融合式的建筑，其中最典型的是哈尔滨。1896 年沙俄占据哈尔滨修建中东铁路，当时俄国在文化上只处于二流地位，历史上一直崇拜比较先进的法国文化。可以说，沙俄将“东方莫斯科”作为城市的形象目标，将“东方巴黎”作为建筑上的艺术楷模。这一时期形成的独特建筑风格，是哈尔滨被称为“东方莫斯科”和“东方小巴黎”的主要原因之一。该市现今保存下来多达 500 多座的代表性建筑中，绝大部分为欧式建筑，其中不乏俄罗斯式圣·索菲亚教堂、拜占庭式东正教堂及典型的哥特式基督教堂那样的优秀作品。众多的欧式建筑，构成了哈尔滨“东方莫斯科”的风格基调，而日式近代建筑的出现，为哈尔滨近代建筑风貌注入了微弱的现代气息，给和谐统一的建筑风姿增添了多元色彩。由此可见，哈尔滨的城市建筑风格多元独特，西洋式、东洋式、中国古典式及现代大厦交织，是本区不可多得的旅游资源。

3. 快捷便利的交通运输网络　本地区地形和缓，便于修筑铁路，特别是在新中国成立以后，需要将东北的大量物资运往各地支援建设，所以目前东北有全国最发达的铁路运输网，共有铁路 70 余条，总长 1.4 万 km，形成以滨洲、滨绥、哈大线为主干，以沈阳、四平、长春、哈尔滨为枢纽的铁路运输系统。现在由于铁路全面提速，大部分中心城市都可以做到朝发夕至，给观光旅游带来极大方便。特别是满洲里、绥芬河两端还与俄罗斯铁路接轨，沈阳、丹东线又是中朝两国的国际线，为开辟本区对俄罗斯、朝鲜的国际旅游线路提供了良好条件。此外，近几年为满足本地区的交通需要，又修建了很多高等级公路，在弥补铁路网不足之处的同时，又为人们设计旅游线路提供了更多的选择。目前本区有 19 个运输机场，其中设立口岸的机场有沈阳、大连、长春、哈尔滨、延吉、齐齐哈尔、牡丹江、佳木斯 8 个城市，除齐齐哈尔机场外，其他机场目前均开通国际航线。在水运方面，主要有黑龙江、松花江的内河航运。同时海上运输有全国著名的大连良港，其吞吐量位居全国第二。可以说，本地区已形成了全国最发达的交通网络，为旅游业的发展奠定了良好的基础。

4.2　东北旅游区主要旅游地

本区主要旅游地和旅游资源的总体分布，参见东北主要旅游地和旅游资源简图，如图 4-1 所示。

黑、吉、辽三省主要旅游地概况分别如下：

4.2.1　黑龙江主要旅游地

黑龙江省位于我国东北部，以边境大河黑龙江而得名，其境内物产丰富，山环水绕，平原中开，拥有巍峨连绵的大、小兴安岭，沃野千里的三江平原，透迤

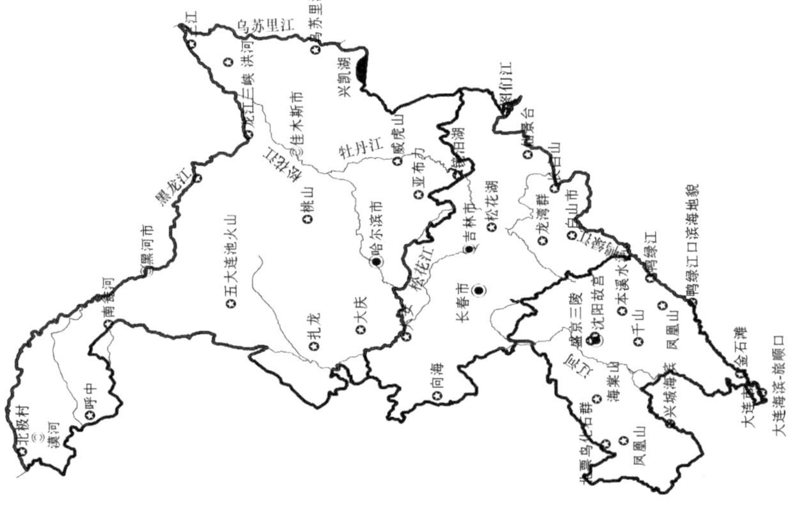

图4-1 东北主要旅游地和旅游资源简图

茫茫的林海雪原，一望无际的湿地、草原和具有火山地貌特征的五大连池。这些独特的地貌条件、植被条件和冬寒夏凉的气候条件，决定了黑龙江省在冰雪旅游资源、森林旅游资源和消夏旅游资源方面的优势。黑龙江省还有超过3000km的中俄边境线，其得天独厚的对俄边境旅游资源如今越来越受到人们的重视。另外，黑龙江省境内还居住着汉、满、朝鲜、蒙古、回、达斡尔、鄂伦春、赫哲等54个民族。其丰富多彩的地方民族风情，又为民俗旅游创造了较好的条件。

1. 哈尔滨　哈尔滨位于美丽的松花江畔，是黑龙江省的省会，以美丽的城市风光和独特的冰雪旅游活动闻名于世，被誉为天鹅颈下的一颗明珠，是黑龙江省的政治、经济、文化中心和交通枢纽。其主要景点有太阳岛、斯大林公园、兆麟公园、博物馆、极乐寺、圣·索菲亚教堂等。

哈尔滨以消夏旅游和冰雪旅游为其旅游特色。盛夏时节，位于松花江畔的斯大林公园和江北的太阳岛上，绿树成荫，微风习习，亭台相望，碧草茵茵，是不可多得的避暑疗养胜地。开始于1985年的“哈尔滨冰雪节”经过近30年的发展，已经由单一的冰雪活动发展为集文化、体育、商贸、旅游、科技等为一体的综合性活动，在冰雪节上既有晶莹剔透的冰灯、壮观绚丽的冰雕、洁白如玉的雪雕可供游人观赏，又有新奇刺激、热闹非凡的滑雪、滑冰、泼雪、滑雪橇等各种冰上和雪上运动娱乐项目供游人的参与。著名的哈尔滨冰雪大世界于1999年年底在美丽的松花江畔诞生，每年举行，汇天下冰雪艺术之精华、融世界冰雪游乐于一园，场面恢宏壮阔，造型大气磅礴，景致优美绝伦，吸引海内外宾客流连忘返。

哈尔滨市内那充满异国情调的东正教堂、圣·索菲亚教堂、天主教堂等欧式建筑及具有浓郁的欧洲特色的中央大街，在为它赢得“东方小巴黎”美誉的同时，也为它吸引来大批游客。

2. 五大连池　五大连池位于黑龙江省五大连池市境内，是我国火山地貌及生态系统自然保护区。风景区由五大连池火山群、五大连池（湖）、矿泉和熔岩组成，具有池、石、泉“三绝”，湖泊、冰洞、石海“三奇”的风景特色。这里不但是风景如画的旅游胜地，而且还是研究火山地貌的科研基地。由于火山活动的原因，五大连池地下水富含各种对身体有益的矿物质和二氧化碳。因其奇特的理疗作用，被誉为“药泉”“圣水”。

3. 亚布力滑雪场　亚布力滑雪场位于黑龙江省尚志市境内，距离哈尔滨市190km，占地2255 hm^2，最高海拔1374.8m。这里山高林立，雪域广阔，平均积雪厚度达40cm左右，积雪期可达半年，且雪质好，硬度适中，是非常理想的滑雪场地。这里多次承办了全国冬季运动会，以及第三届亚洲冬季运动会、第二十四届世界大学生冬季运动会等一系列大型的国内和洲际的滑雪比赛。现有高山滑雪场、自由式滑雪场、跳台滑雪场、越野滑雪场和冬季两项滑雪场等竞技、训练场地和两个旅游滑雪场组成，其中高山滑雪场、自由式滑雪场、跳台滑雪场已达到国际标准。

4. 镜泊湖　镜泊湖位于黑龙江省宁安市境内，是8000年前火山喷发所形成的熔岩堰塞湖。该湖四面环山，湖形狭长，面积达90km^2。沿湖两岸重峦叠嶂、林木苍翠、景色宜人。景区中的吊水楼瀑布、大孤山、小孤山、城墙砬子、老鹤山、白石砬子峭壁、珍珠门双峰、道士山九龙探水被誉为湖中八景。其中的吊水楼瀑布景致最好。瀑布宽40余米，落差20余米，在丰水的夏季，瀑布下浪花翻滚、水珠飞溅、水声轰鸣、气势磅礴。

在镜泊湖西面约45km处的张广才岭山区，设有火山口国家森林公园，分布着十余处火山口，最大的直径约500m，深约200m。其内生长着树龄多在四五百年的古树，形成罕见的“地下森林”景观。

5. 扎龙自然保护区　扎龙自然保护区位于黑龙江省西部，距齐齐哈尔市区约27km处，总面积约420km^2。区内沼泽湿地遍布，水草丛生，各种鱼类嬉戏水底，是水禽最理想的栖息地。这里生活着269种禽鸟，其中国家重点保护鸟类35种，最著名的是丹顶鹤，因其体态优美、鸣声洪亮、数量较多而最有观赏价值。故扎龙自然保护区还有“丹顶鹤之乡”的美称。

6. 安邦河湿地自然保护区　安邦河湿地自然保护区位于黑龙江省东部，距集贤县东北45km，面积10295hm^2，属内陆湿地和水域生态系统保护区类型。区内有大片的芦苇沼泽和苔草小叶樟湿地，有国家一级保护动物2种、二级保护动物16种、脊椎动物208种、鸟类165种。区内还建成一座占地290hm^{2}的全国首批“国家湿地公园”，园内主要有湿地公园宣教馆、北大荒民俗风情园、文博馆、荷花池、百鸟园等十几处景点，是一个以湿地旅游、休闲娱乐、科普、教育等为内容的主题公园。

7. 漠河　漠河是我国最北部的一个县城，冬季长达8个月，最低温度为-52.3℃，称为“中国寒极”。漠河由于纬度较高，夏季白天很长，尤其在夏至前后出现白夜现象，是真正的“不夜城”。来此观光的游客，可以欣赏白夜，并能看到晚霞与朝晖在北方天空交相辉映的壮观景象，运气好时还可以见到神奇的北极光。因此，白夜、极光、夏季凉爽、冬季严寒是这里的旅游特色。

4.2.2　吉林主要旅游地

吉林省位于东北的中部，东南部与朝鲜、俄罗斯接壤。全区旅游资源主要分布在长白山、吉林、长春和西部草原地带。其冰雪旅游资源和森林旅游资源极为丰富，素有“林海雪原”之称。吉林市的雾凇景观更是别具特色，被称为“中国四大自然奇观”之一，该地物产丰富，盛产人称东北“三宝”的人参、鹿茸和貂皮。吉林东部为朝鲜族聚集区，其浓郁的朝鲜族风情更给本区增添了特有的魅力。如今朝鲜族民俗风情游已经成为吉林旅游活动中的一道亮丽的风景线。

1. 长春　长春市是吉林省省会，是东北著名的文化和旅游城市之一。市内环境幽雅，笔直宽阔的街道两旁，遍植花草树木，其绿化面积率达到29%，为全国之首，素有“森林城市”的美称。由于是中国第一汽车制造集团和久负盛名的长春电影制片厂所在地，又被称之为“汽车城”和“电影城”。长春市内的旅游景点主要有：伪满皇宫博物馆、净月潭国家森林公园、南湖公园、长春电影制片厂等。此外，距长春市65km处的伊通火山群，也是一个非常好的观光旅游景点。

（1）伪满皇宫博物馆　伪满皇宫博物馆位于长春市东北角，曾是伪满洲国皇帝溥仪居住和办公的地方。它由一组以琉璃瓦顶为主的院落组成，分为内外两庭。外庭主要有勤民楼、怀远楼、喜乐殿等；内庭主要有缉熙楼、同德殿等。此外还有御花园、书画库、跑马场等休息娱乐设施。现在勤民楼和缉熙楼已修复成原貌，并在其中建有蜡像群，供游人们参观。

（2）净月潭　净月潭是长春市内的国家级森林公园，面积约150km^2，其中占地50km^2的森林是我国最大的人造林区，整个景区由潭北山色、潭南林海、潭东村舍和月潭水光四景组成，人入其中，仿佛在欣赏一幅湖光山色互映，村舍田园生辉，风光明媚秀丽的风景画。

（3）长春电影制片厂　长春电影制片厂位于市区西南部，是新中国电影的摇篮。该厂的摄影棚、美术室、录音室等设施齐全并对外接待游客，如遇拍电影，还有机会实地观赏电影的拍摄过程。此外，在长春电影制片厂的附近还建有长春电影城，游人在电影城内，除能观赏到明清街区、欧洲街区等外景拍摄地的风貌外，还可以走进现代化的环幕电影厅中，去欣赏一场视觉效果、音响效果俱佳的环幕电影。

（4）伊通火山群　伊通火山群位于长春市东南的伊通县境内，由分布在方圆数十公里内16座火山组成。每座火山都孤峰突起，没有熔岩流等其他火山喷发物质，这种现象世界罕见，被国际地质学界命名为“伊通型火山”，极具观光和科考价值。另外，其中7座火山的排列形状很像天上的北斗七星，故有“七星坠地”的传说。

2. 吉林　吉林市是吉林省的第二大城市，市区四面环山，松花江蜿蜒穿过市区，素有“北国江城”之称。吉林市是我国著名的冰雪体育活动中心，建有高水平的北大湖滑雪场和松花湖滑雪场，全国性的滑雪比赛通常在这里举行。吉林市主要的旅游景点有：松花湖、龙潭山、朱雀山、玄天岭、北山公园等。

（1）吉林雾凇　吉林雾凇又称寒江雪柳，系冬季雾气凝结在柳条松针上而成。它与桂林山水、长江三峡、云南石林并称为“中国四大自然奇观”。观赏之余，让人感叹大自然的造物神工。

（2）松花湖　松花湖位于吉林市南24km处，是国家级重点风景名胜区，面积达 480km²。旅游区内，四面群山环绕，环境幽雅，湖面上更是烟波浩渺、白帆点点、景色迷人。整个风景区由五虎山、骆驼峰、北天门、卧龙潭、石龙壁等 10 个景区组成，这里也是观赏吉林雾凇的极好去处。

3. 长白山　长白山旅游区位于吉林省的东南部，总面积约为 1900km²，是我国面积最大的自然保护区。旅游区内景色壮观，以湖泊、瀑布、林海、温泉著称于世。

长白山主峰海拔 2691m，为我国东北最高峰，峰顶有一面积达 9.8km² 的火山口湖——天池，其湖水清澈湛蓝，群山掩映于湖面，形成山水相映的迷人景象。在天池的北侧有一缺口，湖水从缺口处飞泻，形成一落差达 68m 的瀑布，宛如银河倒挂，蔚为壮观。在瀑布附近还有著名的长白温泉群，水温达 82℃，并含有硫化氢，可治疗多种疾病。此外，在旅游区内还有垂直景观带、梯子河、锦江峡谷、高山花园、天女浴躬池等景点，共同组成了绚丽多彩的长白山风景画卷。

长白山自然保护区已经被纳入联合国教科文组织“人与生物圈”自然保护区网中，保护区内有 1400 多种植物，300 多种脊椎动物，其中东北虎、梅花鹿最为有名。

4. 延吉　延吉市是延边朝鲜族自治州的首府，是我国朝鲜族的主要聚居区，民族风情浓郁。来此旅游，游客不但能欣赏到朝鲜族的长鼓舞、扇子舞和顶水舞，还可参加独具朝鲜族风情的摔跤、跳板和荡秋千等体育活动，更能品尝到打糕、辣椒酱、朝鲜泡菜等民族风味小吃。

4.2.3　辽宁主要旅游地

辽宁省位于东北地区的南部，是东北三省中唯一的沿海省份。辽东半岛伸入渤海、黄海之间，与经济发达的胶东半岛相伴。东南隔鸭绿江与朝鲜为邻，隔黄海与韩国相望，离日本的距离也不远，对外联系的地理位置十分优越。全区属温带——暖温带大陆性季风气候，形成的自然景观主要以落叶阔叶林和草原为主。本省是东北三省中经济最发达的省份，也是全国著名的重工业基地。全省境内的海陆空交通网十分发达，为游人的出行提供了方便。全区的旅游资源以海滨风光和前清史迹为主。主要名胜古迹有沈阳故宫、东陵和北陵；主要风景旅游区有沈阳、大连、兴城、丹东、千山、凤凰山、本溪水洞等处。

1. 沈阳　沈阳市是辽宁省的省会，位于辽宁省的中部，是东北三省的商业中心和最大的工业城市。沈阳历史悠久，是清朝的发祥地，现存沈阳故宫、北陵和东陵等清朝史迹，是国内著名的历史文化名城。

（1）沈阳故宫　沈阳故宫坐落于城区中心，是清太祖努尔哈赤和皇太极于 1636 年建成的皇宫，占地约 6 万 m²。沈阳故宫的四周用高大的红色宫墙隔护，其内 90 余处形态各异的建筑物大致分成三个部分布置。东部主要有：大政殿、十王亭等；中部主要有：大清门、崇政殿、凤凰楼、清宁宫等；西部主要有：戏台、嘉荫堂、文溯阁、仰熙斋等。其中中部的崇政殿是举行国事活动的中心，东部的大政殿是举行大典和大臣议事的场所，西部的文溯阁是专为储藏《四库全书》而建，嘉荫堂和仰熙斋分别是皇帝看戏及读书的地方。整个皇宫建筑群布局合理，装饰得光彩夺目、富丽堂皇，具有浓郁的地方风格和很好的工艺水平。沈阳故宫是除北京故宫以外全国仅存的一座完整的古代宫殿建筑群。

（2）北陵　北陵也称昭陵，位于沈阳市北郊，是清太宗皇太极和其皇后博尔济吉特氏的陵墓。北陵是关东三座清陵中规模最大、保存最好的一座，以其精湛的石刻艺术享有盛名。陵区内设有五彩龙壁、下马石、华表、石狮、石桥、石牌坊、地宫等建筑物和建筑装饰物。陵后的森林区古木参天，风景幽雅。

（3）东陵　东陵也称福陵，位于沈阳市东北 11km 处的丘陵上，是清太祖努尔哈赤和其皇后叶赫那拉氏的陵墓。陵区所在之处，前临浑河，后倚天柱山，气势宏伟壮观。陵区内的主要建筑有正红门、五彩琉璃壁、宝城地宫及因地势而修的层层上升的 108 级石阶。

2. 大连　大连位于辽东半岛的南端，地处黄海、渤海之滨，依山傍海，气候宜人，是我国著名的旅游避暑胜地。近几年大连市的经济发展十分迅速，这也为城市改造建设打下了良好的经济基础。经合理的规划和科学的定位，新建的大连市容品位很高，环境幽雅洁静，广场开阔美观，街道笔直通畅。绿树、碧草、鲜花遍布，具有国际大都市的气魄。大连市主要的旅游景点有：星海公园、老虎滩、金石滩、棒槌岛等地。另外，已经成功举办了十几届的大连国际服装艺术节，已经越来越受到世人的瞩目。

（1）星海公园　星海公园地处大连市南部，是一个集娱乐、休闲、海浴于一体的大型海滨公园。园内建有中国首座海底通道式水族馆——圣亚海洋世界，放养着 200 余种，总数达 10000 多只的海洋动物，供人们观赏。其园外的星海国际会展中心是大连市的标志性建筑物。

（2）老虎滩　老虎滩位于大连市区东南海滨。因海湾有丘陵伸入海中，状如猛虎卧滩而得名。这里三面环山、一面临海，风景秀丽、礁石嶙峋。登高可远眺万顷碧波，潜水可拾海贝、海菜。

（3）金石滩　金石滩距大连市 20km，由山、海、滩、礁组成。有丰富的生物化石和典型的沉积构造，是北方少见的天然地质博物馆。景区内除设有玫瑰园、龙宫奇景、南秀园、鳌滩和三叶虫化石园 5 个景点外，还设有大型海水浴场、垂钓场和现代化的高尔夫球场，是人们休闲度假的好地方。

3. 千山　千山位于鞍山市东南 25km 处，全称是“千朵莲花山”。山上林木繁茂，自然景观以奇峰、怪石、古松为主。最高峰仙人台海拔 708m。千山的建筑主要与宗教有关，其特点是依山建庙、山庙一体，山中有寺、寺外环山。现存祖越、中会、龙泉等寺观12处，还有大量的古塔、石碑、题刻。主要景观有“一线天”“天上天”“夹扁石”等处。千山旅游区是东北旅游区中唯一集山水风景、宗教文化、历史遗迹于一体的旅游胜地。

4. 兴城　兴城市位于辽宁省西南部，也称“宁远卫城”，是明朝大将袁崇焕与清太祖努尔哈赤拼死血战的地方。兴城依山面海、景色宜人。景区内集山、海、古城、温泉、海岛于一体，共有5个景区、50多个景点。兴城的古城是我国现存最完整的四座古城之一，城郭设计方整，以鼓楼为中心，设东西南北十字大街，四面有门，四角筑台。

菊花岛位于兴城东南的渤海中，离海岸约9km，岛上山石俊秀、古树参天，岛上现存辽代大龙宫寺、大悲阁、八角琉璃井、唐五洞等历史遗迹。

5. 丹东　丹东位于辽宁省东部，与朝鲜为邻，是我国最大的边境城市。丹东市山清水秀、气候宜人，曾被人称作“东北小苏杭”。

丹东段的鸭绿江，江面碧波荡漾、江中翠岛星罗；江岸风光旖旎、江滩细沙密布，是著名的风景名胜地。丹东市拥有东北最大的水库——水丰湖、明长城东起点——虎山和抗美援朝凯旋的标志物——鸭绿江大桥。

此外，丹东市还与朝鲜的新义州隔江相望。其良好的地理位置，为其开展对朝贸易和对朝旅游提供方便。

思考与练习

1. 本区突出的旅游地理环境特征有哪些？分别形成了哪些特色旅游资源？
2. 冰雪旅游项目主要有哪几大类？分别有哪些项目？
3. 试比较下列旅游中心城市的旅游特色：大连、吉林、哈尔滨。
4. 请设计一条以冰雪旅游及城市风光游为主题的旅游线路。

第5章　西北旅游区

问题导学　一提起西北地区，人们眼前便会浮现出浩瀚的沙漠和广袤的草原，仿佛听到了悠悠的驼铃声，看到了成群的牛羊……那么，西北旅游区的自然和人文旅游地理环境特征如何，有哪些主要旅游景区和景点？就让我们一起走进西北旅游区，对该区旅游资源作一次深入的了解和掌握。通过学习，重点掌握本区大漠奇观、草原风光、丝绸之路、民族风情等几个特色旅游资源。

请在课前登录本章提供的网站及其他相关网站，做好预习。主要网站有内蒙古旅游信息网：www. nmtravel. net；宁夏旅游网：ningxiatour. gogocn. com；甘肃旅游网：gansutour. gogocn. com；新疆旅游网：www. xjtour. com。

5.1　西北旅游区旅游地理环境特征

本区包括甘肃省、内蒙古自治区、宁夏回族自治区、新疆维吾尔自治区。本区地处我国西北内陆，面积广大，民族众多，自然旅游资源丰富，历史文物古迹众多，少数民族风情浓郁，是我国内地主要旅游区之一。

5.1.1　自然旅游地理环境特征

1. 地形多样，沙漠广大　本区东起大兴安岭，西至帕米尔高原，东西长超过4000km。地貌复杂多样，既有山地，也有盆地；既有高原，也有平原，形成一个各类地貌齐全、高山与盆地相间排列的地表结构。本区大体可以划分为东西两大地貌单元，西部包括新疆全境、内蒙古和甘肃西部地区，高山与盆地相间分布。其中新疆地形属于典型的“三山夹两盆”，即中部为天山山脉，北部为阿尔泰山脉，南部为昆仑山脉，中间夹有准噶尔盆地和塔里木盆地。东部包括内蒙古的大部分、甘肃和宁夏的一部分，内蒙古高原、黄土高原、大兴安岭、阴山山脉、银川平原、河套平原镶嵌排布。

我国是世界上沙漠分布最多的国家之一，总面积约130万km^2，其中90%以上集中在西北干旱地区，尤以新疆和内蒙古西部地区分布最为广泛。位于新疆塔里木盆地中部的塔克拉玛干沙漠是我国最大的沙漠，面积约33万km^2，位于新疆准噶尔盆地中部的古尔班通古特沙漠是我国第二大沙漠。此外，还有世界沙丘最高大的巴丹吉林沙漠以及浩瀚无边的腾格里沙漠。沙漠中人烟稀少，极度干旱荒凉，到处是黄沙、北风、荒丘、碱滩，自然条件相当恶劣。

广袤沙漠，看似荒凉，但又充满神秘和生命，不乏奇趣。栖息在沙漠中的珍禽异兽，挺立在戈壁滩上的胡杨林，沙丘间星罗棋布的湖泊和大大小小的绿洲，仿佛是沙海中的绿色岛屿，给荒凉的沙漠带来无限生机。沙漠中形成许多独特的自然景观，这里有变幻莫测的海市蜃楼，奇趣无比的飞沙鸣叫，举世闻名的雅丹地貌，千奇百怪的巨石洞穴。本区著名的大漠奇观有新疆的魔鬼城、罗布泊、火焰山，甘肃的鸣沙山、月牙泉，宁夏的沙坡头、沙湖，内蒙古的响沙湾、胡杨林等，这些神奇的自然景观给沉寂的沙漠增添了神秘色彩，令人遐思冥想，成为探险者的乐园。近年来开辟了多条以沙漠探险为主题的旅游线路，吸引了大量中外游人。

2. 美丽辽阔的大草原　我国草原面积辽阔，仅次于澳大利亚，居世界第二位，主要分布于西北的内蒙古、新疆、甘肃、宁夏各省区。内蒙古是我国草原面积最大的省区，区内草原占全国草原面积的22%。内蒙古大草原东起大兴安岭，西至居延海，包括呼伦贝尔草原、锡林郭勒草原、科尔沁草原、乌兰察布草原、鄂尔多斯草原等。这里草原辽阔、富饶而美丽，尤其在凉爽宜人的夏秋季节，塞外草原更添风采神韵。蓝天白云下，无涯的芳草中蒙古包点点，牧歌声声，牛羊成群，好像白云在茫茫绿海中飘移，游人身临其境，心旷神怡。草原上生活着蒙古族、鄂伦春族、鄂温克族等30多个少数民族，游牧历史悠久，民族风情浓郁。辽阔壮美的草原风光和丰富多彩的民族风情构成本区独特的旅游资源，近年来开辟了多条草原风情旅游线路。

3. 典型的内流河和内陆湖泊　本区属于干旱、半干旱地区，河流较少，水量季节变化明显。除了流经甘肃、宁夏、内蒙古的黄河和新疆北部的额尔齐斯河外，其余绝大部分河流都属于内流河。河流发源于周围的山地，向盆地内部汇流。河流大多流程短，流量小，常有干涸断流现象发生。位于新疆南部塔里木盆地中的塔里木河是我国最长的内流河。黄河流经之处形成了刘家峡水库、青铜峡水库、银川平原、河套平原等许多壮美景观。

本区内陆湖泊众多，在浩瀚的沙漠中和辽阔的草原上点缀着无数大大小小的湖泊。湖中芦苇丛生，鱼儿游荡。主要湖泊有新疆的天池、喀纳斯湖、艾丁湖、博斯腾湖、罗布泊、天鹅湖，甘肃的月牙泉，宁夏的沙湖，内蒙古的呼伦湖、贝尔湖、居延海等。其中，博斯腾湖是我国最大的内陆淡水湖，面积达1000km^2，艾丁湖是我国陆地最低点，喀纳斯湖是我国第二深湖泊，天鹅湖辟有我国唯一的天鹅自然保护区。而罗布泊、月牙泉、沙湖、居延海由于地处沙漠深处，形成大漠中的奇特景观。这些河湖和著名的坎儿井及现代人工河渠一起，浇灌着一片片农田、果园、草原和绿洲，成为西北干旱地区的生命之源。

4. 干旱少雨，冬寒夏热的大陆性气候　本区由于深居内陆，远离海洋，四周高山环列，使得湿润的海洋气流难以进入，形成了极端干燥的大陆性气候。其特点是温差大，降水稀少，日照充足。

本区由于纬度偏北，深居大陆内部，因此冬季严寒，夏季炎热，冬夏温差大。新疆阿尔泰地区和内蒙古大兴安岭地区冬季最低气温达零下30多摄氏度，其他地区也达－10℃。夏季各地气温差异不大，大部分地区7月平均气温为26～29℃，几个盆地地区气温较高，吐鲁番盆地内部7月平均气温为40℃，极端最高气温曾达49.6℃，居全国之冠，素有“火州”之称。

本区降水量呈现出由东向西递减趋势，除内蒙古东南部降水较多外，其他地区降水较少，塔里木盆地内部年降水量不到20mm。降水多集中在夏季，常出现暴雨和山洪现象。此外，高山地带迎风坡上降水较多，主要是在新疆的天山山区和阿尔泰山区。这里冬春多雪，夏秋多雨，空气相对湿润，地面植被丰富。天山山区年降水量在500mm左右，与华北平原相差无几。

由于降水较少，因此气候最显著的特点是干燥。空气湿度低，云雨少，经常是晴空万里，阳光灿烂，日照时间长，有利于棉花、瓜果的生长。夏季日照时间长，白天气温高，到了夜晚，由于沙漠缺少保持热量的能力，地面冷却散热的速度特别快，温度迅速下降，导致昼夜温差特别大，一天之内好像经历了寒暑变化，这种现象在全国是罕见的。“早穿皮袄午穿纱，围着火炉吃西瓜”是对本区昼夜温差大的形象反映。

由于气候干燥，风沙剧烈，因此植被稀少，主要是草原植被和荒漠植被，以旱生灌木和半旱生灌木为主，具有极强的耐旱力，如胡杨、碱蓬、沙拐枣、柽柳等。

本区的气候特征决定了较为明显的旅游旺季与淡季的划分，夏秋季节是旅游旺季，特别是9、10月份为本区旅游的黄金季节。而冬春季节由于寒冷多风，成为旅游淡季。

5.1.2 人文旅游地理环境特征

本区是古代丝绸之路的主要通道，留下大量历史古迹；同时又是我国少数民族的聚居地，拥有丰富多彩的民族风情。这些构成了本区丰富而独特的人文旅游资源。

1. 悠久漫长的丝路文化　2000多年前，我们的祖先开拓了丝绸之路。它曾是中西陆路交通、文化交流的大动脉。我国四大发明、丝绸、陶瓷、玉器等经过丝绸之路传向西方，西方的天文、历法、数学、医学、宗教、艺术等也由此传至中原。在东西方交流中，丝绸贸易额巨大，引起西方世界的轰动，由此得名“丝绸之路”。本区是古代丝绸之路的主要通道，由长安出发，经河西走廊、新疆天山南北，越过帕米尔高原，到达中亚、西亚、欧洲等地。

丝绸之路的开辟和繁荣，使本区的许多地方得到开发，留下大量丰富的文物古迹，具有很高的历史价值、艺术价值和旅游价值，如敦煌莫高窟、麦积山石窟、克孜尔千佛洞等佛洞石窟，楼兰古城、高昌故城、乌拉泊古城等故城遗址，嘉峪关、阳关、玉门关等塞外边关，以及绘画、印章、竹简、丝织品等大量的出土文物。在沉寂了多少世纪之后，随着开发大西北的再度兴起，如今，来自国内外的游人，沿着这条历史之路，可以尽情游览风光壮丽的高山、大河、沙漠、戈壁，探访引人遐思的长城、古道、城堡、烽燧，还可以欣赏艺术荟萃的石窟、寺院、古塔、文物。中华民族正是通过丝绸之路把灿烂而独特的古代文明，传播到了西方乃至全世界，让全世界了解了伟大的东方文明。

2. 绚丽多姿的民族风情　本区是我国少数民族的主要聚居地，有蒙古、回、维吾尔、哈萨克、鄂伦春、鄂温克、裕固、东乡、锡伯等40多个少数民族。各民族有着悠久的历史和独特的文化，民族风情绚丽多姿。因此，本区是我国重要的民俗风情旅游地区之一。

蒙古族主要聚居在内蒙古自治区，是著名的“马背民族”。“逐水草而居”的游牧生活，造就了蒙古族人剽悍淳朴的民族性格和独具魅力的草原文化。蒙古族人能歌善舞，喜爱竞技，热情好客。他们的服饰艳丽多彩，富有民族特色。那达慕大会是蒙古族民间传统节日，男女老少身着民族盛装，参加体育竞技活动，开展商贸活动。

维吾尔族主要聚居在新疆维吾尔自治区，以能歌善舞闻名中外。女子舞姿轻盈优美，旋转快速多变，男子动作热烈奔放，强悍刚劲。传统的节目有赛姆、刀郎、顶碗、大鼓、铁环、普塔、婚礼、麦斯舞等。音乐舞蹈史诗《十二木卡姆》是传世之作，麦西莱甫是民间娱乐形式之一。维吾尔族信仰伊斯兰教，十分重视传统节日，尤以古尔邦节最为隆重。新疆各地到处可见弹着乐器载歌载舞的人们，他们舞姿优美，歌曲动听，表现了新疆各民族热情、开朗、活泼的性格。在新疆观看民族歌舞已经成为特色旅游项目之一。

宁夏回族自治区是我国回族的主要聚居地，回族信仰伊斯兰教，对其历史、文化和日常生活都有重要影响。清真寺遍布本区各地，伊斯兰教徒定期到清真寺中做礼拜。回族人喜欢唱高亢、婉转、动听的民间高腔山歌——花儿。在山坡上、麦田里、谷场上、农家院里，到处都能听到花儿歌声。花儿形式灵活，曲调优美，不用乐器伴奏，即兴演唱，内容非常广泛。人们唱劳动，唱生活，唱家乡，唱爱情，唱未来。花儿已成为回族男女老少生活、劳动、娱乐中不可缺少的组成部分。

5.2　西北旅游区主要旅游地

本区主要旅游地和旅游资源的总体分布，参见西北主要旅游地和旅游资源简图，如图5-1所示。

内蒙古、宁、甘、新主要旅游地概况分别如下：

图5-1 西北主要旅游地和旅游资源简图

5.2.1 内蒙古主要旅游地

内蒙古自治区位于我国北部边陲，北与蒙古、俄罗斯接壤，东、南、西三面分别与黑、吉、辽、冀、晋、陕、宁、甘八省区毗邻，简称内蒙古。内蒙古东西幅员辽阔，形如一只展翅的雄鹰。草原、沙漠、森林构成内蒙古独特的自然风光。东有森林密布的大兴安岭，西有苍茫幽美的阴山、贺兰山；温暖气候区是宽阔草原，一望无际，水草肥美；干旱地带则是广袤沙漠，茫茫沙海，云起沙落；镶嵌其间的湖泊、绿洲仿佛一颗颗珍珠，熠熠生辉。内蒙古是中华文明的发源地之一，大窑文化、河套文化、红山文化闻名遐迩，在漫长的历史发展过程中留下了五塔寺、昭君墓、五当召、成吉思汗陵、辽代遗址等众多古迹遗址。此外，还有淳朴独特的蒙古族风情，共同构成内蒙古丰富独特的旅游资源。从旅游资源的分布来看，历史古迹主要分布在以呼和浩特、包头为中心的中部景区，呼和浩特是中国历史文化名城。而东北部景区以草原风光见长，有许多全国重点自然保护区。每年 5 ~9 月气候温和，是草原旅游的最佳季节。

1. 历史古迹　内蒙古境内遍布从旧石器时代开始的文化历史古迹，有我国规模最大的阴山岩画，有保存最长的古长城遗址，有图幅和榜题保存最多的东汉墓壁画，有闻名中外的昭君墓、成吉思汗陵等，主要分布在呼和浩特和包头市周围。其中呼和浩特市召庙云集，有“召城”之美誉，拥有召、寺、塔、墓等众多古迹。

（1）五塔寺　五塔寺位于呼和浩特市区，原名慈灯寺，因寺内有五塔而得名。五塔是存放佛骨的“金刚座舍利宝塔”，这类塔我国共有五座，其余四座分别建在北京的真觉寺、登云寺、西黄寺和昆明的妙玄寺。五塔寺始建于清雍正五年（1727 年），晚于其他四座，因而吸取了前者的优点，造型更加优美，浮雕更加精湛，实为金刚座塔中的上乘。塔为砖石结构，总高 16.26m，由塔基、金刚座和顶部五座玲珑宝塔组成，其造型源于印度佛陀迦耶精舍，兼有我国古塔的特征。塔身下半部镶嵌蒙、藏、梵三种文字刻的金刚经文，塔后影壁上有一幅蒙古文天文石刻图，是我国现存唯一以少数民族文字标注的天文图石刻，是研究天文学史的重要资料。

（2）昭君墓　昭君墓位于呼和浩特市南郊，是西汉王昭君之墓。墓草青葱，在塞外漫漫黄沙中极为醒目，故称“青冢”。墓为夯筑而成的大土丘，占地达 $3hm^2$，高达 33m。墓前、墓顶建有凉亭，沿墓身石阶登上墓顶，可以远眺大青山下青城风光。墓前立有董必武题《谒昭君墓》诗碑，塑有“和亲”大型铜铸雕像。墓区内芳草青青，树木参天，花卉争艳，令人心目怡然。

（3）五当召　五当召位于包头市东北部，是内蒙古地区现存唯一完整的喇嘛教寺庙，与西藏布达拉宫、青海塔尔寺并称为我国喇嘛教三大名寺。建于清康熙年间，是以西藏扎什伦布寺为蓝本而建的藏式建筑，寺内全部殿宇均为平顶白墙的传统藏式模式。建筑群体由一陵、三府、八堂、九十九栋喇嘛寝楼组成，共有殿宇仓房2500多间。殿群重重叠叠，错落有致，十分壮观。苏古沁独宫是全寺最大的建筑，共三层，是寺内僧众集会和诵经的地方。寺内有高超过10m的释迦牟尼铜像和高9m多的黄教始祖宗喀巴铜像，还收藏有众多的藏语经文和壁画等艺术珍品。

（4）成吉思汗陵　成吉思汗陵坐落在鄂尔多斯高原中部的伊金霍洛旗境内，陵园占地5.5hm^2，主体建筑是蒙古包式建筑，面积约1500m^2，高超过20m。包括门庭和三个互相连通的蒙古包式大殿，分正殿，东、西配殿，东、西走廊，后殿六部分。正殿迎面是一尊高5m的成吉思汗汉白玉雕像。东、西配殿陈列有成吉思汗征战时用过的战刀和马鞍等物。正殿后面是后殿，有三个蒙古包，中间安放着成吉思汗和三位夫人的灵柩。东、西走廊有大型壁画，描绘了成吉思汗出生、遇难、西征、东征和最后统一蒙古族各部的历史。建筑顶部全部覆盖琉璃瓦，金碧辉煌，与陵寝周围丛林翠绿相映，光耀夺目。每年在此都要举行四次盛大的祭典活动，以农历三月二十一日春祭仪式场面最为隆重。

2. 草原风光　内蒙古大草原是我国最大的草原，它东起大兴安岭山麓，西至成顺诺尔（居延海）湖畔，东西绵亘超过2000km，主要由呼伦贝尔草原、锡林郭勒草原、科尔沁草原等组成。在这里可以领略到“天似穹庐，笼盖四野。天苍苍，野茫茫，风吹草低见牛羊”的情景，草原风光成为内蒙古重要的旅游资源。

（1）锡林郭勒草原　锡林郭勒草原位于锡林郭勒盟境内，是世界著名的四大优良草原之一。草原地势平坦开阔，平均海拔1000m以上，面积近20万km^2。20多条大小河流潺潺流过草原，近500个湖泊如明镜般点缀其上，是水草丰美、牛羊肥壮的天然牧场。锡林郭勒草原是我国最大的草原与草甸生态系统类型的自然保护区，被列入国际“人与生物圈”自然保护区中。

大草原是一个令人神往的旅游胜地，这里草原风光绚丽多姿，民族风情古朴独特，到处充满童话色彩。草原上原野坦荡，牧草丰茂；湖泊罗布，润泽清亮。盛夏季节，蓝天白云之下，远山含黛，近水耀金，雪白的蒙古包斑斑点点地散落在如茵的草地上，令游人顿生登门造访之雅兴。草原上到处都是牛羊、马儿、骆驼，还有天鹅、丹顶鹤、白鹳、草原雕、黄羊、羚羊等珍禽异兽时常出没，踏上草原仿佛走进了美丽的动物世界。

草原上到处洋溢着别开生面的蒙古族风情，坐勒勒车、祭敖包、骑马、乘骆驼、狩猎、观赏蒙古族“男儿三艺”、蒙古族歌舞、吃手扒肉、饮马奶酒、参加草地篝火晚会等，都可尽情体验古朴的蒙古族风情。草原上还有内蒙古四大名庙之一的贝子庙，元上都遗址，以及秦、燕、金古长城等名胜古迹。

（2）呼伦贝尔草原　呼伦贝尔草原位于内蒙古东北端呼伦贝尔市境内，是内蒙古最大的草原。草原长700km，宽630km，面积超过42万km^2。这里是蒙古族的发祥地，丰美的牧草、肥沃的土地和清澈的甘泉使成吉思汗成就了蒙古大汗帝国的伟业。

草原上风光秀美，民风淳朴，是草原旅游的好地方。每到夏季，绿草茵茵，一碧千里，野花点点，姹紫嫣红，天高云阔，白云悠悠，牛羊成群，炊烟袅袅，一派壮美景色。呼伦贝尔草原不仅草美，水更美，呼伦贝尔就得名于草原上的呼伦湖和贝尔湖。呼伦湖位于草原边城满洲里东南，是我国第五大湖泊，也是内蒙古第一大湖，湖长80km，宽35km。贝尔湖位于草原南端，是中蒙两国的界湖，长40km，宽20km。两湖间有乌尔逊河相连，使其如同牵手的姐妹。湖面碧波万顷，鱼肥水美，就像两颗晶莹硕大的明珠镶嵌在呼伦贝尔大草原上。贝尔湖以"鲤鱼跳龙门"的景观而著名。该湖乌兰岗处装有拦河鱼栅，每当冰雪消融、鱼汛来临之际，鱼儿顺乌尔逊河而下到呼伦湖产卵，中途遇栅受阻，便钻出水面，飞腾跃落，水花飞溅，蔚为壮观。

大草原东侧的大兴安岭是我国保存较完好、面积最大的原始森林，以落叶松为主，素有"落叶松故乡"之称。夏秋之季，来到大兴安岭脚下，举目望去，起伏的山岭，巍峨的巅峰，云遮雾罩，浓林蔽日，其凝重磅礴、高大雄伟之势，有别于天下名山，给人一种别开生面的感觉。

3. 沙漠奇观　沙漠是内蒙古独特的自然景观，沙漠、沙地和戈壁占全区总面积的1/4。沙漠主要分布在西部，沙地主要分布在中部和东部。沙漠并非绝对的死神，有顽强的生命、无尽的宝藏和种种奇特景观，沙海、响沙、沙海蜃楼等，都充满神秘诡异色彩。

（1）响沙湾　响沙湾地处包头市南部库布其沙漠边缘，是我国三大响沙之一。响沙湾是一处奇特的流沙坡，宽约60m，高约40m，形如新月。坡上及丘顶没有植被，全是金灿灿的流沙，质软如缎。登临坡顶向西瞭望，只见沙丘绵延，浩瀚无垠。当人们从沙坡顶顺坡下滑，同时用脚使劲蹬沙，用手捶击沙面，就会从沙中发出嗡嗡的声音。多人同时下滑，沙鸣声犹如飞机轰响，惊心动魄。在天气干燥时，游人用力握紧手中的黄沙，沙粒会发出类似蛙鸣的奇怪声音。

（2）胡杨林　胡杨林位于内蒙古最西端额济纳旗境内，这里是巴丹吉林沙漠腹地里的一块绿洲，在额济纳河两岸，密布大片野生的胡杨林，是世界上仅存的三大胡杨林区之一，面积超过2.5万hm^2。胡杨躯干苍劲挺拔，生命力极其顽强。人们赞美它"站着不死一千年，死后不倒一千年，倒地不烂一千年"。秋季是欣赏胡杨林的最佳季节，从10月7日到10月底，不同时段的景观各不相同。最初叶子黄得好看，往后一两天，地面就铺满金灿灿的落叶，迎着朝霞，落叶化作一床金红色的地毯，无尽地向树林深处延伸，构成一幅色彩斑斓的油画。

4. 民族风情　内蒙古是我国草原民族——蒙古族的聚居地，从草原到沙漠，从城市到乡村，到处都充满了蒙古族淳朴独特的民族风情。这里美酒传情歌结友，喝起醉人的马奶酒，聆听豪放的蒙古民歌，穿上蒙古袍，骑上蒙古骏马，参加传统的那达慕大会，游人可以尽情体验蒙古族的生活。

那达慕大会　那达慕大会是蒙古族传统的节日盛会，“那达慕”即蒙语“娱乐”“游艺”之意，起源于古代的祭敖包，原为祭祖和娱乐相兼的活动，后来祭祀内容逐渐减弱而发展成为今天的群众娱乐和物资交流盛会。那达慕大会在每年七八月间牧民生产的黄金季节里举行，每次持续数日。届时男女老少身着民族盛装，骑马乘车云集各个集合点，举行赛马、摔跤、射箭、叼羊、蒙古象棋、歌舞等富有民族特色的文体活动，并交流各种农牧土特产。近年来，每逢那达慕大会，都有国内外游人前往参加，与蒙古族人民共享节日之乐。

5. 满洲里国门　满洲里原称“霍勒津布拉格”，是蒙古语，意为“旺盛的泉水”。1901 年因东清铁路的修建而得名。满洲里是一座拥有百年历史的口岸城市，素有“东亚之窗”的美誉。它背靠中国东北和华北经济区，北邻俄罗斯，西连蒙古国，是中国最大的陆路口岸。国门位于满洲里市西部中俄边境处中方一侧，随着中俄两国经贸关系的不断扩大，2008 年修建了第五代国门，总长105m，宽 46. 6m，高 43. 7m，过桥高 16. 9m，总建筑面积 6000m^2，建筑风格为后工业时代风格。国门庄严肃穆，国际铁路在下面通过。登上国门，中俄边境两侧尽收眼底。

5. 2. 2　宁夏主要旅游地

宁夏回族自治区位于我国西北内陆，与陕西、甘肃、内蒙古三省区接壤，是我国面积较小的省区之一，简称“宁”，原取“平定西永远安宁”之意。历史上李元昊曾在此称帝建立西夏国，定都中兴府（今银川市），创造了神秘的西夏文化，显赫一时，后被成吉思汗所灭，西夏文明也成了风中绝唱。八百年过去，留下若干形式怪异的陵墓古塔和众多的文物古迹，成为宁夏丰富的人文旅游资源。宁夏地貌类型多样，山脉、高原、平原、丘陵、河谷一应俱全。滔滔黄河从境内斜穿而过，灌溉了大河两岸，形成“塞上江南”的秀美风光。贺兰山、六盘山横亘西部和南部，塑造了奇险的山岳景观。宁夏以富有特色的回族文化著称，具有独特的回族民俗风情。旅游资源主要集中在银川附近，银川是中国历史文化名城。中部的吴忠地区和南部的固原地区也是旅游资源相对集中的地区。宁夏地处内陆，四季分明，日照时间长，夏秋季节适宜开展旅游。

1. 塞上江南——银川　银川位于宁夏北部，西依贺兰山，东临黄河，自古有“塞上江南”之称，是我国西北地区回、蒙、藏少数民族风情线上的重要旅游城市。境内有古城池、宫苑、寺塔、楼阁、墓葬、长城等多处古文化遗址和风景游览区，主要有承天塔、海宝塔、南关清真大寺、贺兰山、西夏王陵等。丰富的西夏文化遗迹、诱人的水乡景色、奇特的塞上风光以及多彩的回族风情使银川成为西部最具魅力的城市之一。银川盛产枸杞、甘草、贺兰石、滩羊皮、发菜，称为红、黄、蓝、白、黑“五宝”。

（1）贺兰山岩画　贺兰山位于银川市西北部，海拔在2000m以上，山势巍峨险峻，为银川平原西部的天然屏障，是我国中温带半干旱—干旱地区山地生态系统的典型代表，辟有全国重点自然保护区。

贺兰山岩画分布在贺兰山东麓，据考证刻于青铜器时代，距今已有3000多年的历史。岩画刻在超过600m长的沟谷两岸石壁上，约有300多幅，是党项、羌族、匈奴、鲜卑、突厥、回鹘等游牧民族创作的艺术大画廊，内容包括人头像、马、驴、牛、羊以及狩猎图等，均采用凿刻法和磨刻法制成。凿刻简洁，构图古朴，造型生动，是研究古代贺兰山地区少数民族历史艺术的珍贵资料。

（2）西夏王陵　西夏王陵坐落在贺兰山东麓，是西夏历代帝王的陵墓群。陵区南北长10km，东西宽4km，随地势错落排列着9座西夏帝王的陵园和200余座陪葬墓。每个陵园都是一个单独的完整建筑群体，陵园四角建角楼，由南到北依次排列门阙、碑亭、外城、内城、献殿、灵台，四周有神墙环绕。由黄土夯筑的八角塔形陵台高超过20m，被国外誉为“中国的金字塔”。西夏王陵受到佛教建筑的影响，使汉族文化、佛教文化、党项民族文化有机结合，构成我国陵园建筑中别具一格的形式。西夏王陵现已成为全国重点风景名胜区。

（3）西部影视城　被誉为“中国一绝，宁夏之宝”的镇北堡西部影视城地处雄浑的贺兰山东麓，距银川市25km，是贺兰山东麓旅游景区的亮点，被评为“中国最受欢迎旅游目的地”和“中国最佳旅游景区”。镇北堡西部影视城在中国众多的影视城中以古朴、荒凉、原始、粗犷、民间化为特色，在这里拍摄了《牧马人》《红高粱》等经典影片100余部，享有“中国电影从这里走向世界”的美誉。

2. 寺塔石窟　宁夏境内遍布寺庙、古塔、石窟等历史遗迹，著名的有中卫高庙、同心清真寺、108塔、须弥山石窟、石空寺石窟等。

（1）中卫高庙　中卫高庙位于宁夏中卫市区内，是宁夏规模较大的古建筑群。始建于明代，分为保安寺和高庙两部分。保安寺在前，山门朝南，正面为单檐歇山顶的大雄宝殿。殿后为高庙，有24级砖砌台阶，拾级而上，至南天门，途中有仿木建筑的砖砌牌楼一座，东、西两侧建有对称的重檐歇山顶天池各一座。南天门后建有二层三重檐、四面坡顶的中楼一座。中楼后为五岳庙，高超过20m，三层三重檐歇山顶，是高庙的最大建筑物。整个建筑群沿中轴渐次升高，层楼重叠，檐角飞翘，有凤凰展翅凌空之势，为中外罕见之古建筑。高庙地狱是我国四大鬼城之一。

（2）108塔　108塔位于青铜峡市黄河西岸一个陡峭的山坡上，始建于西夏，依山势从上到下按一、三、五、七奇数排列成12行，共有108个塔，形成总体为等边三角形的巨大塔群，因塔数而得名。位于塔群最上端的是一个形制特大、实心、覆钵式的喇嘛塔，以砖砌成，外表敷白灰，底为八角须弥座，顶为宝珠式，其余各塔的形制相同。塔群布局别具匠心，错落有致，是我国古塔建筑中唯一总体布局呈三角形的大型塔群，塔数仅次于河南少林寺塔群和山东长清灵岩寺塔群，为我国第三大塔群。佛教认为人生有 108 种烦恼，108 塔表示人生的 108 种烦恼，只要拜塔，就可以消除烦恼，带来吉祥和好运。

（3）须弥山石窟　须弥山石窟位于宁夏南部固原市境内须弥山东麓，这里峰峦叠嶂，岩石嶙峋，曲径通幽，是“凿仙窟以居禅”的理想场所。须弥山石窟始凿于北魏，至唐代已有石窟 130 多个，其中保存较完整的有 20 余窟，分布于大佛楼、子孙宫、圆光寺、桃花洞等五处，绵延约 2km。北魏石窟造像额部宽广，脸部瘦削，鼻梁高隆，眉细眼长，唇薄嘴小。洞窟形制带有较多的印度“支提”窟形特点。北周时期的石窟有 8 窟，规模大，造像精，在须弥山石窟中占有重要地位。窟室为方形，造像以一佛二菩萨为主，装饰华丽，高大雄伟，为全国北周造像中所少见。须弥山石窟以唐代开凿造像最多，佛像多端坐莲花宝座上，面相温和安详。大佛楼第五窟中的释迦牟尼坐像高达 20.6m，面相丰满，威严安详，双手置膝，显示出雄伟的气魄。须弥山大佛造像特征与龙门石窟大佛极为相似，具有唐代的艺术风格。石窟中还有许多历代题名、碑刻、壁画等，是我国石窟艺术的重要遗存。

3. 沙漠奇观

（1）沙坡头　沙坡头位于宁夏中卫市区西部，腾格里沙漠南部边缘，滚滚黄河从沙丘间蜿蜒流过。这里过去曾是一片荒凉，古语讲“到了沙坡头，白骨无人收”。我国包兰铁路从沙坡头穿过，科研人员用麦草方格固沙法成功地实现了科学治沙，创造了人类征服大沙漠的奇迹。如今，这里成为黄河、绿洲、沙漠、高山、长城组合在一起的独特地理人文景观。沙坡头有我国三大鸣沙之一的百米沙山，悬若飞瀑，人乘沙流如从天降，如洪钟巨鼓，沉闷浑厚，称之为“金沙鸣钟”。在这里可以乘坐古老的羊皮筏子漂流黄河。羊皮筏也称“排子”，是将羊割去头蹄，将羊皮囫囵剥下，并扎住口，用嘴吹气，使它鼓起，十几个羊皮制成一个“排子”，游人坐在“排子”上横渡黄河，既惊险又有趣，回味无穷。此外，游人还可以骑骆驼、穿沙海、进行沙浴等。

（2）沙湖　沙湖位于银川以北约 50km 处，这里宽阔的湖泊出现在茫茫沙漠之中，形成沙海水乡的独特景观。湖面呈月牙形，其面积是杭州西湖的 1.5 倍，湖中芦苇丛丛，荡舟其中，仿佛进入遮天蔽日的森林之中。湖面是鸟的天堂，万亩水域上栖息着白鹤、黑鹤、天鹅等几十种鸟类。湖南面是一片广袤的沙漠，沙海金浪起伏，湖水碧波荡漾，两者相映成趣。湖西面贺兰山磅礴而立，倒映湖中，其势超然。碧水、蓝天、青山、黄沙、绿苇、金穗、翠树、百鸟，构成一幅大西北乃至世界罕见的奇景。江南水乡的秀丽，西北大漠的粗犷，组合得如此和谐绝伦。

4. 六盘山　六盘山又称陇山，跨宁夏、陕西、甘肃三省区，主峰米缸山在宁夏隆德县境内，海拔2942m。六盘山是陕北黄土高原和陇西黄土高原的界山，也是渭河与泾河的分水岭，山势曲折险峻。古代盘道六重始达山顶，故名六盘山。

山的东麓有老龙潭胜迹，面积达500m^2，水色深绿，水量甚大，是泾河源头之一。潭四周有茂密的林木，野花烂漫，空气清新。老龙潭上方有缚虎洞、猛虎洞等景点。六盘山森林资源丰富，是宁夏境内植物种类最多的地区。植被主要是针阔叶混交型天然林，犹如黄土海洋中的绿色岩岛。此外，山上还有金钱豹、林麝、金雕、红腹锦鸡等许多珍稀动物，现已辟为全国重点自然保护区。

5.2.3　甘肃主要旅游地

甘肃省位于我国西北部黄河上游，简称甘、陇。陇中之泾、渭上游河谷是中华民族发祥地和华夏文化的摇篮之一。汉唐时期著名的丝绸之路在甘肃省境内通过，天水、武威、张掖、敦煌四座中国历史文化名城都位于丝绸之路上。丝绸之路沿线留下了麦积山石窟、炳灵寺石窟、嘉峪关、榆林窟、莫高窟、玉门关、阳关等众多的历史文化遗迹。甘肃集合了戈壁、草原、沙漠、高原、高山、冰川等多种自然景观，祁连雪峰、甘肃草原、陇南山水、黄土高原、陇西沙漠等，都是西北地区特有的雄浑粗犷的塞外风光。甘肃有40多个少数民族，是民俗风情旅游的理想地，裕固族、东乡族是甘肃独有的少数民族，以其独特魅力吸引着广大游客。甘肃旅游资源分布相对集中在两个地区，东部地区以城市风光、少数民族风情和一些人文景点为主，河西走廊地区以丝路胜迹、大漠边关的雄奇景象为主，自然和人文景观比比皆是。甘肃深居内陆，气候干燥，5~10月是旅游的最佳时间。

1. 陇上江南——天水　天水位于甘肃东南部，渭河南岸，得名于“天河注水”的传说。历史记载人类始祖伏羲和女娲及黄帝均出生于此，被称为“龙的故乡”，悠久历史孕育了丰富而独具特色的伏羲文化、丝路文化、三国文化等，境内文物古迹众多，以石窟、古遗址、古寺庙、古战场而著称，是甘肃少有的山清水秀之处，兼具江南水乡之秀美和北国山川之雄奇。

（1）麦积山石窟　麦积山石窟位于天水市东南部，因山势突兀，仿佛农家麦垛而得名。麦积山石窟是我国四大石窟之一，始凿于十六国时期的后秦，后历经10多个朝代的不断开凿和修复，现有洞窟194个，保存历代泥塑、石雕像7200多件，壁画超过1300m^2。泥塑有高浮塑、圆塑、粘贴塑、壁塑四种，从高约16m的阿弥陀佛到10cm小的影塑，从神圣的佛到天王脚下的牛犊，均精巧细腻，栩栩如生，把神人格化，生活气息浓厚，令人感到亲切而不神秘。泥塑上彩而不重彩，被誉为“东方塑像馆”。这里的塑像充分体现了千余年来各个时代塑像的特点，系统反映了我国泥塑艺术的发展和演变过程。

麦积山石窟的惊险陡峻，在我国现存石窟中是罕见的。石窟的布局、规模独具匠心，颇有特色。洞窟大都开凿在 20 ~ 80m 高度的悬崖峭壁上，层层相叠，上下错落，密如蜂房，洞窟之间全靠架设在崖面上的凌空栈道连接。石窟周围，景色极为秀丽，重峦叠嶂，松柏苍翠，云雾缭绕，有著名的“麦积烟雨”等景观。在我国四大石窟中，麦积山石窟的自然景色最佳，现为全国重点风景名胜区。

（2）崆峒山　崆峒山位于甘肃东部平凉市境内，主峰海拔 2123m。山中有东、西、南、北中五台，每台即为一峰。这里山川险要，相传是广成子修炼得道之处，故其名取道家空空洞洞清净自然之意，有“道家第一名山”的称号。秦汉时山上开始有庙宇建筑，此后历代均曾在此修建庙宇仙宫，原有 9 宫、18 院、42 寺观。现存有唐盘龙石柱、宋石经幢、元代碑记、明代凌空塔、清代太和宫等建筑。崆峒山林木茂盛，风景优美，有定心峰、仙人峰、凤凰岭、棋盘岭、绣球峰、舍身崖、狮子顶、玄鹤洞等名胜。险峻的山势、秀丽奇巧的古建筑、难行的道路、繁茂的林木等，使崆峒山享有“山川雄秀甲于关塞”之誉，现为全国重点风景名胜区。

2. 丝路要邑——兰州　兰州是甘肃省省会，位于甘肃中部，黄河上游河谷中，是全国领土的几何中心。兰州别名“金城”，是古代丝绸之路上的重镇。黄河从市区穿流而过，四周群山逶迤，林木繁茂，文物古迹众多，西北风光特色鲜明。有白云观、五泉山、白塔山、黄河铁桥、雁滩、滨河公园等景观。兰州还是著名的瓜果城，人称“苏杭景美，兰州瓜香”。

白塔山位于兰州市黄河北岸，因山上有白塔寺而得名。白塔山海拔 1720m，是观赏兰州市容的最佳处。山上白塔寺始建于元代，寺内有白塔一座，塔为七级八面，底为高大须弥座，上为半圆形覆钵式塔身和八角楼阁式塔，上置绿顶，通高约 17m，具有印度佛塔的特点。上楼阁与下覆钵的结合形式，在我国古塔中少见，为古塔中佳作。山上还有旭日阁、罗汉殿、三宫殿、三星殿、云月寺等建筑。游人登临殿阁，可凭栏远眺日出、黄河九曲，气象万千，景色壮美。

3. 绿色飘带——河西走廊　河西走廊又称“甘肃走廊”，位于甘肃境内黄河西部的狭长地区，东西长约 1000km，南北宽数千米至 100km 不等。因南有祁连山，北有合黎山和龙首山，中间的平川绵延不绝而得名。河西走廊历史上曾是内地通向西域和中亚各国的重要通道，著名的丝绸之路就从这里穿过，沿途是甘肃经济最繁荣的地区。武威、张掖一带农牧业发达，有“金张掖、银武威”之说。河西走廊现存有丰富的丝路文化遗迹，还有独特的裕固族民族风情。

雷台汉墓位于武威市区雷台湖畔，高 8.5m，南北长 106m，东西宽 60m，用黄河土垒筑，上有雷祖庙，为清代建筑。周围多泉，汇流成湖。湖周围遍植杨柳，台上古柏巨槐，遮天蔽日。1969 年 10 月在台下发现东汉晚期大型砖室墓一座，出土有铜制奔马等 230 余件文物。铜制奔马又称“马踏飞燕”，1983 年国家旅游局把它定为中国旅游标志。

4. 大漠雄关——嘉峪关　嘉峪关位于甘肃西北部，是丝绸之路必经的关隘和东西文化交流的要道，素有“河西第一隘口”之称。这里有保存完整的嘉峪关城，有蜿蜒起伏的悬壁长城，有古朴遒劲的黑山岩画，有白雪皑皑的七一冰川。优越的地理条件和上升气流，使嘉峪关成为世界三大滑翔胜地之一，每年举行国际滑翔节。

嘉峪关城位于嘉峪关市西南隅，为万里长城西端终点，始建于明洪武五年（1372 年），城南为祁连山，雪峰如玉，绵亘千里；城北为戈壁险滩，地形险要，自古为军事要地。关城平面呈梯形，西长东短，周长 733m，面积 3.35 万 m^2，城墙高 11.7m。东西城垣开门，对称筑城楼，三层五间式，周围有廊，单檐歇山顶，高 17m。城墙四角均有角楼，形如碉堡。西门外 500m 处有一石碑，上刻“天下雄关”四字。相传当年建筑关城时，匠师计算用料十分精确，竣工后仅剩一砖，此砖现存于西瓮城门楼后檐台之上。嘉峪关城在大漠长云的映衬下，显得格外威严雄壮。

5. 戈壁明珠——敦煌　敦煌位于甘肃西北边境，河西走廊西端，古称瓜州、沙州，是丝绸之路的西陲重镇。境内名胜古迹星罗棋布，莫高窟、榆林窟、西千佛洞是保存完整的佛教艺术宝库，阳关、玉门关的残垣断壁镌刻着历史的印迹。沙漠奇观鸣沙山与月牙泉，金黄的沙山与清澈的泉水相互映衬，景色奇异迷人。

（1）莫高窟　莫高窟又名千佛洞，位于敦煌市东南鸣沙山东麓的断崖上。莫高窟始凿于前秦建元二年（366 年），共分上、下五层，高低错落，鳞次栉比，南北长约 1600m，现存北魏、西魏、西周、隋、唐、五代、宋、西夏、元等朝代的洞窟 492 个，壁画 4.5 万 m^2，彩塑 2415 身，是世界上历史最悠久、规模最大、内容最为丰富、保存最完整的文化艺术宝库，1987 年被列入《世界文化遗产名录》。

莫高窟的艺术特点主要体现在建筑、塑像和壁画三者的有机结合上，系统反映了 6 ~ 14 世纪的艺术风格。洞窟最大者高超过 40m，最小者高不盈尺。造像均为泥质彩塑，有单身像和群像。佛像居中心，两侧侍立弟子、菩萨、天王、力士。最大者 33m，小者 10cm，多以夸张的色彩表现人物性格，神态各异。壁画内容有佛像、佛教史迹、神话、供养人等题材和装饰图案。在莫高窟众多的石窟中，以九层楼和藏经洞最令人注目。九层楼俗称北大像，窟前附岩而建九层遮檐，与崖顶等高，木构土红色，檐牙高啄，轮廓错落，檐角系铃，随风叮当作响。窟内弥勒佛坐像高 33m，石胎泥塑彩色，其巍峨宏大仅次于四川乐山大佛。

藏经洞是1900年发现的第17窟，窟内藏有从晋朝到宋代600多年间的各种历史文书、文物近6万件，是20世纪初我国考古学上一次重大发现。此后，敦煌文物引起了世界学术界的重视，形成了专门的学科——敦煌学。藏经洞发现后，窟内历史文物和艺术品遭到帝国主义分子的严重破坏，大量珍贵文物被盗窃流失海外，成为我国文化界的一大浩劫。

（2）阳关、玉门关故址　阳关故址位于敦煌以西的古董滩上，关城设于汉武帝时，是丝绸之路南路必经的关隘，唐代诗人王维有“劝君更尽一杯酒，西出阳关无故人”的诗句。如今关城早已湮没，仅在一座红色的砂质山峰上残留有“阳关耳目”的烽墩，残高4.7m，底长宽8m。四面沙梁环抱，流沙茫茫。

玉门关故址位于敦煌市西北的戈壁滩上，关城为汉武帝时所设，现城垣保存完整，呈方形，面积633m^2，墙高9.7m，全部为黄土构筑，西、北墙各开一门。城北坡下有东西大车道，是历史上中原和西域来往过乘及邮驿之路。北望长城，犹如龙游瀚海，俯仰关外，大地苍茫，人迹罕至，故唐代诗人王之涣有“羌笛何须怨杨柳，春风不度玉门关”之句。

（3）鸣沙山—月牙泉　鸣沙山位于敦煌市南郊，又称神沙山、沙角山。东西长约40km，南北宽约20km，高有数十米。北峰陡峭，背如刀刃，极为壮观。游人从山顶下滑，细沙与人体下落，发出悦耳的鸣鸣声。若在夜间下滑，还能观赏到人体与沙粒摩擦产生的缤纷火花。晴朗之日，风停沙静，也有丝竹管弦之音。尽管白天游人遍野，沙面“千疮百孔”，一夜过去，又是坡如水面，背如刀削，使人备感大自然的神奇魅力。

月牙泉位于鸣沙山北麓，因呈月牙形而得名。泉水东西长218m，南北宽54m，平均水深5m，历经千年而从不干涸，堪称天下奇观。月牙泉边，水草丛生，绿树扶疏，倒映水中，与周围沙山四合的环境形成鲜明对比，构成一幅奇丽画面。景色以月夜、清晨最美，“月泉晓澈”为敦煌八景之一。鸣沙山、月牙泉山水相映，景色优美，现为全国重点风景名胜区。

6. 回藏风情——甘南　从兰州向西南行，经临夏到夏河，沿途为藏、回等少数民族聚居地，这里充满了浓郁的民俗风情和宗教艺术。沿途有刘家峡水库、炳灵寺石窟、南关清真寺、拉卜楞寺、贡唐宝塔、桑科草原等名胜古迹。这里也是由甘肃经青海、四川入西藏、云南的著名西南丝绸之路的起点。

（1）炳灵寺石窟　炳灵寺石窟位于刘家峡水库上游西端的寺沟峡内，包括上、下二寺和两寺之间的洞沟三部分，长2km，上下4层，高低错落，气势雄伟，为我国丝绸之路上的一块佛教圣地。炳灵寺是藏语“仙巴炳灵”的音译，意为“十万弥勒州”，犹如汉语千佛洞、万佛峡之称，反映了中原文化与藏族文化的交融。炳灵寺石窟始凿于西秦建弘元年（420年），后历经北魏、西魏、北周、隋、唐、元、明等朝代的不断营建和修葺，现存窟龛183个，大小石雕像

694 身，泥塑 82 身，壁画超过 900m^2，大型摩崖石刻 4 方及石碑、墨书、石刻造像题记等。石窟早期造像深受外来文化影响，造型清瘦，古雅刚健，佛龛也呈印度覆钵塔形。唐代作品则温润柔和，富贵华丽，体现了我国石窟艺术发展不同时代的特色，是极其宝贵的佛教文化遗产。

（2）拉卜楞寺　拉卜楞寺位于甘肃夏河县境内，是中国喇嘛教格鲁派六大宗主寺之一。始建于清康熙四十八年（1709 年），其规模仅次于布达拉宫，故有“小布达拉宫”之称。寺院占地超过 82 万 m^2，殿宇 90 多座，僧舍万余间，可容纳喇嘛三千余人。寺内珍藏文物数万件，藏文经典、书籍六万余册，其藏书量居全国各类寺庙之首。寺内还设有显、密宗派的六大学院，天文、历算、医学、艺术等均有很高水平。寺院有众多佛教塑像、壁画和唐卡，是藏传佛教艺术中的瑰宝。现有塑像多达万余尊，高者近 10m，小者仅几厘米。各种题材的壁画几乎布满所有经堂和佛殿的四壁，包括历史故事、宗教人物故事、民俗风情和建筑装饰等内容。唐卡是最富有民族特色的宗教工艺品，除绘制外，还有刺绣、贴花、缂丝等多种工艺，内容丰富，制作考究，为广大藏民所喜爱。

晒大佛是拉卜楞寺的佛事活动之一。每年农历正月十三日，将数十米长方的绣制佛像展挂在拉卜楞寺对面的山麓，寺内僧人盛装莅临，善男信女蜂拥前往顶礼膜拜，场面庄严宏大。

5.2.4　新疆主要旅游地

新疆维吾尔自治区地处我国西北边疆，简称“新”。新疆古称西域、西疆，早在 2000 多年前，这里就是丝绸之路的要冲，东西方文化的荟萃之地。新疆文物古迹众多、自然景观独特、民族风情丰富多彩。新疆旅游资源数量之大、种类之多，居全国首位。新疆有“地下博物馆”的美誉，喀什、吐鲁番、特克斯、库车、伊宁是中国历史文化名城。遍布全区的古文化遗址、古墓葬、古驿站、古窟寺、古城堡，虽历经沧桑，仍然闪耀着中西文明之光。新疆是我国面积最大的省区，冰川雪岭、戈壁沙海、森林草原、湖泊河流、高原盆地，共同构成了博大、粗犷、雄险、奇特的自然景观。新疆有汉、维吾尔、哈萨克、柯尔克孜、乌孜别克、锡伯、蒙古等 47 个民族，丰富多彩、千姿百态的民族奇风异俗吸引着广大游客。新疆素有“瓜果之乡”之称，到处可以品尝到甘甜的葡萄瓜果。新疆传统上划分为北疆和南疆两部分，北疆旅游资源风格多样，集中了新疆主要的旅游资源。南疆以历史古迹、沙漠探险和民族风情等旅游资源为主。新疆远离海洋，温差极大，秋季是旅游的最佳时间。

1. 高山平湖　新疆山区面积占 44%，四周高山环绕，北有阿尔泰山，南有昆仑山和阿尔金山，西有帕米尔高原，中部横亘着天山。境内河湖众多，塔里木河是我国最长的内流河，额尔齐斯河是我国唯一流入北冰洋的河流。湖泊主要有天山天池、喀纳斯湖、艾丁湖、博斯腾湖等。

（1）天山天池　天山天池地处乌鲁木齐东北 90km，天山博格达峰北侧，是世界著名的天然高山湖泊。天山天池海拔 1980m，湖面呈半月形，南北长 3400m，东西最宽处约 1500m，面积为 4.9km^2，最深处达 105m。天池湖水清澈，晶莹如玉，四周群山环抱，绿草如茵，野花似锦。天池东南面的博格达主峰海拔 5445m，峰顶的冰川积雪闪烁着皑皑银光，与天池瓦蓝碧绿的湖水相映成趣，构成高山平湖绰约多姿的自然景观。天池风景区有“石门一线”“龙潭碧月”“顶天三石”“定海神针”“南山望雪”“西山观松”“海峰晨曦”“悬泉飞瀑”八大景观。天池四季景色俱佳，夏季山清水秀，碧波浩渺，清爽宜人，是绝佳的避暑胜地。冬季白雪皑皑，银装素裹，坚冰如玉，是理想的高山滑冰场。天池古称“瑶池”，是传说中西王母宴请周穆王之地，唐代诗人李商隐曾作诗曰：“瑶池阿母绮窗开，黄竹歌声动地哀，八骏日行三万里，穆王何事不重来”。传说天池是西王母梳妆台上的银镜，天地缭绕的云雾是西王母的霓裳羽毛，小天池是西王母的洗脚盆。这些美妙的神话传说，给优美的天池自然景色蒙上了一层神秘的色彩。

（2）喀纳斯湖　喀纳斯湖位于新疆最北端布尔津县境内，是一个坐落在阿尔泰深山密林之中的高山湖泊。“喀纳斯”蒙古语意为“美丽富饶而神秘”。湖面海拔 1374m，形如弯月，面积 37.7km^2，最深达 188.5m，是除长白山天池外我国最深的湖泊。喀纳斯湖四周雪峰耸峙，森林密布，湖光山色，美不胜收。喀纳斯湖有许多奇特景观，传说湖中有神秘的“湖怪”，湖边饮水的牛羊、马匹常被“湖怪”拖入水中，据科学推测可能是身长达 2～3m 的哲罗鲑鱼。每当雨过天晴，登上湖岸西侧哈拉开特山顶的观鱼亭，观赏日出景色，可见湖面上空云海翻腾，有时可看到如同峨眉山佛光那样的奇观，凉亭和亭中人影，完全呈现于光环之中。喀纳斯湖是有名的变色湖，水色时而碧绿，时而蔚蓝，时而灰青，时而乳白，一日可变数色。湖四周树木迭代更换，朽木纵横，枯树交错，经风吹雨冲漂入湖中，日久天长，筑起了一道千米枯木长堤，十分罕见。以喀纳斯湖为中心，方圆 2500km^2 的地区已辟为全国重点自然保护区。

（3）艾丁湖　艾丁湖位于吐鲁番盆地南部，为吐鲁番盆地的“盆底儿”。湖面低于海平面 154m，是我国陆地最低点。远在千万年以前，艾丁湖还是一个面积比现在的湖水面积大 1000 倍的淡水湖泊。而今日艾丁湖，只有西南部还残存很浅的湖水，面积约 23km^2，其余大部分是皱褶如波的干涸湖底，银白晶莹的盐结晶和盐壳，在阳光映照下，闪闪发光。当地维吾尔人称之为“月光湖”。这里四周望不见游鱼飞鸟，只有不时掠过的成群小飞虫和偶尔在脚下窜过的野兔、田鼠。由于这种特殊的地理状况和典型的荒漠景观，使中外探险者络绎不绝地到此游览、猎奇。

2. 草原牧场　新疆草原面积广大，在辽阔的草原上，野花缤纷，牛羊肥壮，草原风光如诗如画。草原主要分布在天山南北，位于天山南麓尤尔都斯山间盆地的巴音布鲁克草原，面积超过2.2万km^2，是新疆重要的畜牧业基地。“巴音布鲁克”蒙古语意为“富饶之泉”。这里幅员辽阔，地势平坦，水草丰美。一望无际碧绿的草原，遍地是优质的“酥汕草”。焉耆马、巴音布鲁克大尾羊、新疆细毛羊和有“高原坦克”之称的牦牛被誉为“草原四宝”。每到仲夏季节，草原上鲜花盛开，争奇斗艳。雪莲花般的座座蒙古包坐落其间，羊群像白云游荡，一派草原风光，令人陶醉。蒙古族著名史诗《江格尔》，歌颂的就是当年在巴音布鲁克草原征战的回国领袖渥巴锡汗。草原上蒙古族民俗风情成为重要的旅游景观。

在巴音布鲁克草原中心地带，有一条东西长30km、南北宽10km的高山湖泊，海拔2500~3000m，名曰天鹅湖，是我国唯一的天鹅自然保护区。连绵的雪岭，耸入云霄的冰峰，构成了天鹅湖的天然屏障。湖水莹如紫带、清澈见底，水中生长着大量水生植物，四周绿草如茵，高山雪岭倒映湖中，形成神奇迷离的自然景观。泉水、溪流和天山雪水汇入到湖中，水丰草茂，食料丰足，气候凉爽而湿润，适合天鹅生长。每当春天来到，冰雪消融，万物复苏，大批天鹅从印度和非洲南部成群结队的飞越崇山峻岭，来到天鹅湖栖息繁衍。在和煦的阳光下，湖水、天光、云影、天鹅，构成一幅“片水无痕浸碧天，山容水态自成图”的秀美画卷。当地蒙古族牧民把天鹅视为“贞洁之鸟”“美丽的天使”。天鹅湖鸟类资源十分丰富，有大天鹅、小天鹅、疣鼻天鹅10000余只，还有灰雁、斑头雁、白头鹞、燕鸥、雕、秃鹫等10余种珍稀鸟类。在天鹅湖畔的高处上，建有观鸟台，供游人观看天鹅的生活习性。

3. 丝路古迹　新疆是举世闻名的古丝绸之路的要冲，多条丝路古道和众多的文物古迹构成了新疆宝贵的人文资源。由于干旱少雨，地广人稀，加上受风沙掩埋保护等原因，千年古迹奇迹般地被大量保存了下来。在新疆境内的“丝绸之路”南、北、中三条线路上，到处可见错落的古城、矗立的烽燧、密集的千佛洞、古墓葬、古寺庙以及古屯田等，主要有高昌故城、楼兰古城、克孜尔千佛洞、柏孜克里克千佛洞、艾提尕尔清真寺、额敏塔、香妃墓等。

（1）高昌故城　高昌故城曾是高昌王国的都城，位于吐鲁番以东40km的三堡乡。高昌故城历史悠久，公元前1世纪始建高昌壁，此后历为高昌郡郡治、高昌国国都、西州州治和回鹘国国都，至明初毁于战火，前后经历1500余年。高昌故城规模宏大，十分壮观，总面积为200万m^2，周长5.4km，是古代西域留存至今最大的故城遗址。城垣大部分残存，略呈正方形，城墙厚12m，高11.5m，为夯土筑成，外围有凸出的马面。全城有九个城门，其中南面有三个城门，东、西、北面各有两个城门，西面北边的城门保存最好。高昌故城分外城、内城和宫城三部分，布局略似唐代的长安城。外城西南隅有一寺院遗址，面积约1万m^2，由大门、庭院、讲经堂、藏经堂、大殿、僧房等组成，大殿内残存有壁画痕迹。唐代高僧玄奘西游取经，于贞观二年（公元628年）春，曾在此讲经一个月。内城北部正中有一座高台，上有高达15m多的土坯方塔，当地人称“可汗堡”，意为王宫。其西侧有一座地上地下双层建筑，为宫殿遗址。

（2）克孜尔千佛洞　克孜尔千佛洞又称赫色尔石窟，位于拜城县克孜尔镇东南，是我国石窟中开凿最早、现存规模较大的石窟群之一，堪称“第二个敦煌莫高窟”。石窟始凿于公元3世纪，5～8世纪达到鼎盛，至唐代吐蕃废弃。5～6世纪这里香火极盛，佛寺栉比，有僧侣近万人。现有编号洞窟236窟，是天山南麓规模最大的佛教石窟群。石窟分为支提窟和毗诃罗窟两种，现存塑像和壁画都位于支提窟内，保存约1万m^2的壁画，以凹凸画法驰名，线条刚劲有力，注重烘染，人物立体感强，生动逼真。题材丰富多彩，以佛传、因缘和本生故事为主，其种类比敦煌、龙门、云冈等全国大型石窟合计的30余种因缘和本生故事多出3倍以上，在我国乃至世界上都居首位。克孜尔千佛洞是中国佛教石窟艺术中的一朵奇葩，是龟兹文化的一个宝库，现为新疆佛教艺术的研究中心。

（3）艾提尕尔清真寺　艾提尕尔清真寺位于喀什市中心，是新疆地区伊斯兰教著名的清真寺，也是我国最大的一座清真寺，“艾提尕尔”意为“节日礼拜场所”。该寺以其悠久的历史、宏伟的建筑和绚丽的色彩闻名中外，在中亚地区与布哈拉、撒马尔罕等地的著名清真寺一样受到伊斯兰教信徒的注目。艾提尕尔清真寺始建于回历846年（1426年），历经重修扩建，始成现在规模。大寺南北长140m，东西宽120m，面积超过1.6万m^2。正门浅绿，布满精细刻花。砖红色门楼高12m，边廊环以穹形壁龛。门墙左右为圆柱形砖砌尖塔，高18m。全寺由礼拜殿、教经堂两部分组成，礼拜殿面积2600m^2，可供4000人同时礼拜。殿顶由158根雕花木柱支撑，柱头造型多变。顶棚有彩绘花卉图案，形成具有伊斯兰教特点的藻井。整个清真寺布局合理，建筑工艺精细，装饰古朴典雅，风格独特，是我国阿拉伯式伊斯兰教建筑的典范。

（4）香妃墓　香妃墓位于喀什市东北郊，是阿帕霍加及其家庭的墓地，始建于1640年。墓中所葬共计五代72人。陵墓建筑包括墓室、礼拜寺、讲经堂等，规模宏大，是以蓝色和白色琉璃砖为主色调的伊斯兰风格宫殿式陵墓，为维吾尔族建筑艺术的典范。主墓室呈圆拱形，高40m，四座小型尖拱支持中心圆拱顶，周围以厚墙依托，四周以塔楼固定。香妃墓设在东北角，香妃是清乾隆皇帝的爱妃，她是阿帕霍加的孙女，在清宫生活了28年，于1788年病逝后被葬入清东陵，这里是她的衣冠冢，人们习惯于称其“香妃墓”。

4. 大漠奇观　新疆沙漠面积广大，约占全国沙漠总面积的2/3，南疆的塔克拉玛干沙漠面积约33万km^2，是我国最大的沙漠，也是世界第二大流动沙漠。北疆准噶尔盆地中的古尔班通古特沙漠，面积4.8万km^2，为我国第二大沙漠。在浩瀚的沙海中可以观赏到举世闻名的雅丹地貌、风蚀蘑菇、洞穴、石林以及海市蜃楼、飞沙鸣叫等独特的自然景观。大漠的荒凉，戈壁的恐怖，人在绝境中的抗争，种种亦真亦幻的神秘，对旅游探险者而言，具有不可抗拒的诱惑力。

（1）魔鬼城　魔鬼城又称乌尔禾风城，位于北疆克拉玛依市北 100km 的乌尔禾地区。这里有着罕见的风蚀地貌，形状怪异，哈萨克人称为“沙依坦克尔西”，意为“魔鬼城”。所谓“城”，实际上是虚无的，是由于风吹蚀水平岩层所形成的残余平顶小山，状如颓毁的城堡或残断的方形建筑物。魔鬼城呈西北—东南走向，方圆约 $10km^2$，海拔 350m 左右。千百万年来，由于风雨剥蚀，地面形成深浅不一的沟壑，裸露的岩层被狂风雕琢得奇形怪状。在起伏的山坡上，布满血红、湛蓝、洁白、橙黄的各色石子，宛如魔女遗珠，更增添了几许神秘色彩。远眺魔鬼城，就像中世纪欧洲的一座大城堡，大大小小的城堡林立，高高低低参差错落。每当风起，飞沙走石，天昏地暗，怪影迷离。大风在城里激荡回旋，凄厉呼啸，犹如鬼哭狼嚎，令人毛骨悚然，不寒而栗。漆黑的夜晚，四周一片死寂，更为恐怖，“魔鬼城”由此得名。

（2）火焰山　火焰山山体由红色砂岩构成，形似一条红色巨龙，东起鄯善，西到吐鲁番，横卧于吐鲁番盆地中部，东西长 100km，南北宽约 10km，海拔 500m 左右。由于山石风化，形状怪异，人行其中，俨然进入童话世界。《西游记》中描写的孙悟空过火焰山、斗铁扇公主的故事，即以此为背景，使火焰山披上一层神奇色彩，成了一座天下奇山。火焰山上几乎寸草不生，山色通红似火，云烟缭绕，犹如烈焰飞腾。火焰山是全国夏季最热的地方，地表最高温度达到 82.3℃。从山下经过，足底发烫，焚风扑面，烘烤得人如同进入了火炉，汗流浃背。当地有沙窝里“烧”鸡蛋和石头上烙饼之说。

（3）罗布泊　罗布泊古称盐泽、蒲昌海，位于塔克拉玛干沙漠东缘若羌县境内，原是塔里木盆地汇水中心，后来湖面完全干涸，只留下一片寸土不生的荒原，地面板结着白色的盐碱。历史上，罗布泊最大面积为 $5350km^2$，1972 年年底彻底干涸。罗布泊地处古代丝绸之路南道要冲，为古代东西方交通必经之地，至今还保留不少古迹。在罗布泊地区，有着大片雅丹地貌，分布在罗布泊东北部的雅丹地貌最为典型，面积约 $2600km^2$。由于罗布泊地区常年多大风，天长日久，沟谷星罗棋布，变幻出各种姿态，时而像一支庞大的舰队，时而又像无数条鲸鱼，在沙海中翻动腾舞；时而像座座楼台亭阁，时而又像古城寨堡。置身于扑朔迷离、深邃的雅丹地貌中，满目皆是神秘、奇特、怪异的“亭台楼阁”，使人浮想联翩，流连忘返。这片荒漠的原始与神秘，吸引了国内外探险者的目光，“罗布泊探险游”在国内正在悄然兴起。

5. 瓜果之乡　与迷人的自然风光和众多的历史古迹相得益彰，新疆的瓜果更是驰名中外。新疆盛产世界六大果类——苹果、葡萄、梨、桃、香蕉和柑橘中的前四类。从吐鲁番盆地到和田农村，从塔里木垦区到伊犁河谷，几乎无处无瓜田果园，有“瓜果之乡”的美誉。金秋季节，瓜落果熟，葡萄如翡翠，石榴似火焰，苹果、香梨染红镀金。正如当地民谣所说：“吐鲁番的葡萄哈密的瓜，库尔勒的香梨人人夸，叶城的石榴顶呱呱。”

吐鲁番的葡萄沟是一处典型的新疆果园，它位于吐鲁番东北10km的火焰山山谷中，是一条南北长约7km、东西宽约2km的峡谷。这里水渠纵横，果树繁多，空气湿润，与火焰山的炽热形成鲜明对比。两面山坡上犹如绿色的海洋，点缀着桃、杏、梨、苹果、石榴、无花果等各种果树。沟内6000多亩葡萄园是一个名副其实的“葡萄王国”，在遮天蔽日的葡萄架下，挂满串串玛瑙般的葡萄。这里的葡萄种类繁多，有的色如翡翠，有的艳如玛瑙；有的小似珍珠，有的大似橄榄。最为名贵的是无核白葡萄，皮薄、肉嫩、多汁、味美、营养丰富，素有“绿珍珠”美称，其含糖量高达20%以上，超过美国加利福尼亚州的葡萄，居世界之冠。

思考与练习

1. 简述本区“丝绸之路”旅游景观。
2. 本区以沙漠奇观为主的旅游景观主要有哪些?
3. 为什么说敦煌莫高窟是世界文化艺术宝库?
4. 为什么说新疆有“地下博物馆”的美誉?
5. 列举本区主要的少数民族节日。

第6章 华北旅游区

问题导学 一提起华北地区，我们首先会想到奔腾的黄河，眼前会浮现出古老的都城、雄伟的长城和浑厚的黄土高原，仿佛听到了咆哮的黄河水声，看到了壮观的陕北秧歌……那么，华北旅游区的自然和人文旅游地理环境特征如何，有哪些主要旅游景区和景点？假如我们有一次多日游的机会，你有几个理由来选择华北旅游区作为本次旅游活动的目的地？就请我们一起走进华北旅游区，对该区旅游资源做一次深入了解和掌握。通过学习，重点掌握本区名山大川、华夏文明起源、古迹遗址、民俗文化等几个特色旅游资源。

请在课前登录本章提供的网站及其他相关网站，做好预习。主要网站有北京旅游网：www. bjlyw. com；天津旅游资讯网：www. tjtour. cn；河北旅游网：www. hebeitour. com. cn；山西旅游网：www. sxly. org；山东旅游资讯网：www. sdta. cn；河南旅游资讯网：www. hnta. cn；陕西旅游网：www. sxtour. com。

6.1 华北旅游区旅游地理环境特征

本区包括北京市、天津市、河北省、山西省、山东省、河南省和陕西省。黄河是中华民族的母亲河，黄河及其支流穿越本区全境。作为中华民族的发祥地，区内华夏文明遗迹遍布，自然旅游资源丰富，是我国重要的旅游地区之一。

6.1.1 自然旅游地理环境特征

1. 地势起伏，地貌形态多样　本区地貌种类齐全，包括平原、高原、山地、丘陵和盆地等多种地貌类型，主要分为华北平原、黄土高原、山东丘陵、冀北山地和秦巴山地等几个地理单元。多种多样的地貌造成区内地势起伏较大，其总体趋势为自西向东由我国地势第二阶梯降至第一阶梯。

华北平原是本区中东部的主要地貌类型，它北邻燕山，南至淮河，西抵太行山，东濒渤海和黄海，包括冀、鲁、豫三省大部分和京津地区，是由黄河、淮河、海河及其支流冲击而成的。这里地势低平，土壤肥沃，人口密集，交通便利。

黄土高原东起太行山，西至乌鞘岭，北起长城，南至秦岭，包括山西大部分和陕西中北部，由陕北高原和山西高原组成。黄土高原是世界上黄土分布最集中、发育最典型的地区，黄土堆积厚达100m左右。由于黄土高原土质疏松，植被稀少，加之夏秋季节多暴雨，因此水土流失非常严重，导致地表破碎，沟壑纵横，形成了黄土沟、梁、塬、峁等独特的地貌形态，极富观赏价值。

山东丘陵位于山东半岛上，包括鲁中南丘陵和胶东丘陵两部分。大部分地区为断块低山丘陵，地表起伏破碎，海拔在200~500m，鲁中南的泰山、沂山、蒙山等海拔达到1000m以上。由于周围有低平的华北平原的衬托，因而这些山体显得雄伟壮观。中部的泰山海拔最高，山势巍峨，矗立在鲁中大地上，被尊称为“五岳之首”，自古就有“登泰山而小天下”之说，历代帝王大多登泰山封禅祭祀。泰山被列入世界文化与自然遗产名录，是历史文化名山。崂山位于青岛附近，濒临黄海，山海相连，奇峰凌云，峭壁倚立，风景优美，为避暑、游览之胜地。

冀北山地位于本区北部，主要包括燕山山脉，一般海拔在1000m左右，是华北平原和内蒙古高原的过渡地带。其北侧的坝上高原与内蒙古高原连成一片，这里山峦起伏，清泉流淌，水草肥美，有清朝著名的木兰围场和承德避暑山庄，是狩猎、避暑的好去处。东部的山海关是万里长城的起点，为关内外交通要冲，自古为兵家必争之地。燕山在北京境内称军都山，是北京西北方的天然屏障，长城蜿蜒其上，形成八达岭、居庸关等著名景点。军都山东南侧三面环山，为形胜之地，有著名的皇家陵寝——明十三陵。

秦巴山地位于陕西中南部，由秦岭和大巴山组成，中间夹有汉中盆地。秦岭是我国南北气候区的分界线，秦岭以南的汉中盆地胜似江南。这里远在商朝时期就有人类活动，汉唐时得到开发，形成了华山、骊山、太白山、终南山等众多的山岳游览地。其中，华山以险峻而闻名天下，为五岳之一，是著名的道教圣地和游览胜地。秦巴山地地理位置十分险要，汉朝时即成为兵家争战之地，刘邦、诸葛亮等都曾以此作为军事基地，从而留下了武侯祠、陈仓道、张良庙等众多与两汉和三国有关的历史古迹，供后人瞻仰游览。

2. 河湖瀑海，各具特色　本区拥有河流、湖泊、瀑布、泉水和海滨等多种水景资源，其中，河流和海滨最具旅游特色。

中华母亲河——黄河流经本区的陕、晋、豫、鲁四省，是本区最具旅游价值的河流。在黄河流经之处，形成了丰富的自然和人文景观。黄河从陕西河曲镇进入本区，沿陕晋边界一路南下，由于流经黄土高原，河水浑浊，水流湍急，在陕西宜川与山西吉县交界处，河面骤然变窄，形成闻名中外的黄河壶口瀑布，落差超过20m，浪涛翻滚，气势恢宏，是黄河上的一处绝佳景观。黄河出潼关后折向东流，穿越三门峡，流淌在华北大平原上，在山东东营注入渤海。黄河出河南孟津后，进入下游，泥沙逐渐淤积，致使河床不断抬高，河面高出两侧地面3~5m，在河南封丘竟高达10m，形成世界罕见的“地上悬河”。在黄河沿岸还有三门峡游览区、郑州黄河游览区、山东东营黄河入海口游览区等，是人们亲近母亲河的理想之处。

本区东部濒临渤海和黄海，拥有漫长曲折的海岸线，形成许多著名的海滨风景名胜区，主要有冀东北海滨风景名胜区和胶东半岛海滨风景名胜区。冀东北海滨风景名胜区濒临渤海，背靠燕山余脉，海岸漫长曲折，沙滩平缓，海水清澈，是理想的天然海水浴场。胶东半岛海滨风景名胜区包括青岛、烟台、蓬莱、威海等，其中青岛海滨浴场沙滩面积达 2.4 万 m^2，是我国最大的海水浴场。这些海滨风景名胜区成为旅游、游泳、避暑胜地。

本区湖泊分为天然湖泊和水库两种，天然湖泊集中在河北和山东两省。在华北平原上，由于地势较低，坡度和缓，形成了许多洼淀。河北中部的白洋淀最为著名，在方圆百公里内，有大小淀泊 90 多个，是本区一个大型的天然淡水湖群。淀内沟渠纵横，绿洲星罗棋布，田园交错，盛产鱼虾、芦苇。山东南部的微山湖是一处著名的旅游景点，湖水碧波万顷，湖面渔帆点点，水天相连处，群山浮动，浩渺无际，极富诗情画意。水库遍布全区，多建在河流上游群山之中，既发挥蓄水、发电之功效，又具有游览观光之价值，大多成为著名的风景区。

3. 典型的大陆性季风气候　本区除陕西秦岭以南外，都属于暖温带大陆性季风气候。主要特征为四季分明，冬冷夏热，春旱多风，夏热多雨，秋高气爽，冬寒少雪。气温从东南向西北逐渐降低，最冷月为 1 月，陕北地区可达 -10℃以下。最热月为 7 月，全区一般为 22 ~ 28℃。降水量分布也由东南向西北递减，其中山西北部和陕北地区降水最少，属于半干旱区；河南南部和山东半岛降水较多，属于湿润、半湿润区。降水多集中在夏季，且多暴雨，其他季节降水较少。

在这种气候条件下，本区自然植被以温带针、阔叶林为主，多分布在秦岭、燕山、太行山、吕梁山、山东半岛等山地丘陵地带。山中有许多珍贵树种，栖息着许多珍稀动物。为保护这些珍贵的动植物资源，本区建立了许多国家级自然保护区，如北京松山自然保护区、河北雾灵山自然保护区、山西芦芽山自然保护区、河南伏牛山、鸡公山自然保护区，陕西太白山、牛背梁自然保护区等。自然保护区内山清水秀，生态资源丰富，是旅游观光和科学考察的好地方。

本区的气候特征决定了较为明显的旅游旺季与淡季的划分，5 ~ 10 月为旅游旺季，特别是 5 月和 9、10 月为旅游的黄金季节。11 月至次年 4 月，由于冬季寒冷少雪，春季干燥多风，花木凋谢，景色单调，成为本区的旅游淡季。

6.1.2　人文旅游地理环境特征

本区作为中华民族的摇篮，很早就有人类在这里活动。本区开发历史悠久，历朝历代大多在此建都，留下了丰富的历史文化遗产，既有古人类文化遗址，又有古代建筑遗迹。本区还有深厚的文化底蕴，纯朴的民俗风情，这些人文旅游资源共同构成本区旅游资源的突出特征。

1. 华夏文明，源远流长　本区自古以来气候温暖，土壤肥沃，灌溉便利，交通畅达，非常适合人类的生存繁衍以及生产活动的开展。中华民族的祖先就是在这一带发展了华夏文化，创造了灿烂的古代华夏文明。主要古人类文化遗址有旧石器时代的周口店“北京猿人”遗址、山西丁村遗址、陕西蓝田猿人遗址，新石器时代的河南仰韶文化遗址、陕西半坡遗址、山东大汶口遗址等。伴随这些古人类文化遗址的发掘，使华夏文明的发祥时间再一次向远古推进。

周口店“北京猿人”遗址是世界上最具代表性，资料最为丰富、完整的古人类遗址。早在25万~60万年前，“北京人”曾居住在周口店山顶洞穴之中，留下了大量的遗迹、遗物、化石等，为人类学和生物进化的研究提供了有力的实证。新石器时代的仰韶文化遗址分布十分广泛，遍及黄河流域的广大地区，以陕西、山西、河南三省最为集中。仰韶文化成为该时期最重要的文化类型，仰韶文化距今约有五六千年历史。这些古人类文化遗址已被列为全国重点文物保护单位，周口店“北京猿人”遗址被列入《世界文化遗产名录》。

此外，传说中的“三皇”——伏羲、神农、轩辕和“五帝”——少昊、高阳、高辛、唐尧、虞舜也主要活动在这一地区。如最早的部落首领轩辕黄帝活动于陕西关中一带，最后定居中原，其后代与其他部落融合，形成中华民族，黄帝也被尊为中华民族的始祖。神农炎帝尝百草活动于黄河中下游地区，尧、舜活动于晋南，大禹治水于晋、豫两省。本区留下了许多与这些神话传说有关的遗迹，如陕西黄陵县的黄帝陵、宝鸡市的炎帝陵、山西芮城县的大禹渡、山西临汾市的尧庙、河南新郑市的轩辕故里等。黄帝陵和炎帝陵成为海内外炎黄子孙祭祀祖先的圣地。

2. 古城云集，古迹众多　由于本区是中华民族的发祥地，长期以来是我国最发达地区，因此历朝历代大多在此建都。例如，我国第一个奴隶制王朝——夏建都于山西平阳（今临汾）；商发祥于山东滕州一带，并在河南安阳创造了灿烂的甲骨文化；第一个统一的封建制国家——秦建都陕西咸阳。此后历代王朝多以本区为中心，从元朝开始建都于今天的北京，直到最后一个封建王朝——清朝结束，统治中心都没有离开本区。几千年历史积累的文化遗迹、大量的历史文物和深厚的文化底蕴，使得本区在全国人文旅游资源上占有极其重要的地位。

（1）古都名城　中国历史上著名的六大古都，有四个位于本区，即西安、北京、洛阳和开封。西安古称长安，先后有西周、秦、西汉、隋、唐等12个王朝在此建都。汉、唐时成为我国唯一人口过百万的城市，与当时的雅典、开罗、罗马并称为世界四大古都。北京有700多年的建都历史，元、明、清3个王朝建都于此，元朝称大都，明初改为北平。洛阳先后有东周、东汉、魏、晋、隋等9个王朝定都于此，素有“九朝古都”之称。开封古称汴梁，先后有后梁、后晋、北宋、金等7个朝代在此建都，有“七朝都会”之称。四大古都作为历代王朝的统治中心，得到不断地建设和发展，保留了许多皇家园林建筑、帝王陵寝和名人古迹。

此外，本区还有天津、承德、大同、曲阜、郑州、延安等30多个国家级历史文化名城。这些名城具有悠久的建城历史，或是经济中心，或是军事重镇，或是革命圣地，或是名人故乡，至今保存着独特的历史风貌和大量的文物古迹。

（2）宫殿园林　中国历史上城市大量出现始于春秋，多以皇家宫殿为中心布局，城市中最雄伟华丽的建筑就是皇家宫殿。此后，历代王朝延续了这个传统，登基后都大肆修建皇家宫殿和园林，作为处理政务、居住游玩、奉天祭祖的地方。本区留下了大量皇家宫殿和园林供后人欣赏和游玩。最具代表性的皇家宫殿和园林主要集中在京冀地区，包括故宫、颐和园、圆明园、北海、承德避暑山庄等。其中北京故宫是我国现存规模最大、最完整的古代宫殿建筑群，是世界上最大的博物馆之一。颐和园和承德避暑山庄是我国北方园林的代表，风格粗犷豪放，野趣横生，与苏州拙政园、留园并称为“中国四大名园”。

（3）古墓陵寝　我国自古就有“厚葬以明孝”的传统丧葬观念，陵墓成为亡灵的栖息之所。在古代陵墓中，帝王陵寝的建筑规模最为庞大，在青山绿水之间显得格外壮观，成为皇权的象征。我国历代王朝的帝王陵寝绝大多数分布在本区，富丽堂皇的陵寝、丰富的殉葬品以及大量的出土文物，为开展考古活动和旅游观光提供了方便条件。

本区的古墓陵寝主要分为帝王陵寝和名人墓祠两类。帝王陵寝主要有北京的明十三陵，河北的清东陵、清西陵，陕西的黄帝陵、秦始皇陵、茂陵、昭陵、乾陵，河南的伏羲陵、宋陵，河北的中山靖王墓等。其中，秦始皇陵及兵马俑和明清皇家陵寝（清东陵、清西陵和明显陵）被列入《世界文化遗产名录》。秦始皇陵是中国历史上最大的单一陵墓，在其附近发现的兵马俑陪葬坑内有近万个仿真人大小的陶制卫士，手执兵器，形神各异，气势凛然，再现了2000多年前秦王朝的战阵军容，被誉为“世界第八大奇迹”。清东陵和清西陵是我国现存规模宏伟、建筑体系完整的皇家陵寝群，陵墓建筑雄伟，雕刻精美，文物众多，堪称艺术宝库。

本区是历史上许多文学家、史学家、医学家、科学家和军事家的故乡或主要活动地区，留下了众多的名人墓祠和纪念性建筑。其主要有山东曲阜的“三孔”（孔府、孔庙、孔林），邹城的孟府、孟庙、孟林，陕西耀县的柳公权墓，兴平的霍去病墓，韩城的司马迁祠墓，北京的文天祥祠，山西解州的关帝庙，夏县的司马光墓，河南巩义的杜甫故里和杜甫墓，洛阳的白居易墓，伊川的范仲淹墓，郏县的三苏坟等。其中，曲阜“三孔”被列入《世界文化遗产名录》，是众多名人墓祠中最具历史价值和旅游价值的。

（4）伟大工程　中华民族是一个勤劳、智慧的民族，在几千年的历史长河中，黄河中下游地区留下了许多闻名于世的伟大工程。其中，万里长城最为著名，被外国人视为中国的标志。长城蜿蜒穿行于本区北部，是中国古代最伟大的军事工程，以其悠久的历史、宏大的规模、修筑的难度、周密的结构赢得了

“世界七大奇迹”之一的美称，被列入《世界文化遗产名录》。长城上的山海关、八达岭、居庸关、慕田峪等处都已开辟为著名的旅游区。此外，京杭大运河的北段、赵州桥、卢沟桥、北京古观象台以及丝绸之路东段等都凝聚了中华民族的勤劳和智慧，使后人为之骄傲和自豪。

3. 宗教艺术，博大精深　本区在历史发展中积淀了深厚的文化底蕴，是我国佛教、道教的发祥地。由于历史上封建统治者长期推行“尊儒重教”的治国方针，大兴土木，修建并保留下来众多的佛寺、道观、石窟等宗教建筑。同时也产生了一大批与宗教有关的雕塑、绘画、文学等作品，具有极高的艺术水平和珍藏价值。

佛教最早传入中国是在西汉时期，首先传入黄河流域，汉明帝在洛阳专门修建白马寺用来藏经书。因此，白马寺就成为我国第一座佛教寺院，被尊称为“祖庭”。从隋唐开始进入我国佛教盛行时期，各地修建了许多佛教寺院，用以藏经诵文。最具代表性的有北京的卧佛寺、碧云寺、大钟寺，天津的大悲院、独乐寺，河北石家庄的毗卢寺，山西五台山的佛光寺，河南嵩山的少林寺、开封的相国寺，陕西扶风的法门寺等。山西五台山是我国四大佛教名山之一，是文殊菩萨的道场。佛教艺术的精华也体现在石窟中，本区有我国四大石窟中的洛阳龙门石窟和大同云冈石窟。两大石窟以规模宏大、雄伟壮观而著称，是研究佛教艺术、绘画雕刻、服饰乐舞、书法建筑的好地方。龙门石窟于 2000 年被列入《世界文化遗产名录》。

本区还有形式多样的文化艺术，如戏剧、书法、诗词、绘画、雕刻等具有极其深厚的艺术造诣。各省都有传统的剧种，如北京的京剧、河北的评剧、河北梆子、陕西的秦腔、山西的晋剧、山东的吕剧、河南的豫剧等。京剧被称为我国的“国粹”，是“中国文化四绝”之一，深受海内外戏迷的欢迎。历代书法名家和文人墨客踏遍本区的名山大川，或是手书于岩石建筑上，或是赋诗赞美壮丽河山。最为著名的是岱庙碑刻和西安碑林，各种摩崖石刻遍布全区。河南南阳汉画、山西永乐宫元代壁画是古代绘画艺术的杰出典范。这些艺术作品历经千年风雨，不断发扬光大，带给人们无尽的艺术享受。

4. 民俗文化，千般风情　本区历史悠久，经济发达，文化浓厚，拥有许多独特的民俗风情，直到今天仍然流传并不断赋予新的生命。

在民居上，北京的四合院和黄土高原的窑洞最具特色。宽敞整洁的四合院曾经是北京最有代表性的民居形式，但是随着城市的发展，四合院逐渐减少，仅在部分老城区可以看到。小胡同是典型的北京旧街巷，窄小朴素，前门大栅栏还保留着相当多的老式胡同。窑洞是黄土高原地区独特的民居形式，黄土高原由于土层深厚，有直立性，易于开凿，非常适合建造窑洞居住。其特点是经济便利，冬暖夏凉，十分坚固。窑洞成为黄土高原上最具自然地理特征的人文景观。山西境内有许多规模宏大的民居，其中位于祁县的“乔家大院”最有代表性。“乔家大院”占地超过 8000m²，院中有院，从高处俯瞰，整体为双喜字形布局，城堡式建筑，生动再现了当年晋商的生活形态，也展示了清末民初晋中民间婚丧节令、生活起居的民俗风情。

具有浓郁地方特色的黄土风情，是本区一个重要的旅游资源。在沟壑纵横的黄土高原上，伴着漫天黄沙，人们头上扎着羊肚儿手巾，腰间打着安塞腰鼓，唱着悠扬高亢的陕北民歌，充分显示了黄土高原人们豪放、纯朴、热情的性格。在陕北民间还盛行扭秧歌、演社戏。这些都使人们流连忘返、回味悠长。

6.2 华北旅游区主要旅游地

本区主要旅游地和旅游资源的总体分布，参见华北主要旅游地和旅游资源简图，如图 6-1 所示。

6.2.1 北京主要旅游地

北京是中华人民共和国首都，它地处华北平原西北边缘，背靠燕山，东南向华北平原敞开，是我国重要的旅游城市，是中国历史文化名城。3000 多年的建城史，800 多年的建都史给北京留下了众多名胜古迹，集中了国家重点文物保护单位 40 余处，其中许多属于世界之最。天安门、故宫、天坛、颐和园、十三陵、长城、鸟巢、水立方等旅游景点使人流连忘返，浓厚的京城文化和散布城内各地的四合院、小胡同中的民间生活同样使人回味无穷。数不胜数的自然和人文旅游资源，吸引着大量中外游客。北京的秋季天高气爽，景色艳丽，是最佳的旅游季节。

1. 故宫　故宫又称紫禁城，位于北京市中心，天安门广场北侧，是一组规模宏大、结构精美、布局严谨，世界现存最大最完整的古代宫殿建筑群。故宫于明永乐四年（1406 年）始建，永乐十八年（1420 年）基本建成，是明清两朝的皇宫，24 位皇帝先后在此居住。故宫占地超过 72 万 m²，建筑面积约 15 万 m²，有殿宇 9000 余间。周围宫墙长超过 3km，高 10m，四角矗立风格别致的角楼，墙外有宽 52m 的护城河环绕，形成一个壁垒森严的城堡。

故宫全部建筑分为外朝和内廷两大部分，中轴分明，左右对称，其布局极为严谨。外朝以太和、中和、保和三大殿为中心，文华殿和武英殿为两翼，三座殿建在一个工字型三层汉白玉的台基上，四周廊庑环绕，气势磅礴，是故宫最为壮观的建筑，太和殿俗称“金銮殿”，是皇帝举行大典和召见文武百官的主要场所。内廷有乾清宫、交泰殿、坤宁宫、御花园及东、西六宫等，是皇帝处理日常政务和帝王后妃们居住、游玩以及祭神之处。内廷与外朝的建筑气氛和使用功能迥然不同，因此亦称前朝后寝，前殿后宫。

图6-1　华北主要旅游地和旅游资源简图

故宫堪称古典建筑中的杰作，它的建筑设计体现了空间对比变化上产生的崇高感，显示了中国宫殿建筑的传统风格和森严的封建礼制。故宫内还保存有大量珍贵文物，1925 年辟为故宫博物院，设有珍宝馆、绘画馆、钟表馆、玉器馆、陶瓷馆等专题陈列馆。故宫于 1988 年被列入《世界文化遗产名录》。

2. 天安门与广场　天安门位于北京市中心，始建于明永乐十五年（1417 年），原为紫禁城的正门，称为承天门，清顺治八年（1651 年）改建后称天安门。城门五阙，楼高 34.7m。城楼重檐飞翘，雕梁画栋，黄瓦红墙，异常壮丽。天安门是新中国的象征，是我国国徽图案的重要组成部分。

其南面的天安门广场是世界上最大的城市广场，总面积约 44 万 m^2。广场上建有人民英雄纪念碑和毛主席纪念堂，东侧是中国国家博物馆，西侧是人民大会堂。天安门广场见证了“五四”运动、开国大典等重大历史活动，成为举世瞩目的中国政治中心。广场上每天举行的国旗升降仪式成为一大景观，观看国旗与太阳一同升起和降落，是爱国主义教育的重要基地。

3. 天坛　天坛位于北京城区南部，占地面积 273 万 m^2，明永乐十八年（1420 年）建，为明清两代帝王祭天祈谷之处，是世界上最大的古代祭天建筑群，于 1998 年被列入世界文化遗产名录。天坛有坛墙两重，形成内外坛，外墙基本成方形，而全部宫殿、坛基则面朝南呈圆形，以象征“天圆地方”之说。天坛是圜丘和祈谷两坛的总称，主要建筑在内坛，自北向南依次是祈年殿、皇穹宇和圜丘坛，其间以丹陛桥相连。

祈年殿是封建帝王祈祀丰年的地方，殿高 38m，曾经是京城最高建筑，中央四根柱子代表四季，外围两排柱子各有 12 根，分别代表 12 个月和 12 个时辰。殿座即祈谷坛，为三层汉白玉台基。整个建筑造型独特，色彩瑰丽。圜丘坛是皇帝冬至日祭天的地方，又称祭天台。坛为圆形三层，各层栏板望柱及台阶数目均为阳数（又称“天数”，即九及九的倍数）。坛面中心有一圆形石板，称太极石，为听回音处。皇穹宇是存放圜丘祭祀神牌的场所，正殿及东西配庑共围于一圆墙之内，由于内侧墙面平整光洁，声音可沿内弧传递，故俗称回音壁，为著名奇观。

4. 颐和园　北京的皇家园林面积大，建筑多，主要有颐和园、圆明园、畅春园、静宜园等，其中，颐和园是我国目前保存规模最大、最完整的古典园林。

颐和园位于北京西北郊，是我国四大名园之一。颐和园原为清代的行宫花园，由万寿山和昆明湖组成，占地约 290 万 m^2，其中水面占 3/4，有各式宫殿园林建筑 3000 余间，可分为勤政、居住和游览三个活动区域。中心建筑为 41m 高的佛香阁，坐落在万寿山上，成为颐和园的标志。园内主要景观有仁寿殿、乐寿堂、玉澜堂、德和园、智慧海、排云殿、谐趣园、四大部洲、长廊、石舫、昆明湖、西堤六桥、十七孔桥、苏州街等。仁寿殿是慈禧、光绪坐朝听政的大殿；谐趣园玲珑剔透，富有江南园林情趣；长廊上绘有传统彩画8000多幅，似一条彩带把远山近水和园内建筑连成一体；昆明湖仿杭州西湖而建，长堤卧波，酷似江南风景；苏州街又称买卖街，仿造江南街市风格而建，是现今唯一可见的皇家宫市。

整个颐和园充满诗情画意，其园林布局精巧，吸取了我国著名园林的造园精华，尤以西山、玉泉山群峰为借景，扩展了空间，气魄宏伟，富于皇家风范。园内山清水秀，阁耸廊回，金碧辉映，正如前人赞誉道："虽由人作，宛自天开"。颐和园在中外园林艺术史上有极高的地位，于1998年被列入《世界文化遗产名录》。

5. 明十三陵　明十三陵位于北京昌平天寿山南麓，是明朝皇帝的陵墓群，由长陵、定陵等13个陵墓组成，占地约40km^2，明朝的13位皇帝从朱棣到朱由检死后均葬于此，是世界上现存埋葬皇帝最多、保存情况最好的帝王陵墓群。明十三陵四面环山，如屏如障，正门面向南端，龙山、虎山嵯峨两侧，好似一龙一虎据守大门。各陵除面积大小、建筑繁简有异外，其建筑布局、规则等基本一样。平面均为长方形，后面有圆形的宝城。13个陵墓共用一个神道，主神道上建有石牌坊、宫门、石像生、龙凤门等，不仅是皇威的象征，也造成谒陵的气氛。

明十三陵以建筑宏伟的长陵和已发掘地下宫殿的定陵最为著名。长陵是十三陵中最大的一座，位于陵区中心，是明成祖朱棣及皇后徐氏的陵寝。墓前的棱恩殿是我国现有最大的木结构古建筑之一，殿内有楠木立柱60根，其梁、柱、檩、椽、斗拱等均用楠木加工制作，历时500余年仍牢固如初。定陵是明神宗朱翊钧及其两位皇后的陵寝，营造历时6年。其下方为地下宫殿，全部为拱券式石结构，由前、中、后、左、右5座高大宽敞的殿堂组成。地宫于1956年考古发掘，出土了大量珍贵文物，为研究明代历史提供了宝贵的实物资料。

6. 八达岭长城　长城是中国古代伟大工程之一，被誉为"世界七大奇迹"之一。万里长城从北京市北部穿过，形成了八达岭、慕田峪、司马台、古北口等处以长城为主要景观的风景区，其中八达岭长城气势宏伟，交通方便，在各长城景区中最为著名。慕田峪长城保存较好，周围森林茂密，自然环境优美。司马台长城以地势奇险，古貌犹存为特色。

八达岭长城位于北京西北延庆县境内，为军都山高峰，海拔超过1000m，地势险要，是长城的一个隘口，始建于明弘治十八年（1505年），明清两代多次修葺。关城呈东窄西宽的梯形，有东、西二门，东门额题"居庸外镇"，西门额题"北门锁钥"。八达岭长城以关城为中心，南至七楼，北至十二楼，全长超过4700m。墙体全部用巨型花岗岩条石和大块城砖砌成，平均高度7.8m，底部宽6.5m，顶部宽5.7m，城墙两侧设有宇墙、垛墙、垛口、射洞等军事防御工事。

八达岭长城蜿蜒于燕山群峰峻岭之间，沿山脊而建，随山势曲折起伏，似神龙不见首尾。因地势险要，历代均派重兵把守，古人云：“居庸之险，不在关城，而在八达岭”。八达岭长城是明代长城的精华，现设有长城博物馆，八达岭长城和明十三陵构成的风景区是全国重点风景名胜区。

7. 宗教建筑　北京市宗教建筑数量众多，规模宏大，以佛教建筑最多，道教、喇嘛教、伊斯兰教建筑各具特色。

（1）法源寺　北京主要的佛教寺庙有法源寺、卧佛寺、碧云寺、潭柘寺、大钟寺等，其中法源寺是北京市内现存历史最悠久的名刹，是中国佛教文化的典型代表。它建于唐朝贞观年间，寺由山门、钟鼓楼、天王殿、大雄宝殿、悯忠台、藏经阁等组成，寺内文物古迹众多，存有历代原藏石刻和经幢等，是研究佛教文化的重要资料。法源寺现为中国佛学院和中国佛教图书文物馆所在地。

（2）雍和宫　雍和宫位于北京东城区，是北京地区现存最大的喇嘛庙。雍和宫建于清康熙三十三年（1694 年），是清帝供奉祖先的影堂，大部分殿宇为喇嘛诵经之所。寺院有院落五进，主要建筑有天王殿、正殿、永佑殿、法轮殿、万福阁等。万福阁为宫内最大建筑，高达 30m 以上，阁内有著名的檀香木弥勒站佛，高 26m，以原产于尼泊尔的一株巨大的白檀香树干雕成，为世界最大木雕佛像。它和金丝楠木佛龛、紫檀木五百罗汉合称“宫中三宝”。雍和宫的建筑布局，前部疏朗开阔，后部密集起伏，殿阁错落，飞檐纵横，具有很高的艺术价值。

8. 自然景区　北京不乏许多以自然山水风景为主的风景名胜区，这些自然景点远离闹市，幽雅宁静，令人心旷神怡，如香山、十渡、龙庆峡、康西草原、百花山、黑龙潭、云蒙山等。

（1）香山　香山位于北京西郊，主峰香炉峰，俗称“鬼见愁”，海拔 575m。香山重峦叠嶂，清泉潺潺，花木满山，景色清幽。园内有 100 多种树木，约 20 万株，其中以遍布南山坡的 10 余万株黄栌最具特色，每到深秋时节，漫山遍野，红叶灿如天边的彤云，有“霜叶红于二月花”的胜景。每当冬雪初霁，银装素裹，又构成了“西山晴雪”的著名景观，成为“燕京八景”之一。

（2）龙庆峡　龙庆峡位于北京西北延庆县境内，峡谷风光秀丽，明清以来即为旅游胜地。新中国成立后在古城河口建成古城水库，开辟为旅游风景区。登临坝顶，放眼四望，南面八达岭长城耸立山巅，山下妫水似练，坝内水清如镜，两面群峰多姿。登舟沿峡谷前行，河道曲折，景色多变，镇山如来、九连洞、神笔峰等景点美不胜收，有“塞外阳朔”“小漓江”“小三峡”之美誉。每年冬季冰封峡谷时，举办的冰灯艺术展吸引了大量游客。

9. 现代建筑　新中国成立后，北京这座古老的城市披上了新装，修建了许多标志性的建筑物，这些建筑宏伟壮观，既反映了城市建设的成果，又体现了现代建筑的风格。主要的现代建筑景点有中华世纪坛、鸟巢、水立方、世界公园、人民大会堂、毛主席纪念堂、国家图书馆等。

（1）中华世纪坛　中华世纪坛位于中国军事博物馆和中央电视台之间，其主体坐北朝南，占地 4.5 万 m^2，建筑面积 3.5 万 m^2。中华世纪坛始建于 1999 年，是为迎接新千年的到来而兴建的一座大型标志性建筑群。其主体建筑包括世纪大厅、东西方艺术馆、现代艺术馆、青铜甬道、圣火广场等。南端入口处长方形汉白玉碑上面镌刻着江泽民手书的“中华世纪坛”五个大字。圣火广场用 960 块花岗石铺就，象征着中华大地 960 万 km^2。周边有两道水幕，一为黄河，一为长江，象征着中华民族的母亲河；56 个喷泉，寓意 56 个民族源远流长而又融为一体。圣火火种采自周口店猿人遗址，圣火长燃不熄，象征着中华民族恒久的生命活力。广场往北是一条长 260m 的青铜甬道，上有 5000 道刻痕文字，记述了上下五千年风雨历程。甬道北端是世纪坛的主体建筑，坛面是一倾斜的日晷造型，取“乾”之意，坛面上一根高 27m 的金属指针直刺苍穹，与乾体部分相连接的阶梯式回廊称为“坤”。

（2）鸟巢　鸟巢全称国家体育场，位于北京城市中轴线北端的奥林匹克公园内，是 2008 年北京奥运会主体育场。鸟巢外形结构主要由巨大的门式钢架组成，共有 24 根桁架柱。建筑顶面呈鞍形，长轴为 332.3m，短轴为 296.4m，最高点高度为 68.5m。其外形如同孕育生命的“巢”，它更像一个摇篮，寄托着人类对未来的希望。鸟巢不仅为 2008 年奥运会树立一座独特的历史性的标志性建筑，而且在世界建筑发展史上也具有开创性意义，将为 21 世纪的中国和世界建筑发展提供历史见证，2009 年鸟巢入选新世纪 10 年来全球十大建筑。

北京还是一个充满文化韵味的旅游城市，到处都弥漫着浓郁的文化气息，令人叹为观止。北京名人故居多，各类博物馆多，剧院茶馆多，高等学府多，主要有琉璃厂文化街、鲁迅故居、茅盾故居、国家图书馆、北京自然博物馆、北京天文馆、首都剧场、老舍茶馆等，这些景点不少都湮没在街头巷尾之中，需要游人慢慢发掘。到胡同里走走，四合院里瞧瞧，戏楼里坐坐，庙会上逛逛，老店里转转，喝上一口大碗茶，吃上一碟京味小吃，听上一段京剧唱段，可以体味到纯正的京味文化。

6.2.2　天津主要旅游地

天津位于华北平原东北部，北靠燕山，东临渤海，海河从境内流过，是我国北方重要的贸易港口城市，也是首都北京的海上门户。明初燕王朱棣为争帝位，从这里起兵渡河南下，后迁都北京，把这里取名天津，意为“天子津渡处”，后移天津左右卫治于此，故有“天津卫”之称。天津是我国重要的旅游城市之一，被列为中国历史文化名城，开发出以“津门十景”：蓟北雄关（黄崖关长城）、海门古塞（大沽口炮台）、独乐晨光（独乐寺）、盘山暮雨（盘山）、沽水流霞

（海河）、龙潭浮翠（水上公园）、中环叠绿（中环线）、故里寻踪（古文化街）、双城醉月（南市食品和旅馆街）、荧塔施云（天津电视塔）为主体的一大批旅游景点，吸引着大量中外游客。天津的春、秋两季气候温和，是旅游的最好季节。

1. 独乐寺　独乐寺位于津北蓟县城内，又称大佛寺，始建于唐，重修于辽，占地 1.2hm^2，建筑面积超过 5600m^2，是我国古代木结构建筑的代表作。独乐寺名称来源有两说：一说因寺西北有独乐河而得名；一说安禄山在此起兵反唐，一人独乐而不与民同乐，故称独乐寺。主体建筑是山门和观音阁，山门屋顶为五脊四坡形，檐角如飞翼，是我国现存最早的庑殿顶山门。观音阁上、下两层中间设一暗层，通高 23m，以建筑手法高超著称，历经多次地震，至今仍巍然屹立，是国内现存最古老的木结构高层楼阁。阁内观音立像因头顶 10 个小佛头，故称十一面观音，高 16m，是我国最大的泥塑之一。观音阁内四壁画满彩色壁画，为元、明画师的杰作。

2. 文庙　文庙位于天津市区内，又名孔庙，因与武庙相对，俗称文庙，是天津市区保存最完整、规模最大的古代建筑群。文庙始建于明正统元年（1436 年），明、清两代多次修葺。清代天津府、县同设治所于城内，因而庙东侧为府庙，西侧为县庙，均有照壁、泮池、棂星门、大成门、大成殿、崇圣祠和配殿等。文庙占地面积为 19 万 m^2，建筑面积 3240m^2。府庙主体建筑的殿顶均用金黄色琉璃瓦覆盖，庙外有二柱三楼式牌坊两座，为明代建造，是天津市内仅存的过街牌楼。

3. 大沽口炮台　大沽口炮台位于天津市区东南的海河入海处，为“津门之屏”，是我国华北地区的海防要隘。明代为抗倭，在此曾筑垒设防。清咸丰八年（1858 年）重修，于大沽口南北两岸修筑炮台 5 座，南岸 3 座，北岸 2 座，以“威、镇、海、门、高”五字命名，其周围浚濠筑垣，设置木栅，地势险峻，易守难攻。第二次鸦片战争和 1900 年抗击八国联军战争期间，爱国士兵曾在此与侵略者浴血鏖战。后清政府与八国联军签订《辛丑条约》，拆毁大沽口炮台。现仅南岸“海”字炮台保存完好，是近代中国人民反抗侵略战争的重要遗址。

4. 盘山　盘山位于津北蓟县境内，为燕山余脉，平均海拔 500m，主峰挂月峰海拔 864m，被誉为“京东第一山”。相传东汉末年，董卓之乱，田畴率众隐居于此，亦称田盘山。山上奇松怪石，古迹众多。盘山的主要景观有五峰（挂月峰、紫盖峰、自来峰、九华峰、舞剑峰）、八石（悬空石、摇动石、晾甲石、将军石、夹木石、天井石、蛤蟆石、蟒石）以及亭台楼阁、历代名人题刻等。盘山风景有“三盘之胜”之说，人称“上盘之松，中盘之石，下盘之水”，奇松、怪石、清泉相映成趣，变幻多姿，妙景天成，难怪乾隆皇帝曾感叹道：“早知有盘山，何必下江南”。盘山现为全国重点风景名胜区。

5. 天后宫和古文化街　天后宫位于天津市区内，又称天妃宫、娘娘宫。它始建于元泰定三年（1326 年），建筑面积 2500m^2，是古代船工祭祀海神、天后和举行酬神演出的场所，为天津市内现存最古老的木结构建筑。现存大殿、配殿、钟鼓楼、山门和幡杆等建筑，大殿内的娘娘塑像高 2.7m，有四侍女恭立两侧。相传每年农历三月廿三日为天后诞辰，届时举办庙会，出动法鼓、高跷、重阁、狮子等民间游艺节目，通宵达旦，游人如潮。

古文化街以天后宫为中心，全长 580m，街宽 7m，南北两口各设牌楼一座，镌刻金色大字“津门故里”“沽上艺苑”。街内两侧有 90 余座清式仿古店铺，经营古玩、古旧家具、文房四宝、地方特色传统商品等。檐下、枋间绘有 1500 余幅构图生动的民间故事图画和 500 余件民俗气息浓郁的砖雕，给人以古色古香的感觉。在这里，可以买到泥人张彩塑、杨柳青年画、魏元泰风筝、玉丰泰绢花及民间剪纸等天津民间工艺品。古文化街整体风格与北京琉璃厂相似，成为天津著名的民俗旅游胜地。

6. 西洋建筑　“北京的四合院，天津的小洋楼”，指的是京津两地最有代表性的建筑。历史上天津曾是英、法、俄、德等国家的租界地，保留下来众多的异国风情建筑，装点了天津的城市风光，主要有老西开教堂、望海楼教堂和众多的旧租界地建筑。老西开教堂始建于 1913 年，采用法国罗曼式建筑造型，平面呈长十字形，正面和后部耸立 3 座高大塔楼，内墙彩绘壁画，装饰华丽，是天津教堂中规模最大的一座。

6.2.3 河北主要旅游地

河北位于华北平原北部，京、津两市外围，自古便为京畿要地，因位于黄河下游之北岸而得名，又因战国时北属燕国，南属赵国，故又称为“燕赵大地”。河北境内旅游资源丰富，大致可分为五类：与皇室有关的景区，如承德避暑山庄、木兰围场、清东陵、清西陵等；著名文物古迹，如赵州桥、沧州铁狮子、定州塔、隆兴寺等；古都城遗址，如易县燕都城遗址、邯郸赵王城遗址等；自然景观，如苍岩山、嶂石岩、野三坡、白洋淀等风景名胜区；海滨风光，如秦皇岛北戴河、昌黎黄金海岸等。从旅游地域划分来看，以京津为界，北以皇家园林、海滨风光为主，南以自然山水、文物古迹为主。河北拥有承德、保定、邯郸、正定、山海关等多座中国历史文化名城。

1. 皇家园林和陵寝

（1）避暑山庄——外八庙风景名胜区　它坐落于冀东北承德市境内，由避暑山庄和外八庙两大景区组成，是全国重点风景名胜区，于 1994 年被列入《世界文化遗产名录》。

避暑山庄又称承德离宫或热河行宫，四周群山环抱，地势高峻，气候宜人，是清代皇帝夏日避暑和处理政务的场所，曾是清王朝第二政治中心。避暑山庄始建于清康熙四十二年（1703 年），历时 90 年竣工，建筑物达百余处，总面积 564

万 m^2，相当于两个颐和园，是我国现存占地最大的古代帝王宫苑。山庄分为宫殿区和苑景区两大部分，苑景区又分为湖区、平原区和山峦区三个景区。整个山庄外围绕以长 10km 的色彩斑斓的宫墙，被形象地称为“虎皮墙”。康熙以四字题名的三十六景和乾隆以三字题名的三十六景散布其中，各景随四时变化，取山、水、林、泉等自然景观命名，宫殿区建筑精美，苑景区山清水秀，集我国园林南秀北雄于一身，体现了我国各地建筑艺术的风格。

宫殿区位于山庄南部，包括正宫、松鹤斋、澹泊敬诚殿、烟波致爽等，是皇帝处理政务、举行大典及帝后起居之处。澹泊敬诚殿是避暑山庄正殿，殿前有外、内午门，朝房、乐亭，内午门上悬有康熙御书“避暑山庄”四字匾额，殿内精雕蝙蝠、万字、寿字、卷草等图案，每当阴雨之季，殿内楠木浓香扑鼻。烟波致爽为皇帝的寝宫，是“康熙三十六景”第一景，康熙帝谓此“四周秀丽，十里平湖，致有爽气”，殿因此得名，嘉庆和咸丰帝均病逝于此。

苑景区位于山庄北部，其中湖区是中心，其内主要景观有水心榭、如意洲、烟雨楼、金山等。水心榭是宫殿区与湖区的重要通道，建于下湖和银湖之间，跨水为桥，榭在水中，四望皆成画景，有“飞角高骞，虚檐洞朗，上下天光，影落空际”的诗意。如意洲为山庄最大洲岛和主要景点之一，七十二景中有十二景在此。平原区包括四个亭和万树园、文津阁、永佑寺塔等建筑。万树园里绿草如茵，古木蓊郁，按蒙古民族风俗设蒙古包数座，富有草原风光。文津阁仿浙江宁波天一阁修建，与北京故宫文渊阁、圆明园文源阁、沈阳故宫文溯阁合称“北四阁”，为皇家藏书楼，曾藏有《四库全书》《古今图书集成》各一部。山峦区面积较大，约占山庄面积的 4/5，有南山积雪、松云峡、梨树峪、榛子峪等景点。南山积雪在山庄正北面高山之巅，是山庄的制高点之一，每当秋末冬初，天开雪霁，登亭远眺，山庄内外，皎洁如玉。

外八庙环列于避暑山庄外的北、东两面，是著名寺庙建筑群。始建于清康熙五十二年（1713 年），原有大型喇嘛寺庙 12 座，因其中 8 座归北京皇宫统辖，朝廷派驻喇嘛，且在京师之外，故称外八庙。现存溥仁寺、普宁寺、安远庙、普乐寺、普陀宗乘之庙、须弥福寿之庙和殊像寺 7 座。外八庙雄伟壮观，风格多样，寺庙建筑与园林巧妙结合，其势如云排星列，象征着边疆各族人民和清中央政权的关系。外八庙集中了我国各民族宗教建筑风格，如安远庙是仿新疆伊犁固尔札庙而建；须弥福寿之庙是仿日喀则扎什伦布寺而建；普陀宗乘之庙是仿西藏布达拉宫而建，故又有“小布达拉宫”之称；殊像寺是仿五台山殊像寺而建；普乐寺是仿北京天坛而建；普宁寺则呈现汉藏交融的建筑艺术。外八庙不仅具有极高的建筑艺术价值，而且藏有大量的文物古迹。其中，普宁寺大乘之阁中的千眼千手观音菩萨贴金立像，高 22.23m，用松、柏、榆、杉、椴五种木材雕成，重约 110t，是我国现存最大的木雕佛像之一。

（2）清东陵和清西陵　清东陵和清西陵是我国规模最大、体系最完整的古代封建帝王及其后妃陵墓的建筑群。其中，清东陵位于冀东北遵化市境内，始建于顺治十八年（1661 年）。清东陵以昌瑞山为中心，地势向阳，地形宽敞，河流左环右绕，四周山脉前拱后卫，帝后陵墓各依山势东西排开。共有帝陵 5 座，即孝陵（顺治）、景陵（康熙）、裕陵（乾隆）、定陵（咸丰）、惠陵（同治），后陵 4 座，妃园寝 5 座，公主园寝 1 座，埋葬有 5 位皇帝、15 个皇后、141 个嫔妃。孝陵是清东陵最早的建筑，也是其中心建筑，其他帝陵分列两侧，规模依辈分的降低而减小。整个陵区神道和桥梁纵横交错，苍松古柏掩映着红墙黄瓦，构成一幅绚丽宏伟的图画。陵区内有我国现存最长的神道、最宽的石牌坊。慈禧陵极其豪华，仅贴金就用去黄金 4590 两，其浮雕一改旧例，凤上龙下，显示了她的特殊心理，耀眼金光之中，折射着封建王朝的腐朽。

清西陵坐落于冀中易县永宁山下，始建于雍正八年（1730 年）。乾隆时有诏定父子不葬一地之制，自此，清皇室陵墓遂有东西陵之分。清西陵内有帝陵 4 座，即泰陵（雍正）、昌陵（嘉庆）、慕陵（道光）、崇陵（光绪），后陵 3 座，妃园寝 3 座，王公、公主园寝 4 座，共葬 76 人。陵内丘陵起伏，草树茂密，漫步其间，有沧桑如幻之感。泰陵是清西陵的中心，在诸陵中规模最大。安葬道光皇帝和三位后妃的慕陵以建造精美为特色。

2. 古迹遗址　河北的古迹遗址以中南部分布最为集中，著名景点有赵州桥、正定府大菩萨、保定古莲花池、定州开元塔、邯郸故城、丛台、响堂山石窟、景州塔和沧州铁狮子等，其中，赵州桥、正定府大菩萨、景州塔和沧州铁狮子被称为河北四大古迹。

（1）赵州桥　赵州桥坐落在冀南赵县洨河上，又称安济桥，当地俗称“大石桥”。赵州桥建于隋代大业年间，由著名工匠李春建造，距今1400 多年，是世界上现存最早、保存最完好的石拱桥。桥全长 50.82m，宽 9.6m，净跨度 37.02m，通体用巨大花岗石块砌成，组成 28 道独立石拱，为单孔敞肩拱桥形。这种敞肩拱设计科学，既能减少水流阻力，又能减轻桥的自重，堪称千古独步，为世界桥梁史上的首创，1991 年 10 月被美国土木工程学会选定为第 12 个国际历史土木工程里程碑，并建了标志。赵州桥巨身而空灵，稳固而轻盈，寓雄伟于秀逸，融技术和艺术为一体，成为“车马千人过，乾坤此一桥”。

（2）定州开元塔　定州开元塔位于冀中定州市内，始建于北宋咸平四年（1001 年），历时 55 年始成，故流传有“砍尽嘉山木，修成定州塔”的传说。该塔为楼阁式砖塔，建于高台之上，塔身为八角形，11 层，高 83.7m，是我国现存最高的砖塔。开元塔外观挺拔秀丽，各层直径和高度的比例匀称，结构严谨，各层东、南、西、北皆辟门，供观敌瞭望之用。塔壁上有历代碑刻和名人题咏。

3. 山水风光　河北境内山水具备，西临太行山，北靠燕山，海河、滦河、京杭大运河流淌在燕赵大地上，为河北提供了丰富的自然旅游资源。河北有 5 处国家重点风景名胜区，多以自然风光见长，主要有苍岩山、嶂石岩、野三坡、白洋淀等风景名胜区。

（1）苍岩山　苍岩山位于冀西南井陉县境内，属于太行山脉。这里群峦积翠，危崖峭壁，古木苍郁，建筑奇特，自古享有“五岳奇秀揽一山，太行群峰唯苍岩”之誉。山上建有福庆寺，是一处建于隋代、依山势而构的古建筑群。传说隋炀帝长女南阳公主于此出家为尼。从山脚蜿蜒前行，有石磴道 360 余级，拾级而上，至福庆寺门。门悬“殿前无灯凭月照，山门不锁待云封”金字对联。门前峭壁对峙，福庆寺主体建筑桥楼殿横跨于断崖之间，下桥上殿，在选址和建造上既“胆大包天”，又“心细如发”，为我国罕见。山上殿阁楼台均依危岩，沿山势而建，形成“岩关锁翠”“风泉漱玉”“阴崖石乳”“峭壁嵌珠”等十六景。

（2）野三坡　野三坡位于冀中涞水县境内，因景区地势南高北低，差异很大，分上、中、下三坡，故名野三坡。景区面积 460km^2，分为百里峡、龙门峡、佛洞塔、金华山、白草畔和拒马河 6 个景区，以深邃幽长的百里峡景区最具特色。老虎嘴、不见天、观音回首、龙潭映月等景点，其野、雄、险、奇的景象实为华北地区罕见。白草畔景区植物种类繁多，较好地保存了原始森林的自然风貌。拒马河四季不冻不竭，百米宽的沙滩构成了水浴、沙浴、日光浴相结合的天然浴场。因地处偏僻，野三坡保留着浓厚的古老民风，现又增设了苗寨、白寨、傣寨等民族村寨，使野三坡更富情趣。

4. 海滨胜地　河北东部濒临渤海，具有良好的海滨旅游资源，是我国北方地区重要的海滨旅游胜地，沿渤海岸自北向南分布着秦皇岛北戴河风景名胜区和昌黎黄金海岸风景区。

秦皇岛北戴河风景名胜区位于秦皇岛市东部沿海，由北戴河海滨和山海关两大景区组成，是我国重点风景名胜区。北戴河海滨因戴河流经其南而得名，清光绪二十四年（1898 年）正式辟为避暑区，建有许多建筑，英国府、美国府等均为当时所筑，直至今日，异国风情浓郁的小洋楼仍是海滨一景。新中国成立后，北戴河成为党和国家领导人疗养避暑的地方。海滨南临渤海，背依联峰山，东西长约 10km，滩平沙软，海水清澈，是一处天然海水浴场，因冬无严寒，夏无酷暑，成为避暑胜地。海滨风景秀丽，有联峰山、莲花石、观音寺、对语石、鸽子窝、老虎石、鹰角亭等 24 景。

山海关景区位于秦皇岛市区东北部，有山海关、老龙头、孟姜女庙、悬阳洞、燕塞湖等名胜古迹。山海关是万里长城东端的重要关隘，是连接关内外的交通要道，有“两京锁钥无双地，万里长城第一关”之说，始建于明代，因位于山海之间而得名。关城东门城楼的“天下第一关”匾额，为明代进士萧显所书，字体浑厚，苍劲有力，与关城建筑相映增辉。孟姜女哭长城的故事，在民间广为流传，后人在其投海处建祠祭祀。庙中有清乾隆、嘉庆、道光皇帝御笔题诗，殿门两侧的对联“海水朝朝朝朝朝朝朝落，浮云长长长长长长长消”叠字巧妙，富有哲理，耐人寻味，吸引了大量游人。

6.2.4 山西主要旅游地

山西位于黄土高原东部，东靠太行山，北至长城，西、南两面临黄河，因位于太行山以西而得名，又因春秋时曾为晋国地，故简称“晋”。山西是中华民族的发祥地之一，具有浓郁的历史人文气息。山西旅游资源多样，外有天河，内有名山，北有石窟，南有古城，更有大量各式古建筑散落于三晋大地，尤以古塔、古民居和木构建筑最具代表性。气势磅礴的壶口瀑布，清凉幽静的五台山，巧夺天工的悬空寺，古朴典雅的晋祠，气魄宏伟的云冈石窟，保存完好的平遥古城，都是不容错过的风景。山西主要旅游景区从地域划分来看，以太原为界呈南北线状分布，北以名山石窟为主，南以古迹民居为主，比较易于安排旅游行程。山西拥有太原大同、平遥、新绛、代县、祁县等6座中国历史文化名城。山西属温带大陆性气候，冬季严寒，夏季炎热，春季多风沙，只有秋季气候温和，是旅游的最佳季节。

1. 石窟艺术　在晋北大同市境内有我国最大的石窟群之一——云冈石窟，它是世界闻名的艺术宝库。云冈石窟位于武周山南麓，依山开凿，东西绵延1km。现存主要洞窟53个，造像5.1万余尊。云冈石窟始凿于北魏年间，距今已有1500多年，后世曾多次修缮，并增建佛寺，尤以辽、金两代规模最大。在我国四大石窟中，云冈石窟以石雕造像气魄宏伟、内容丰富多彩著称，至今仍具有强大的艺术魅力。大佛最高17m，最小仅几厘米，形态各异，形象逼真。菩萨、力士和飞天等形象生动活泼，成群的飞天，凌空飞舞，姿态飘逸。塔柱的雕刻，蟠龙、狮虎的凿琢，植物纹样的刻画，皆是引人入胜的杰作。其雕刻技艺继承并发展了秦汉时代的艺术传统，吸收并融合了外来的艺术精华，创造出独特的风格，对以后隋唐艺术的发展起了承上启下的作用，在我国艺术史上占有重要地位。

昙曜五窟是编号16～20的5个窟，为高僧昙曜主持开凿，是云冈石窟中开凿最早、气魄最为宏伟的窟群。窟室穹隆状，平面呈椭圆形。主佛像高13m以上，传说佛像模拟北魏王朝道武、明元、太武、景穆、文成五世皇帝的形象。第19窟主像为释迦坐像，高16.7m，是云冈石窟第二大像。第20窟露天大佛，为释迦坐像，高13.7m，胸以上因石质坚硬，保存完好，两肩宽厚，袈裟右袒，面形丰圆，薄唇高鼻，神情肃穆，背衬华丽，成为云冈石窟的象征。第5窟内中央坐佛高17m，为众佛之最。第6窟内刻有释迦牟尼从诞生到成佛的故事，此窟规模宏伟，雕饰瑰丽，技法熟练，为云冈艺术之精华。编号 9～13 的五窟因风格华丽而被称为“五华洞”，第 11 窟有石窟造像铭，是研究云冈石窟开凿史的重要资料。第 12 窟顶雕有伎乐天，手持排箫、琵琶、笛、鼓等乐器，是研究我国音乐史的重要资料。整个云冈石窟充满了艺术的氛围，为研究我国古代艺术、历史、书法、音乐、雕刻、建筑等提供了大量原始资料。

2. 古寺木塔　山西境内散落着大量寺、宫、祠、塔等各式古建筑，其数量之多和历史、艺术价值之高都居全国之首。其中，晋祠、华严寺、悬空寺、解州关帝庙、永乐宫、应县木塔等最具代表性。

（1）晋祠　晋祠位于太原市西南晋水源头，始建于北魏，为纪念周武王次子叔虞而建。祠内有为叔虞之母邑姜而建的圣母殿，殿内有 43 尊宋代彩塑圣女像，比例和谐，形神俱佳，殿前鱼沼飞梁为国内所仅见。殿两侧为难老、善利二泉，晋水主要源头由此流出，常年不竭，水温 17℃，晶莹澄澈，用其灌田产出的贡米，品质优异。祠内还有著名的周柏、隋槐，周柏位于圣母殿左侧，相传植于西周初年，为千年古木，枝干遒劲，至今仍郁郁苍苍。周柏隋槐、难老泉水和侍女塑像被称为“晋祠三绝”。晋祠殿宇、亭台、楼阁、桥树互相映衬，文物荟萃，古木参天，被誉为山西的“小江南”，是一处国内少有的大型祠堂式古典园林，驰名中外。

（2）悬空寺　悬空寺位于恒山天峰岭与翠屏山之间的峡谷中，与我国其他寺庙最大的区别就在于悬空寺建在绝壁深涧之上，最高处距谷底超过 50m。悬空寺始建于北魏晚期，古人采取凿洞插木为基础的办法，在难度极大的情况下建成。全寺有殿宇楼阁 40 间，寺的三面有环廊围抱，飞架半空，高低错落，楼阁之间有栈道相通。登寺俯瞰，如临深渊；谷底仰视，悬崖若虹；隔谷遥望，如壁间雏凤。寺内还有各种铜铸、铁铸、泥塑、石雕等像 80 余尊，三教殿内，释迦牟尼、老子、孔子三教合流，共居一室，耐人寻味，始祖同堂，堪称中国宗教史上的一段佳话。悬空寺构思之奇特，设计之大胆，建造之艰难均被后人视为绝笔。

（3）应县木塔　应县木塔位于晋北应县境内，全称佛宫寺释迦塔，始建于辽清宁二年（1056 年）。塔高 67.13m，底层直径 30m，平面呈八角形，外观为五层六檐，加上暗层，实为九层，是国内外现存最古老最高大的木结构塔式建筑。木塔底层有一尊高达 11m 的释迦牟尼坐像，内槽壁面有 6 幅如来画像，色泽鲜艳，比例适度，是壁画中的佳作。整个塔身粗犷中见玲珑，古朴中见端庄，木塔外观既无雕梁画栋，又无溢彩流光，只有巍峨粗壮的壮观形象。木塔内外框架之间不用一根铁钉，全靠木构互相拉结，勾心、斗角、稳如磐石地耸立近千年，经历八次大地震仍安然无恙，足见古代劳动人民的智慧与创造才能。

3. 北国名山　山西境内多山，东有太行山，西有吕梁山，北有恒山、五台山，南有中条山，山峦连绵，峰峦起伏。复杂的地质地貌造就了众多名山景观，有五岳之一的恒山、佛教圣境五台山、风景名胜区北武当山和五老峰，山色不同，神态各异，分别以险峻、幽雅、秀美而出奇制胜。

（1）北岳恒山　北岳恒山位于晋东北浑源县境内，东接居庸关，西衔雁门关，东西绵延150km，莽莽苍苍，横亘塞上，自古为兵家必争之天险，被誉为“人天北柱”“绝塞名山”。相传4000年前舜帝巡狩四方，北到恒山，见此山势雄险，遂封为“北岳”。秦始皇曾封恒山为“天下第二山”。历代帝王才子多到恒山祭祀游览，留下了许多吟诵恒山的诗句、墨迹。恒山自古就是道教活动的场所，传说八仙中的张果老就是在恒山隐居潜修的。

恒山号称108峰，主峰玄武峰海拔2016.8m，为五岳之冠。山内古代建筑林立，祠宇楼台耸峙巍峨，有“三寺四祠九亭阁，七宫八洞十二庙”之称。现存北岳庙、会仙府、九天宫、悬空寺等十多处建筑，北岳庙是恒山庙宇中最宏伟的一座，建于明弘治年间，庙门有“贞元之殿”四个大字，门侧有长联“恒岳万古障中原惟我圣朝归马牧羊教化已隆三百载，文昌六星联北斗是真人才雕龙绣虎光芒雄射九重天”，庙内有北岳大帝塑像。恒山自然景观很美，千峰竞秀，层峦叠翠，崖壁峭立，奇洞藏娇，烟云缭绕，溪涧潺流，百鸟争鸣，十八胜景。恒山松为恒山一景，古松根部悬于石外，傲然挺立，或立于丹崖上，或倒挂于绝壁间，如伞如翼如亭如龙如桥，千姿百态，仪态万方。“夕阳返照”“金鸡报晓”“玉羊游云”等有特定环境和时间的自然景观，更为游人所向往。汉代史学家班固有“望常山之嵯峨，登北岳之高游”的描绘，大诗人李白在恒山留下墨迹“壮观”二字。恒山现为国家重点风景名胜区。

（2）佛教圣境五台山　五台山位于晋东北五台县境内，全山由五座顶如平台的山峰组成，故称五台山。五台各有其名，东台望海峰，西台挂月峰，南台锦绣峰，北台叶斗峰，中台翠岩峰。其中北台最高，海拔3058m，素称“华北屋脊”。五台山地形变化显著，气候奇特诱人，台顶坚冰累年，盛夏气候凉爽，又有“清凉山”之称。五台风光秀丽，景色殊异。东台望海峰云雾蒸腾，旭日东升，是观日出云海的最佳地方；西台挂月峰秋日明月如镜悬在峰顶，是赏月的好去处；南台锦绣峰夏季漫山遍野，花团锦簇，姹紫嫣红；北台叶斗峰妙在观雪，每年农历八月起开始下雪，从台顶俯瞰群山，山舞银蛇，一派北国风光；中台翠岩峰气候变化多端，夏季时晴时雨，山下大雨倾盆，山上红日摩顶。不独如此，五台山的“宝光”更令人惊异万端。游人恰好赶到风清月朗的天气，偶尔会看到一个五彩缤纷、色泽鲜艳的半个蛋圆形光圈出现在身边，高约3m，宽过2m，光圈内，有时会映出游人的影子，这便是气象学上的“峨眉宝光”。

五台山不仅自然风光秀美，而且还是佛教圣地，与四川峨眉山、浙江普陀山、安徽九华山齐名，并称“佛教四大名山”。山中寺庙林立，全盛时期，寺庙达300余所。目前仅存47所寺庙，是研究我国佛教文化的重要地方。五台山到处香灯庙影，佛光笼罩。显通寺是五台山历史最久、规模最大的寺庙，俗称“祖寺”，朝山礼佛者，必先拜谒显通寺。寺内有殿堂、楼阁400余间，大雄殿为主殿，是举办盛大佛事活动的场所，释迦牟尼、药师、阿弥陀佛塑像居于殿内中央。铜殿中央供奉高约1m的铜佛，周围壁上铸满小佛像万尊，是国内罕见的铜制文物。铜殿前有重达9999.5kg的铜钟，拂晓铜钟轰鸣，声音浑厚深沉。显通寺南侧有高约60m的藏式佛塔，为五台山的标志性建筑。五台山是文殊菩萨的道场，所有寺院都设有文殊殿，供有文殊菩萨的雕像居中，观世音居左，普贤在右侧。其他著名寺院还有殊像寺、普化寺、塔院寺、菩萨顶、园照寺、罗睺寺、碧山寺、南山寺、龙泉寺等。五台山现为国家重点风景名胜区。

4. 天外黄河　山西大川首数黄河，流经山西19个县，流程965km，先后汇入汾河等18条较大的支流和上千条小沟小溪。黄河一路奔腾流到晋西南吉县境内，形成享誉中外的壶口瀑布，成为山西著名的自然旅游景观。

壶口瀑布是由于黄河流至壶口一带，两岸苍山夹峙，把原本300m宽的黄河水约束至仅30m宽的黄河峡谷中，河水聚拢，收束为一股，奔腾呼啸，跃入20m的深潭中，溅起浪涛翻滚，形似巨壶内黄水沸腾，形成“黄河一壶收”的天下绝景，成为世界上最大的黄色瀑布。巨大的浪涛在形成落差注入谷底后，激起一团团水雾烟云，水声如雷，景色分外奇丽，站在瀑布边，让人不由得唱起“风在吼，马在叫，黄河在咆哮”这威武雄壮的歌曲。近年来，壶口瀑布已成为中华壮士“飞黄”的圣地，柯受良、朱朝晖成功地在此飞跃黄河，为壶口瀑布抹上了壮丽的一笔。

5. 古城民宅　明、清以来，晋商文化兴盛起来，在晋中的平遥、祁县、太谷，出现了一批具有实力、辐射全国的金融人物，形成了晋商文化圈，其影响越过了一个世纪。如今，平遥古城，祁县乔家大院、渠家大院，太谷曹家大院等便是这种代表与象征。

平遥古城位于晋中盆地，是我国现存的四座完好古城之一，被联合国教科文组织列入世界文化遗产名录。平遥古城始建于周宣王时期，距今已有2700多年。明洪武三年（1370年）在旧城垣基础上重筑扩建，以后又多次修葺，增设敌台，增修瓮城，四河植树，使平遥古城规模日趋完善。古城呈方形，城墙周长6.2km，高约10m，墙身素土夯实，外包砖石。城池共有城门6座，每座城门外都有重门瓮城，瓮城上有重檐歇山顶城楼，四角建有高大角楼，城墙上建有72座观敌楼和3000个垛口，寓孔子的弟子72贤人和3000门徒之意。城内建筑按封建传统礼制“左祖右社”，即左文庙、右武庙的布局，街道是十字或丁字状交叉，泾渭分明。由于城墙和大小街巷组成了一幅形如龟纹的奇特图案，故有“龟城”之称，意在长生不老，固若金汤。

平遥从明末清初起，成了全国金融城市之一，曾以经营“票号”行业繁荣一时。当年平遥以雷履泰开设的“日昇昌”为首的八大票号，被誉为“汇通天下”。这些富商大贾为了显赫门庭，争相建造华宅和铺面大院。当时，平遥有“小北京”的称号，城墙、街道、庙宇、商号、民宅一应俱全，现今保存完好民居400余座，其数量之多、保存完好程度在国内实为罕见，是研究明清晋中地区风土人情的重要史料。今天在古城南大街建有明清一条街，再现当年的繁华景象。在平遥古城游人可以完整地看到明清时代的城市风貌。

6.2.5 山东主要旅游地

山东位于黄河下游，西部位于华北平原上，以山东丘陵为主体的山东半岛向东伸入黄海和渤海之间，隔海与辽东半岛南北遥对。因春秋时曾为齐、鲁两国领地，故简称鲁，又常被称为“齐鲁大地”。这块土地历史悠久、文化灿烂、名人辈出，是中国古代文化的发祥地之一。山东拥有丰富的人文旅游资源，现有古建筑、古遗址1.3万多处，拥有中国现存最古老的长城——齐长城，有著名的曲阜“三孔”，家喻户晓的水泊梁山遗址，还是陶瓷和丝绸的发源地之一。山东自然风光秀美，有山有水有海滨，东岳泰山高耸在齐鲁大地上，黄河入海口波澜壮阔，胶东半岛沿海风光无限。悠久的历史，灿烂的文化，优美的自然风光共同构成了山东旅游独特的风格。从地域分布来看，山东旅游资源的精华集中于齐鲁腹地的“山水圣人”旅游区和胶东半岛海滨旅游区。此外，还有黄河三角洲旅游区和“水浒”旅游线等特色旅游资源。山东拥有曲阜、济南、青岛、聊城、邹城、临淄、泰安、蓬莱、烟台、青州等多座中国历史文化名城。山东四季分明，冬季晴朗干燥，夏季炎热多雨，春秋气候温和，是旅游的最佳季节。

1. “山水圣人”旅游区　鲁西地区旅游资源丰富，古庙名园，湖光山色，由济南（大明湖、趵突泉）、泰安（泰山）、曲阜（孔庙、孔府、孔林）等旅游景区构成了著名的“山水圣人”旅游区。

（1）大明湖和趵突泉　济南自然风光秀丽，文化古迹众多，有“泉城”之美称。城内百泉争涌，尤以趵突泉、黑虎泉、五龙潭和珍珠泉四大名泉久负盛名，自古享有“家家泉水，户户垂杨”之誉，众泉汇成大明湖，构成了“一城山色半城湖”的独特风光。济南人才辈出，历代文人墨客多聚于此，故有杜甫“海右此亭古，济南名士多”之绝句。

大明湖位于济南市区，由珍珠泉、芙蓉泉等多处泉水汇成，湖面46.5万m^2。大明湖之名始于北魏，宋称“四望湖”，金代起沿袭大明湖之名。大明湖内湖波烟水，绿树蔽空，曲槛回廊，景色佳丽。清人刘凤诰咏湖有“四面荷花三面柳，一城山色半城湖”之句。主要古建筑有历下亭、小沧浪、铁公祠、汇波楼、稼轩祠、北极阁等。大明湖与趵突泉、千佛山并称“济南三胜”。

趵突泉位于济南市区，为济南“七十二泉”之首，为古泺水发源地，至今有2700年历史，有“天下第一泉”之称。在略呈方形的泉池中，三股清泉昼夜喷涌，状如白雪三堆，涌水量达1.6m^3/s，水质清醇甘冽，最宜煮茶，宋曾巩有“润泽春茶味更真”之句。趵突泉周围有泺源堂、观澜亭等古代建筑，观澜亭内有“趵突泉”“观澜”“第一泉”等明清石碑。

（2）五岳独尊——泰山　泰山位于鲁中平原，绵亘泰安、济南等市县间，为我国五岳之一。泰山古称岱山，春秋时改称泰山。泰山总面积426km^2，主峰天柱峰海拔1532.8m。古人以东方为万物交替、初春发生之地，故有“五岳之长”“五岳独尊”的称誉。泰山自然和人文景观丰富，山势磅礴，植被茂盛，古迹众多。传说历代帝王登基之初或太平年岁，多会来此朝拜或举行封禅大典，在此建庙塑神，题字刻石，留下古迹无数。孔子留下了“登泰山而小天下”的名句，司马迁、李白、杜甫等文人登临泰山，也留下大量美文诗句。

泰山突兀峻拔，景色壮丽，分为丽、幽、妙、奥、旷五个风景区。从山脚岱宗坊出发，登阶6293级，到达极顶，沿途有王母池、斗母宫、经石峪、中天门、云步桥、五松亭、对松亭、仙人桥、日观峰、月观峰、南天门、玉皇顶等众多文物古迹和自然景观。经石峪上刻《金刚般若波罗蜜经》，为北齐人所书，字径50cm，篆隶兼备，书法遒劲，历代尊为“大字鼻祖”、“榜书之宗”。南天门为登泰山十八盘尽处，飞龙岩、翔凤岭左右对峙，松涛盈耳，云生衣袂之间。此处距极顶仅1km，李白有“天门一长啸，万里清风来”之句。玉皇顶为泰山极顶，因建有玉皇殿而得名。站在极顶，东可望大海，西可瞰黄河，“旭日东升”“晚霞夕照”“黄河金带”“云海玉盘”是岱顶四大奇观。极顶居中，围以石栏，刻“极顶”二字，“古登封台”“天左一柱”等石刻环列其旁。

岱庙位于泰山南麓，为历代帝王封禅泰山，举行大典之地。以主殿天贶殿为中轴，回廊环绕，钟鼓楼左右相对，前有仁安门、配天门，后有三寝宫，左为汉柏院（有古柏5株，传为汉武帝所植）、东御座，右为唐槐院、道舍院。岱庙黄瓦朱甍，古柏参天，碑碣林立，天贶殿和北京故宫太和殿、曲阜孔庙大成殿称为“中国三大宫殿”。

泰山经过几千年的保护和建筑，自然与人文景观完美融合，被誉为“中国历史的立体画卷”，于1987年被列入《世界文化和自然双重遗产名录》。

（3）“三孔”——孔庙、孔府、孔林　曲阜位于鲁西平原上，是孔子的故乡，长达2000年的儒家思想在此孕育、诞生和发展，以“孔孟之乡、诗书之地、礼仪之邦”著称于世，为我国首批历史文化名城之一。曲阜保存有各代建筑1300余间，两汉以来历代碑刻石雕6万余块，古树3万多株，是世界著名的生态式花园城市。曲阜“三孔”名扬海内外，于1994年被列入世界文化遗产名录。

孔庙位于曲阜市中心，是历代王朝祭祀孔子之所。它始建于公元前478年，自西汉以来，历代帝王不断对其进行重修扩建，使之成为一处规模宏大的古建筑群，与北京故宫、承德避暑山庄齐名。孔庙占地 21.8hm^2，南北长 1km，包括三殿、一阁、一坛、三祠、两庑、两堂、两斋、十七亭，共计 466 间，另有门坊 54 座。大成殿是孔庙内主体建筑，殿下筑有巨型须弥座石台基，殿有 9 间，重檐九脊，斗拱交错。殿内正中悬“至圣先师”横匾，神龛内供孔子脱胎塑像，两旁为四配、十二哲塑像。建筑设计精致严密，艺术价值甚高。院内古柏葱郁，碑刻林立，上迄两汉，下至民国，真草隶篆，各家书体俱备。巨者逾丈，小者不盈尺，共有谒庙、祭告、墓志、画赞、诗文、名家法帖、汉画像石等 2000 余块，是我国罕见的大型碑林之一。

孔府西与孔庙毗邻，为历代衍圣公——孔子嫡长子长孙的官署和私邸。孔府始建于宋宝元年间，明清几次扩建重修。孔府占地 16hm^2，院落九进，有厅堂楼房 463 间。其布局分为三路，东路为家庙所在地，有报本堂、慕恩堂、九如堂等；西路为旧时衍圣公读书和学习诗书礼乐之所，有红萼轩、忠恕堂等；中路为孔府主体，前为官衙，设三堂六厅，后为住宅，最后是孔府花园。这是一处典型的官衙与内宅合一的建筑，是除故宫外我国最大的家族府邸，被称为“天下第一大家”。府内戒备森严，厅堂轩敞，陈设华丽，藏有大批历史文物和档案资料，最著名的是“商周十器”，原为宫廷所藏青铜礼器，清乾隆皇帝将其赏赐孔府。

孔林位于曲阜城北，是孔子及其后代家族的墓地。面积约 200hm^2，四周以垣墙围起，长约 7km。林内古冢座座，碑碣林立，古木参天，石仪成群。以楷树为最多，包括柏、桧、柞、榆等 2 万余株，史称孔子弟子各持其乡异种来植，故树种繁多。孔林内有孔子、孔鲤、孔伋祖孙三代陵墓，孔子墓居中，左为孔鲤墓，前为孔伋墓，其格局即所谓“携子抱孙”。自孔子以下，已历七十七代，形成了以三代墓为主体的家族墓区。

2. 海滨风光旅游区　胶东半岛如齐鲁大地上一把利剑直刺大海，海岸线漫长曲折，拥有众多良港海湾，历史古迹众多，是我国北方著名的海滨旅游胜地，形成了以青岛、威海、烟台、蓬莱为主要景区的胶东半岛旅游区。

（1）青岛　青岛位于胶东半岛南部，具有海滨山城的独特风格，是著名的旅游胜地，被列为八个国际会议城市之一，有崂山、八大关、栈桥等著名景点。

崂山位于青岛东部，古称劳山、牢山，面积约 300km^2，主峰俗称崂顶，海拔 1132m。崂山海山相连，水气岚光，林木蔽日，清泉甘洌，景观十分丰富。蒲松龄《崂山道士》中对崂山景色进行了生动描写，山中多清泉、古洞、危岩、怪石，有狮子峰、骆驼头、梳洗台、飞来石、明霞洞、九水等胜迹，古人曾列为十二胜景。崂山花岗石坚固美丽，适于建筑，人民英雄纪念碑石材即出于此。崂山也是道教名山，据史书记载，秦皇、汉武为寻求仙药，曾先后登临此山。宋元以来，寺观兴建，现存太清宫、上清宫、太平宫、华楼宫等，皆石壁瓦舍，简朴无华，具有道家渊冲恬淡的色彩。

（2）威海　威海位于胶东半岛东部，黄海之滨。这里清新自然，温爽宜人，被列为“世界上最适宜居住的城市”。威海旅游资源丰富，名胜古迹荟萃，有刘公岛、成山头等国家重点风景名胜区。

成山头屹立于胶东半岛最东端，因其为成山山脉尽头的山峰而得名。成山头三面环海，如龙首垂天，海底礁石林立，水流湍急，当地民谚有“成山头，成山头，十个艄公九个愁”之说。最东端立有石碑一座，上刻“天尽头”三字，还有秦始皇东巡时留下的一些遗迹。成山头是中国海陆交接处的最东端，最早看见海上日出的地方，有“中国好望角”之称。

（3）烟台　烟台位于胶东半岛北部，明代为防外寇入侵，曾设“墩台狼烟”，故得名烟台。这里依山傍海，山峦叠翠，碧波万顷，风景迷人，有“人间仙境”蓬莱阁、古军港蓬莱水城以及芝罘岛、崆峒岛、烟台山等名胜古迹。烟台还是我国八大菜系中鲁菜的发祥地。

蓬莱阁位于胶东半岛最北端丹崖山上，始建于北宋嘉祐六年（1054 年），阁高 15m，双层歇山，绕以回廊，上悬清代书法家铁保手书“蓬莱阁”金字匾额。蓬莱阁与附近的三清殿、吕祖殿、天后宫、龙王宫等殿堂庙祠组成一组古建筑群。蓬莱阁下临大海，殿阁凌空，云烟缭绕，素称“人间仙境”。传说神话故事“八仙过海”中的八位神仙，就是在蓬莱阁醉酒后，凌波踏浪，漂洋渡海而去。蓬莱阁独特的地理位置，造就了海市蜃楼奇观，更令人心往神驰。海市蜃楼色彩丰富，影像清晰，景物时大时小，忽隐忽现，变化莫测，具有极高的观赏价值。

3. 黄河三角洲旅游区　九曲黄河在奔腾几千公里后，在山东北部东营市注入渤海，在黄河三角洲处形成了河宽海阔、水海连天的壮丽景观。以自然保护为主题的旅游资源给人们带来奇、特、旷、野、新的旅游特色，这里建有国家重点自然保护区。

黄河三角洲天高地阔，清新旷远，让人真正体验到“天苍苍，野茫茫”的感觉。这里是世界上土地面积增长最快的自然保护区，鸥飞雁鸣，鸳鸯嬉水，仙鹤起舞，堪称“百鸟乐园”，珍贵鸟类有丹顶鹤、白头鹤、白鹳、金雕、大天鹅等，还有文昌鱼、江豚、宽吻海豚、斑海豹等珍贵鱼类。独特的生态系统，壮阔旖旎的河口景色，为黄河三角洲平添几分妩媚和恢宏。

山东还有许多特色民俗文化，现已开发成专项旅游项目，如潍坊风筝文化、菏泽牡丹文化、梁山水浒文化等，各具特色，吸引了大量中外游人。

6.2.6　河南主要旅游地

河南位于黄河中下游，因大部分地方在黄河以南而得名。因古时境内大部分地区属于古九州之豫州，居九州中部，故被称为“中原”，简称豫。河南自然风光雄奇大气，山水地貌兼具，黄河横贯河南北部，豫西、北、南三面有伏牛山、太行山、桐柏山和大别山四大山脉，嵩山为五岳名山之一。河南是中华民族起源的地方，历史悠久，文化灿烂，我国六大古都中有两个位于河南，从而在这片土地上留下了大量的名胜古迹。河南既有以人文景观为主的洛阳、开封数朝古都和商朝遗址殷墟等，也有以自然风景见长的鸡公山、石人山等风景名胜区，还有历史文化和自然风光兼具的嵩山、三门峡景区。河南还是众姓祖根之地，当今中国100个大姓中有73姓源于河南，踏上中原大地，这里的山山水水，古寺名刹，似乎都与游人有着某种渊源关系，勾起人们寻根问祖的兴趣。从地域分布来看，河南旅游资源的精华集中在两条线路上，一是东西黄河沿岸旅游线，二是南北京广铁路沿线旅游线。河南拥有洛阳、开封、安阳、南阳、商丘、郑州、浚县、濮阳等多座中国历史文化名城。河南季风气候明显，四季分明，春秋气候温和，是旅游的最佳季节。

1. 华夏摇篮，寻根拜祖　黄河是中华民族之魂，是中华民族文化的摇篮，郑州黄河游览区中“哺育”塑像寓意深刻，耐人寻味。千百年来，黄河铸就了中原大地灿烂的文化，留下了众多名胜古迹。在黄河南北两岸，可以追寻到中华祖先繁衍生息的遗迹，如轩辕故里、仰韶文化遗址、殷墟、伏羲陵等。

轩辕故里位于豫中新郑市境内，是轩辕黄帝的出生地。黄帝姓公孙氏，因生于轩辕之丘，故号称“轩辕氏”，是中华民族的祖先。始建于汉魏时期，现为明代重建的轩辕祠。祠院坐北朝南，前有山门，后有主殿，左右两侧有配殿，主殿正中奉有黄帝塑像，殿内四壁绘有黄帝生平事迹的壁画，左右配殿奉有黄帝二妃嫘祖和嫫母塑像。另外还有众多有关黄帝的传说和故事，构成了丰富多彩的黄帝文化。轩辕故里现已成为炎黄子孙寻根拜祖的主要地方，每逢农历三月三日，到此朝拜参观者络绎不绝。新开发的“寻根朝敬之旅”被列为国家级旅游专线。

2. 古都开封，宋代风韵　开封位于豫东平原的中心，黄河南岸，古称大梁和汴梁，先后有后梁、后晋、北宋、金等7个朝代在此建都，有“七朝都会”之称。开封文物古迹繁多，“铁塔行云”是著名的汴京八景之一，龙亭是开封的象征，“宋都一条街”以古色古香再现宋代风韵。而古都灯会、盘鼓表演、斗鸡、风筝、菊花会等浓郁的民俗文化，为古城增添了无穷魅力。官瓷、汴绣、朱仙镇木版年画等是开封的特色工艺品。

（1）铁塔　铁塔位于开封市区，建于北宋皇祐元年（1049年），平面呈八角形，塔高55.08m，共13层，外壁镶以褐色琉璃砖，近似铁色，故名铁塔。塔身用不同的琉璃砖砌成各种仿木结构，檐上葺以黄瓦，造型宏伟挺拔，俨如擎天巨柱。塔身琉璃砖雕有坐佛、飞天、麒麟、花卉等50余种图案，雕工精细，神态生动，为宋代琉璃砖雕艺术的佳作。登塔眺望，古城在目，黄河如带。

（2）相国寺　相国寺位于开封市区，始建于北齐天宝六年（公元555年），是我国著名的佛教寺院之一。寺内主要建筑有天王殿、大雄宝殿、八角琉璃殿、藏经楼等，八角琉璃殿中央高亭耸起，四周游廊附围，顶盖琉璃瓦件，翼角皆悬铃铎。殿内“千手千眼观音菩萨”全身贴金，高约7m，造型生动，相传为一棵大银杏树雕成。寺山门内有一口铸于清代的巨型铜钟，重5t，故有“相国霸钟”之称，为汴京八景之一。

3. 白马龙门，国色天香　洛阳位于豫西伊洛盆地上，因在洛河以北而得名，向有“九州腹地，十省通衢”之称。先后有魏、晋、隋等9个王朝定都于此，素称“九朝古都”。洛阳境内古陵墓、古建筑遍布，出土文物三千多万件，被称为“历史博物馆”。宋代司马光诗云：“若问古今兴废事，请君只看洛阳城。”洛阳牡丹天下奇，有“牡丹花城”之美誉，洛阳唐三彩被誉为东方艺海明珠。洛阳的主要名胜古迹有白马寺、龙门石窟、邙山古墓群、白云山等。

（1）白马寺　白马寺位于洛阳城东，是佛教传入中国后官方兴建的第一座寺院。它始建于东汉永平十一年（公元68年），由于佛经是一匹白马驮来，故得名白马寺。山门为并排三座砖筑拱门，门外分立一对雄狮和一对白马。从山门开始，沿寺院中轴线依次为天王殿、大佛殿、大雄殿、接引殿、清凉台及台上的毗卢阁等。大佛殿的正殿供奉释迦牟尼塑像，大佛殿内有大钟一口，上饰花纹，镂有“风调雨顺，国泰民安”字样。如今，每年新春时节，洛阳都要举行撞钟活动，白马寺在悠悠钟声中蜚声海内外。

（2）龙门石窟　龙门石窟位于洛阳城南伊河两岸，为我国四大石窟之一，于2000年被列入《世界文化遗产名录》。龙门石窟始凿于北魏孝文帝迁都洛阳前后（公元493年），历经东西魏、北齐、北周、隋、唐，前后营造达400年之久。石窟雕凿于伊河两岸的峭壁上，全长1km，两山窟龛，密似蜂窝，现存佛龛2100多个，佛塔39座，碑碣题记3600多件，造像近10万尊，其中最大的高达17.14m，最小的仅2cm。代表性的洞窟有北魏时的古阳洞、宾阳洞、莲花洞、药方洞和唐代的潜溪寺、万佛洞、奉先寺、看经寺等。石窟中的飞天，或在流云中自由翱翔，或手捧果品凌空飞舞，或奏乐高歌，或布撒花雨，姿态之轻盈，神情之优雅，令人叹为观止。著名的“龙门二十品”和唐代书法家褚遂良书写的“伊阙佛龛之碑”等，都是我国书法艺术珍品。

“龙门二十品”中有十九品集中在古阳洞，是龙门石窟中开凿最早，内容比较丰富的一个洞窟。宾阳洞有三窟，正壁刻主像释迦牟尼，左、右两边有弟子和菩萨侍立，面相清瘦，目大颈平，衣锦纹理周密刻画，有明显西域艺术痕迹。药方洞内主佛、弟子、菩萨和洞外的力士、八角莲柱，都是北齐作品，是龙门石窟中唯一具有北齐造像的较大石窟。奉先寺是石窟中规模最大的露天大龛，主佛卢舍那高17.14m，是龙门石窟中最大的佛像，面容丰腴饱满，眉修目长，嘴角微翘，流露出对人间的关注和智慧的光芒。

龙门石窟的造像艺术有着明显的世俗化和民族化趋势，摆脱了早期石窟造像艺术的神秘色彩和外来影响，代表了汉藏语系佛教造像艺术的独创风格。它为研究我国古代历史、佛教艺术、绘画雕刻、服饰乐舞等提供了珍贵的材料。

4. 古刹名山，清凉世界

（1）嵩山　嵩山位于豫中登封市境内，古称外方，又称嵩高，是我国五岳之中岳。它由太室山和少室山组成，东西绵延超过 60km。嵩山层峦叠嶂，气势磅礴，风光秀丽，自古有“嵩山如卧”、“眠龙”之称。太室山、少室山各有 36 峰，组成嵩山 72 峰，峰峰有名。自古以来，帝王将相、文人学士、高僧名道、豪义之侠登临嵩山，留下众多古迹。其中有中国六最：禅宗祖庭——少林寺；现存规模最大的塔林——少林寺塔林；现存最古老的塔——嵩岳寺塔；现存最古老的石阙——汉代三阙；树龄最高的柏树——汉封“将军柏”；现存最古老的观星台——元代观星台。此外还有与睢阳、岳麓和白鹿洞书院并称宋代四大书院的嵩阳书院，河南现存规模最大的寺庙建筑群——中岳庙等。由观星台、中岳庙、太室阙、启母阙、少室阙、会善寺、嵩阳书院、嵩岳寺塔、少林寺常住院、塔林、初祖庵 11 处组成的历史建筑群以“登封‘天地之中’历史建筑群”的名称，载入世界文化遗产名录。“天地之中”历史建筑群集中体现了中国古代的宇宙观，将中国传统天文概念与至高无上的皇权有效地结合在一起，对中国古代建筑、艺术、宗教和科学领域产生了巨大影响。

少林寺始建于北魏太和十九年（公元 495 年），是驰名中外的大佛寺，有“天下第一名刹”之美誉。它因坐落于少室山的丛林之中而得名，占地 3 万 m^2，寺内翠柏苍郁，红墙飞檐辉映，木鱼钟鼓，佛号禅音，庄严肃穆。少林寺主要建筑有山门、天王殿、方丈室、达摩亭、千佛殿、白衣殿、达摩面壁洞等。寺中文物众多，壁画最有名，千佛殿中三面墙上绘满壁画，有明代彩色壁画“五百罗汉朝毗卢图”，记录了少林和尚习武、练拳的情景，白衣殿中有“十三棍僧救秦王”故事的壁画。目前，少林寺仍是习武的地方，每年举办国际少林武术节，吸引来自世界各地的武术爱好者和广大游人前来参加，把中华武术推广到世界各地。

嵩岳寺塔位于太室山南麓嵩岳寺内，建于北魏正光元年（公元 520 年），是我国现存最早的砖塔。塔高 40 余米，共 15 层，平面呈十二角形，塔身呈抛物线形，在我国现存的数百座砖塔中，是绝无仅有的，在我国建筑史上有很高的科学价值和地位。

（2）鸡公山　鸡公山位于豫南信阳市境内，豫、鄂两省交界处，属于大别山脉，地形以低山丘陵为主。鸡公山方圆百里，林木葱茏，怪石嶙峋，山峰秀美，景色如画。主峰报晓峰，海拔 784m，两侧有灵华山和长岭，宛如雄鸡的两翼，整个山形如雄鸡引颈报晓，矫健矗立于群山之中，故得名鸡公山。鸡公山主要有报晓峰、灵华山、青龙潭、将军石等景点，有云海、日出、飞瀑、流泉等景观。由于鸡公山地处我国南北植物过渡地带，降水丰沛，植物品种达 1200 余种，繁茂的植被成为许多珍禽异兽繁衍生息的天然场所。山中云雾缭绕，凉爽宜人，盛夏气温一般在 23℃左右，加上飞瀑清泉，参天古木，成为我国四大避暑胜地之一。每当雨后初晴，彩虹横空，苍松翠柏与奇峰幽谷间点缀着 200 多幢风格各异的楼台别墅，显得分外妖娆，犹如进入了世界建筑博物馆。鸡公山是国家重点风景名胜区，辟有国家重点自然保护区。

5. 三门峡谷，黄河明珠　三门峡位于豫西黄河上，在这里，黄河奔流而下，切穿高山形成了三道峡谷，以其险峻而被称为神门、鬼门、人门，号称“三门”。鬼门居南，水流湍急，不可渡；神门居中，狭不容舟；人门居北，可渡舟船。镌刻在峡谷石岛上的题刻诗文多达 70 余处，最为著名的是刻在狮子头上的“峭壁雄流鬼斧神工”八个大字，系明代万历年间所刻。中流砥柱石屹立在黄河激流中，相传为大禹治水时的镇河神针，它露出水面六七米，任凭风浪激击，岿然不动。在三门峡我国兴建了黄河上第一座大型水利工程，将黄河拦腰截断，实现高峡出平湖，大坝雄伟壮观，湖面碧水浩渺。自然与人工的完美结合，使三门峡成为黄河上一颗耀眼的明珠。

6.2.7　陕西主要旅游地

陕西位于黄河中游，地处中国的最中心位置，中国的大地原点就在西安市附近。春秋战国时为秦国地，故又简称“秦”。陕西是华夏古文明最重要、最集中的发源地之一，大约 100 万年前蓝田猿人就在此繁衍生息，历史上先后有 13 个朝代在陕西建都，留下了大量文化遗产，随处可见古遗址、古寺庙、古陵墓、古建筑，使陕西成为我国人文旅游资源最丰富的地区之一，也是世界上少有的“天然历史博物馆”。陕西山川秀丽，自然景观壮美，有以险峻著称的西岳华山，有奔腾咆哮的黄河，有古朴浑厚的陕北高原，有一望无际的八百里秦川，有充满传奇色彩的骊山，有六月积雪的太白山等。陕西旅游资源集中分布在关中、陕北、陕南三个地区，西安周围云集了大量旅游资源，是我国著名旅游城市。陕西拥有西安、延安、韩城、榆林、咸阳、汉中等多座中国历史文化名城。陕西以其淳厚的文化底蕴、秀美的自然风光和质朴的黄土风情令中外游客关注。

1. 古都西安　西安古称长安，位于关中平原中部，渭河之南，秦岭之北。西安以其“名山耸峙、大川环流、凭高扼深、雄于天下”而成为“帝王之乡”，历史上先后有秦、西汉、隋、唐等 12 个王朝在此建都，历时 1062 年，是我国六大古都之一。漫步西安，如同踏进“天然历史博物馆”，有“世界第八大奇迹”——秦始皇兵马俑，保存最完整的古代城垣——西安城墙，中国最大的石质书库——西安碑林，雄伟壮观的大雁塔以及众多名胜古迹。西安还是举世闻名的“丝绸之路”的起点，在中外友好发展史上写下了光辉的篇章。兵马俑仿制品、户县农民画、刺绣、剪纸、皮影等都是西安的特色工艺品。

（1）大、小雁塔　大雁塔位于西安市南郊慈恩寺内，始建于唐永徽三年（公元652年），是为安放玄奘由印度带回的佛经而建造的。塔平面呈方形，共7层，高64m。塔身用砖砌成，磨砖对缝，坚固异常，属于楼阁式砖塔。塔底有精美的线刻佛像，传为唐代大画家阎立本的手笔。传说唐代考中进士者纷纷到大雁塔题名纪念，“雁塔题名”的成语就出于此。如今，大雁塔已成为西安的象征。

小雁塔位于西安古城南门外荐福寺内，始建于唐景龙元年（公元707年）。塔平面呈正方形，共13层，高43.3m，因比大雁塔小，故名小雁塔。它与大雁塔风格迥异，为密檐式砖构建筑，塔壁不设柱额，每层砖砌出檐，檐部迭次砖，间以菱角牙子，塔身呈现自然缓和的锥形。寺内每日清晨敲钟，成为“长安八景”中的“雁塔晨钟”。

（2）碑林　碑林位于西安古城内，创建于宋元祐五年（1090年），最初是为保存唐开成年间镌刻的《十三经》而建造的，此后历代都有增添，碑石林立，清初始称“碑林”。碑林现有7个陈列室、6个游廊和1个碑亭，共收藏中国历代著名书法家的碑石2300余方，以唐碑最多，真草篆隶无所不有。唐代欧阳询、颜真卿、柳公权等人的刻石，王羲之、米芾、苏轼等人的墨迹最为珍贵。碑林以收藏石碑数量最多而被誉为“中国最大的石刻图书馆”，具有极高的历史和艺术价值，是广大书法爱好者向往的胜地。

（3）秦始皇兵马俑　秦始皇兵马俑简称秦俑，位于西安东部骊山北麓，距秦始皇陵约1500m，是秦始皇陵的随葬坑。坑内是一组规模庞大的陶塑艺术品，仿秦宿卫军制作。近万个陶制卫士分别组成步、弩、车、骑四个兵种，手执实战兵器，或负弩前驱，或驾车策马，面向东方，形神各异。一号坑面积最大，呈长方形，置有与真人马大小相同的兵马陶俑近6000件，列38路纵队，是以战车、步兵组成的军阵。二号坑呈曲尺形，是以战车、骑兵、步兵和射手混合编队的军阵。三号坑呈凹字形，为兵马俑的最高指挥机关，古代称其为“军墓”。整个兵马俑布局排列整齐，气势凛然，陶俑神情生动，气宇轩昂；陶马造型逼真，刻画精致。游人面对肃立地下达2000年之久的宏大军阵，无不为之震慑。兵马俑连同秦始皇陵被列入世界文化遗产名录。在西安可以买到仿制的兵马俑，是很好的旅游收藏品。

2. 皇陵古寺　陕西作为帝王之乡，到处可见帝王陵墓，其特点是规模宏大，造型考究。从中华始祖黄帝陵到统一中国的秦始皇陵，从唐太宗李世民的昭陵到历史上第一个女皇帝武则天的乾陵，无一不是闻名中外的名胜古迹。此外还有大量的佛教寺庙，传承佛教文化。

（1）黄帝陵　黄帝陵坐落于陕西中北部的黄陵县境内，是中华民族始祖轩辕黄帝的陵园。陵园内古柏成林，郁郁参天，有陵墓、轩辕庙、汉武仙台、古碑、黄帝手植柏和汉武帝征朔方时挂甲的“将军柏”等。陵墓高3.6m，周围48m。轩辕庙左边有一棵“黄帝手植柏”，高19m，下围10m，距今已有4000多年的历史了，大殿门额上悬挂有“人文初祖”四字大匾。黄帝陵被列为我国第一号陵墓，又称“天下第一陵”。每年清明，海内外华人都要在这里举行盛大的祭祀祖先活动，黄帝陵也因此成了中华民族的精神圣地。

（2）法门寺　法门寺位于西安西部扶风县境内，号称“关中塔庙之祖”，是目前世界上唯一珍藏佛教始祖释迦牟尼遗骨（舍利）的寺院。它初建于东汉年间，原名阿育王寺，唐代改名法门寺。原寺规模很大，盛时有僧尼500余人，院落24座，寺中砖塔高45m，12层，雕檐刻拱。1981年塔身塌于阴雨，在整理时发现唐代地宫，内藏释迦牟尼佛指舍利四枚和大批唐代金银法器、宝石、瓷器、玻璃器等稀世珍宝，在全世界引起极大轰动。

3. 黄土风情　陕北高原是黄土高原的中心，这里有中国革命圣地延安，有塞上江南榆林，还有浓郁的黄土文化风情。住着土窑洞，扎着白羊肚手巾，打着安塞腰鼓，扭着陕北大秧歌，以及洛川皮影戏、民间剪纸等处处透着古朴民风。更有“米脂婆姨绥德汉”的说法，米脂的女人不仅天生丽质，而且外庄内秀，果敢机智，敢为天下先。到了陕北，黄土风情扑面而来。

（1）延安革命旧址　延安位于陕西中北部，延河和南川河交汇处，古有“塞上咽喉”之称，今为革命圣地。延安留有许多革命旧址，主要有宝塔山、凤凰山、杨家岭、枣园、王家坪、南泥湾等。宝塔山位于延河之滨，因山上有唐代宝塔一座而得名，宝塔成为革命圣地的象征。凤凰山、杨家岭和枣园均有毛泽东、朱德、周恩来等人的旧居。杨家岭是中共“七大”会址，王家坪是八路军总部所在地，在中共中央和毛泽东的领导下，在这里指挥了抗日战争和解放战争。位于王家坪的延安革命纪念馆集中展示了延安革命历史。今天，游人漫步延安，仿佛走进了中国革命史的伟大画卷之中。

（2）塞上江南　榆林位于陕西北部，是我国历史文化名城，境内无定河两岸人口稠密、水田众多，被赞为塞上江南。榆林文物古迹遍布，建于明代的榆林古城处处可见明清古貌。红碱淖烟波浩渺，风光旖旎。

榆林古城建于明成化九年（1473年），城墙周长6.5km，为我国保存较为完好的古城墙之一。城中心有全木结构的星明楼及鼓楼、万佛楼，城中民居多为四合院，系明代遗物，门楼造型各异，照壁雕刻绘画精湛，素有“小北京”之称。

红碱淖又称“海子”，是陕西境内最大的淡水湖，有“沙海明珠”之称。湖面54km^2，有一伸入湖中的半岛，名红石岛，岛上有许多野生植物和海鸥、天鹅等珍禽。湖区附近有天然草原牧场，水草丰盛，牛羊成群。这里是旅游度假的好地方。

4. 名山风光　陕南由秦岭和大巴山组成的秦巴山地成为陕西地势最高的地

区，这里山峦绵亘，陡峭峻拔，有华山、骊山、太白山、终南山等许多风景名胜区和自然保护区。

（1）西岳华山　华山位于陕西东部华阴市境内，是五岳之西岳。华山景区面积 113km^2，有东峰朝阳、西峰莲花、南峰落雁、北峰云台、中峰玉女五大高峰，主峰为落雁峰，海拔 2160m。五峰耸立于群山之中，如同一朵盛开的莲花，“花”与“华”音相通，故名华山。华山自古有“奇险天下第一山”之称，人们形容五岳“恒山如行，泰山如坐，华山如立，衡山如飞，嵩山如卧”。“华山如立”形象地概括了它的挺拔高峻，唐代诗人张乔曾有“谁将倚天剑，削出依天峰。卓绝三峰出，高奇四岳无”的诗句。

华山是著名的道教圣地和旅游胜地，自山麓至绝顶，庙宇古迹，天然奇景，处处可见。华山登山路线紧贴岩壁而上，陡峭狭窄，步步惊心，只有一条路径可以上山，故有“自古华山一条路”之说。庙宇楼台，岩洞栈道，大抵皆依山势建筑，如凌云架设的长空栈道，悬岩镌刻的全真岩，三面临空的鹞子翻身，以及在峭壁悬崖上开凿的千尺幢、百尺峡、老君犁沟、擦耳崖、上天梯、苍龙岭等险道，更是惊险万分，充分表现出我国劳动人民的无穷智慧和高超的建筑艺术。华山还有“劈山救母”“吹箫弄玉”等许多传说，为国家重点风景名胜区。

（2）骊山　它位于西安以东约 30km，因山形似骊马，故称骊山。骊山海拔 1302m，山上松柏苍翠，古迹众多，是国家重点风景名胜区。骊山是一座历史名山。相传这里是女娲“炼石补天”之地，周幽王曾在此演出了“烽火戏诸侯”的闹剧，刘邦、项羽在此举行杀机四伏的鸿门宴，蒋介石曾在此被张、杨二将兵谏。骊山主要有老君殿、老母殿、烽火台、兵谏亭等名胜古迹。

骊山北麓有著名的华清池，始建于唐贞观十八年（公元 644 年）。温泉水温常年为 43℃，适宜沐浴疗养。唐玄宗曾在此大肆修建，与杨贵妃在此沐浴游乐。今存的“海棠汤”，相传就是当年杨贵妃“温泉水滑洗凝脂”的地方。

思考与练习

1. 本区宫殿园林建筑特点有哪些？列举几个具有代表性的宫殿园林。
2. 简述承德避暑山庄的旅游价值。
3. 平遥古城的建筑特点是什么？
4. 为什么说泰山是“中国历史的立体画卷”？
5. 简要评价嵩山“天地之中”建筑群。
6. 为什么说西安有“天然历史博物馆”之称？
7. 本区被列入世界遗产名录的景点有哪些？

第 7 章　华东旅游区

问题导学　2010 年上海世博会的举办带动了华东旅游业的发展，上海、苏州、无锡、杭州、南京、扬州、镇江及整个华东地区成为世博会参观者重要的旅游目的地，极大地促进了本区旅游业的发展。请翻阅《华东旅游报》或在网上查找世博园区的旅游功能、江南私家园林的魅力及本区旅游资源的特点等相关问题，做好充分的课前预习准备工作。

7.1　华东旅游区旅游地理环境特征

华东旅游区包括江西、安徽、浙江、江苏、上海四省一市，是我国自然条件最优越、经济发达和人口最稠密的地区之一。全区旅游资源丰富，基础条件优越，组合优势显著，在全国旅游业中占有重要地位。

7.1.1　旅游自然地理环境特征

1. 平原、丘陵相间的地形结构　华东旅游区地处我国地形的第三阶梯，平均海拔较低，本区地形结构以平原和低山丘陵相间为主，全区由北向南依次分布着黄淮平原、皖中丘陵、苏皖沿江平原和长江三角洲平原、江南低山丘陵和闽浙丘陵，其中苏皖沿江平原和长江三角洲为长江中下游平原的一部分。

长江中下游平原主要由长江及其支流所夹带的泥沙冲积而成，总面积约 20 万 km^2，绝大部分的高度都在海拔 50m 以下，境内湖泊密布，享有“水乡泽国”之称。

长江流过了雄伟的三峡以后进入中游，地势渐低，流速骤减，沿江两岸山地若即若离，平原宽窄不一。在中游地区，平原处于群山环抱的盆地之中，比较宽广，这就是两湖平原和鄱阳湖平原；自九江而下，直达南京、镇江，两边山丘夹峙，平原狭小而纵长，这就是苏皖沿江平原；自镇江以下，依山连海，空旷辽阔，这就是长江三角洲了。

在坦荡的长江三角洲平原上，还星星点点地散布着由坚硬的岩石组成的孤山残丘，如无锡的惠山、苏州的天平山、常熟的虞山、南通的狼山、上海松江区的佘山和天马山等。它们像大海中的孤岛，兀立在平原之上，挺立在太湖之中，都已成为风景游览区。太湖的洞庭西山和洞庭东山就是有名的水果之乡。

本区丘陵山地多风景名胜，如皖中丘陵有：天柱山、梅山、佛子岭水库和滁州琅琊山；江南丘陵及闽浙丘陵有许多驰名中外的风景名山：庐山、九华山、黄山、雁荡山、莫干山、普陀山、井冈山等。

2. 河网稠密、湖泊众多　本区河网密布，河流水量大，汛期长，泥沙少，无结冰期，水流稳定，为开展水上旅游活动创造了十分有利的条件。本区分属淮河、长江和钱塘江三大水系，主要河流有长江、淮河、钱塘江、京杭大运河等。本区湖泊众多，我国五大淡水湖中有四个在本区，即鄱阳湖、太湖、洪泽湖和巢湖。

另外，本区还拥有众多较高旅游价值的湖泊，如杭州西湖、南京玄武湖、扬州瘦西湖、嘉兴南湖、淳安千岛湖、绍兴东湖等。

本区的瀑布、泉水资源也毫不逊色。著名的瀑布有：黄山的人字瀑、九龙瀑，雁荡山的大、小龙湫瀑布，庐山的三叠泉瀑布以及庐山瀑布。本区的名泉有镇江冷泉、无锡惠山泉、苏州虎丘泉、杭州的虎跑泉以及南京汤山温泉等。

3. 气候温暖湿润、典型的亚热带湿润性季风气候　本区除淮河以北属暖温带外，其余均为亚热带湿润性气候。气候的总特点是冬暖夏热，四季分明，降水丰沛且较均匀，四季风景皆可游赏，春、秋两季为旅游旺季。

本区冬季虽受干冷的偏北风影响，但严寒时间不长，多晴朗天气。春季天气阴晴不定，经常阴雨绵绵，尤其是梅雨季节的 5 月，其多雨的天气在一定程度上影响了旅游活动的开展。出梅后就进入了盛夏，各地普遍高温，南昌、九江、南京等城市，成为全国夏季高温中心，有江南“火炉”之称。但本区的山地气温仍凉爽宜人，成为避暑度假的最佳去处。秋季里秋高气爽，是本区旅游的最佳时机。

温暖湿润的气候使本区长江以南的植被发育为常绿阔叶林，长江以北发育为常绿阔叶和落叶阔叶混交林。本区植被茂盛，种类繁多，森林覆盖率高，形成山清水秀的明媚景色，景观丰富多彩。

7.1.2　旅游人文地理环境特征

1. 经济发达，城市分布密度大　华东旅游区自古以来就是我国的鱼米之乡，优越的地理位置，适宜的气候，使得本区的经济水平位居我国前列。

本区农业较为发达，粮、棉、麻、蚕丝、茶叶等产品在全国均占有十分重要的地位，尤其是长江三角洲平原和鄱阳湖平原是我国重要的商品粮基地。此外，本区也是我国重要的工业基地，机电、纺织、化工的生产占全国首位，尤其是轻工业。

本区的工艺品种类繁多，历史悠久，具有浓厚的地方风格和很高的艺术价值。传统工艺品有苏州的刺绣、杭州的织锦、南京的云锦、惠山泥人、扬州漆器、上海玉雕等。此外，景德镇的陶瓷制品、宜兴的紫砂陶制品也享誉海外。

本区的物产极为丰富，尤以茶叶最负盛名，西湖龙井、太湖碧螺春、黄山毛峰为我国著名的三大绿茶，安徽的祁门红茶是红茶中的上品。西湖藕粉、苏州百年字号的黄天源糕点和采芝斋糖果、上海城隍庙的各式小吃丰富了本区的饮食文化，逐渐成为旅游者争相购买的特色产品。

本区的旅游城市数量众多，小桥流水的苏州、美丽如画的杭州、绿杨城郭的扬州、名人辈出的绍兴、龙盘虎踞的南京、革命老区井冈山、国际都市上海等，形成了一个分布密集的旅游城市群。这些旅游城市主要分布在水陆交通要冲和人口稠密地区，既具有山水之美，又有园林之胜，辅以众多的文物古迹、深厚的文化底蕴，成为我国著名的“黄金旅游区”之一。

2. 古典园林居全国之冠　古典园林在我国人文旅游资源中有着重要的地位与价值。本区的古典园林归属江南园林（私家园林），素雅精致的格调与北方园林（皇家园林）的华丽壮观形成鲜明的对比，构成了我国园林艺术的主流。本区园林不仅数量丰富，而且构园造诣极高，素有“江南园林甲天下”之说，成为中外游客游览的重要内容。

华东旅游区园林艺术兴盛的原因应归属于本区独具的“天时、地利与人和”的优越条件。由于本区地处江南水乡，气候温和，奇珍异石众多，加上山清水秀的自然风光、丰富的植被，为造园提供了优越的自然条件。

自六朝开始，江南经济发达，文化兴盛，成为文人雅士、达官贵人的消遣享乐之地。他们在此兴建园林，从而使之成为江南园林的荟萃之地。其中，园林大多数集中于苏州、扬州、南京、无锡、杭州、绍兴和嘉兴等地。据《苏州府志》记载，仅苏州一地，明代园林就有271个，清代园林130个，由此可见苏州园林之盛况，故而有“苏州园林甲江南”之美誉。至今仍有不少的精品被保存下来。苏州的沧浪亭、狮子林、拙政园、留园，无锡的寄畅园，扬州的个园、何园等为江南园林的代表。

3. 旅游交通便捷、发达　本区是我国交通最发达的地区之一，形成了以铁路、水运为主，以公路和航空为辅的旅游交通网。

本区铁路运输发达，以上海为中心向外围辐射，京沪、京九、沪杭、浙赣、陇海等铁路将区内多数旅游城市和重要风景名胜区连接起来。同时，又与通往区外的铁路线相联系，使本区内外相通，为区内旅游和区际旅游提供了便利条件。

本区公路密度较大，基本建成了通达各县市的全天候公路。大城市之间都有省际公路或高速公路相连。

本区水陆运输便利，内河航运发达。长江水运大动脉贯穿东西，是本区最大的水运河道，它连接了南京、镇江、安庆、九江等重要的旅游城市。京杭大运河纵贯南北，对沟通我国南北交通起着重大的作用。如今，江南运河一段不仅仅是一条重要的物资运输线，同时也成为一条重要的运河旅游线路。

此外，海运条件也不示弱，以上海为中心，向北可至连云港、青岛、烟台、天津、秦皇岛、大连，向南可达温州、福州、广州，出远洋可抵达160多个国家的400多个港口，上海已是中国最大的港口。

航空运输快捷，以上海为中心，联系区内各大重要城市，并有通达区际各大航空运输网点的航线，同时还有通往国外的国际航线，上海为我国东部沿海的交通枢纽城市。

总之，本区水、陆、空交通极为便利，四通八达的旅游交通网络，为本区旅游业发展奠定了坚实的基础。

7.2 华东旅游区主要旅游地

本区主要旅游地和旅游资源的总体分布，参见华东主要旅游地和旅游资源简图，如图7-1所示。

沪、苏、浙、皖、赣主要旅游地概况分别如下：

7.2.1 上海主要旅游地

上海别称“申”，简称“沪”。自20世纪30年代起，上海的经济文化得以迅速发展，成为与北京齐名的中国又一文化中心，并创造出了具有兼收并蓄、土洋结合、中西合璧等特点的“海派”文化。各类专家和文化艺术界的名流云集上海，上海至今仍保存着300多幢世界各国不同艺术风格的建筑，使上海成了当今世界上少有的“万国建筑博览会”。随着浦东区大规模开发，世博会的胜利召开，为现代化的都市景观又添异彩。

（1）外滩　外滩地处上海市区黄浦江西岸，北起外白渡桥，南至中山东二路新开河路口，长约1700m。外滩的江面、长堤、绿带和万国建筑所构成的街景，百年来一直是上海的城市象征。

自今延安东路至外白渡桥附近，延宽广的中山东一路，并列着一幢幢具有西欧古典风格的大楼，由于它们气派雄伟，庄重坚实，装饰豪华，色调和谐，线条挺拔，错落有致，形成一派巍峨壮观的建筑风景线，被誉为“凝固的音乐”。这26幢大楼建造于20世纪二三十年代，凝聚着各国著名建筑设计师和中外能工巧匠的心血，是他们智慧的结晶，是人类建筑史上一份宝贵的财富，有着“万国建筑博览会”之称。

近年来，外滩又添新貌，在黄浦江与苏州河交汇处，新辟四面环水的圆岛一座，高大雄伟的人民英雄纪念塔耸立于岛上，十分壮观。在沿江道路间，铺设了多层面、立体式绿化带，设置了喷泉、花坛、广场、雕塑、栏杆及各式庭园灯具等，形成了一条错落有致的沿江风景带，体现了上海特有的港市风光。

外滩之夜格外迷人，千万盏艺术泛光灯和照明灯，把外滩打扮成冰雕玉刻般的人间仙境，给游人带来无际的遐思。

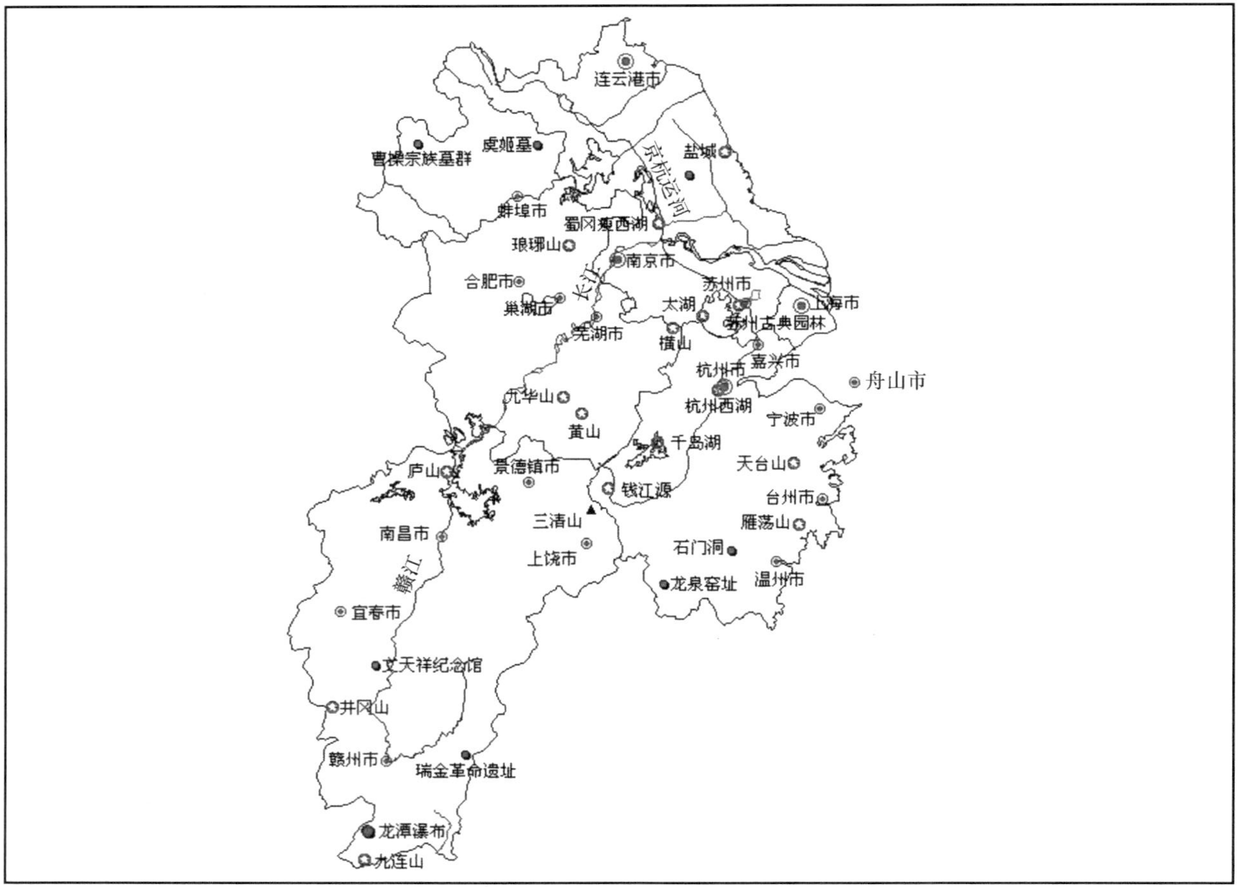

图7-1　华东主要旅游地和旅游资源简图

（2）东方明珠塔　该塔位于浦东世纪大道，于1991年7月30日动工，1994年10月1日建成。塔高468m，与外滩的“万国建筑博览群”隔江相望。设计者富于幻想地将11个大小不一、高低错落的球体从蔚蓝的天空中串联至如茵的绿色草地上，而两颗红宝石般晶莹夺目的巨大球体被高高托起，整个建筑浑然一体，创造了“大珠小珠落玉盘”的意境。东方明珠塔集观光、餐饮、购物、娱乐、住宿、广播电视发射为一体，已成为上海城市标志性的建筑和旅游热点。

（3）金茂大厦　金茂大厦位于上海浦东新区陆家嘴金融贸易区黄金地段，与著名的外滩风景区隔江相望。

金茂大厦由美国S. O. M公司设计，占地面积2.4万m^2，高420.5m，主楼地上88层，地下3层，大厦集办公、酒店、餐饮、观光、会展、娱乐、购物等多功能于一体，其设计独特，装潢豪华，设备先进，处处以人为本，是高智能的现代化摩天大楼。大厦既有现代气派，又有民族风格，堪称上海迈向21世纪的一座标志性建筑。

（4）南京路　南京路是上海最热闹、最繁华的一条商业大街，鳞次栉比的商店，几乎集全市商业之精华，是名副其实的购物天堂，被誉为“中华商业第一街”。在南京路上还有一大批饭店、餐馆、点心店，游客可以在这里品赏各种风味的美食。南京路之夜色最为动人，五光十色的霓虹灯把整个一条街织成一片眼花缭乱、目不暇接的灯海，令人叹为观止。

（5）世博园　上海世博会向世界展现了一个全新的现代化的国际大都市，上海的国际知名度和美誉度空前提升。世博会完美谢幕，世博园区的“一轴四馆”将永久保留，继续发挥其旅游会展功能，成为上海新的旅游吸引点。世博园位于南浦大桥和卢浦大桥之间，沿着上海城区黄浦江两岸进行布局。永久保留的“一轴四馆”即世博轴、中国馆、主题馆、世博中心、演艺中心。

（6）豫园　豫园位于福佑路、安仁街交界处，占地20000m^2，是座具有400多年历史的江南古典园林。

豫园始建于明嘉靖三十八年（1559年），园主潘允端，为“愉悦老亲”而造园，故名豫园。历经20多年营建方臻完善，规模宏伟，精美绝伦，为东南名园之冠。后来，豫园数易其主，日渐荒芜。1961年，经过大规模修复的豫园正式对外开放，成为中外人士喜爱的参观游览场所。

今日的豫园可分为六个景区。豫园的围墙，上饰游龙蜿蜒起伏，把园林20000m^2的地方分隔成不同的景区，以虚隔作幛景，似隔非隔透出园林丰富的景层，成为豫园内一大特色。毗邻豫园的城隍庙原为一座古庙。光绪年间，在庙前后逐渐聚集了不少江湖艺人，加上附近开设有不少茶馆、食肆，这一带变得异常热闹，极富地方色彩。

7.2.2 江苏主要旅游地

江苏旅游资源丰富，是我国重点文物保护单位较多的省份，也是我国山水园林、名胜古迹和旅游城市高度密集的地区。南京的六朝胜迹，苏州的古典园林、名山古寺，无锡的太湖风光、陶、洞、竹、茶，扬州的汉唐文化，镇江的山林寺院，常州的淹城遗址，徐州的两汉文化，连云港的滨海风光，南通的江海胜境，盐城的麋鹿、丹顶鹤自然保护区，淮安的平原风光、名人遗址，以及酒乡宿迁和京剧大师梅兰芳故里泰州等都是旅游者向往的旅游胜地。

1. 南京　南京简称“宁”，是江苏的省会城市，位于江苏省西南部。南京地理位置优越，风景秀丽，赢得历代政治家、军事家和文化名人的赞誉。诸葛亮曾赞叹道：“钟山龙蟠，石头虎踞，真乃帝王之宅也”。

南京是中国著名古都，世界历史文化名城。南京山、水、城、林相映成趣，景色壮丽秀美，是中国著名的风景旅游城市。春游“牛首烟岚”，夏赏“钟阜晴云”，秋登“栖霞胜境”，冬观“石城霁雪”，可见南京美景胜境之一斑。

（1）中山陵风景区　中山陵风景区位于紫金山南麓，是伟大的革命先行者孙中山先生的陵墓。中山陵依山而筑，前临苍茫平川，后踞巍峨碧嶂，气象壮丽。墓地全局呈“警钟”形图案，暗示着“革命尚未完成，同志仍需努力”之意。祭堂为中山陵主体建筑，融中西建筑风格于一体。祭堂南面三座拱门的门额上分别刻有“民族”“民权”“民生”。祭堂中央供奉的中山先生坐像，出自法国雕塑家保罗·朗特斯基之手，底座镌刻六幅浮雕，是孙中山先生从事革命活动的写照。墓室距广场高差70m，拾级而上，高山仰止之情顿生。此建筑不仅寄托了海内外捐赠者对孙中山先生的崇高敬意和缅怀之情，而且具有极高的艺术价值。

（2）雨花台风景区　雨花台风景区位于中华门外约1km处，是我国著名的革命圣地和旅游景区，被列为全国爱国主义教育示范基地和省级风景名胜区。雨花台风景区范围包括雨花台烈士陵园、菊花太九烈士陵园及望江碑、花神廊一带山丘绿地。

雨花台烈士陵园是国内最长、最壮观的纪念性建筑物群。革命烈士就义群雕塑造了九位象征着各族各年龄层次烈士气宇轩昂、视死如归的壮烈形象，像高10.03m、宽14.2m、厚5.6m，由179块花岗石装配而成，重达1300t，是我国目前同类题材中最大最重的花岗石雕。雕像矗立于革命烈士殉难处。

江南第二泉在雨花台东岗。南宋时，陆游曾登雨花台游玩，见寺中有一泉，色味俱佳，倍加赞赏，品其为“二泉”。泉水从数米高的假山石中汩汩流出，汇集成池，池中泉水清澈见底，甘冽可口。

（3）秦淮河风景区　秦淮河风景区地处南京城南，东起东水关淮清桥秦淮水亭，越过文德桥，直到中华门城堡延伸至西水关的内秦淮河地带，包括秦淮河两岸的街巷、居民、附近的古迹和风景点，历经1800年，这里始终是南京最繁华的地方之一，美称“十里珠帘”。

经过修复的秦淮河风光带，以夫子庙为中心，秦淮河为纽带，包括瞻园、夫子庙古建筑群、白鹭洲、中华门城堡，以及从桃叶渡至镇淮桥一带的秦淮水上游船和沿河景观，可谓集古迹、园林、画舫、市街、河房厅和民俗民风于一体的旅游线，极富情趣和魅力。

秦淮河是长江的一条支流，全长约110km，是南京地区的主要河道。秦淮河是南京古老文明的摇篮，一直以来这里是繁华的商业区居民地，名门望族聚居之地，商贾云集；文人荟萃，儒学鼎盛；金粉楼台，鳞次栉比；画舫凌波，桨声灯影构成一幅如梦如幻的美景奇观。

夫子庙即孔庙，始建于宋，原来是供奉和祭祀孔子的地方。夫子庙建筑群由孔庙、学宫、江南贡院荟萃而成，是秦淮风光的精华。由于时代要求，孔庙现已成为群众文化活动场所。夫子庙地区茶楼饭店满目皆是，街边小吃因其工艺精细、造型美观、选料考究、风味独特而著称，形成独具秦淮传统特色的饮食集中地。经专家鉴定，南京秦淮区风味小吃研究会于1987年9月正式命名八套秦淮风味名点小吃为“秦淮八绝”，现推荐给广大游客。

瞻园是秦淮风光带上一个重要的旅游景点。在刘敦桢所著《中国园林》巨幅集锦画册中，将瞻园作为古金陵园林唯一的代表作，载入我国园林史册。“园以石胜”成为瞻园的主要特色。今瞻园，旧院妩媚，新容俏丽，深厚的基础更添时代的活力，正是：瞻前顾后皆妙景，怀古赏新两相宜。

（4）玄武湖风景区　玄武湖风景区包括玄武湖、鸡鸣寺、台城、九华山公园等景点。玄武湖，古称秣陵湖，三面环山，一面临城。钟山雄峙湖东，古城濒临西南，富贵、覆舟、鸡笼山屏列于南，秀峰塔景隔城辉映，朝阳、幕府山绵延湖北，山城环抱，沿湖名胜古迹众多。玄武湖四季景色各异，特别是玄武湖之秋，泛舟湖上，穿行于绿叶红荷之间，停船于垂柳塔影堤畔，尽情欣赏玄武湖的迷人风光，令人流连忘返。

（5）明孝陵风景区　明孝陵是明朝开国皇帝朱元璋与马皇后的陵墓，坐落于紫金山南麓独龙阜珠峰下，东毗中山陵，南临梅花山，风光秀丽，花开时节，暗香浮动，游人如织。

明孝陵是南京地区建筑规模最大的帝王陵寝，现存的仅为陵园最后部分。其总体布局分为两部分：一是导引建筑的神道，神道上立有石兽、石人；二是陵寝主体建筑，即是朱元璋葬地。明孝陵布局宏雄，规制严谨，陵神道开了弯而且长的先例并影响了明、清两代。

梅花山处于明孝陵神道环抱中，因山上多红梅而得名。梅花，是南京市花（1982年南京市人民代表大会八届二次会议通过）。探梅、赏梅是南京的民俗。

现在梅花山占地 $28hm^2$，拥有梅花品种 200 余种，梅花 1.3 万株，南京梅花山正以其得天独厚的自然和人文优势吸引越来越多的海内外游人，逐渐成为全国的梅文化中心。

2. 苏州　苏州位于长江下游、太湖之滨，鱼米之乡，是历史文化名城，公元前 514 年吴王阖闾建都于此。

苏州以园林见长，拙政园、留园、网师园、环秀山庄为代表的古典园林于 1997 年 12 月被列入《世界文化与自然遗产名录》，使之享有“江南园林甲天下，苏州园林甲江南”之美称。苏州的水色山光，景色宜人，自然环境悦目赏心；苏州的街巷临河，“人家尽枕河”，水乡泽国，被誉为东方威尼斯。

（1）古典园林　苏州古典园林以私家园林为主，起始于春秋（公元前 514 年），形成于五代，成熟于宋代，兴盛于明代。

苏州园林是由建筑、山水、花木组成的综合艺术品，集自然美、建筑美、绘画美于一身，是我国文化宝库中的珍贵遗产。有疏朗开明，厅榭典雅，花木繁茂，水廊逶迤，具有浓郁江南水乡风味的拙政园；有厅堂轩豁，廊宇周绕，奇石争雄，被称为“吴中第一名园”的留园；有小山幽旷，清水回环，始建于宋代的沧浪亭；有雅素精巧，曲径通幽，庭园紧凑的“园中瑰宝”——网师园；有石狮林立，迷宫探幽，变化无穷的狮子林。中国四大名园中，拙政园、留园占据二席。

（2）江南水乡古镇　百余年的悠远历史，百余年的文化底蕴，构成了江南水乡“小桥、流水、人家”的独特风貌。旖旎的水乡风光，特有的人文景观，传统的建筑格局，淳朴的民间风情，令人神往，令人流连忘返。苏州水乡古镇众多，其中以周庄、同里、角直和木渎最具代表性。

（3）商业街　观前街位于苏州市中心，地理位置优越，昔日杂乱狭窄的街景已被宽阔整齐的街道和广场所替代，现如今的观前街成为苏州繁华的商业第一街。整治更新后的观前街，不仅从功能定位、建筑布局等方面构造出了一种独特的风格，而且还营造出了浓厚的现代气息，以小开间为主的、具有苏州清秀雅致传统地方特色的建筑鳞次栉比。

入晚的观前街华灯初上，各种建筑物上的轮廓灯、反射灯、霓虹灯以及古色古香的街灯齐放光芒，把全街映照得流光溢彩、五光十色。悠闲地漫步于街头、购物于店铺、小憩于广场，会使人赏心悦目、流连忘返。

3. 无锡　无锡地处江苏省南部，长江三角洲中心地带，“太湖明珠”无锡是江南著名的历史文化名城，距今已有 3000 多年的历史。无锡自古物产丰富，富庶江南，素有“小上海”之称。

无锡风光具山水之胜，共河湖之美，兼人工之巧。鼋头渚集太湖山水与园林建筑于一体，被称为“太湖第一胜境”；“天下第二泉”清澄甘洌，曾有名曲

《二泉映月》歌之咏之；身高88m、堪称世界第一的铜铸灵山大佛，祥福寺，是善男信女的朝拜圣地；此外，宜兴的竹海、茶林、溶洞，极尽自然风光之秀美。中央电视台在无锡建造三国城、唐城、水浒城等影视基地，使无锡尽现出“东方好莱坞”的景象。

（1）太湖风光　太湖是我国第三大淡水湖，水面烟波浩渺，水质清纯，雄浑清秀，四季景色不同，晨暮意境迥然。

湖中有大小岛屿48个，连同沿湖的山峰和半岛，号称七十二峰，构成了一幅山外有山，湖中有湖，山重水复，山环水抱的天然图画。沿湖各处，或山水交融，百态千姿；或园林典雅，诗情浓郁；或钟乳瑰丽，沿天奇异；或小桥流水，碧草繁花，无不透着一股精巧玲珑的秀气、灵气，形成了闻名中外的太湖风景区。太湖胜景由有“香雪海”之称的邓尉山、湖中最美丽的洞庭西山、观赏太湖风光最佳处的鼋头渚等组成。

（2）影视城　太湖影视城为中央电视台无锡外景基地，是我国最早建立的影视剧生产基地，整个基地规模宏大，将当地的湖光山色与人造外景巧妙结合，形成了别具一格的影视文化旅游景区。

唐城以气势雄伟的仿唐宫殿为主，古朴典雅，婀娜多姿的唐歌乐舞，精美乱真的布景道具，游人置身其间，可领略到大唐盛世的风采；三国城则以汉代风格的建筑见长，将1700多年前群雄争霸的场面再现在现代人的眼前，使人充分领略汉代的历史文化，真是人间的鬼斧神工，将时空的阻碍化为乌有。

4. 扬州　扬州地处长江和淮河之间，自隋代以来，扬州便成为中国东南地区政治、经济、文化活动的中心和国际交往、对外贸易的重要港埠。这里风光秀丽，人文荟萃，是中国政府首批公布的24座历史文化名城之一。“故人西辞黄鹤楼，烟花三月下扬州”道出了人们对扬州的向往。

（1）瘦西湖风景区　“天下西湖，三十有六”，唯扬州的西湖，以其清秀婉丽的风姿独异诸湖，占得一个恰如其分的“瘦”字。

瘦西湖风景区为我国湖上园林的代表，古典园林群融南秀北雄于一体，组合巧妙，互为因借，构成了一个以瘦西湖为共同空间，景外有景，园中有园的艺术境界，历史上有二十四景著称于世。“烟花三月下扬州”“二十四桥明月夜，玉人何处教吹箫”“绿杨城郭是扬州”等数不清的名言佳句，流传千古，为瘦西湖增添了耀眼的浓墨重彩。

瘦西湖风景区正因其悠久、丰富的人文景观，秀丽典雅的自然风韵，成为古今中外游客纷至沓来的著名游览胜地。

（2）名寺、名园　大明寺院位于扬州西北郊的蜀冈之上，距今已有近1500多年的历史。它既是一座佛教庙宇，也是一方风景名胜，由大雄宝殿、平远楼、平山堂、西园、鉴真纪念堂组成。

个园位于市区盐阜西路，是全国重点文物保护单位。清代园主黄至筠在明代寿芝园旧址上重建。个园以竹石为主体，以分峰用石为特色。其最负盛名者乃四季假山：春山笋石参差，修篁弄影；夏山中空外奇，泞潭清冽；秋山黄石丹枫，峻峭依云；冬山宣石似积雪未消。南墙设风洞，有朔风之声，而西墙漏窗却又远远招来春色。因游览为环形路线，春、夏、秋、冬四景安排巧妙，恰如经历了周而复始的四季循环变化，大有穷无止境之意。

何园，又名寄啸山庄、何家花园，位于市区徐凝门街，是清代后期扬州园林的代表作。何园上有串楼，下有回廊，回环曲折，层层叠叠，游人循楼漫步，景物推移，一路变幻，耳目常新。这种精妙的设计，把局部美和群体美巧妙地连成一个整体，是扬州园林的代表作。

7.2.3 浙江主要旅游地

浙江简称“浙”，以钱塘江旧称浙江而得名。全省总面积约 10 万 km^2，地处祖国东南沿海。浙江省内湖光山色，风景旖旎，多名山胜景，杭州、绍兴都是历史文化名城。名胜古迹有嘉兴南湖革命纪念馆、雁荡山、普陀山、富春江等。

1. 杭州　杭州是我国著名的历史文化名城，也是七大古都之一。杭州文化璀璨，积淀深厚。其自然风景优美，旅游资源丰富，是全国重点风景旅游城市，享有“上有天堂、下有苏杭”的美誉。

（1）西湖风景区　西湖位于杭州城西，是我国著名的旅游风景名胜区。西湖，三面云山环抱，一面濒临城区，是一处以秀雅的湖光山色与璀璨的历史文化交相辉映的国家级风景名胜区。西湖的山山水水、晴雨风雪韵致各具，春夏秋冬、朝夕晨暮，仪态各殊，“若把西湖比西子，淡妆浓抹总相宜”已成为西湖前无古人后无来者的千古绝唱。

西湖是首诗，是幅画，是个故事，而传世近千年的“西湖十景”则荟萃了西湖最美的景致。“西湖十景”的妙处，不仅在于它有情、有景、有物、有时，而且每两个景点都是成对的。

如今，杭州实施了“碧水、蓝天、绿色、清净”四大工程。西湖浚深，并引钱塘水灌溉，环湖山林绿化，四季花团锦簇。西湖这颗东方明珠更加绚丽夺目，成为世界的文化遗产和国际友人向往的旅游胜地。2007 年杭州市又评选出我最喜爱的西湖新景观为“灵隐禅踪”“六和听涛”“岳墓栖霞”“湖滨晴雨”“钱祠表忠”“万松书缘”“杨堤景行”“三台云水”“梅坞春早”“北街梦寻”。

到杭州旅游，一看西湖，二看灵隐。灵隐寺位于西湖西部的飞来峰旁，是西湖畔历史最为久远的佛教圣地。离西湖不远，该寺前坐落着奇特的“飞来峰”，山峰不高，因长期受地下水溶蚀而形成了奇幻多变的洞壑，岩壁上刻有形态各异的佛像石刻，是江南少见的古代石窟艺术瑰宝，可与四川大足石刻媲美。

（2）富春江—新安江—千岛湖风景区　该风景区位于上起淳安，下至富阳，包括建德、桐庐的一段区域内，两岸山色青翠秀丽，江水清澈碧绿，是我国江南山水黄金旅游线上的一颗璀璨的明珠。

新安江、富春江是钱塘江的上游，两江风光秀丽，景致奇异，自然山水的神韵和历史文化的积淀形成了独特的旅游景观，因而有“天下佳山水，古今推富春”之说。两岸主要景点有：富阳鹳山、桐庐瑶琳仙境与天目溪漂流、桐君山、大奇山国家森林公园、富春江小三峡、新安江水电站等。

千岛湖位于杭州淳安县境内，面积约580km^2，湖中1078个岛屿星罗棋布，千姿百态，水色碧绿，湖光山影，素有山青、水秀、洞奇、石怪“四绝”之说，并有“太湖之浩瀚，西湖之秀丽”的美誉。

位于湖中的龙山、羡山、蜜山、龙羊山四岛，是游览千岛湖景致的最佳去处：龙山岛秀立湖心，满山葱茏；羡山岛奇岩突兀，溶洞贯穿；蜜山岛扑朔迷离，变幻莫测；龙羊山岛岩石嶙峋，景致奇特，可乘缆车登顶观岛的梅峰；设有奇石馆、鱼乐桥、鸟岛、锁岛的五龙岛；以及以水上娱乐与休闲度假为主的温馨岛等。

（3）临安风景区　临安风景区位于浙江省西北部的天目山南麓，境内有天目山和清凉峰两处国家级自然保护区，还有青山湖国家级森林公园，大明山省级风景名胜区等数十处名胜景点。湖光、山色、巨树、溶洞、峡谷、飞瀑、温泉等形成了临安独特的自然风光。此外，临安又开辟了浙西大峡谷这一旅游新景点。

浙西大峡谷位于浙皖接壤的清凉峰国家级自然保护区区域内。峡谷境内山高水急，呈狭长环带状，全区共分三个景区：第一景区“龙井峡”，长约18km，奇峰秀瀑，危岩多峭，有“白马崖中出，黄牛壁上耕”之誉。第二景区“上溪峡”，长约26km，地势高峻、水流湍急、山石奇趣，又是国宝鸡血石的主要产区。第三景区“浙门峡”，全长近30km，山瀑叠生，石岚流动，拥有大小石门洞等知名度极高的奇观妙景。浙西大峡谷一经发现，就得到旅游界的首肯，浙江省旅游局的专家称之为“华东第一旅游峡谷”。

2. 绍兴　绍兴位于浙江省的东北部，其历史悠久，名人辈出，景色秀丽，物产丰富，以水乡、桥乡、酒乡闻名，是我国历史文化名城之一。市内外小桥流水众多，湖塘密布，以乌篷船、乌毡帽、乌干菜为代表的绍兴水乡风情，就像绍兴的黄酒一样，令游人回味无穷。

在这里还能有幸品尝到绍兴老酒、绍兴梅干菜、绍兴腐乳、绍兴茴香豆、上虞水晶杨梅等风味食品。在逃离都市的喧嚣的同时，还能聆听欸乃的橹声，享受小城的宁静和平和。

绍兴的主要旅游线有：书道之旅（游兰亭、戒珠寺、凤鸣山、瞻山湖、金庭观王羲之墓等）、水乡风情游（坐画舫船或乌篷船，沿途品酒、听戏、书艺交流）、名人故居（周恩来祖居、鲁迅故居、秋瑾故居、三味书屋、咸亨酒店等），以及生态旅游。

（1）三味书屋　三味书屋位于市区都昌坊口，是著名私塾。三味书屋是三开间的小花厅，本是寿家的书房。寿镜吾在这里坐馆教书达60年，从房屋建筑到室内陈设以至周围环境，基本保持当年原面貌。鲁迅12～17岁在这里求学。鲁迅的座位在书房东北角，一张硬木书桌是鲁迅使用过的原物。塾师寿镜吾，是一位正统、质朴和博学的人，他的为人和治学精神，给鲁迅留下了难忘的印象。

（2）咸亨酒店　咸亨酒店位于市区鲁迅路秋官第，临街朝南。酒店东侧，竖立着一座四柱塔形照牌，上书“咸亨酒店”四个金字。因此处老酒地道，“过酒坯”（下酒菜）风味纯正，闲暇之时，于此自斟独酌，或约三二酒友品“三酉”而闲聊，均极自在。咸亨酒店有“绍兴酒俗博物馆”之戏称。

3. 舟山游览区　舟山游览区位于浙江东部沿海舟山岛上。舟山是我国第四大岛，其形如舟，故此得名。舟山海景秀逸迷人，海味鲜美丰富，可较好地发展旅游业。舟山群岛是我国最大的海岛群，包括嵊泗列岛、舟山、普陀山等有近千个岛屿，它已成为东南沿海旅游网络的重要组成部分。

（1）海天佛国——普陀山风景区　普陀山位于舟山群岛东南部，以悠久的佛教文化和独特的海山风光驰名于世，誉为“海天佛国”，与五台、峨眉、九华并称为中国四大佛教名山。

目前尚有普济、法雨、慧济三大寺和大乘、梅福、紫竹林等30余座禅院供朝圣、观光。山上文物众多，有元代的多宝塔，南京明故宫拆迁来的“九龙殿”以及建于明朝万历年间的“杨枝观音碑”，称为普陀山三件宝物。景区对外交通便捷，海空通达，管理规范，秩序良好，服务设施齐全。

（2）海岛生态公园——朱家尖　朱家尖以沙石自然景观为特色，由五大名胜景区组成。每年7～10月份都将在这里举行国际沙雕节。十里金沙，由南沙、东沙、千沙、里沙和青沙五大沙滩组成。

朱家尖是近年较为热门的海滨避暑胜地，奇石叠耸，海景婀娜，它以沙石自然景观著称，被誉为“国家海岛生态公园”。

此外，嵊泗列岛是国家级重点风景名胜区，气候宜人，与其他诸岛仿若海中明珠，镶嵌于碧波之上，阳光、海风、海滩创造了良好的避暑休养环境。

7.2.4　安徽主要旅游地

安徽省紧靠以上海为中心的长江三角洲经济区，是临江近海的内陆省份。风景名胜有：黄山、九华山、古民居村落、三国古战场等。

1. 名山古迹

（1）黄山风景区　黄山是世界自然和文化双遗产，世界地质公园，中国十大名胜古迹之一，国家5A级旅游景区、国家级风景名胜区，位于安徽省南部黄山市境内，是安徽旅游的标志。南北长约40km，东西宽约30km，山脉面积

$1200km^2$，核心景区面积约 $160.6km^2$。

黄山现已成为中国名山之代表，素有“五岳归来不看山，黄山归来不看岳”、“天下第一奇山”之称，并与长江、长城、黄河并称为中华民族的象征之一。黄山不仅以奇伟俏丽、灵秀多姿著称于世，还是一座资源丰富、生态完整、具有重要科学和生态环境价值的国家级风景名胜区，属世界文化与自然遗产，于1990年被列入《世界遗产名录》。

黄山的奇松、怪石、云海、温泉被称为“黄山四绝”，神奇的冬景和壮美的日出，更让游客流连忘返。莲花峰、光明顶、天都峰为黄山三大主峰，海拔均在1800m以上，并以三大主峰为中心向四周铺展，跌落为深壑幽谷，隆起成峰峦峭壁，呈现出典型的峰林地貌。黄山无时不松，奇特的古松，难以胜数。最著名的有迎客松、卧龙松、探海松、黑虎松等30余株。多少年来，它们抵御风吹雨打，霜剑冰刀，吸取岩石中的点滴水分和营养，显示出顽强的生命力。而黄山云流动于千峰万壑之间，或成滔滔云海，浩瀚无际，或与朝霞、落日相映，色彩斑斓，壮美瑰丽。黄山温泉，古称“灵泉”，水质清澈，可饮可浴，是黄山一绝。特殊的地理位置，构成36条大峡谷，形成36源，汇流24溪。山水迸泻，形成飞瀑，悬垂如练，溅珠喷玉。“山中一夜雨，处处挂飞泉”，有名的瀑布为：“人字瀑”“百丈泉”和“九龙瀑”。黄山以丰厚的文化积淀为基础，加上日出、日落、云雾、松涛、佛光、秋色、雾凇、冰挂等自然奇观，幽谷泉鸣，鸟语花香，整个景区犹如一幅幅立体的壮丽画卷。

（2）九华山风景区　九华山位于安徽省池州市，是中国四大佛教名山之一，国家重点风景名胜区，总面积 $120km^2$。此山原名九子山，因山“高数千丈，上有九峰如莲花”，而得名为九华山。

九华山共有99座山峰，以天台、十王、莲华、天柱等九峰最雄伟，群山众壑、溪流飞瀑、怪石古洞、苍松翠竹、奇丽清幽，相映成趣。名胜古迹，错落其间。九华山山势雄伟，群峰竞秀，植被繁茂，瀑飞泉涌；气候温和湿润，四季分明，自然风光与人文景观、佛教气氛融为一体，素有“东南第一山”之称，自古就是我国著名的旅游胜地。九华山现有寺庙80余座，僧尼300余人，已逐渐成为具有佛教特色的风景旅游区。在中国佛教四大名山中，九华山独领风骚，以“香火甲天下”“东南第一山”的双重桂冠而闻名于海内外。此外，本区名山古迹还有琅琊山、天柱山、齐云山等。

琅琊山为我国24座文化名山之一，景区以茂林、幽洞、碧湖、流泉为主要景观，兼有丰富的人文景观，为皖东的游览胜地。琅琊山层峦叠嶂，绿荫如盖，云雾缭绕，曲径幽泉，溪水潺潺，清幽俊秀令人陶醉，四季皆有好景。

天柱山位于安徽省西南部，以其雄奇灵秀的山水、令人赞叹的文化、争奇斗艳的花卉和四季宜人的气候，构成了独特的自身价值，成为旅游观光的胜境，陶冶情操的圣地。主要景点有：六月雪、象鼻石、神秘谷、天柱松、天池峰、天柱峰和海拔 1100m 的我国第三大高山平湖——炼丹湖等。

齐云山位于黄山脚下，距黄山市（屯溪）西 33km，它是一处以道教文化和丹霞地貌为特色的山岳风景名胜区，历史上有“黄山白岳甲江南”之称。其主要景观有：洞天福地、真仙洞府、香炉峰、小壶天、玉虚宫、方腊寨等。齐云山碑铭石刻星罗棋布，素有“江南第一名山”之誉。

2. 古村落景区

（1）西递村　西递村位于安徽省黄山市黟县东南部，四面环山，两条溪流从村北、村东经过村落在村南会源桥汇聚。西递村现存明、清古民居 124 幢，祠堂 3 幢。2000 年 11 月 30 日，被联合国教科文组织列入《世界文化遗产名录》。西递村是一处以宗族血缘关系为纽带，胡姓聚族而居的古村落，该村源于 11 世纪，发展鼎盛于 14 ~ 19 世纪。由于历史上较少受到战乱的侵袭，也未受到经济发展的冲击，村落原始形态保存完好，保持着历史发展的真实性和完整性。

西递村所有街巷均以黟县青石铺地，古建筑为木结构、砖墙维护，巷道、溪流、建筑布局相宜。村落空间变化韵味有致，建筑色调朴素淡雅，体现了皖南古村落人居环境营造方面的杰出才能和成就，具有很高的历史和艺术价值。西递村的石、砖、木三雕，堪称西递三绝。

（2）宏村　宏村又名弘村，都是取“宏广发达”之意，位于安徽省黟县东北部，背倚黄山余脉羊栈岭、雷岗山等，地势较高，常常云蒸霞蔚，时而如泼墨重彩，时而如淡抹写意，恰似山水长卷，融自然景观和人文景观为一体，被誉为“中国画里的乡村”。特别是整个村子呈“牛”形结构布局，更是被誉为当今世界历史文化遗产的一大奇迹。这种别出心裁的科学的村落水系设计，不仅为村民解决了消防用水，而且调节了气温，为居民生产、生活用水提供了方便。在 2000 年 11 月 30 日，宏村被联合国教科文组织列入《世界文化遗产名录》。

7.2.5　江西主要旅游地

江西省地处长江中下游南岸，省会南昌。江西旅游资源的特点主要有三点：一是历史悠久，人文荟萃；二是高山与流水争辉，珍禽与瑶草同誉；三是自然与人文融为一体，构成复合的风景名胜。庐山东林寺、白鹿书院等，众多的诗文题刻，常令人发思古之幽情；龙虎山是道教“仙都”，形似桂林，胜似桂林，不是武夷，胜是武夷；水仙岩不高但险峻，飞棺凌空；上清河水可鉴毛发，酷似漓江；巍峨的井冈山，作为中国革命的摇篮，也无愧于当代“风流文物”而雄居于名山之列，令人景仰。根据全省 70% 的旅游景点集中在京九线的特点，江西提出建设庐山、景德镇、龙虎山、三清山等北部环线，赣州、井冈山等南部环线十大旅游区，形成一轴带两环线的新格局。

（1）庐山风景区　庐山位于江西北部，北临长江，东濒鄱阳湖，是一座历史悠久的名山。庐山最高峰汉阳峰海拔 1474m，牯岭 1167m，巍巍的庐山，远看犹如一山飞峙大江边，近看千峰携手紧相连，横看铁壁钢墙立湖岸，侧看擎天一柱插云间，正如宋代大文豪苏东坡诗云："横看成岭侧成峰，远近高低各不同。不识庐山真面目，只缘身在此山中。"

庐山是由断裂隆起而形成的断块山，这种断层块构造而形成的山体，多奇峰峻岭，悬崖峭壁，千姿百态。有的浑圆如华盖；有的绵延似长城；有的高摩天穹；有的俯瞰波涛；有的像船航江海；有的如龟行大地，雄伟壮观，气象万千。

庐山处于亚热带季风区，雨量充沛、气候温和宜人，夏季凉爽，秋季早到，冬无酷寒，春则晚来。庐山 7 月的平均气温仅 22.6℃，日最高气温常在 30℃以下。因而，庐山是全国著名的避暑胜地。

（2）滕王阁风景名胜　滕王阁位于南昌市沿路的赣江边，始建于唐高宗永徽四年（公元65 年），原阁规模不算很大，高九丈，共三层。因王勃的《滕王阁序》而名垂千古。

现在的滕王阁整体布局已发生了巨大的变化，主体建筑九层，净高 57.5m，丹柱碧瓦，画栋飞檐，斗拱层叠，门窗通透，其立面似一个倚天的"山"字，而其平面则如一只展翅欲飞的大鲲鹏。新建的滕王阁内陈设无不突出文化楼阁的特征，当今名家珍品，各类大型壁画、浮雕，均体现"物华天宝""人杰地灵"的主题。

登阁纵览，春风秋月尽收眼底，近可以见仿古商业街迂回曲折，错落有致，西侧赣江、抚江浩浩，流远年长天万里，西山横翠，南浦飞云，长桥卧波，令人心旷神怡。

（3）三清山风景区　三清山位于江西东北部玉山和德兴交界处，主峰玉京峰海拔为 1817m。三清山因玉京、玉华、玉座三峰峻拔，犹如道教所尊崇的玉清（元始天尊）、上清（灵宝道长）、太清（太上老君）三神列座其巅，并因古建筑三清宫而得名，2008 年 7 月 8 日作为自然遗产被联合国教科文组织列入《世界遗产名录》。

三清山风景名胜区资源丰富，规模宏大，种类齐全，景点众多。中心景区共分三清宫、梯云岭、三洞口、玉灵观、西华台、石鼓岭和玉京峰七个景区。三清山东险西奇、北秀南绝，兼具"泰山之雄伟、华山之峻峭、衡山之烟云、庐山之飞瀑"的特点，奇峰异石、云雾佛光、苍松古树、峡谷溶洞、溪泉飞瀑、古代建筑、石雕石刻各具特色，惟妙惟肖，形态逼真。

三清山四季景色绮丽秀美，融融春日，杜鹃怒放，百花争艳；春夏之交，流泉飞瀑，云雾缭绕；三伏盛夏，浓荫蔽日，凉爽宜人；仲秋前后，千峰竞秀，层林尽染；三九严寒，冰花玉枝，银装素裹，宛如琉璃仙界。

（4）井冈山风景区　井冈山位于湘赣边界，为全国爱国主义教育基地和国家园林城。这里培育、凝聚了中华民族之魂——光照千秋的井冈山精神给后人以不尽的思索与启迪。

井冈山山高林密，沟壑纵横，重峦叠障，地势险峻。中部为崇山峻岭，两侧为低山丘陵，从山下往上望，巍巍井冈山就如一座巨大的城堡，五大哨口是进入“城堡”必经的“城关”，把守此地，有“一夫当关，万夫莫开”之势。

井冈山森林覆盖率高达64%，有“绿色宝库”之称，全境共有原始森林四处，植物种类有3800多种，如鹅掌楸、香果树、银杏、黄杉、冷杉、台湾松、福建柏等上百种中国特有或世界稀有树种。井冈山又是天然动物园，848种动物栖息在这里，属于国家一、二、三级保护动物的有黄腹角雉、短尾猴、华南虎、云豹、大灵猫、毛冠鹿等20多种。由于动物资源丰富，井冈山设立了面积达16.6km^2的自然保护区。

思考与练习

1. 华东旅游区有哪些重要的旅游线？线上各有哪些著名的风景名胜？
2. 试列举几个本区各省开展的特色专项旅游和旅游节庆活动。
3. “华东五市”为哪五个城市？并说出每个城市的三个以上游览胜地。
4. 请你设计旅游线路：杭州一日游线、杭州二日游线。（参考 http://www.gotohz.gov.cn/）
5. 介绍华东旅游区的旅游业发展现状，并浅析其原因。

第 8 章 华中旅游区

问题导学 “田肥美，民殷富……沃野千里，蓄积饶多，此谓天府。”数不尽的风景名胜，看不完的民族风情，听不够的康定情歌，尝不尽的特产风味……“天府之国”“鱼米之乡”“千湖之国”的含义在这里无限延伸。作为既不靠海又不临国境的旅游区，它发展旅游靠什么？名山、名水、名人是这个地区的典型代表，让我们走近它……

8.1 华中旅游区旅游地理环境特征

华中旅游区位于长江中、上游地区，包括四川、重庆、湖北和湖南三省一市，全区总面积约96万km^2，人口约2.4亿，各区皆有少数民族分布。华中江河纵横，湖泊众多，山脉雄奇，地形复杂，形成了丰富的旅游资源。我国最重要的河川旅游线和黄金旅游线——长江横贯本区，壮丽雄伟的峡谷风光举世闻名，三国古迹和近代革命圣地交相辉映，自然保护区和古人类遗迹各有千秋，形成了地域文化特征明显的旅游资源。本区是我国重要的极具发展潜力的旅游大区。

8.1.1 自然旅游地理环境特征

1. 地表结构复杂，地貌类型多样 本区地跨我国三大地形的交接地带，地形大致由川西山地、大巴丘陵、四川盆地、湘鄂西山地丘陵、两湖平原组成。川西为高原、山地，是青藏高原的一部分，海拔多在4000m以上，地势由北向南逐渐降低，高山深谷相间分布；川东为盆地、丘陵，海拔多在1000～3000m。四川盆地以浅丘和平原为主，是我国四大盆地之一，面积16.5万km^2，盆地内海拔200～750m，由北向南倾斜，盆地西部的成都平原为西南地区最大的平原，有“天府之国”的美誉。盆地北部的米仓山、大巴山地的海拔自西向东由2000m降至1000m，岩溶地貌发育。盆地东部有低山丘陵屏障，南接大娄山。

本区东部为两湖平原，以长江为界，北为江汉平原，南为洞庭湖平原，是经济发达、人口稠密和三国名胜汇集之地。周围环以鄂西山地、大别山、罗霄山、南岭、湘西山地。鄂西山地包括巫山、武当山、神农架等中低山，长江切穿巫山，形成举世闻名的三峡景观。湖南大致地形为向北敞开的马蹄形盆地，湖北则向南敞开略成一个不完整的盆地。由于地形复杂，本区风景名山荟萃，如武当山、神农架、巫山、缙云山、峨眉山、兴文石林、衡山、岳麓山、武陵源、湘南九嶷山、洞庭君山等风景名胜区。

2. 四季分明的亚热带季风气候　本区除川西高原属高寒气候外，其余均为亚热带湿润性季风气候，春夏秋冬四季分明。春季天气阴晴不定，时而风和日丽，时而春雨绵绵，春夏之交为梅雨季节。盛夏在副热带高压控制下，天气晴热少雨，常出现酷热天气。重庆、武汉为全国有名的“火炉”。秋季天高气爽，温和宜人，但山区降水多于平原，冬季受干冷的偏北风影响，但严寒时间不长，1月平均气温在0～6℃以上，多晴朗天气。川西高原属高寒气候，但西南季风可溯河谷而上，水热条件较高原其他地区为佳，垂直变化明显，著名的海螺沟冰川森林公园成为海拔最低的冰雪旅游景观。

本区特殊的地形和温和湿润的气候，使得植物种类繁多，森林覆盖率高，山清水秀，景观丰富多彩。同时，名山众多，春季无风沙之虞，夏季可避暑，冬季短促，秋季天高气爽，一年四季均可开展各种类型的旅游活动，旅游的季节性特征较北方地区不是那么明显。

3. 河网稠密，湖泊较多　本区河网稠密，湖泊较多，河流水量大，汛期长，泥沙含量少，无冰期，水流稳定，为开展水上旅游活动创造了得天独厚的条件。本区主要河流是长江及其支流，包括嘉陵江、乌江、汉水、湘江及沅江、资水、澧水等；本区湖泊主要是洞庭湖及武汉的东湖。在河流流经的地区及沿河两岸，自然景观生动，并孕育了各具特色的人文旅游资源，也是旅游开发较好的地区。

8.1.2　人文旅游地理环境特征

1. 巴蜀与楚文化特色鲜明，古代文明辉煌灿烂　3000多年前重庆即为巴国首府，2400多年前，成都为蜀国王都，该地汉人大多为元朝末年和明末清初移入的湖北人和湖南人，而地处湘鄂西和川东的土家人是古代巴人的后裔。其文化特色表现在：一是崇拜白虎，把白虎视为家神；二是民间体育泥土气息醇厚，震惊世人的硬气功表演，表现了土家人的粗犷性格；三是无事不歌舞的巴人遗风，节庆时跳摆手舞，办丧事也跳“撒尔荷”，耘草时有“薅草锣鼓”，其歌舞旋律神奇，动作有力，节奏感强，被誉为“东方迪斯科”；四是独特的婚俗—哭嫁。

楚文化则为统领南方，能与中原文化相媲美的中国文化南支。表现在：一是青铜冶铸工艺，它有失蜡法或漏铝法，使器物有复杂的形状和巧夺天工的附饰。二是丝织与刺绣工艺。湖北江陵马山一号墓出土的大量战国中期的丝织刺绣，被誉为我国古代“丝绸宝库”。长沙马王堆汉墓出土的素纱蝉衣，衣长128cm，连袖长190cm，加上衬领和夹层的袖口，重量仅49g，均说明该地古代丝绸技艺的高超。三是髹漆工艺。楚国是先秦各国中出土漆器最多的地方，而且类别繁多，应用极广。各种漆器可以是木胎、竹胎、革胎、藤胎等，以黑、红两色搭配最多。楚人崇凤，尚赤，贱虎，也在髹漆工艺中得到更充分的表现，这类文物在湖北江陵、湖南长沙出土的最多。四是美术和乐舞。1949年于长沙陈家大山楚墓出土的人物龙凤帛画和1973年在长沙子弹库楚墓出土的人物御龙帛画，为我国仅有的两幅先秦帛画。湖北随州擂鼓墩出土的两套编钟，还有编磬、鼓、瑟、琴、竽、排箫等多种楚乐器出土，说明楚乐之发达。五是文学创作辉煌。世界四大文化名人之一屈原，其所著的《离骚》，立意高洁，以自然朴素为美。湖南文学家经世致用、务实为本的理性观念，也在众多的著作中得以体现。流寓文化、理学文化、红色文化和地域民俗文化，构成了鄂湘文化的主体内容，也是鄂湘文化的四大支柱。

2. 三国故事代代相传，近代革命风起云涌　历史上魏、蜀、吴三国鼎立的半个世纪，是一个群雄争霸的时代，以曹操、刘备、孙权为首的三个军事政治集团斗智斗勇，演绎出一个个动人心弦的故事。而川、鄂、湘则是这些故事的主要发生地，留下了大量的三国文化遗址，成都、剑门关、白帝城、重庆、荆州、襄阳、赤壁、岳阳楼等地的三国文化遗存为本区开展三国文化专项旅游提供了极其优越的条件。

在近代，本区一直处于社会变革的风口浪尖之上。武昌起义、秋收起义、湘南起义、平江起义、黄麻起义等纪念地及大别山、洪湖、华蓥山等革命根据地的存在，成为本区重要的旅游资源。领袖人物毛泽东、刘少奇、邓小平都出于本区；全国十大元帅，出于本区的有八位（朱德、彭德怀、刘伯承、陈毅、贺龙、聂荣臻、罗荣桓、林彪）。充分挖掘伟人、名人旅游资源的潜力，开展革命征途、伟大事迹等专项旅游，在本区大有可为。

3. 土特名产较多　本区自然条件优越，人口稠密，开发历史悠久，为我国经济发达地区之一。本区物产丰富，多土特名产，尤以名酒和丝绸最负盛名。湖南为著名的“鱼米之乡”“有色金属之乡”“非金属矿之乡”，物产丰富，旅游商品独具特色。湖南传统工艺品技艺精湛，种类繁多，其中尤以湘绣、湘瓷、竹编制品、石雕制品闻名于世。产于岳阳君山的君山银针茶，古丈县的古丈毛尖茶，四川的蒙顶茶、峨眉山茶、青城茶、屏山茶均为茶中的极品。湘西湘泉酒厂生产的酒鬼酒，四川的五粮液、泸州老窖、绵竹剑南春、全兴大曲、古蔺郎酒都是全国闻名的名酒。湘绣、蜀绣、苏绣与粤绣为中国四大名绣，蜀锦与南京的云锦、苏州的宋锦、广西的壮锦一起，并称为中国的“四大名锦”。湖北的特产有洪湖羽毛扇、绿松石雕、孝感麻糖、皮革服装纺织品、马口陶瓷、园林青酒等。四川中药材闻名全国，如川芎、川贝母、虫草、天麻、川乌与附子、杜仲、当归、牛膝、黄连、通江银耳等。四川是著名的生漆产区，四川漆器是著名的工艺品。

4. 丰富的饮食文化　本区的饮食文化可谓源远流长，以长沙风味为主的湘菜注重酸辣鲜嫩，是中国八大菜系之一。代表性的湘菜有腊味合蒸、剁椒鱼头、冰糖湘莲、东安子鸡、白水桂鱼、麻辣子鸡、红椒酿肉、红烧寒菌等。而以麻辣风味著称的川菜，是中国四大菜系之一，比较具有特色的川菜有宫保鸡丁、回锅肉、水煮牛肉、麻婆豆腐、鱼香肉丝、豆瓣鱼等。四川名小吃中较为著名的有夫妻肺片、赖汤圆、龙抄手、钟水饺、担担面、三大炮等。湖北的武昌鱼、笔架鱼肚也有较高的知名度。俗话说“民以食为天”“食在四川”，本地丰富的饮食，也成为吸引旅游者的重要因素之一。

8.2 华中旅游区主要旅游地

本区主要旅游地和旅游资源的总体分布，参见华中主要旅游地和旅游资源简图，如图 8-1 所示。

渝、川、鄂、湘主要旅游地概况分别如下：

8.2.1 重庆主要旅游地

重庆地处中国西南，是我国第四个直辖市，全市辖区面积 8.24 万 km^2，为北京、天津、上海三市总面积的 2.39 倍，是我国面积最大的直辖市。总人口为 3107 万人，三面环水，一面通陆，形似半岛。重庆是出名的多山地区，城区依山而建，因此有“山城”之称；冬春季多浓雾，又有“雾都”之称。

重庆地区自然环境复杂，在长期的演变过程中，构成了集山、水、林、泉、瀑、峡、洞等为一体的壮丽自然景色和融巴渝文化、民族文化、移民文化、三峡文化、“陪都”文化、都市文化于一炉的浓郁文化色彩，形成丰富多彩的自然和人文旅游资源。有古代人民留下的艺术瑰宝：大足石刻；以三国为背景的历史遗迹白帝城、张飞庙；以民俗为背景的丰都鬼城；有风景迷人的南温泉、北温泉、四面山；有世界上最大奉节小寨天坑（漏斗）地缝（盲谷），以及巫溪夏冰洞、长江三峡、大宁河峡谷和乌江峡谷群；还有著名的革命历史遗迹红岩村、曾家岩（新四军抗战办公旧址）、宋庆龄故居、歌乐山烈士陵园及抗日名将史迪威将军纪念馆。本区共有景点 300 余处，其中国家级文物保护单位 10 多个。同时，重庆还是川菜主要代表地域之一，“吃”与“游”相得益彰，平添旅游者无限雅兴。

1. 重庆大足石刻　大足石刻位于距离重庆市区 120km 处的大足区境内，是分布在全县 76 处石刻造像的总称，有晚唐至清代的石刻 100 余处，造像 6 万余尊。国家级重点文物保护单位 2 个，大足县是驰名中外的“石刻之乡”，全国首批旅游列入县。

宝顶山、北山、南山、石门山、石篆山石刻规模最宏大，内容最丰富，保存最完好，雕刻最精美，在 1999 年被列入《世界文化遗产名录》，这些石刻始于晚唐，历经五代，盛于南宋，是我国晚期石刻艺术代表作，具有很高的历史、艺术、科学研究价值，被中外游人誉为“东方艺术的明珠”。

2. 三峡游览区　长江流至四川宜宾后，经重庆到湖北宜昌这一段称为“川江”，是历史上巴蜀通往东部的水上唯一通道。川江下游江水穿越我国二级阶梯

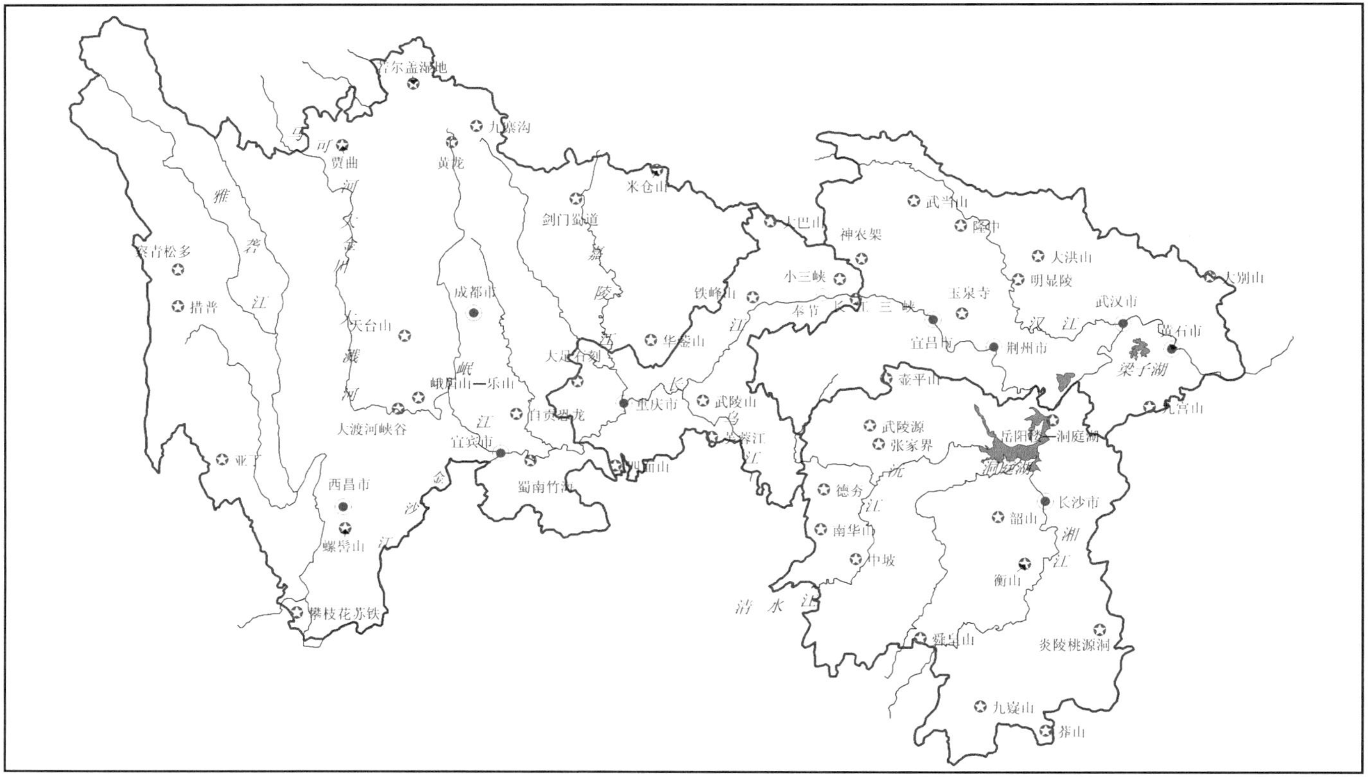

图8-1　华中主要旅游地和旅游资源简图

巫山山脉，形成长江上最摄人心魄的瞿塘峡、巫峡和西陵峡三大峡谷。三大峡谷全长193km，形成了奇特、瑰丽、壮美的自然风光。三峡所在的川江及南北支流地区，因其独特的历史发展背景，形成了多元的历史文化积淀，包括长阳古人类文化、巴文化、楚文化、秦汉以后的辞赋碑帖文化、建筑文化、军事文化、宗教文化和独特的民族民俗文化等，保存了无数珍贵的文化遗产和人文旅游资源。长江三峡作为世界最著名的大峡谷之一，自20世纪80年代以来，已成为我国主要的旅游目的地和国际知名的旅游品牌。著名景点有丰都鬼城、忠县石宝寨、云阳张飞庙、白帝城及大宁河小三峡等。

伴随目前全球规模最大的水电工程——长江三峡水利枢纽工程的建成，一个世界级的旅游项目又凸现在古老的三峡上，成为一项得天独厚的垄断性旅游资源。这项人文景观和原有的自然景观交相辉映，构成了长江三峡蔚为壮观的新景观。三峡库区蓄水后，高峡出平湖，形成总面积达超过1000km^2的人工湖泊。随着高峡平湖的形成，水上休闲度假旅游和水上运动型旅游也将成为库区主要的旅游活动。这些都将大大丰富传统的三峡旅游，为三峡旅游区多元化旅游体系的形成创造了有利条件。

（1）丰都鬼城　丰都鬼城位于重庆下游172km的长江北岸，是集儒、道、佛教文化为一体的民俗文化艺术宝库，堪称“中国神曲之乡”。丰都名山，古称“平都山”，系道家72洞天福地之一。自汉代阴长生、王方平居名山修道成仙之说而讹传“阴、王”二人为“阴王”，阴间之王居所即“鬼都”。鬼城仿阳间司法体系，营造了一个等级森严，融逮捕、羁押、庭审、判决、教化功能为一炉的“阴曹地府”，用来惩治生前作奸犯科者。虽然阎王判官小鬼只是人们的传说虚构，但其惩恶扬善的社会教化功用又为人们所称道。每年农历三月三举行“鬼城庙会”。三峡蓄水后，名山已成为三面环水的一个半岛。

（2）云阳张飞庙　张飞庙原址位于长江南岸飞凤山麓，离重庆市区382km，与云阳县城隔江相望，是为纪念三国名将张飞修建的。张飞庙始建于蜀汉末年，后经宋、元、明、清历代扩建，已有1700多年历史。庙前临江石壁上书有“江上风清”四个大字，字体雄劲秀逸。庙内塑有张飞像，珍藏有汉唐以来的大量诗文碑刻书画及其他文物数百件，多为稀世珍品。素有“三绝”（文章绝世，书法绝世，镌刻绝世）之盛誉，号称“文藻胜地”“巴渝一胜境”。主要建筑有正殿、旁殿、结义楼、望云轩、助风阁、杜鹃亭和得月亭七座。前五个建筑为纪念张飞而建，后两个建筑为纪念唐代诗人杜甫在此客居两年而筑建，是难得的文武合庙。三峡大坝建成以后，该庙已依原貌迁往32km外的南岸。

（3）白帝城　白帝城位于瞿塘峡西口的北岸，距奉节县城8km。三国时，相传刘备不听诸葛亮的劝告，亲自率兵征伐东吴，为义弟关羽、张飞报仇，不料被东吴的大将陆逊杀得大败而回。刘备退到白帝城，无颜回见群臣，于是在白帝城修了永安宫安居，不久郁闷而死。临死前刘备把政权和儿子刘禅托付给丞相诸葛亮，史称“刘备托孤”。现在的白帝庙是明清建筑，庙中有明良殿、武侯祠、观星亭、望江楼等建筑，还有刘备、诸葛亮、关羽、张飞等人的涂金塑像及风箱峡悬棺展览，有隋朝到清朝的古碑刻 70 多块。三峡工程建成后，水位抬高。白帝城四面环水，游船可直达城中。

（4）大宁河小三峡　大宁河小三峡为著名的巫山小三峡。它发源于重庆市巫溪县的光头山，全长 250km，流经崇山峻岭和大小峡谷，一路容纳百川清流，穿过巫溪、巫山之间的云崖险峰，注入巫峡西口的长江。大宁河小三峡是龙门峡、巴雾峡和滴翠峡的统称，它是大宁河风景的精华所在。以山雄、峰秀、滩险、水清、石奇、景幽的峡谷风光和奇山秀水为特色。有人赞颂它“不是三峡，胜似三峡”。

3. 缙云山　缙云山位于重庆市的西北约 60km，因缙云寺得名，为重庆名胜之一，素有“小峨眉”之称。缙云山海拔超过 900m，最高处 1030m，遍山古木参天，林涛如海，山势峻秀，林木茂盛，幽雅清静，是重庆避暑旅游胜地。森林面积超过 $13km^2$，生长着 1700 多种亚热带植物，有珍贵的银杏、红豆杉、飞蛾树、伯乐树等，还有被称为“活化石”的水杉。缙云山从北到南有朝日峰、香炉峰、狮子峰、聚云峰、猿啸峰以及莲花峰、宝塔峰、玉尖峰和夕照峰九峰。其中玉尖峰最高，狮子峰最险，狮子峰上的太虚台，是观赏日出的地方。

4. 四面山　四面山位于重庆的江津区境内，是一处以山、水、林、瀑为主景的风景区。景区气候温和，雨量充沛，冬无严寒，夏无酷暑。典型的丹霞地貌，山高谷深，处处可见刀削似的绝壁，数以百计且形态各异的叠流飞瀑悬泻其上。湖泊溪流众多，水域宽阔。山上的原始森林是亚热带植物资源宝库，还发现有与恐龙同时代的史前植物——有“活化石”之称的中华双扇蕨，并有新石器晚期岩画等人文景观。四面山目前已开放有头道河、响水滩——洪海、水口寺三个景区，还有龙潭湖，大洪海，小洪海，水口寺瀑布，千年古刹朝源观等景观。

5. 红岩革命纪念馆　红岩革命纪念馆位于重庆渝中区红岩村，包括红岩村 13 号、曾家岩 50 号、桂园、《新华日报》旧址等。它们都是抗日战争时期中共中央南方局的活动基地，是我党在国民党统治区巩固和发展抗日民族统一战线、领导人民群众进行革命斗争的中心。因业绩卓著，1955 年在此设馆加以纪念，1958 年 5 月 1 日对外开放，成为全国一流的爱国主义教育基地和参观游览胜地，红岩精神简单地来说，可以概括为八个字：爱国、团结、奋斗、奉献。它集中展现了老一辈无产阶级革命家的精神风貌。

6. 小南海旅游区　小南海地处渝鄂交界之地，距黔江城 32km，是一个融山、水、岛、峡等风光于一体的高山淡水堰塞湖泊，地震遗址是小南海最具科研价值和旅游价值之处。由于小南海远离城市，人烟稀少，所以地震遗址得以完整保存下来，为全国独有、世界罕见，其地震崩滑体、崩积物、淤坝等至今清晰可见，具有极高的科学考察价值，是人类宝贵的自然遗产。小南海的科考价值已属难得，风光的优美更富魅力。2.87km^2 的湖面上碧波荡漾，湖水深度平均为30m，最深处52.7m。以板夹溪为主的五条溪流源源不断地注入湖内。朝阳寺岛、老鹳坪岛、牛背岛三大岛屿林木葱郁、环境幽雅。海岛和海周是天然的动植物园，森林资源丰富，有红色薄皮马尾松、黄杉、水杉、铁尖杉、香柏、紫柏香樟、楠木、银杏、黄檀、白花泡桐等140多种乔木及100多种灌木；有黄猴、大鲵、巨蚌等数十种动物和白鲢、花鲢、鲤鱼等50多种鱼类。因此，小南海旅游区具有广泛的综合开发价值，为重庆市“十佳”旅游景区之一。

8.2.2 四川主要旅游地

四川省，汉末三国时为蜀国地。秦代置蜀郡，故简称“蜀”。宋设川峡路，后又分川峡路为益州路、利州路、梓州路和夔州路，合称四川，简称“川”。其面积为48.5万km^2，总人口8860万人，其中居住着彝族、藏族、回族、汉族、羌族等民族，是“中国第二大藏区”“唯一的羌族聚集区”“最大的彝族聚集地”，省会为成都市。

四川地形以东部四川盆地和西部川西高原山地为主，四川盆地因多紫色、红色砂岩、页岩，故又称“红色盆地”，四周为大凉山、邛崃山、岷山、大巴山、巫山和大娄山等山脉环绕。川西高原山地峡谷纵列，雪山重重。气候特征为东部盆地冬暖夏热，川西高原寒冷干燥，垂直分布明显，日照强烈。

四川旅游资源极为丰富，历来有“天下山水在于蜀”之说，并有“峨眉天下秀，九寨天下奇，剑门天下险，青城天下幽”之誉。

1. 成都市　成都市位于四川省中部，是我国历史文化名城之一，已有2300多年的建城历史。自秦汉以来一直是西南重镇，后作为三国时蜀汉、五代时前蜀、后蜀等割据政权的国都。西汉时期，成都的织锦业驰名天下，故成都又有“锦城”之称，又因遍植芙蓉，故成都还有“芙蓉城”“蓉城”之称。全市总人口1400万人，在全国特大城市中，仅次于重庆、上海、北京，居第四位。本区属亚热带湿润季风气候，这里气候温和，沃野千里，水旱从人，物产丰饶，百业兴旺，世称“天府”。

作为历史文化古城，成都拥有众多享誉中外的文物古迹和风景名胜。武侯祠、杜甫草堂、观星亭、青羊宫、望江楼、文殊院、都江堰和青城山，20世纪80年代发掘的三星堆文化遗址共同组成了丰富多彩的旅游景观。成都旅游地理位置十分优越，正处在由剑门蜀道、九寨沟、乐山、峨眉山等旅游胜地组成的四川旅游线中心，是旅游交通要地。

（1）武侯祠　位于成都市南郊的武侯祠，是纪念三国蜀国丞相诸葛亮的祠堂。诸葛亮生前封“武乡侯”，死后谥号“忠武侯”，后人便尊称他“武侯”。

武侯祠始建于西晋，距今已有1500多年历史。在唐、宋时代，这里分别有武侯祠和刘备庙；明代初年，祠庙合并为一；明末，祠庙毁于战乱。现存建筑，是康熙十一年（公元1672年）在旧址上重建的。有大门、二门、刘备殿、过厅、诸葛亮殿五重，西侧为刘备陵园——惠陵。祠内有蜀汉历史人物泥塑像（47尊）、碑碣（50多块）、匾联（60多幅）等珍贵文物，尤以岳飞手书诸葛亮的《出师表》和以文、书、刻号称“三绝”的《汉丞相诸葛亮武侯祠堂碑》最为知名。它是研究蜀汉历史的一座博物馆。

（2）杜甫草堂　杜甫草堂位于成都西郊的浣花溪畔，是唐代大诗人杜甫为避“安史之乱”而流寓成都时的居所。在这里，诗人先后居住了将近四年，所作诗歌包括名篇《茅屋为秋风所破歌》在内的有240多首。所以，后世把成都杜甫草堂誉为中国文学史上的一块圣地。在此建祠，主体建筑有大廨、工部祠、诗史堂、草堂书屋，还有杜甫塑像等。草堂内古木参天，梅竹成林，溪水蜿蜒，桥亭相间，曲径通幽，园林格局典雅而优美。

（3）青城山　青城山位于都江堰西南，距成都66km。山上林木葱茏，峰峦叠翠，状若城郭，故称青城。全山景物幽美，自古就有“青城天下幽”的美誉。青城山属道教名山，是我国道教发源地之一。相传东汉张道陵（后称张天师）曾在此修炼，道教称此山为“第五洞天”。山中有八大洞、七十二小洞，道家宫观，遍布其间，著名的景点有：上清宫、建福宫、天师洞、天然图画、上天梯、一线天等，并有不少珍贵文物和古树。全山树木葱茏，青翠满目，鸣泉飞瀑，清冷宜人。

（4）都江堰　都江堰位于成都市区54km处，是公元前256年的蜀郡太守李冰父子在前人基础上修建的一座大型水利工程，是我国现存的最古老而且依旧在造福人民的伟大水利工程。它非常科学地实现了导江、防洪、引流灌溉的一系列功效。鱼嘴、飞沙堰、宝瓶口是都江堰的三大主体工程，鱼嘴用于分水，让灌溉的水进内江，多余的水走外江；飞沙堰用于溢洪排沙；宝瓶口用于引流入渠，它充分体现了古人的聪明才智。就是这三部分工程的巧妙配合，使成都平原从此“水旱从人，不知饥馑”，川西坝子成为沃野千里、旱涝保收的“天府之国”。都江堰主要景点有渠首工程、伏龙观、二王庙和沿江古道，现为世界自然文化遗产。

（5）西岭雪山　西岭雪山在距成都市区仅95km的大邑县境内，最高处海拔5364m，1994年被国务院批准为国家级风景名胜区。此地地势高差大，气温迥异，因而有“宝地占四时之景”的优势，从低山区到高山区，在同一时间不同的高差地带，可以观赏到四季风光。那里常年积雪，雪峰绵延起伏，恰似一条游行天际的玉龙。每当晴空万里，成都市区内即可看到那横亘西天洁白晶莹的大雪山，好像近在咫尺。唐代诗人杜甫寓居草堂时，观此美景，留下“窗含西岭千秋雪，门泊东吴万里船”的千古名句。西岭雪山绚烂多彩，气象万千，“春赏花、夏滑草、秋赏红叶，冬滑雪”，她的天生丽质，古朴原始，神秘莫测，浓郁野趣和往来便捷，吸引着久居都市的人们。

（6）青羊宫　青羊宫位于成都市西一环路内侧，为成都市内建筑年代最久远、规模最大的一座道教宫观。宫内保存着道教主要典籍《道教辑要》为全国仅有。青羊宫始建于唐代，宫内现存建筑系清代重建，主要的建筑有灵祖殿、乾坤殿、八卦亭、三清殿、斗姥殿、唐王殿，两边有老子降生台和说法台。八卦亭是青羊宫的主体建筑之一，亭基四方形，亭身呈圆形，象征天圆地方。大殿放置铜羊两只，其中一只单角铜羊，各部位是十二生肖的化身，即鼠耳、牛鼻、虎爪、兔嘴、龙角、蛇尾、马脸、羊须、猴颈、鸡眼、狗腹、猪臀。相传这两只铜羊是灭灾祛邪的神羊，谁要是有了病灾，只要抚摸一下，就可以治病拯难了。

2. 九寨沟　九寨沟位于四川省西北部阿坝州九寨沟县境内。地处青藏高原边缘，海拔在2000～3000m，景区面积约720km^2，大部分为森林所覆盖，因沟内有九处藏族村寨而得名，是世界自然遗产，联合国“人与生物圈”自然保护区，主要保护大熊猫及森林生态系统。九寨沟以高山湖泊群和瀑布群为其主要特点，集湖、瀑、滩、流、雪峰、森林及藏族风情为一体，翠海、彩林、雪峰、叠瀑、藏情为九寨沟风景“五绝”。因其独有原始自然美，变幻无穷的四季景观，丰富的动植物资源被誉为“人间仙境”和“童话世界”。九寨沟一年四季均可旅游，尤以秋季为最佳。

九寨沟风景名胜区主景长超过80km，由沟口—诺日朗—长海和诺日朗—原始森林两条支沟组成，有长海、剑岩、诺日朗，树正、扎如、黑海六大奇观，佳景荟萃，自然纯净。山、水、林诸多景物中，尤以水景最为奇丽。在狭长的山沟谷地中，有色彩斑斓、清澈若镜的100多个湖泊散布其间，泉、瀑、河、滩将无数碧蓝澄澈的湖泊连缀一体，千姿百态，如诗如画。加之雪峰，蓝天映衬和四时季节变换，使九寨风光有“黄山归来不看山，九寨归来不看水”和“中华水景之王”之称。

树正景区是九寨子沟的缩影，有树正群海、火花海、卧龙海、犀牛海、树正瀑布、栈桥等景观；日则景区景型密集多样，特点突出，是九寨沟的中心景区，有诺日朗瀑布、主瀑布、珍珠滩瀑布、五花海、金铃海、孔雀河。

3. 黄龙　黄龙位于阿坝藏族羌族自治州松潘县境内，西距松潘县城56km，主要因佛门名刹黄龙寺而得名，以彩池、雪山、峡谷、森林“四绝”著称于世，是世界自然遗产，联合国“人与生物圈”自然保护区，主要保护自然景观和珍稀动物，是中国唯一的保护完好的高原湿地，景区面积700km^2。其主要景点为岷山主峰雪宝顶、黄龙沟、丹云峡、牟泥沟、二道海和古刹黄龙寺。黄龙以规模宏大、类型繁多、结构奇巧、色彩丰艳的地表钙华景观为主景，在中国风景名胜区中独树一帜，成为中国一绝，同时配以绚丽的高原风光和特异的民族风情为综合景观的基调。黄龙主景沟为一条长3.6km，宽30～170m的浅黄色地表钙华堆积体，形似一条金色的“巨龙”。钙华体上，彩池层叠，飞瀑轰鸣，流泉轻唱，奇花异草，古木老藤点缀其间，大熊猫等珍稀动物乐得其所。3400余个钙华彩池在阳光下洁净无尘，流光溢彩。古人评黄龙：“玉璋参天，一经苍松迎白血；金沙铺地，千层碧水走黄龙”。

4. 乐山大佛　著名的乐山大佛坐落于乐山城东的岷江、青衣江、大渡河三江汇流处，为世界自然与文化双重遗产，是一尊依山凿成的巨型石刻弥勒坐佛，通高71m、头长14.7m、头宽10m、肩宽24m、耳长7m、脚背宽8.5m，比例适当、体态雍容，神情自若，是世界第一大佛。它开凿于唐开元元年（公元713年），历时90年建成。在两耳和头颅后面，凿有纵横的排水沟，使佛像不致被雨水侵蚀。这座大佛经过1000多年仍能保持完好，在一定程度上要归功于这套科学的排水系统。在乐山大佛的附近还有凌云寺、乌尤山等著名景点。

5. 峨眉山　峨眉山位于乐山以西的峨眉山市境内，距成都160km，是大峨山、二峨山、三峨山的总称。因其如“螓首峨眉，细而长，美而艳”故而得名，是世界自然与文化遗产。

峨眉山为中国四大佛教名山之一，是普贤菩萨的道场。以其雄、秀、奇、幻著称于世，素有“峨眉天下秀”之誉。其主要景点有报国寺、伏虎寺、万年寺、清音阁、仙峰寺、洗像池、洪椿坪、金顶等。峨眉金顶，海拔3077m，是峨眉游山的终点。金顶是峨眉山奇景最集中的地方，华藏寺高耸于岩顶，最负盛名的是金顶四奇：日出、云海、佛光、圣灯。主峰万佛顶海拔3099m。山上动植物种类繁多，计有动物2000余种，植物3000余种，且多珍稀种类，动物中如枯叶蝶、凤蝶、弹琴蛙、树蛙、大蚯蚓等为峨眉山所特有。植物中有第三纪孑遗植物珙桐、银杏、洪椿、桫椤等，是全省动、植物种类最多的地区。特别是见人不惊的峨眉灵猴，常常与人同嬉，索取食物，颇有情趣。峨眉山武术作为中国武术三大流派之一，享誉海内外。

6. 贡嘎山　贡嘎山景区位于甘孜藏族自治州泸定、康定、九龙三县境内，以贡嘎山为中心，由海螺沟、木格错、五须海、贡嘎南坡等景区组成，面积1万km^2，藏语“贡”是冰雪之意，“嘎”为白色，意为“白色冰山”。贡嘎山是国际上享有盛名的高山探险和登山圣地，贡嘎主峰周围林立着145座海拔五六千米的冰峰，形成了群峰簇拥、雪山相接的宏伟景象。该景区内海螺沟冰川公园位于贡嘎山东坡，海螺沟冰川从4800m高处的雪线流下，冰舌向下延伸到海拔2850m处，落差超过千米，似一幅巨大的冰瀑布深入林中，呈现冰川与森林共存的景观，有晶莹的冰川、巨大的冰洞、险峻的冰桥、种类繁多的动植物，是我国一座极为出色的冰川公园。景区内还有跑马山，有贡嘎寺、塔公寺等藏传佛教寺庙，还可领略到藏族、彝族等丰富多彩的民族风情。

7. 卧龙自然保护区　卧龙位于汶川县西南部，邛崃山脉东翼，青藏高原向四川盆地过渡地带的高山峡谷区，最高峰为西南的四姑娘山，海拔 6250m，属联合国“人与生物圈”自然保护区、世界自然遗产，主要保护西南高山林区自然生态系统及大熊猫等珍稀动物。保护区面积 20 万 km^2，区内层峦叠嶂，森林茂密，水碧山青，为珍稀动植物创造了良好的生存条件，有植物三四千种，兽类 50 多种，鸟类 300 种，是我国目前规模最大、生物资源保存最好的天然物种基地，设有大熊猫研究中心和大熊猫野外生态观察站。

8. 自贡　自贡位于四川南部，是历史文化名城，以盐业遗址及恐龙化石群窟为特色，自贡生产井盐已有 2000 多年历史，为著名的“盐都”。自贡之名就来源于两个盐井名，即“自流井”和“贡井”。此外，自贡也被誉为“恐龙之乡”，自 1915 年首次发现恐龙化石以来，出土大规模的恐龙化石群达 40 余处，其数量之大、种类之多、埋藏之集中，在世界上独一无二。如今崭新的现代化市容与明丽的田园风光和谐统一，更具特色。

9. 剑门蜀道风景名胜区　剑门蜀道风景区是国务院首批批准的国家级风景名胜区，位于绵阳、广元市境内，是在连绵不断的秦岭、巴山、岷山之间，以“蜀道”为主干的带状风景名胜区。战国时，人们便在这里修建道路，沟通川陕。蜀道北起陕西汉中宁强县，南到四川成都，全长 450km，入川经广元、剑阁、梓潼、绵阳、德阳等地。沿线地势险要，山峦叠翠，风光峻秀，关隘众多，唐代李白有“蜀道难，难于上青天”的形容。景区范围广大，山水林泉等自然景观丰富，沿蜀道分布着众多的名胜古迹，主要有古栈道、三国古战场遗迹、武则天庙皇泽寺、唐宋石刻千佛岩、剑门关、古驿道翠云廊、七曲山大庙、李白故里等。

剑门关位于川北的剑阁县境内，是蜀道上最重要的关隘。由大小剑山组成，有绵延起伏的 72 峰。连山绝险，独路如门，素有“剑门天下雄”之说。进入关内长约 500m 的幽深峡谷中，可见前人留下的“天下雄关”“第一关”“剑阁七十二峰”等碑刻。新建的剑门关楼，雄踞关口，气势恢宏。附近山峦绵亘，植被葱茏，景色秀丽。

10. 蜀南竹海　蜀南竹海位于宜宾市南面的长宁、江安两县之间，景区面积 $120km^2$，海拔 600 ~ 1000m，是以竹景为主要特色，兼有文物古迹的风景名胜区。中心景区近 $47km^2$ 的楠竹遍布大小 28 座山峦，500 多个山丘，竹林成片，茂密苍翠，郁郁葱葱，涛声阵阵。登高眺望，烟波浩渺，犹如绿色的海洋，甚为壮观，为国内外罕见。竹海植物繁多，竹子种类达 58 种，有多种珍奇花草、珍贵草药及珍稀动物。

蜀南竹海是川南有名的佛教圣地。古刹梵庙，石窟寺观错落于海之中，有仙寓洞、龙吟寺、天皇寺、天后寺、回龙寺、天宝寨等名胜古迹。这里的竹制工艺品琳琅满目，竹亭、竹寨、竹席、竹筒饭、竹笋全席等使旅游者充分领略到竹乡的独特风情。

11. 泸沽湖　泸沽湖位于云南宁蒗县与四川省盐源县交界处，距丽江县城280km，距宁蒗县城75km。湖的水域面积达58km^2，海拔2690m，平均水深45m，透明度高达11m，素有“高原明珠”之称。湖中有五个全岛、三个半岛和一个海堤连岛。泸沽湖古朴而宁静，是一个远离嚣市，未被污染的处女湖。泸沽湖的人文景观十分独特而又丰富多彩。泸沽湖地区居住着蒙古、藏、纳西、彝、白等少数民族，包括了以摩梭风情为主体兼有其他相应民族的民风民情、原始宗教文化、独具特色的文化遗迹和多种趣闻传说等。在民俗风情中，摩梭人的风情更为珍奇，至今保留着传统的母系社会的婚姻家庭和“走婚”的习俗，因而有“人类母系社会的活化石”之称，为这片古老的土地涂上了一层神秘而美丽的色彩，被称为“神奇的东方女儿国”。

8.2.3　湖北主要旅游地

湖北省地处长江中游、洞庭湖之北，故称湖北，简称“鄂”，省会为武汉市。全省总面积18.59万km^2，总人口6000万人。东、西、北三面环山，中间低平，山地面积占56%，丘陵占24%，平原湖区占20%；水面面积约占全省总面积的1/10，河流众多，均属长江水系，主要有长江、汉水等，湖泊分布在江汉平原上，素有“千湖之省”之称，以洪湖最大。湖北基本属亚热带季风气候，四季分明，特点是夏热多雨，冬寒干燥。

湖北省的旅游资源以三国遗迹和山水风光见长，形成“二市、二山、二线”的旅游格局，二市是指武汉市、宜昌市；二山是指武当山、神农架；二线是指三峡旅游线和三国旅游线。

1. 武汉　武汉位于长江与其最大支流汉江交汇处，是武昌、汉口、汉阳三镇的合称，总面积8467km^2，是全省政治、经济、文化教育中心。其历史悠久，是中国历史文化名城之一，是中国六大城市之一，是我国中部地区最大的城市和内陆最大的交通枢纽，素有“九省通衢”和“江城”之称。随着长江沿岸的开放开发，武汉将建设成为集现代化钢铁、汽车、商贸金融和高新技术产业为一体的国际性城市。武汉自然风光独特，四季气候分明，拥有大都市罕有的100多个湖泊和众多山峦；武汉的人文景观具有浓郁的楚文化特色。其主要旅游资源包括黄鹤楼、东湖、赤壁、武昌起义军政府旧址、武汉长江大桥等。

（1）黄鹤楼　黄鹤楼自古就有“天下绝景”之称。它与湖南的岳阳楼、江西的滕王阁并称“江南三大名楼”。此楼始建于三国东吴黄武二年（公元223年），建在武昌江边的黄鹤码头。原楼为木结构建筑，1700多年来七建七毁，最后一次毁于清光绪十年（1884年）的一场大火。1985年建成开放。新建的黄鹤楼屹立于蛇山头顶部，长江大桥南。黄鹤楼本是出于军事需要而建的眺望楼，后来便成了文人宴客送友的胜地，尤因唐人崔颢所题《黄鹤楼》，而使其声名远扬。新楼更加雄伟，共五层，加 5m 高的葫芦形宝顶，共高 51.4m，比古楼高出将近 20m。主楼采用钢筋砌体结构建成，整个楼顶和飞檐都铺盖着黄色的琉璃瓦；楼层内外绘有以仙鹤为主体，以云纹、花草、龙凤为陪衬的图案，着青绿底色，古色古香。建筑群由主楼，配亭、轩廊、牌坊、南楼、诗碑廊等组成。历代名士崔颢、李白、白居易、贾岛、陆游、杨慎、张居正等，都先后到这里游乐，吟诗作赋。登楼远眺，江城景色尽收眼底。

（2）武汉长江大桥　武汉长江大桥，横跨于武昌蛇山和汉阳龟山之间，1955 年 9 月 1 日兴建，1957 年 10 月 13 日建成通车。它是我国在万里长江上修建的第一座铁路、公路两用桥。大桥分两层，上层公路，面宽 18m，四车道；下层铁路，两列火车可同时对开。从基底至公路桥面高 80m，终年巨轮航行畅通无阻。附属建筑和各种装饰，均极协调精美，整座大桥异常雄伟。从底层坐电动升降梯可直接上大桥公路桥面参观。

（3）东湖　东湖位于湖北武昌城东郊，故名东湖。湖面约 $33km^2$，几乎是杭州西湖的六倍。它是武汉市最大的风景游览地，大小湖泊相互连通，湖港交错，有“九十九湾”之称。朱德同志曾为东湖题词：“东湖暂让西湖好，今后将比西湖强”，道出了东湖开发的潜力。秀丽的山水、茂盛的植物、浓郁的楚风情和别致的园中园是东湖风景区的四大特点。

2. 武当山　武当山又名太和山，位于湖北十堰市南，是著名的道教圣地，素有“亘古无双胜境、天下第一仙山”之誉。武当山群峰屹立，主峰天柱峰海拔 1612m，有 72 峰、36 岩、24 涧、11 洞、10 池、9 泉、3 潭等胜景。作为一座道教名山，以其珍贵的道教建筑群驰名中外，宫观庙宇始建于唐，明永乐年间大兴土木，建成建筑面积超过 160 万 m^2 的庞大建筑群，现存主要建筑有金殿、紫霄宫、遇真宫、太和宫、五龙宫、复真观、南岩宫等。金殿为武当山古建筑精华，为明代铜铸仿木结构宫殿式建筑，位于天柱峰顶端，全部构件均为铜铸，外镏赤金，高 5.5m、宽 5.8m、纵深 4.2m，重 80t 有余，数十里外熠熠可见。紫霄宫，是武当山现存最完善的宫殿之一。这里也是武当拳术的发源地，还盛产药材，有“天然药库”之称。

3. 神农架自然保护区　神农架位于湖北西北部，相传神农炎帝在此搭架采药、疗民疾矢的地方，故而得名。神农架由房县、兴县、巴东三县边缘地带组成，面积 $3250km^2$，最高峰神农顶海拔 3105.4m，有“华中屋脊”之誉，是国际“人与生物圈保护网”成员，国家森林公园和世界自然基金会“生物多样性保护示范点”，主要保护北亚热带森林生态系统及物有的珍稀物种。神农架森林覆盖率达 88%，较好地保存着原始森林的特有风貌，野生动植物资源丰富，有珙桐、水杉、鹅掌楸、连香等大量珍贵古老孑遗植物和金丝猴等动物，也是一座天然百草药园，有神奇的白化动物，如白雕、白獐、白猴、白蛇、白乌鸦、白松鼠等，还有许多未解的科学之谜，如“野人之谜”、白化动物之谜、高山潮汐之谜、盛夏冰洞之谜面，是一处休闲娱乐、科研考察、避暑度假、探险猎奇的理想场所。主要景点有风景垭、板壁岩、大九湖、神农顶、植物园、炎帝祭坛、千年古杉、香溪源、天门垭、燕子垭、植物标本馆等。

4. 三峡大坝　三峡大坝位于西陵峡中段的宜昌市境内的三斗坪，国家5A级旅游景区，旅游区面积15.28km^2，以世界上最大的水利枢纽工程——三峡工程为依托，全方位展示工程文化和水利文化，将现代工程、自然风光和人文景观有机结合，使之成为国内外游人向往的旅游胜地。现拥有三峡展览馆、坛子岭园区、185园区、近坝园区及截流纪念园五个园区。

5. 隆中　隆中位于襄阳市。三国著名的政治家、军事家诸葛亮曾隐居于古隆中，刘备为访求贤士面“三顾茅庐”，诸葛亮提出东联孙权、北伐曹操的方略，即著名的“隆中对”，出山后辅助刘备奠定了“三分天下”的基业。古隆中青山幽谷，景色秀美，现保留有三顾堂、石碑坊、武侯祠、三义殿、抱膝亭、躬耕田等名胜古迹，主要景点有古隆中、水镜庄、承恩寺、七里山和鹤子川等。

8.2.4　湖南主要旅游地

湖南位于长江中游以南，因区域的大部分在洞庭湖以南，故名湖南，又因省内最大河流湘江贯穿南北，而简称湘，有“潇湘”“湖湘”“三湘”之说，又因古代湘江流域遍植芙蓉，故又称“芙蓉国”。湘江之畔，鱼米之洲，湖南又被称为“鱼米之乡”。全省面积21.18万km^2，总人口6846万人。

湖南东、南、西三面环山，中部、北部低平，形成向北开口的马蹄形盆地。境内山地约占总面积的一半，境内河湖密布，湘江、资水、沅江和澧水四大水系向北汇入洞庭湖。湖南属亚热带季风湿润气候，气候温和、四季分明。湖南旅游资源得天独厚。境内有15大旅游区和100多处旅游景点，形成“东一线，西一片”的旅游格局：“东边一线”，有南岳衡山、古城长沙、革命圣地韶山以及岳阳楼、炎帝陵等；“西边一片”，有被联合国列为世界自然遗产保护的武陵源自然风景区和桃花源、夹山寺、猛洞河等风景名胜区，是全国有名的旅游胜地。

1. 长沙　长沙别称“星沙”，跨湘江两岸。全市面积1.2万km^2，以香樟为市树，以杜鹃为市花。长沙自古便是战略要地，秦始皇统一全国后，设长沙郡。它具有3000多年的文明史，是中国历史文化名城，也是中国革命策源地之一，境内古墓古迹遍布，人文荟萃，依山带水，风景秀丽。著名的古迹有岳麓书院、马王堆、开福寺、天心阁等，有名的旅游景点有岳麓山、烈士公园、橘子洲头、马王堆汉墓、白沙井、世界之窗等。湘菜、湘绣、湘戏具有浓郁的湖湘文化特色。

（1）岳麓书院　岳麓书院位于岳麓山东麓，与江西白鹿洞书院，河南嵩阳书院、睢阳书院并称为“宋代四大书院”。它是我国第一所官办的高等学府，南宋大理学家朱熹曾来此讲学。1926 年定名湖南大学，历史已逾千年，被誉为“千年学府”。岳麓书院成为湖湘学派的基地，培养出了一批“岳麓巨子”。如王夫之、魏源、曾国藩、左宗棠、郭嵩焘、胡林翼、曾国荃、刘长佑，革命志士和先驱唐才常、沈荩、杨昌济等纷纷从这里走上社会。岳麓书院倚山而建，其势儒雅而雄伟，布局对称，主要建筑有讲堂、御书楼、文庙、教学斋等，为研究中国教育史提供了宝贵的资料。

（2）爱晚亭　爱晚亭又名红叶亭，位于岳麓山下清风峡中，取杜牧“停车坐爱枫林晚，霜叶红于二月花”诗意，将亭改名为爱晚亭，为我国四大名亭之一。爱晚亭始建于清乾隆五十七年，双檐四角，顶上的琉璃瓦全是绿色的，似乎很能和整座山的颜色融为一体。二层檐中间匾额“爱晚亭”三个字，为毛泽东手书。该亭古朴典雅，平面正方形，边长 6.23m，通高 12m。内金柱圆木丹漆，外檐柱四根，由整条方形花岗石加工而成。亭顶重檐四披，攒尖宝顶，四翼角边远伸高翘，覆以绿色琉璃筒瓦。现在，爱晚亭成为古城长沙的象征。

2. 韶山　韶山位于湘潭市，为南岳七十二峰之一。相传舜帝南巡至此，赏心悦目，遂命随从奏韶乐，故名韶山。韶山因孕育了一代伟人毛泽东而扬名天下，成为非同寻常的旅游热点。景区面积 115.3km^2，包括故居、滴水洞、清溪、韶峰、黑石寨五大景区，其中故居为核心景区，是毛泽东早年学习、生活、劳动及从事革命活动的地方。主要景点有毛泽东故居、毛泽东铜像、毛泽东纪念馆、毛泽东诗词碑林、毛氏宗祠、滴水洞一号楼、韶山铭园、韶山烈士陵园等。1961 年 3 月 4 日，国务院公布韶山毛泽东同志故居为全国重点文物保护单位。韶山与井冈山、遵义、延安同被列为中国四大革命纪念地，它还是青少年革命传统教育基地和爱国主义教育基地，每年接待大量的游客。

3. 岳阳　岳阳古名巴陵，又称岳州，位于湖南省东北部，西临洞庭湖，北接长江，南连三湘四水，素有“湘北门户”之称。作为湖南省的重要旅游区和历史名城，风景优美，名胜古迹甚多，主要游览区域有岳阳楼、洞庭湖、南湖、莲湖、君山、庙前街、东风湖渔民新村。

（1）岳阳楼　岳阳楼雄踞于岳阳古城西隅，相传这里最初为三国时吴国鲁肃训练水军的阅兵台。宋庆历五年（1044 年），滕子京谪守巴陵（岳阳），重修岳阳楼，并致书当时有名的政治家、文学家范仲淹，请他作《岳阳楼记》，从而使岳阳楼名声大振。现存岳阳楼为清同治六年（1867 年）重修，占地 240m^2，深宽各三间，是一座四柱、三层、飞檐、盔顶、纯木的高楼，造型端庄、结构严谨、檐牙高啄，金碧辉煌，别具一格。自古有“洞庭天下水，岳阳天下楼”之说。

洞庭湖为我国第二大淡水湖。其南有湘江、资水、沅水、澧水四水汇入，北有松滋、太平、藕池、调弦四口与长江相通，湖水最后在岳阳城陵矶注入长江。它犹如一个天然的大水库，容纳四水，吞吐长江，调节洪水。湖中心有座葱翠常绿的小山，名叫洞庭山，洞庭湖便因此而得名。湖区总面积约 $2820km^2$，号称“八百里洞庭”。“衔远山，吞长江，浩浩荡荡，浑天际涯，朝晖夕阴，气象万千”，此为范仲淹所描述的洞庭湖。洞庭湖古老而又神奇，浩瀚无际，气势雄壮，自古就有无数的文人骚客吟咏、歌颂。该景区的其他景点还有茶园、三醉亭、仙梅亭、怀甫亭、屈原碑林、二妃墓、屈子祠和历代名人蜡像馆等。

（2）张谷英村　张谷英村因其建筑规模之大，风格之奇，艺术之美，堪称“天下第一村”，至今已存在 500 多年，是我国唯一的由同一家族繁衍且保存完好的古村落。整个古村呈半月形分布，以张谷英主屋为大门，背靠青山，门前的渭溪河成了天然的护庄河。大门里的坪上有两口大塘，分列左右。大屋是典型的明清古庄园建筑风格，清一色青砖乌瓦，建筑面积超过 $5000m^2$，拥有 1732 间房屋。张谷英村总建筑面积 1.08 万 m^2，规格不等而又相连的每栋门庭都由过厅、会面堂屋、祖宗堂屋、后厅“四进”及其与厢房、耳房等形成的三个天井组成。建筑材料以木为主，青砖花岗岩为辅。屋场内渭溪河迂回曲折，穿村而过，河上大小石桥 47 座。屋宇墙檀相接，参差在溪流之上，形成“溪自阶下淌，门朝水中开”的格局。傍溪建有一条长廊，廊里用青石板铺路，连接着各个巷道，巷道两旁由青砖垒墙，高达 10m 有余。大屋场里像这样的巷道一共有 60 条，它们纵横交错，四通八达，最长的巷道有 153m，所有的巷道加在一起，总长度达 1459m。居民们在此起居可以“天晴不曝晒，雨雪不湿鞋”。更为奇特的是，张谷英村天井底下横竖有序的石条下，有四通八达的隐形水道，水平适度，无一疏漏，水道通向村外的沟渠注入河流，百年未疏不堵。张谷英大屋，除却古老的房屋，庭院里共有 206 座天井。张谷英村民风纯朴，传统汉族文化内涵深厚，被评为国家历史文化名村。

4. 南岳衡山　衡山位于湖南省中部，距衡阳市中心近 50km，自古天下闻名，尤以壮美的自然风光和佛、道两教形成的人文景观著称。衡山有 72 峰，南起衡阳市城南的回雁峰，北止长沙市的岳麓山。主峰祝融峰海拔 1290m。衡山地处江南，气候湿润，林木繁盛，千山万壑，层林叠翠，有“五岳独秀”之称。东汉年间道教渗入衡山开坛，梁天监元年（公元 502 年）佛教进入南岳，并逐渐发展，南岳衡山成了“十大丛林、八大茅庵”之地。历代以来高僧仙道云集，同时亦留下了众多的著名寺庵、道观。有南天门、南岳大庙、祝圣寺、藏经殿、方广寺、上封寺、祝融殿、南台寺、福严寺等，南岳庙是帝王祭祀之地，与岱庙、中岳庙齐名。以祝融峰之高，藏经殿之秀，方广寺之深，水帘洞之奇，号称南岳“四绝”。

5. 武陵源　武陵源位于湖南省西北部，由张家界国家森林公园、索溪峪自然保护区、天子山自然保护区三大景区构成的武陵源核心景区，面积达 522km^2，“五步一个景，十步一重天”，有“扩大的盆景、缩小的仙山”之美称，被中外游人誉为“天下第一奇山”和“中国山水画的原本”。1982 年张家界国家森林公园成为全国第一个国家森林公园。1992 年联合国教科文组织将武陵源列入《世界自然遗产名录》。

张家界地貌构造复杂，主要有山地、岩溶、丘陵、岗地和平原等，最具特色的是石英砂岩峰林地貌，景区内 3000 座石峰拔地而起，800 条溪流蜿蜒曲折，可谓融峰、林、洞、湖、瀑于一身，集奇、秀、幽、野、险于一体，石峰大多如刀砍斧削，拔地而起，直刺云天。张家界更是生物资源的宝库，是我国最大的国家森林公园，大多为原始次森林，区内有木本植物 106 科 320 属 850 种，脊椎动物 146 种。其中有国家级保护植物 56 种，国家级保护动物 40 种。珍奇树种有银杏、珙桐、红豆杉、樱花等；名贵药材有灵芝、天麻、何首乌、杜仲等；珍稀动物有娃娃鱼、独角兽、苏门羚、华南虎、云豹、猕猴、灵猫等。

索溪峪与张家界毗邻，有黄龙洞、宝峰湖、百丈峡、仙女桥等景点，可见群峰叠翠，溪水潺潺。天子山居高临下，峰林耸立，岩壑幽深，气势雄伟。

此外，该景区还是土家族、苗族、侗族等少数民族聚居区，少数民族风情浓郁，民族武术也小有名气，普光禅寺、五雷山、天门洞等若干名胜古迹以及贺龙元帅、南北大侠杜心五等历史名人故居亦成为颇具吸引力的人文旅游资源。

6. 凤凰古城　位于湘西的凤凰古城，是国家历史文化名城，曾被新西兰著名作家路易·艾黎称赞为中国最美丽的小城之一。这里与吉首的德夯苗寨，永顺的猛洞河，贵州的梵净山相毗邻，是怀化、吉首、贵州铜仁三地之间的必经之路。凤凰风景秀丽，历史悠久，名胜古迹甚多。古代城楼、明清古院风采依然，一条沱江依城墙缓缓流淌，两岸是具有浓郁苗族建筑特色的吊脚楼，如一幅江南水乡的画卷。著名景点有中国南长城——苗疆长城、建于唐代的黄丝桥古城、著名作家沈从文故居、北洋政府国务总理熊希龄故居、虹桥、奇梁洞等。

7. 桃花源　桃花源位于湖南省常德市境内，因东晋大诗人陶渊明所写的《桃花源记》和《桃花源诗》而得名，至今已有 1600 多年的历史。桃花源在历史上就是中国古代道教圣地之一，新中国成立后，曾多次修缮，并增建和改建了山门、菊圃，修复开发后的桃花源，有神话故乡桃仙岭、道教圣地桃源山、洞天福地桃花山、世外桃源秦人村四大景区近百个景点。千百年来，桃花源咸集文人墨客，陶渊明、孟浩然、王昌龄、王维、李白、杜牧、刘禹锡、韩愈、陆游、苏轼等都留下许多珍贵的墨迹。每年一度的桃花源游园会，盛况空前。其山水田园，寺观亭阁，诗文碑刻，历史传说，具有很高的游览价值、历史价值和文化艺术价值。

思考与练习

1. 华中旅游区旅游资源有何特点?
2. 华中旅游区有哪些旅游胜地被世界联合国教科文组织列入《世界遗产名录》?
3. 说出成都、武汉、长沙、重庆的主要游览胜地。
4. 武陵源风景区的位置和范围?比较游览武陵源风景区与武当山风景区有何不同点?
5. 在地图上找出本旅游区国家级风景名胜区及历史文化名城。
6. 用所学旅游交通地理知识设计几条适合不同年龄阶段的旅游线路。

第9章　华南旅游区

问题导学　一提起华南地区，我们便会想到魅力无穷的广东、秀甲东南的福建、椰风海韵的海南，还有台湾、香港、澳门。那么，华南旅游区的自然和人文旅游地理环境特征如何，有哪些主要旅游景区和景点？如果你想访古迹、游山川、感受神话般崛起的现代化都市气息，请你踏上华南这片热土，对该区旅游资源做一次深入了解和掌握。通过学习，重点掌握本区丹霞地貌、海上丝绸之路、大型现代景点、民族风情等几个特色旅游资源。参阅主要相关网站有福建旅游之窗：www. fjta. com；广东旅游网：www. visitgd. com；海南旅游资讯网：www. visithainan. gov. cn。

9.1　华南旅游区旅游地理环境特征

本区包括福建省、广东省、海南省、台湾省、香港特别行政区、澳门特别行政区。本区地处我国东南沿海，是我国对外开放的窗口，区内自然旅游资源丰富，人文景观众多，是我国重要的旅游地区之一 。

9.1.1　自然旅游地理环境特征

1. 地形多样，海岸曲折，海域辽阔，岛屿众多　本区地貌种类比较齐全，山地、平原、丘陵、台地纵横交错，以山地、丘陵为主，占全区总面积的3/4以上。福建省有“东南山国”之称。福建西部的武夷山和广东北部的南岭，海拔多在1500m左右，是本区大陆部分地势最高的地区，向东南经过中部海拔约500m的低山、丘陵和台地地带，至沿海成为低平的滨海平原、谷地和三角洲地区。其间分布有丹霞地貌和岩溶地貌，成为本区的特色地貌。本区主要分为闽西山地、粤北山地、闽粤沿海地带、珠江三角洲、台湾岛、海南岛等几个地理单元。

闽西山地和粤北山地主要由武夷山和南岭构成，成为本区与浙、赣、湘、桂各省区的天然界线，也是阻挡北方寒流南下的天然屏障。它是本区丹霞地貌分布最为典型的地区。这一地区峰林挺拔，奇峰异洞，色渥如丹，灿若明霞。武夷山和丹霞山是本区重要的山地旅游景区，是全国重点风景名胜区。

岩溶地貌主要分布在粤西和闽南地区，有较大面积的石灰岩分布，溶洞、溶蚀洼地、峰林等喀斯特地貌发育典型。有广东肇庆七星岩、阳春崆峒岩、福建龙岩龙崆洞、武平岩前狮岩等典型岩溶地貌旅游景区。

闽粤沿海地带主要以海拔200m以下的平原、谷地和三角洲为主，但是平原面积都不大，仅数百平方公里。这里是人口密集、经济发达地区。由于位于环太平洋火山地震带上，剧烈的地质运动使这里形成众多的火山遗迹。同时由于海陆激烈切割，导致海岸曲折，多岬湾、港口、岛屿，海岸地貌风景发育典型，形成众多的沿海旅游风景区，如福建的厦门、泉州，广东的潮汕地区、阳江、湛江等地。这里也是我国重要的对外贸易港口，海上交通运输非常发达。

珠江三角洲位于广东中南部珠江入海口处，北起广州，南至南海，东有深圳、东莞，西有佛山、江门、中山、珠海。这里地势低平，河网密布，水土交织的地貌堪称奇观。珠江三角洲是我国最早对外开放的旅游区，这里自然风光秀美，名胜古迹众多，作为我国对外开放的窗口，有许多著名的现代人文景观，还有浓郁的水乡风情，使珠江三角洲成为我国最著名的旅游区之一。

本区濒临东海和南海，拥有曲折漫长的海岸线和浩瀚的海域，是我国海岸线最长和海域面积最大的地区。海滨旅游资源开发包括海滨风景、浴场游泳、海上观光、浅海潜水等许多项目，特别是潜海运动的开展成为本区海洋旅游项目中最具特色的一项。有的海岸沙细滩平，风平浪静，极适于游泳，如海南三亚大东海游泳场；有的海岸陡崖峭壁，直插大海，景色极为壮观，如台湾岛东海岸；有的海岸遍布珊瑚，崎岖不平，如澎湖列岛和南海诸岛；有的海岸长满红树林，浓绿葱郁，如海南琼山东寨港红树林自然保护区。湛蓝的天空，蔚蓝的大海，洁白的沙滩，轻拂的海风，精美的景色，浪漫的情调，构成本区具有特色的海滨旅游资源。

台湾岛是我国第一大岛，岛上地形以山地、丘陵为主，包括玉山、中央山、阿里山、雪山等，总称台湾山脉。山脉呈东北—西南走向，中部的玉山是我国东南地区最高峰，阿里山是著名风景名胜区。台湾岛沿海有包括澎湖列岛在内的许多岛屿，许多海蚀地貌景观极具观光价值。海南岛是我国第二大岛，地貌类型复杂，有中山、低山、高丘、低丘、台地、阶地、平原等，具有台地阶地广布，山丘密集相连，平原少而分散的特点。全岛地势中间高，四周低。五指山、黎母岭等是海南岛上著名的山地风景区。海南岛西部和南部沿海海滩平坦，阳光充足，是滨海旅游胜地，有三亚全国重点风景名胜区。

2. 河湖众多，温泉丰富　由于气候和地形的原因，本区河流众多，水量丰富，珠江和闽江是最主要的河流。珠江主要位于广东境内，从粤西进入广东，在中部广州附近注入南海。珠江是个庞大的水系，包括西江、北江、东江三大支流及几百条中小支流，在入海口处形成水乡世界的珠江三角洲。闽江发源于武夷山，向东南流经八闽大地，在福州附近注入东海。闽江在武夷山中流淌，形成九曲十八湾的秀美景色。如果说山地是魂，那么河流就是脉，本区众多的河流和山地构成了绝佳的山水风景画面。

海南岛、台湾岛上河流也很多，如海南岛上的万泉河、南渡江和台湾岛上的浊水溪、淡水河等。这些河流受地形限制，短小流急，水量充沛，在流经高山峡谷间形成瀑布景观。河流湍急，适宜开展漂流活动。

本区湖泊主要分为城市湖泊和山地湖泊两种，城市湖泊主要分布在福建、广东的一些城市附近，如惠州西湖、福州西湖、潮州西湖、肇庆七星湖等，这些湖泊风景如画，仿佛嵌在城市上的一颗明珠。山地湖泊主要分布在闽、粤、台三省的高山地带，尤以台湾日月潭最为著名，成为台湾的标志性旅游区。本区人工水库很多，以广东、海南最为集中，广东新丰江水库是华南地区最大的水库，建有华南最大的水电站，同时开辟有岭南第一大湖——万绿湖风景名胜区，极具游览观光价值。

剧烈的地质运动形成了丰富的地热资源，本区境内温泉众多，是旅游疗养的好地方。广东有 200 多处温泉，福建有 150 余处，海南也有 100 多处。其中以广东从化、福建福州、海南七星岭温泉最为著名。福州温泉众多，在市内形成一个南北长 5km、东西宽 1km 的温泉集中区，为全国大城市所罕见，堪称“温泉城”。

3. 典型的热带、亚热带季风气候　本区是我国纬度位置最低的地区，北回归线横穿广东中部和台湾南部，除福建北部外，其他地区都属于典型的热带、亚热带季风气候，约有 2/5 的陆地处于太阳直射范围。由于东南面向海洋，因此，本区气候受海洋影响极大，气候高温潮湿，大部分地区年平均气温在 20℃以上，夏季极端气温可接近 40℃。本区是全国降水最充沛的地区，年均降水量达到 1000～2000mm。其中台湾火烧寮是我国年均降水量最大的地区，超过 8000mm。降水多集中在 5～10 月，由于受台风影响严重，夏季多暴雨或雷雨大风等灾害性天气，对本区经济建设和旅游开展都带来一定影响。综观本区气候，主要特征为四季没有明显区别，夏季高温多雨，春、秋两季短暂，旱季和雨季相互交替。因此，本区旅游季节长，几乎没有旅游淡旺季划分，特别是春节期间是我国主要旅游地之一。

4. 丰富的热带与亚热带生物资源　本区自然植被以热带、亚热带常绿阔叶林为主，主要分布在山地、丘陵和滨海地区。福建、广东、台湾主要是亚热带植被，福建森林覆盖率达 60.5%，居全国首位，武夷山被誉为“天然植物园”。热带雨林集中在海南岛中部山岭地带，因地理条件而垂直分布，自上而下有热带山地雨林、热带雨林、热带季雨林、热带针叶林、红树林等。热带雨林乔木高大，茂密常绿，物种繁多，结构复杂，常在 3 层以上，树上附生植物丰富，木质藤本植物发达，有大树老茎生花现象。海南药用植物 2500 多种，素有“天然药库”之称。

本区热带、亚热带水果四季飘香，种类繁多，盛产椰子、菠萝、荔枝、龙眼、芒果、香蕉、柑橘、柚子等，其中，荔枝、香蕉、柑橘、菠萝被称为广东四大名果。此外，名花、名茶数不胜数，如乌龙茶、武夷岩茶，漳州水仙、五指山兰花等。广州有“花城”之誉，每年春节都要举行花会。

本区野生动物资源丰富，在丛山密林中生活着长臂猿、云豹、猕猴、水鹿、坡鹿、孔雀雉、黄腹角雉等大量珍稀动物。海洋生物丰富，海南岛近海水下有千姿百态的热带鱼类和各种珊瑚、海葵等海洋生物，是潜水旅游的观光美景。

本区建立了许多全国重点自然保护区，如福建武夷山、梅花山，广东鼎湖山、南岭，海南坝王岭、大田等，还有许多热带、亚热带植物园，都是开展科学研究和游览观赏的好地方。良好的环境、清新的空气、充沛的水源、丰富的物种，为本区开展绿色生态旅游创造了优越的条件。

9.1.2 人文旅游地理环境特征

本区是我国对外交流，开展海上贸易最早的地区，也是我国近代民主革命的发源地，中西文化的交融，形成了独特的八闽文化和岭南文化，并留下了大量的文化遗产。本区还是我国少数民族聚居地和我国著名的侨乡，纯朴的民族风情和对外开放的丰硕成果，都是本区值得观赏的人文景观。

1. 岭南文化，融会中西　本区开发历史比黄河流域、长江流域晚，岭南地区原为南越族的居住地，直到秦代郡县制的设立，岭南地区才开始汉化，进入文明社会的范围，这也是岭南文化得以形成、发展的历史开端。从此以后，岭南文化的发展受到了儒家文化、吴越文化、荆楚文化以及佛教、道教和基督教文化等众多文化因素的影响，使岭南文化显示出与中原文化迥异的风格。特别是在近代的发展中，由于受外来的经济、文化的影响，使岭南地区的人民在价值取向、生活方式、思维方式等方面具有重商、求变、灵活、实用的特征，形成了具有很强的包容性和适应性的文化体系，使其在博大精深的中华文化系统中具有特殊的地位。

岭南文化对本区的社会、经济、艺术等方面都产生很大的影响。以建筑为例，深受岭南文化影响，自成风格体系，既区别于中原和北方建筑的凝重鲜艳，又区别于江南建筑的秀逸清纯。总体来说，岭南建筑的风格是轻巧通透；同时，也大量兼容外国风格，许多古今建筑中都体现了中西合璧的效果。建筑装饰所采用的题材，不仅采用了西式花纹图案，也有西方人物形象。明万历年间建的广州琶洲塔托塔力士的形象，竟然是洋人的相貌衣着。晚清以后，更多地表现了这方面的题材。在绘画方面形成了“岭南画派”，在中国画的基础上融合东洋、西洋画法，自创一格，着重写生，多画中国南方风物和风光，章法、笔墨不落陈套，色彩鲜艳，与京津派、海派三足鼎立，成为中国画坛的三大流派。

2. 华侨之乡，开放窗口　本区是我国华侨人数最多的地区，广东、福建华侨分别居全国前两位，素有“侨乡”之称。早在16世纪中叶，因生活所迫，就有人乘木帆船远渡重洋，到南洋群岛谋生。目前华侨主要集中在东南亚、北美和澳大利亚。几个世纪以来，华侨传播了中华文化，为发展当地经济作出了不可磨灭的贡献。华侨素来爱国爱乡，关心桑梓。改革开放以来，华侨在家乡投资兴办企业，捐款发展教育，参与家乡经济建设，极大地促进了本区的经济发展。

本区还是我国对外开放的窗口，素有中国“南大门”之称。我国的经济特区、沿海开放港口和特别行政区多位于本区，其中有香港、澳门两个特别行政区，深圳、珠海、汕头、厦门和海南岛五个经济特区，海南是我国最大的经济特区，有福州、广州、湛江等沿海开放港口城市。有道是：“千年历史看北京，百年沧桑看上海，30 年改革开放看广东”。经过 30 多年的改革开放，本区经济得到高速发展，珠江三角洲成为我国经济高度发达地区。香港是世界著名的自由港和金融贸易中心，经济十分繁荣。本区现已成为我国“技术的窗口、管理的窗口、知识的窗口、对外政策的窗口”。对外开放使本区的旅游资源得到极大开发，每年都有大量中外游客来此旅游，成为本区特色产业之一。

3. 古今景点，交相辉映　华南地区历史悠久，早在 10 万年前就有“曲江马坝人”在此活动生息。但是北部的高山峻岭使其与中原地区长期处于隔绝状态，大规模的开发是在宋代以后。到了明代，华南的生产力水平已经赶上了长江和黄河流域。在长期的历史发展过程中，本区积累了丰富的历史古迹和大量的历史文物，有海上丝绸之路、宗教文化、岭南园林等古迹遗址。本区是我国现代工业和民族工业的发源地之一，也是我国近现代许多重大历史事件的发生地。如鸦片战争、太平天国革命、辛亥革命、北伐战争等，留下了大量珍贵的革命遗址。改革开放以来，本区经济迅速腾飞，旅游业发展迅速，兴建了许多具有现代情趣的大型人造旅游景点，成为本区吸引中外游人的特色旅游资源。其中尤以广东现代景点最集中，锦绣中华、世界之窗、中华民俗文化村等大型主题公园，可以一日游遍天下。海洋馆、野生动物世界、热带植物园等包罗了大自然的奇趣。此外，还有许多大型游乐场、海滨浴场、生态环境旅游景点等。这些古今景点交相辉映，向人们述说着华南地区的历史与今天。

9.2　华南旅游区主要旅游地

本区主要旅游地和旅游资源的总体分布，参见华南主要旅游地和旅游资源简图，如图 9-1 所示。

闽、粤、琼、台、港、澳主要旅游地概况分别如下：

9.2.1　福建主要旅游地

福建位于中国大陆东南沿海，东临太平洋，和台湾隔海相望。福建简称闽，俗称“八闽大地”。境内山清水秀，古迹遍布。有秀甲东南的武夷山、海上花园

图9-1　华南主要旅游地和旅游资源简图

城市厦门、海上丝路名城泉州、海滨邹鲁福州、客家文化祖地闽西、特色民居永定土楼等丰富的自然和人文旅游资源。福建是个多民族的地区，有汉、畲、回、满、高山等30多个民族。各民族形成了多姿多彩的民俗风情，惠安女服饰、畲族婚礼、妈祖信仰、崇蛇习俗等最富特色。福建旅游资源分布相对集中，宗教、民俗文化和滨海旅游资源主要分布在闽东南地区，客家文化主要分布在闽西地区，丹霞地貌主要分布在武夷山脉。福建拥有泉州、福州、漳州、长汀4座中国历史文化名城。福建气候温和湿润，全年都适宜旅游。漫游八闽山水，感受各色方言，领略民俗风情，品尝美味佳肴，不失为人间乐趣。

1. 海滨邹鲁——福州　福州位于福建东部闽江下游，临近东海，是我国东南沿海历史悠久、海运发达的古城，因满城榕树蔽日，有“榕城”之美称。福州三山鼎峙，两塔耸立，双水环绕，大海东濒，古迹众多，旅游资源极为丰富。福州有软木画、脱胎漆器、寿山石雕、牙雕等许多名土特产，其中，脱胎漆器与北京景泰蓝、景德镇瓷器并称为中国工艺品“三宝”。

（1）三山　五代梁开平二年扩建城池，将乌山、于山和屏山圈入城内，从此福州成为“山在城中，城在山中”的独特城市，“三山”成了福州的别名。

乌山位于福州市中部，与于山东西相对；海拔86m，山上怪石嶙峋，林荫壑胜，环山寺观栉比，山间亭榭交错；有36奇景，唐代即为游览胜地。山上有八角亭、沈公祠、道山观、吕祖宫等古迹，还有摩崖题刻200余处。

于山位于市中心，形如巨鳌，最高峰鳌顶峰海拔58.6m，景色宜人，可俯瞰福州全景。山上主要景观有摩崖石刻、大士殿、九仙观、白塔寺、戚公祠等，有福州市最大的石刻《南校场演武厅铭》。白塔寺中的白塔与乌山东麓的乌塔遥相呼应，成为福州市的标志，白塔寺中的法雨堂是著名翻译家严复读书处。戚公祠是为纪念民族英雄戚继光而建，祠内有戚继光戎装塑像，还有蓬莱阁、补山景舍、醉石亭等景。

屏山位于市区北部，海拔只有62m，闽越王曾筑城建都于此，古称越王山，历代州郡衙署都设在山南，以山为屏，故称屏山。山上有欧冶池、华林寺大殿、苔泉等景观，华林寺大殿是我国江南现存最古老的木结构建筑之一。

（2）福州西湖　福州西湖位于福州市区西北部，占地45hm^2，始凿于晋太康三年（282年），郡守严高凿引西北诸山之水聚于此。宋辛弃疾词云：“烟雨偏宜晴更好，约略西施未嫁。”因而有小西湖之称，在规模和知名度上仅次于杭州西湖。湖中有开化、谢坪、窑角三屿，湖滨有荷亭、大梦山，以柳堤和玉带、飞虹、步云三桥通联，构成一幅整体图画。园中浓荫覆盖，幽香阵阵，水榭卧波，湖光山色，有开化寺、宛在堂、桂斋等古迹掩映其间。

（3）开元寺　开元寺位于福州市中心，建于南朝梁太清三年（公元548年），是福州规模最大的禅寺。寺内有一尊900多年前铸成的5万kg的大铁佛，是用最古老的工艺“蜡铸法”浇注而成。铁佛两耳垂肩，迭掌盘足，法相庄严。南国一带僧人只有在开元寺受戒，才有资格成为寺院的住持，很多东南亚的高僧专程慕名而来受戒。

2. 海上花园——厦门　厦门位于福建东南部，东南濒临台湾海峡，别称“鹭城”，风景秀丽，气候宜人，又有“海上花园”的称誉，是我国十大重点旅游城市之一。厦门兼山、海、岩、洞、寺、园、花、木诸美胜，自然景观与人文景观巧妙结合，著名诗人赵朴初曾用诗句“鹭门海上耀明珠，波漾山光画不如”来赞美。有大八景、小八景、景外景共24景，形成鼓浪屿、万石山、南普陀寺、集美等游览区和海上观光游览线。

（1）鼓浪屿　鼓浪屿是厦门旅游景点中最具魅力的景观之一，是全国重点风景名胜区。位于厦门市西，与厦门市区隔海相望，面积只有1.84km^2，因岛上有一岩洞，涨潮时浪涛撞击发出如鼓的声音而得名。鼓浪屿全岛都是景，景中之景为日光岩、菽庄花园、皓月园等。岛上海岸线蜿蜒曲折，坡缓沙细的天然海水浴场环布四周，鬼斧神工的礁石奇趣天成，小岛山海相拥，自然造化与人工雕琢相映成趣。岛上有许多欧式建筑，掩映在繁花绿树之中。鼓浪屿居民音乐素养较高，平均十户家庭就有一架钢琴，信步岛上，悠扬的琴声入耳，仿佛置身于音乐厅中，故有“钢琴之乡”“音乐之岛”美称。

日光岩俗称“晃岩”，为鼓浪屿的最高峰，海拔92.6m。山麓有日光寺，每当太阳初升，阳光正射到山石和寺内，故名日光岩。岩顶天风浩浩，极目远眺，浩瀚大海，波涛滚滚，山海景色，尽收眼底。山上有“鼓浪洞天”“天风海涛”“日月俱悬”“与日争光”等石刻和蔡元培、蔡廷锴等人的题诗，显示出日光岩深厚的文化底蕴。

菽庄花园位于日光岩南麓，原为台湾富商林尔嘉的私家园林。全园利用天然地形，借山藏海，巧为布局，模仿《红楼梦》大观园中的怡红院，把全园分为藏海和补山两部分，是颇有层次、视野宽广的海上花园。藏海园内有结构别致的四十四曲桥横跨海上，桥上有观钓台、渡月亭、千波亭及海阔天空等叠石。补山园中倚山建有十二洞天假山，形状各异且曲折互通，上下盘旋，俗称猴洞。

（2）万石山　万石山位于厦门市区东郊，12座山峰东西绵亘约10km，因岩奇石怪，千姿万态而得名。游览区包括园林植物园、万石岩、虎溪岩等景点，以山岩景观和亚热带植物景观为主，是全国重点风景名胜区。植物园是万石山中最佳景区，面积2km^2，以栽培亚热带植物和引种热带植物为主，富有热带风光和异域情调。园中栽培3000多种植物，分为松杉园、棕榈园、多肉植物区、药用植物区等20多个专类园区。园中有“活化石”水杉、银杏，有世界三大观赏树——中国金钱松、日本金松、南洋杉，有邓小平亲手种植的大叶樟。万石山中还有“天界晓钟”“万笏朝天”“中岩玉笏”“太平石笑”“虎溪夜月”等自然景点和万石莲寺等古代建筑。

3. 海上丝路——泉州　泉州位于福建东南部，东临台湾海峡，因环城遍植刺桐和城形似鲤鱼，故有“刺桐城”“鲤城”之称。泉州具有2000多年的悠久历史，南宋、元时是全国最繁盛的海内外贸易中心，是世界四大商港之一，有“海上丝绸之路”起点之称。泉州风景名胜、文物古迹多姿多彩，有我国最大的妈祖庙，有世界上唯一的摩尼教寺庙，有我国现存最早的海港大石桥，有我国现存最早的伊斯兰教寺庙等，人称“地下文物看西安，地上文物看泉州”。

（1）天后宫　天后宫位于泉州市区，俗称“妈祖庙”，是我国现存最早最大的妈祖庙。天后宫始建于南宋庆元二年（1196年），奉祀海上女神妈祖。妈祖原名林默，生前以救助渔民和商船而闻名，死后被奉为海神，在福建沿海及台湾省有众多信徒，仅台湾省就有妈祖庙800余处。天后宫占地7200m^2，布局构筑颇为堂皇，主体建筑分布于南北中轴线上，有山门、戏台、东西阙、正殿、东西廊、寝殿、东西轩、四凉亭、两斋馆、梳妆楼等建筑。每逢农历三月二十三日妈祖诞辰和九月初九妈祖“升天”忌日，成千上万信徒云集天后宫，举行盛大庙会，祭祀妈祖。

（2）洛阳桥　洛阳桥位于泉州东北洛阳江入海处，又称万安桥，是我国现存最早的海港大石桥，与北京卢沟桥、河北赵州桥、广东广济桥并称为我国古代四大名桥。洛阳桥始建于北宋皇祐五年（1053年），现全长767m，宽4.5m，尚存船形桥墩29座，桥之中亭附近有历代碑刻26通，还有石塔、武士石像等石雕。桥北有昭惠庙、真身庵遗址，桥南有蔡襄祠，著名的蔡襄《万安桥记》碑立于祠内。洛阳桥建于江海汇合处，江宽流急，工程艰巨。当时采用了“筏形基础”和“种蛎固基”的施工方法，为我国古代重要的技术创新，是世界桥梁筏形基础的开端。

（3）海交馆　海交馆全名海外交通史博物馆，位于泉州市区，是我国目前唯一的海事博物馆。海交馆主体建筑为双桅船形，面积7225m^2，馆藏文物5000多件，设有海外交通史、宗教石刻、外销陶瓷陈列和泉州湾古船陈列四个专题陈列馆，其中古船陈列馆中陈列有宋代海船及其出土文物。海船残长24.2m，高9.15m，船体由2~3层木板叠合而成，有13个水密隔舱，载重量超过200t，出土遗物有香料、药物、铜铁钱和陶瓷器等，反映了泉州当时作为海上贸易港口的繁荣景象。

（4）崇武古城　崇武古城位于泉州惠安县东南崇武半岛上，是我国仅存的一座比较完整的石头城。它始建于明洪武二十年（1387年），作为防御倭寇入侵的海防要塞。古城用白色花岗岩垒成，现城墙长2567m，高7m，四面设城门，有月城、烽火台，构成一套完整的军事防御工程体系。登上城墙，可以望见金沙碧水的“半月沉湾”和“西沙银蛇”天然海滨浴场。在崇武城内，到处可见身着黄斗笠、花头巾、银腰带、短上衣、宽裤筒、配之以精巧艳丽头饰的惠安女，俚语称之为“封建头、民主肚、节约衣、浪费裤”。惠安女不仅有美丽的外衣，更以勤劳贤惠著称，成为闽南独特的民俗风情。

4. 奇山幽洞　福建西北部高山连绵，有“东南山国”之称。既有典型的丹霞地貌武夷山、冠豸山，又有玉华洞、龙崆洞、岩前狮岩等众多的岩溶洞穴，成为闽西北重要的自然旅游资源。

（1）武夷山　武夷山位于福建西北部闽赣两省交界处，是我国典型的丹霞地貌区，素以“碧水丹山”著称于世。早在汉代就被封为名山大川，是全国重点风景名胜区，是全球29个自然和文化双遗产地之一（截至2013年6月）。

武夷山风景名胜区面积60km^2，四面溪谷环绕，不与外山相连，有“奇秀甲于东南”之誉。“山上看水，水中观山”是武夷山的特点，山沿水立，水随山转，山光水色，交相辉映。其有“三三”“六六”“七十二”“九十九”之胜，三三指的是碧绿清透盘绕山中的九曲溪，六六指的是千姿百态夹岸森列的三十六峰，还有七十二个洞穴和九十九座山岩。武夷山兼有黄山之奇、桂林之秀、西湖之美、泰山之雄，仿佛碧水丹山的天然画卷。九曲溪是武夷山风景的精华，盘绕山中约7.5km，折为九曲，景物恬静幽深，色彩淡雅，每曲自成异境，浅的成滩，深的成潭，是一个幽敞不断变化的连续景区。乘竹筏游览九曲山水，时而掠过浅滩，急浪飞溅，忽又泛游深潭，波平如镜，可览尽两岸千峰竞秀，别有妙趣。五曲和六曲之间的云窝天游号称武夷山水的“第一胜处”，这里奇峰峻拔，巨石参差，形成十多个幽奇的洞穴，常年云雾缭绕，变幻莫测，故有“云窝”之称。从云窝往里走即到天游峰，天游峰壁立万仞，高耸于群峰之上，游人登临其中，有如遨游天宫，故有“天游”之称。峰顶有天游亭，凭栏远眺，九曲奇景尽收眼底。唐曜洞天俗称“水帘洞”，是武夷山景区中最大的洞穴，高度和宽度均超过百米。洞顶巨岩斜覆而出，形成一道天然的飞檐。百米多高的峰峦上有两道终年流淌的飞泉奔泻而下，随风飘洒，犹如悬空高挂的珠帘轻掩洞口，堪称景中奇观。此外，还有大王峰、玉女峰、接笋峰、小桃源、一线天等胜景。

武夷山还是一座历史文化名山，自古以来文人学者纷至沓来，朱熹在此讲学倡导理学，被誉为“道南理窟”。著名学者蔡尚思寓论于诗：“东周出孔丘，南宋有朱熹，中国古文化，泰山与武夷”。山中主要有武夷宫、武夷精舍、虹板桥、架壑船、元代御茶园旧址以及历代摩崖题刻等古迹。武夷精舍又称紫阳书院，是朱熹著书立说、倡道讲学之所，时人称之为“武夷之巨观”。架壑船和虹板桥位于九曲溪沿岸的峭壁悬崖上，是古越人的悬棺。当人死后，把粗大的楠木刳成船形木棺，装殓尸体，并把木棺悬葬在断崖绝壁之上或古洞穴里，这种木棺称为架壑船，亦称船棺。用来支架船棺或架设栈道的木板，称为虹板桥。历代游人到此无不为之称奇赞叹。

武夷山生态环境得天独厚，以昆虫、脊椎动物及其他生物的新种和标本的采集地而闻名于世。武夷山自然保护区是联合国组织的“人与生物圈”自然保护区之一，有“活化石”裸子植物银杏和多种珍稀古树，有10多人合抱的千年古树；树木种类是整个欧洲大陆的7倍，被誉为“大自然植物园”；还有特有的珍奇动物角怪以及黄腹角雉、蕲蛇、猴面鸟等珍稀动物，野生动物达400多种，有“天然动物园”之称。自然保护区挂墩一带，有鸟类300多种，是世界鸟类资源最丰富的地区之一，被誉为“鸟的天堂”。山中盛产色艳、香浓、味醇的武夷岩茶，以“大红袍”最为名贵。奇花异木、珍稀动物成为武夷山风景区的一大特色。

（2）冠豸山　冠豸山位于福建西南连城县境内，是典型的丹霞地貌风景区，是全国重点风景名胜区。冠豸山平地兀立，远望如欲放的莲花，又名莲花山，因其峰似巨冠，故名冠豸。景区内山奇、水秀、谷幽，有“放大的盆景，缩小的仙境”之称。风景区占地12.3km^2，包括冠豸山、石门湖、竹安寨和旗石寨四个景区。主要景点有中开一谷的苍玉峡，惊而不险的丹梯云栈，放眼万里的一线天，冷风袭人的雪洞，山泉淙淙的莲花洞，身姿绰约的姐妹岩，撩人遐思的玉女池等。石门湖如翡翠镶嵌于奇峰幽谷之中，山水掩映，碧波荡漾。冠豸山有许多摩崖石刻和亭台楼阁等人文景观，有林则徐题写的“江左风流”和纪晓岚题写的“追步东山”等墨宝。

（3）玉华洞　玉华洞位于闽西将乐县天阶山下，是迄今福建发现的最长最大的石灰岩溶洞穴。玉华洞以洞内岩石洁白如玉，光华瑰丽而得名，洞全长约5km，有三泉、六厅、一百六十景。洞口处俗称“一扇风”，盛夏时节凉风袭人，有“风洞之最”的称誉。洞中分藏禾、雷公、果子、黄泥、溪源、白云六个洞厅，洞中有洞，曲径通幽，盘旋错落，宛如迷宫。还有石泉、井泉、灵泉三股溪流，冰凉刺骨，清澈见底。洞中钟乳倒挂，石笋挺立，有回首绵羊、达摩面壁、千年古树、地下龙宫、五龙吐珠、八仙过海等奇景。明旅行家徐霞客称此洞为“炫巧争奇，遍布幽奥”，“层层有削玉裁云之态”。

5. 客家民居　福建山多，交通不便，在长期的历史发展过程和独特的地域条件下，形成古朴的民风、多彩的民俗。龙岩汀江流域地区是海内外客家人心中的“祖地”，是客家文化的发祥地，客家民居是客家文化的集中体现，成为独特的人文旅游景观。

永定土楼是分布于闽西龙岩地区的客家民居建筑群，是世界上独一无二的神话般的山村民居建筑。土楼分圆形和方形两种，永定全县共有圆楼360座，方楼4000余座。从建筑特色上看，奇特的圆形土楼最富有客家传统色彩，也最为讲究。

圆形土楼似一个巨大的蘑菇拔地而起，又似天外飞来的飞碟。圆形土楼大都由二三圈组成，由内到外，环环相套，外墙高十余米，一般3～4层，有一二百个房间。一层做厨房，二层为仓库，三四层是卧室。第二圈两层，有三五十个房间，一般做客房。中间是祖堂，用于楼内数百人举办婚丧喜庆宴会。楼内有水井、浴室、磨房等公用设施。土楼内房间沿圆形墙用木构件建成，内侧为走廊。土楼有许多建筑特色，如窗户一直到三层以上才开设，可以防止敌人进攻；大门上装有防火槽，将水抽到门上以防敌人火攻；有的土楼设有瞭望台，修建夹道，增强防御功能。土楼内养鸡、鸭等家禽，所有粮食都装在楼内，可以长期与外界隔绝。由此可见，永定土楼具有防御、防震、防火、防兽等特点，是东方建筑文明的一颗明珠。

9.2.2 广东主要旅游地

广东位于中国大陆最南端，北依南岭，南濒南海，西南隔琼州海峡与海南岛相望。因古时是百越民族的聚居地而简称粤，因位于南岭以南而又称做“岭南”。广东旅游资源十分丰富，类型多样。有秀美的大自然风光，透着灵秀明媚的南国韵味；有悠久的历史文化名城，各有各的精彩之处；有大型人造旅游景点，散发着现代情趣；有独特的岭南风俗，蕴涵着岭南文化的底蕴。粤北是广东奇特景观最多的地区，有丹霞地貌的丹霞山和金鸡岭，有喀斯特地貌的连南、阳山、英德山群及溶洞；粤西拥有漫长而曲折的海岸线和众多的优质海滩；粤东的梅州、河源、潮汕和惠州地区以其独特的文化在广东自成体系，民风古雅，文化古迹非常丰富；珠江三角洲地区是改革开放的前沿，古今景观交相辉映。广东拥有广州、潮州、肇庆、佛山、梅州、雷州、中山等7座中国历史文化名城。广东气候高温多雨，长夏无冬，四季常青，全年都适宜旅游。

1. 羊城广州　广州位于广东中部，珠江三角洲北缘，是我国南方最大的对外贸易口岸，每年春秋两季举行全国出口交易会，被称为中国的“南大门”。广州是古越族文化发祥地之一，简称“穗”，别称“羊城”。素有“花城”美誉的广州拥有宜人的气候和美丽的市容，四季花香不绝，终年万紫千红。风格独特的岭南文化、多姿多彩的旅游景观使广州成为我国著名的旅游观光名城，主要景点有越秀山、白云山、六榕寺、光孝寺、陈家祠、中山纪念堂、华南植物园、广州电视塔等处。其中，“云山锦绣”“珠水晴波”“红陵旭日”“黄花浩气”“流花玉宇”“越秀层楼”“黄埔云樯”“龙洞琪林”为“羊城新八景”。广州物产富庶，商贸繁荣，是购物天堂；饮食文化远近闻名，有“食在广州”之说。

（1）越秀山　越秀山位于广州市区，冈峦起伏，林木苍翠，古迹众多，现已开辟为越秀公园。其主要景点有五羊石雕、镇海楼、越王台、赵昧墓、越岗院、中山纪念碑、光复纪念亭等。传说周夷王时，有五位仙人骑着五只口衔谷穗的羊降临这里，将谷穗赠予当地人，仙人隐去，羊化为石，从此这里再无饥荒。根据神话创作的五羊石雕成为广州的城市象征，五只羊神态各异，造型含蓄而富有诗意。镇海楼矗立山顶，气势雄伟，始建于明洪武十三年（1380 年），高 28m，分五层，登楼远眺，尽览羊城景色。楼前有碑廊，四石鼓文碑刻距今 2700 多年，是我国现存最古的碑刻。“越秀层楼”是羊城新八景之一。越秀公园内广种花卉树木，初春的红棉、五月的山丹、秋天的含笑、隆冬的腊梅，争香斗艳，令人流连忘返，每年都要举办盛大的迎春花会。

（2）光孝寺　光孝寺位于广州市区，是广州规模最大、最具历史的佛教名刹，为广州四大名寺之首（光孝寺、六榕寺、华林寺、海幢寺），民间有“未有羊城，先有光孝”之说。光孝寺原为西汉南越王赵建德的故宅，三国年间始为庙宇。唐仪凤元年（公元 676 年），高僧慧能在此开辟佛教南宗，称“禅宗六祖”。全寺面积约 3 万 m^2，大雄宝殿是主要建筑，为华南现存最古老的古建筑物，保留了唐宋时的建筑风格。寺内东西铁塔是我国仅存的最古老最完整的铁塔。六祖殿是纪念高僧慧能而建，殿前瘗发塔下葬有慧能的头发。

（3）中山纪念堂　中山纪念堂坐落于越秀山南麓，是为纪念伟大的革命先行者孙中山先生而兴建的。中山纪念堂始建于 1929 年，占地 6 万 m^2，是一座仿古宫廷式建筑。纪念堂红砖碧瓦，由前后四个宫殿式重檐和左右两座歇山大屋顶，烘托着中央巨大的八角亭式建筑，使其在世界建筑史上享有盛誉。孙中山手书的“天下为公”横匾悬挂在纪念堂正门上，堂内周围装饰着民族风格的彩绘图案。正门前广场上屹立着孙中山全身铜像。

（4）华南植物园　华南植物园位于广州市北郊的龙眼洞，是全国三大植物园（华南、北京、庐山）之一，也是我国最大的南亚热带植物园。植物园占地 $300hm^2$，引种国内外植物 5000 多种，根据植物分类和生态习性建成了棕榈园、孑遗植物区、竹园、阴生植物区、药用植物区、苏铁园、裸子植物区、蒲岗自然保护区以及世界上收集种类最齐全的姜园和木兰园等 15 个专类园。占地 $3hm^2$ 的蒲岗自然保护区是广州保存最完整的一片自然植被。丰富的植物种类构成了具有热带、亚热带植物特色的园林景观，既是植物科研基地，又是旅游胜地。

广州还有大量的近现代革命遗址，如三元里抗英遗址、黄花岗七十二烈士墓、黄埔军校旧址、广州农民运动讲习所旧址等，都是爱国主义教育基地。珠江两岸、南湖旅游度假区、东方乐园、海洋馆、世界大观等是人们休闲娱乐的好去处。

2. 特区风光　深圳位于广东南部沿海，东临大亚湾，西接珠江口，南与香港新界相连，是我国最早设立的经济特区之一，为我国对外贸易的重要口岸。深圳依山傍海，气候宜人，拥有丰富的旅游资源。最吸引游人的是独树一帜、令人赞叹的大型人造旅游景观，形成“五湖四海”的旅游格局，“五湖”为香蜜湖、西丽湖、石岩湖、东湖和银湖五个度假村；“四海”为设在“明华轮”上的海上世界、深圳湾大酒店、小梅沙海滨旅游中心和大梅沙海滨旅游区。另有民族特色的旅游景点“锦绣中华”微缩景区和“中华民俗文化村”两颗璀璨的明珠和遐迩闻名的“世界之窗”大型景区。此外还有融参与性、娱乐性、科学性于一体的欢乐谷和未来时代，享受浪漫田园风光的青青世界以及具有历史特色的中英街等，这些现代旅游景观将深圳装扮成一座“神话般的城市”，成为我国改革开放的缩影。

珠海位于广东南部沿海，珠江口西岸，南邻澳门，东与香港隔海相望。全市共有146个海岛，被誉为“百岛之市”。珠海是我国最早设立的经济特区之一，从一个落后的边陲小镇迅速发展成为现代化花园式海滨旅游城市，整体城市景观被国家旅游局评为“中国旅游胜地40佳”。珠海旅游资源丰富多样，既有城市景观、海岛风情，又有文物古迹、革命遗址，还有水乡风情、农业观赏。其主要景区有圆明新园、九洲城、白藤湖、梅溪牌坊、石景山、金海滩、东澳岛等处。

（1）锦绣中华微缩景区　锦绣中华微缩景区位于深圳西南的深圳湾畔，占地30万m^2，是目前世界上面积最大、内容最丰富的实景微缩区。锦绣中华微缩景区建于1989年，景区内100多个全国著名的名胜古迹均按其在中国版图上所在位置建造，分为古代建筑、山水名胜、民居民俗三大类。多数景点按1∶15的比例制作，超过一般为1∶25的国际惯例。景区有逶迤起伏的万里长城，雄伟壮丽的布达拉宫，风光秀美的漓江山水，玲珑剔透的苏州园林；此外，还展示了皇帝祭天、光绪大婚、孔庙祭典等场面宏大的朝廷盛事和东北地区少数民族的生活情景，使游人可以“一日畅游万里大好河山”。姿态万千的盆景树点缀在各景点之间，树影婆娑，使人宛如置身于一个小人国。游人还可以聆听悦耳动人的古代编钟，观看360°全景环幕电影的瑰丽画面。整个景区是中国悠久历史和壮丽河山的缩影，被誉为中国的“历史之窗”“文化之窗”。

（2）中华民俗文化村　中华民俗文化村位于深圳湾畔，毗邻“锦绣中华”，占地18万m^2，是我国首创荟萃各民族民间艺术、民间风情和民居建筑于一园的大型民俗文化游览区，于1991年10月建成。村内山峦起伏，瀑布跌宕，绿水蜿蜒，如诗如画。陕北窑洞、侗族风雨桥、徽州街等代表性建筑，匠心独运，造型逼真。汉、回、蒙古、朝鲜、藏、彝、瑶、傣等20多个民族的村寨，各具特色，浓缩了这些民族的生活习俗。婀娜多姿的民族歌舞、丰富多彩的民族文化艺术表演、精雕细琢的民族工艺品制作等活动，更是引人入胜，使游人尽情地领略到中华民族大家庭丰富深厚的文化底蕴。

（3）世界之窗　世界之窗位于深圳湾畔，占地48万m^2，是一处以展现世界奇观、名胜古迹、民俗风情为主的特大型文化旅游景区。景区内分为世界广场、亚洲区、欧洲区、非洲区、美洲区、大洋洲区、现代科技娱乐区、世界雕塑园和国际街九大区，共118个景点，包括埃及金字塔、巴黎凯旋门、印度泰姬陵、悉尼歌剧院、意大利比萨斜塔等世界著名景观。世界广场可容纳万人，是举行民俗风情表演的地方。广场四周有六道城门象征六个人类文明发祥地，2000m^2 的浮雕墙展现着人类文明史，108 根不同风格的石柱象征人类文明的支柱。每当夜幕降临，伴随着烟花礼炮，掀起世界狂欢大游行，美轮美奂的表演，让人难以忘怀。在世界之窗可以让人“一眼望尽千年世界文化，一日览尽天下奇观”。

（4）中英街　中英街位于深圳市沙头角镇内，原为中方与英港方交界处的一条街道。1997 年香港回归祖国后，已成为历史遗迹，但因管理等原因，非当地居民必须办证才能进入，属于特区中的特区。中英街全长 250m，宽 4 ~ 5m，呈曲尺形，中轴立有 7 块距离不等的界石。界石高 72cm，两面分别用中、英文刻写立石时间、界石顺序号。两侧街边店铺林立，吸引游人纷纷前来购物。沙头角中英街成为深圳旅游一大景观。

（5）圆明新园　圆明新园位于珠海市区大石林山下，是以北京圆明园遗址原建筑为母体，按 1∶1 比例恢复当年部分景观的建筑风貌，并结合现代旅游景点的特点，赋予新内容的大型旅游景点。圆明新园占地 1.39km^2，东、西、北三面环山，南面平坦开阔，以水为本，福海湖水面达 8 万 m^2。圆明新园中轴线上由正大光明、九洲清晏、蓬岛瑶台、方壶胜境组成的皇家宫殿式建筑群，布局规整，气势恢宏，再现了当年皇家园林的辉煌风貌。园内主要以观赏和游乐为主，有 100 多个建筑物，1000 多件装饰精品，上万株珍贵树木。“皇帝登基”“婚礼大典”“乾隆游江南”等表演，仿佛时光倒流，使游人置身于清朝皇家天地。

（6）梅溪牌坊　梅溪牌坊位于珠海市前山镇梅溪村，是光绪皇帝为表彰清朝首任驻美国檀香山总领事陈芳及其家人造福桑梓而赐建的。牌坊由三座精致典雅的石牌坊组成，均为三间三楼式庑殿顶构架，以纯花岗岩构筑，雕有瑞兽、花果、人物、八仙图案等装饰。牌坊集西方装饰风格和中国传统建筑为一体，中西合璧，是华南地区罕见的古建筑。它与梅溪村落、凉亭、古庙、陈芳故居、西洋式花园墓地等景色融为一体，展现出古朴的侨乡风情。

3. 丹霞地貌　南岭横亘广东北部，地貌形体复杂，一些山体岩石中含有钙质、氢氧化铁和少量石膏，呈红色，是红色砂岩地形的代表，为我国典型的丹霞地貌区。其中以丹霞山、金鸡岭最为典型，景色最为秀丽。

丹霞山位于粤北韶关市境内，面积 180km^2。丹霞山集雄、险、秀、幽于一身，为岭南第一奇山。丹霞山以赤壁丹霞而闻名天下，是世界丹霞地貌的代表地和命名地，被誉为中国的“红石公园”。丹霞山海拔并不高，仅有 408m，但它的红色山崖，远看似染红霞，近看则色彩斑斓，许多悬崖峭壁，像刀削斧劈，直指蓝天，无数奇岩幽洞，隐藏于山中，群峰林立，错落有序。锦江秀水纵贯南北，沿途丹山碧水，竹树婆娑，景色相当奇丽。因而有“桂林山水甲天下，不及广东一丹霞”之说。广东丹霞山与贵州赤水、福建泰宁、湖南崀山、江西龙虎山、浙江江郎山 6 地丹霞地貌风景区联合以“中国丹霞”的名称，载入《世界自然遗产名录》。

丹霞山风景区可分为上、中、下三层。上层景区有长老峰、海螺峰、宝珠峰。长老峰上建有一座两层的“御风亭”，可容纳 200 多人观看日出。在亭上可看到周围的僧帽峰、望郎归、蜡烛峰、玉女拦江、云海等胜景。中层景区以别传寺为主要景点，从这里到通天峡，两旁岩石像合掌一般，游人必须小心翼翼，手扶铁索，碎步而上。“幽洞通天”四个苍劲大字刻在石壁上，更增添了这里的险势，使人顿生寒意。下层景区主要有“锦岩洞天”胜景。在天然岩洞内有观音殿、大雄宝殿，还有马尾泉、鲤鱼跳龙门等风景。这里有一块很著名的“龙鳞片石”，随四季的交替而变换颜色。丹霞山下有一条清澈的锦江，环绕于峰林之间，游人可乘舟漫游，欣赏沿江两岸景色和摩崖石刻。丹霞山与罗浮山、西樵山、鼎湖山并称为广东四大名山，现为全国重点风景名胜区。

4. 湖光山色　广东境内除丹霞地貌外，还有众多的名山秀湖，各具特色，或为全国重点风景名胜区，或为自然保护区，或为省级风景名胜区，构成广东丰富的自然旅游资源。主要有罗浮山、西樵山、鼎湖山、七星岩、惠州西湖、湛江湖光岩、河源万绿湖等。

（1）罗浮山　罗浮山位于广东中南部博罗县境内，又称东樵山，与西樵山并称为“岭南二樵”，素有“岭南第一山”之称。方圆超过 $250km^2$，属花岗岩穹窿山，共有大小山峰 432 座，主峰飞云顶海拔 1281m。山上自然景观众多，有瀑布石泉 980 多处，石室幽岩 72 个，洞天奇景 18 处。山中悬崖怪壑，乱石丛林。罗浮山不仅山水绮丽，风光优美，而且神话传奇、文物古迹众多，是我国道教名山，道教称它为“第七洞天”“第三十二福地”。东晋以来共建有 9 观、18 寺、22 庵，现存古迹有冲虚古观、葛洪炼丹灶、洗药池等，冲虚古观为东晋著名道教理论家、炼丹家、药物学家葛洪所创立，已有 1600 多年的历史。历代著名诗人陆贾、李白、杜甫等仰慕罗浮，赞美罗浮，使罗浮山成为一个文化内涵极其丰富的文化山。罗浮山还是著名避暑疗养胜地，年均温度 21.9℃，植物种类繁多，被称为“天然中草药库”。

（2）西樵山　西樵山位于广东中南部南海市境内，是一座死火山，方圆 $14km^2$，山体形似圆锥，诸峰合抱，有如莲瓣。山上峰、洞、瀑、泉遍布，共有 72 峰、36 洞、28 瀑、207 泉。在众多岩洞中，碧玉洞最奇，白云洞最秀，叶明洞最深，喷玉岩最劲。白云洞创于明嘉靖年间，有“胜甲西樵”之称，其中飞流千尺瀑布为天然奇景之一，三面峭壁耸立，中间一壑通天，清流从峰顶奔腾涌落，宛如银河倒泻，气势磅礴。还有许多宫观、寺庙、书院等人文遗迹散布于山水之间，主要有云泉仙馆、白云古寺等，云泉仙馆原为明代玉楼书院，建于山腰，画栋雕梁，盘龙飞凤，雄伟壮观。此外，景区内建有一代武术宗师黄飞鸿狮艺武术馆、黄大仙圣境园等。西樵山现为全国重点风景名胜区，辟有国家森林公园。

（3）鼎湖山　鼎湖山位于广东肇庆市境内，为岭南四大名山之一，是全国重点风景名胜区。主峰鸡笼山海拔约1000m，山之绝顶有湖，四时不竭，本名顶湖山，传说黄帝曾铸鼎于此，因而习称鼎湖山。山间植被葱茂，高等植物达1700多种，结构复杂，生态多变，有桫椤、苏铁等孑遗植物，也有鼎湖钓樟、鼎湖冬青等稀有珍贵植物，是世界少有的一种特殊森林类型。鼎湖山是我国第一个国家自然保护区，中国第一批国际“人与生物圈”自然保护区。它完整地保存了南亚热带季风常绿阔叶林，与全球同纬度地区较为干旱的普遍现象相比，显得十分独特，被中外科学家誉为“北回归线沙漠带上的绿洲”。

鼎湖山分为天溪、云溪、天湖三大景区，有庆云寺、白云寺、水帘洞、葫芦潭、飞水潭等众多名胜古迹，既是旅游圣地，又是著名佛教圣地。庆云寺建于明代，建筑面积达1万m^2，是岭南四大名刹之一，寺内现存的千人镬、大铜钟和300年历史的白茶花树，被称为“镇山三宝”。千人镬是直径1.92m、深0.95m的可供千人用餐的锅。鼎湖山还有一处特殊景点——品氧谷，这里空气大面积无菌、无污染，蕴含超高浓度的负离子，不断分泌出一种杀死细菌、净化空气的浓香型挥发性物质，是一处不可多得的养身之地。

（4）七星岩　七星岩位于肇庆市区北部，与鼎湖山共同构成肇庆星湖风景名胜区，面积10km^2，其中湖面6km^2。由阆风、玉屏、石室、天柱、蟾蜍、仙掌、阿坡7座陡峭的石灰岩组成，布列似北斗七星，故名七星岩。景区内有七岩、八洞、五湖、六岗，以湖岩石洞取胜，山环水，水绕山，楼阁水榭，波光岩影，浑然一体；岩内有洞，洞中有河，千姿百态，人称“山似桂林，水如杭州”。石室岩顶名嵩台，相传是天帝宴请百神之处。岩下是石室洞，高超过30m，是最大的岩洞，洞内终年积水，可驾舟环游，观赏岩壁千姿百态的钟乳石。洞外古建筑有水月宫、五龙亭、飞龙桥等，景区内还有唐代以来的摩崖石刻400多幅，有“千年诗廊”之称。

（5）惠州西湖　惠州西湖位于惠州市区西部，已有1600多年的历史，面积约24km^2，与杭州西湖、福州西湖合称“中国三大西湖”。园中有“五湖六桥”之胜，即北新桥、拱北桥、烟霞桥、迎仙桥、明圣桥、圆通桥、六桥将湖面分为平湖、丰湖、南湖、鳄湖、菱湖五个既相隔又相通的湖区。其中点缀有孤山、九曲桥、点翠洲、百花洲等景点和朝云墓、六如亭等遗迹，湖周有苏东坡手迹和历代名人题咏的摩崖石刻。点翠洲又名玉塔，是湖上的最高建筑物，始建于唐代，是为纪念泗洲大圣僧伽而建。整个景区景如仙境，妙似天成。

5. 岭南建筑　岭南建筑主要包括园林和民居。在长期发展过程中，岭南建筑逐渐形成了轻巧通透的风格特色。所谓轻巧，是指建筑规模普遍不及中原或江南建筑的宏伟高大。所谓通透，是指建筑从整体上注意通风透气，既有利于建筑材料的防潮防虫，延长寿命，更着眼于长夏无冬的气候条件下，居住活动的舒适凉快。岭南民居异彩纷呈，各具特色。粤中一带流行三间两廊式，以此为基本单位并联扩大为多进多路大型院落；客家民居以围楼大屋、五凤楼闻名于世；还有壮族、瑶族楼居、黎族船形茅屋等。最能体现岭南建筑风格的是园林，顺德清晖园、番禺余荫山房、东莞可园、佛山梁园并称为“清代粤中四大名园”。

（1）清晖园　清晖园位于顺德市区，建于清嘉庆五年（1800 年），原为仿照苏州园林风格建筑起来的私人宅第。面积不大，但布局紧凑巧妙，山水相间，一步一景。进门后经笔生花馆、内庭、书楼、船厅、惜阴书屋、碧溪草堂到水榭，辅以书画、雕刻、工艺美术设置，使层层景色，幽雅含蓄。船厅是清晖园精华所在，平面像舫，主体像楼，往下望是碧波荡漾的池塘，使人犹如置身船上。窗格用木刻竹叶装饰，人在厅中，仿若在蕉林竹丛荫蔽的珠江三角洲水乡之中，体现了岭南庭园的艺术特色。

（2）余荫山房　余荫山房位于广州市番禺区，始建于清同治三年（1864 年），是举人邬彬的私人宅第。余荫山房占地面积 $1598m^2$，吸收了苏杭庭院建筑艺术风格，园内有主体建筑 4 座，游廊式拱桥将园内分为东、西两部分。西有石砌河池，池南有临池别馆，池北有深柳堂；东有八角池和八角形玲珑水榭。余荫山房布局十分巧妙，园中亭台楼阁、堂殿轩榭、桥廊堤栏、山山水水尽纳于方圆三百步之中。园中砖雕、木雕、灰雕、石雕作品丰富多彩，尽显名园古雅之风。古树参天，奇花夺目，满园生辉。

（3）可园　可园位于东莞市区，建于清咸丰八年（1858 年），是江西按察使张敬修的私人宅第。可园面积 $2204m^2$，绕以青砖围墙。园内共有 19 个厅，15 间房，左回右折，通过碧环廊和 137 个各式各样的门相连通，高低错落有致，疏密静动适宜。庭院中建有小山丘、半边亭、荷池、矮墙，满目花草修竹，景色醉人。主体建筑是一座高 15m 的四层可楼，登楼可俯览园中景色。主人喜好诗画，不少诗画名人常聚于此，开创了岭南画派的先河，成为当时岭南文化的策源地。

（4）梁园　梁园位于佛山市区，建于清嘉庆、道光年间，由当时内阁中书梁蔼如及其侄子精心营建而成，故称“梁园”。梁园占地近 2 万 m^2，是四大名园中最大的。园内群星草堂、秋爽轩、客堂、书斋等主体建筑玲珑雅致。园内回廊环绕，绿树婆娑，太湖石、石英石或伏或卧，奇诡多姿。园内收藏有历代名家法帖刻石珍品 80 余件，丰富了名园的内涵。

9.2.3　海南主要旅游地

海南位于中国最南端，是我国第二大岛，辖西沙、中沙、南沙等岛屿和超过 200 万 km^2 的海域，北隔琼州海峡与广东相望。简称琼，别称椰岛。海南以阳光、沙滩、椰林、蓝天、碧海、绿野等热带风光著称，名寺古刹、奇花异草、灵禽珍兽、黎苗风情令人抚古悠思，大开眼界。根据旅游资源特点分为三条旅游线路，东线以海滨观光休闲旅游为主，有海口、文昌、琼海、万宁、三亚等景区；中线是黎苗风情民俗旅游，有通什、保亭、琼中等景区；西线是原始森林探险旅游。琼山、海口是中国历史文化名城。海南属于热带季风气候，凉爽的椰风吹散了盛夏的炎热，明媚的阳光温暖了冬日的大海，是冬泳和避寒的胜地。岛上四季常青，空气清新，被誉为“回归大自然的好去处，未受污染的长寿岛”。

1. 海滨胜地　海南热带海滨旅游资源十分丰富，拥有漫长曲折的海岸，洁白平细的沙滩，清澈湛蓝的海水，先进齐全的设施，吸引了国内外大量游客来此踏浪戏海。在众多海滨旅游胜地中当属三亚最为著名，这里一年四季绿水青山花常开，长年一派旖旎的热带海滨风光，是我国海滨旅游资源最密集的旅游胜地，有“东方夏威夷”之称。三亚集中了阳光、海水、沙滩、空气、森林、动物、温泉、岩洞、风情和田园等得天独厚的旅游资源，形成了天涯海角、鹿回头、亚龙湾、大东海、热带海洋动物园等众多景点，是全国重点风景名胜区。

（1）天涯海角　天涯海角位于三亚市区西部海滨，古时因远离城镇，交通阻塞，有“鬼门关”之称。历代王朝谪贬官员多流放于此，清朝崖州知州程哲刻“天涯”二字于一冲天石峰上，清末文人又在另一巨石上题刻“海角”二字，故得名“天涯海角”，意为天之边缘，海之尽头。这里依山傍海，碧海、青山、白沙、巨磊、礁盘浑然一体，椰林、海景、渔帆、鸥燕、云层交相辉映。海中耸有一石柱，突兀雄伟，上刻“南天一柱”四个大字，相传雷公雷母劈石而成，现已成为三亚的标志性景观。景区内还建有海水浴场、钓鱼台以及仿古典传统园林式建筑风格的天涯购物寨、天涯画廊、天涯民族风情园、历史名人雕塑园等景点，令人目不暇接，流连忘返。

（2）鹿回头　鹿回头位于三亚市区南，是一座伸向大海的山头，貌似一只金鹿站立海边回头观望。相传古时一位勤劳英俊的黎族青年，在这里打猎时遇到一只山鹿，追至海边正欲拉弓，山鹿突然回头，化作美丽少女，两人结为连理，“鹿回头”由此得名。山顶雕塑一座高12m，长9m，宽4.9m的青年猎手和回首花鹿的巨型雕像，三亚市也因此被称为“鹿城”。登山远眺，三亚全景尽收眼底。董必武曾赋诗赞道：“海闻龙摆尾，山见鹿回头。椰树森森立，渔舟渺渺浮。”景区内顺着山势建有哈雷彗星观测站、听潮亭、观海乾、情人岛，还有猴山、鹿舍、黎家寮房等景点。

（3）亚龙湾　亚龙湾位于三亚市东南，是海南最南端的一个半月形海湾，被誉为“天下第一湾”。这里海水异常清澈，透明度可达9m，绵延8km的海滩上，沙粒洁白细软，是理想的日光浴、海水浴、沙滩浴场所。景区内还有奇石、怪滩、田园风光构成各具特色的风景。锦母角、亚龙角激浪拍崖，怪石嶙峋，是攀崖探险活动的良好场所。五个小岛如翡翠般点缀在海面上，海底世界资源丰富，有珊瑚礁、热带鱼、海底珍品、野生贝类等，可以开展潜水活动。中心广场有高达27m的图腾柱，周围是反映中国古代神话传说和文化的雕塑群。

（4）大东海　大东海位于三亚市区南端的鹿回头和兔子尾两山之间。海岸沙滩长达千米，茂密的椰林遮天蔽日，椰林后面群山环抱，阳光、碧水、沙滩、绿树构成了美丽的热带风光。这里日照时间长，四季如春，水暖沙平，冬季水温18~22℃，是冬泳避寒胜地，被国家旅游局评为“中国旅游胜地40佳”。景区内旅游度假设施齐全，有嬉水乐园、跑马场、潜水和跳水基地等，可以开展多种水上活动和沙滩运动。

（5）博鳌　博鳌位于海南岛东海岸万泉河入海口处，面积39km^2，人口仅万余。亚洲论坛首届年会的举办让博鳌从海南众多美丽而不为人知的小镇中脱颖而出。这里被称为世界河流入海口自然环境保存最完美的处女地，长18km，最窄处仅50m的玉带滩如一条绝美的玉带横亘在河海交融之处。在博鳌镇附近的东屿岛上有由澳大利亚著名设计院设计的亚洲论坛会展中心及度假休闲区，整个会展中心三面透明，坐在室内便可观赏到风景秀丽的万泉河入海口。

2. 名山幽洞　海南境内山地、丘陵众多，散布在山地丘陵间有许多岩溶洞穴，全岛地势中间高，四周低，五指山、黎母岭是海南岛上著名的山地风景区。

（1）五指山　五指山耸立于海南岛中部，海拔1867m，是海南第一高山，素称“海南屋脊”。因峰峦起伏成锯齿状，形似五指，故得名。远眺五指山，林木苍翠，白云缭绕，绿山如指，直插云间。站在峰巅，顿觉云从脚下生，人在太空游。海南主要江河多发源于此，山光水色交相辉映，景色绚丽，变幻万千。五指山遍布热带原始森林，层层叠叠，逶迤不尽，落叶厚达50cm以上，有陆均松、鸡毛松、青梅、胭脂等珍贵林木和鹦鹉、秃鹰、坡鹿、金钱豹、长臂猿等珍禽异兽，是一个天然的动植物王国。山上存有不少古代摩崖石刻和碑记，对研究黎族及海南社会经济发展具有重要意义；此外还有许多革命遗址，如琼崖纵队司令部遗址、南茂岭苗军遗址、白沙起义第一次会议遗址等。

（2）落笔洞　落笔洞位于三亚市境内，是天然石灰岩溶洞。洞口高约12m，洞内高约22m，宽9m，纵深18m，洞的中央有两根钟乳垂吊，形如巨笔悬空，故得名。相传古时笔尖滴水不断，人若能手接此水，便会文思敏捷，挥笔成章。洞内摩崖石刻甚多，“落笔洞洞洞笔落”“尖峰岭岭岭峰尖”的刻字，顺念与倒念都一样，令人回味无穷。落笔洞有许多酷似马、犬、猴、龟等石景，百态千姿，美不胜收。落笔洞曾是石器时代古人类居住的洞穴，出土了多件石器时代遗物，具有很高的考古价值。

3. 古寺胜迹　海南历史上曾是一个蛮荒之地，古代许多不得志的文武大臣都曾被贬谪到这里，留下了许多建筑古迹，成为海南丰富的人文旅游资源，主要有东坡书院、琼台书院、五公祠、海瑞墓等。

（1）东坡书院　东坡书院位于儋州市中和镇，是为纪念北宋大文豪苏东坡而建的。建于北宋元符元年（1098 年），明嘉靖二十七年（1548 年）扩建并易名“东坡书院”。苏东坡在被贬谪儋州期间曾在此煮酒、论诗、讲学，是历代儋州最高学府，培养了不少人才，成为海南重要的人文胜迹之一。书院大门轩昂宏阔，院里古林幽茂，群芳竞秀。东坡书院的主要建筑有载酒亭、载酒堂、奥堂龛等。载酒亭为重檐歇山顶结构，上下两层，上层四角，下层八角，各角相错，角角翘起呈欲飞之势。堂中绘有苏东坡谪居儋州三年半的生活情景图。书院大殿内陈列有苏东坡书稿墨迹和著名的《坡仙笠屐图》。院内竖立有苏东坡头戴阳笠、脚蹬木屐、凝神远视的铜像，基石上镌刻“东坡居士”金字。

（2）五公祠　五公祠位于海口市东南，是为纪念唐宋时期贬谪到海南岛的唐宰相李德裕，宋名相李纲、李光、赵鼎，名臣胡铨五人而建的。五公祠始建于明万历年间，清光绪十五年（1889 年）重建。五公祠建筑面积 $450m^2$，其主体建筑“海南第一楼”是一座木结构、单式斗拱的典型清代建筑，高超过 10m，朱丹色，两层楼阁。楼下正门悬挂“五公祠”匾额，楼上悬挂“海南第一楼”横额。楼上正厅设五公灵位，楼下厅中立有五公石雕像。楼西有观稼堂、东斋、学圃堂、西斋等建筑，内有历代名人书画、五公生平事迹石碑、汉代铜鼓、明代铜钟等文物。楼东侧是苏公祠、洞酌亭等建筑，与五公祠构成一组古建筑群。

4. 黎苗风情　海南是我国少数民族聚居地，有黎、苗、壮、回等 36 个少数民族，中部五指山周围是黎、苗族的主要居住地，有五指山民族博物馆、中华民族文化村以及典型的黎寨、苗村，可以尽情体验黎苗风情。

（1）番茅黎寨　番茅黎寨位于通什市区北部，周围群山环绕，一派田园风光。这里是黎族聚居的自然村，保留着传统的黎族民俗风情。船形茅屋是黎族传统的民居，它外形像一条架空的船，建在椰林丛中，厚实的草、泥墙，可以挡住阳光，草顶几乎垂至地面，保护泥墙不受雨水冲刷。屋架为干栏式，下部架空，楼板疏隙，泥墙与草顶之间留有空隙，船形茅屋虽不高，又没有窗户，但感觉凉快，适宜高温多湿的气候。寨里女性精于纺织和刺绣，用简单的工具便可织出精美图案的头巾、上衣、石榴筒裙等黎锦民族工艺品。黎族人能歌善舞，山歌对唱曲调优美，具有独特的民族风格和浓郁的生活气息。

（2）毛岸苗村　毛岸苗村位于通什市境内，陡水河边。苗村保留着浓郁的民族特色，特有的山兰禾架和竹编的小谷包点缀着房前屋后。每当三月三，苗族同胞便跳起欢乐的舞蹈，捧出山兰米饭和野味山菜，欢迎远方的客人，让人游趣大兴。

5. 奇特景观

（1）东寨港红树林　位于琼山市东北部的东寨港，绵延 50km，面积超过 $4000hm^2$，是我国建立最早、面积最大、最密集的红树林保护区。红树林是热带、亚热带滨海泥滩上特有的常绿灌木或乔木植物群落，大部分树种属于红树科，生态学上通称为红树林，是能生长于海水中的绿色植物。这里的红树林有23科41种，最高超过20m，很多红树具有奇特的“胎生”现象。涨潮时分，树干被海水淹没，只露出翠绿的树冠随波荡漾，成为壮观的“海上森林”。红树林是热带海岸的重要标志之一，能防浪护岸，具有重要的经济价值和观赏价值。

（2）毛公山　毛公山位于乐东县境内，呈东北—西南走向，海拔630m。其巨大山石自然造型酷似毛泽东仰卧于苍穹之下，仪表安详，形神兼备。毛公的造型十分宏伟，脸部长105m，宽56m，距数公里之外仍十分清晰逼真。每天16时—18时为最佳观赏时间。山后有一黎寨名为“东方红村”，山前有一黎村名曰“解放村”，实乃巧合天成。山上瑶草奇花不谢，青松水杉长春。

9.2.4　台湾主要旅游地

台湾位于我国东南海面上，西隔台湾海峡与福建省相望，东濒太平洋，包括台湾岛及澎湖列岛、钓鱼岛、赤尾屿等岛屿，台湾岛是我国第一大岛。台湾简称台，四季如春，景色如画，素有“美丽宝岛”之称。台湾旅游资源十分丰富，自然旅游资源主要包括山地、森林、湖泊、温泉、瀑布、海滨等风景区；人文旅游资源主要包括名胜古迹、都市风光、纪念场所等。台湾旅游资源分为四大区域，即以台北市为中心的北部旅游区，拥有众多的名胜古迹，又极富山岳、森林、温泉、海滨旅游资源；以台中市为中心的中部旅游区，以自然景观为主，有日月潭、阿里山等著名风景区；以高雄市、台南市为中心的南部旅游区，以名胜古迹和热带风光著称；以花莲、台东县为中心的东部旅游区，以高山、海滨和离岛等自然风光最吸引游人。

1. 山岳景观　台湾是一个多山的海岛，山地占全岛的2/3，中央山脉、雪山山脉、玉山山脉、阿里山脉和海岸山脉，像五条巨龙蜿蜒起伏，山岳高峻雄伟，气势磅礴，形成众多的山岳风景区，以阿里山、阳明山、大屯火山群、玉山等最为著名。

（1）阿里山　阿里山位于台湾嘉义县境内，是台湾著名风景区。主峰大塔山海拔2663m，山上云雾缭绕，古木参天。森林、云海和日出被称为阿里山三大奇观。阿里山是台湾著名天然森林区，从山脚到顶峰分别生长着热带、亚热带、温带和寒带几十种林木，成为阿里山森林的独特之处。红桧、扁柏、亚杉、铁杉和姬松是著名的阿里山“五木”，尤以红桧木质最佳，有一株老红桧高约53m，树龄达3000多年，被称为“神木”。三四月间林海樱花烂漫，红白辉映，另是一番妩媚。傍晚时分，阿里山经常出现景色壮丽的云海，把山谷和林海笼罩的若隐若现，人立山峰，犹如置身海上仙山之中。阿里山日出景色更为壮观，太阳升起的瞬间，万丈光芒四射，云霞染成金红一片，照耀青山翠谷，灿烂夺目。此外，三代木、姊妹潭、大塔山断崖、慈云寺、高山博物馆等也是游览的好去处。阿里山山间气候温和，加以风景雄丽，林木葱茏，是台湾著名的避暑胜地。

（2）阳明山　阳明山位于台北市北郊，原名草山，因盛产茅草而得名。阳明山海拔443m，一年四季，风晴雨雾，气象万千，是避暑胜地之一，现已开辟为阳明山公园。公园内青山翠谷，绿草如茵，是台湾规模最大、景色最美的公园。园内有中山楼、阳明山庄、阳明湖、小隐潭、阳明瀑、快雪亭等建筑名胜。阳明山温泉与北投温泉并称姐妹泉，涌量充沛，溢成溪流，长年不绝，有极高的药用价值。

2. 日月潭　日月潭位于台湾中部南投县境内，是台湾最大的天然湖，为“台湾八景”中的绝胜，它的天然风姿堪与杭州西湖相媲美。日月潭由玉山和阿里山涧的断裂盆地积水而成，湖面海拔760m，湖周长35km，水面7.7km^2，深超过30m。潭中有一个小岛，远看好像浮在水面上的一颗珠子，得名“珠子屿”，现改为光华岛。以此岛为界，北半湖形如日轮，南半湖状似上弦之月，故名日月潭。

日月潭之美在于它环湖皆山，重峦叠峰，郁郁苍苍；湖面辽阔，水平如镜，潭水湛蓝；一年四季，晨昏景色，各有不同。每当夕阳西下时，日月潭畔烟霞四起，月亮东升，日光月影相映潭中，幽雅宁静，别有一番情趣。山腰湖畔寺庙楼宇很多，主要有文武庙、玄光寺、玄奘寺等。文武庙中有孔子像，左右有文昌君和关羽像，自庙中远眺，日月潭景色犹如图画，尽收眼底。玄奘寺寺貌崔巍，金碧辉煌，寺中供奉有唐代高僧玄奘的部分遗骨。日月潭现为台湾著名风景区。

3. 海岸奇观　台湾海岸线漫长，其北部和西部海岸海蚀地貌典型，海滩平缓，海水浴场众多；东部和南部海岸山脉直插大海，形成陡崖峭壁，景色壮观。

（1）野柳鼻　野柳鼻位于新北市境内，是一突出海中的细长岬角，长约2km，宽约200m，中间最窄处不及50m。远望野柳鼻，形似巨大的海龟蹒跚离岸，亦称野柳龟。野柳岬角一带地层由砂岩堆积而成，因受海浪长期的侵蚀和风化作用，在海边形成陡直的海蚀崖和宽平的岩床。海滩上奇岩怪石密布，有女王头、仙女鞋、梅花石、松茸石、海龟石、卧牛石、莺歌石等形形色色四十八景。每当退潮后，岸边会留下五颜六色的贝壳、海胆。加之美人蕉、龙舌兰、海芙蓉、南国蓟等海岸植物，使这里成为天然海岸公园。

（2）南湾极点　南湾极点位于台湾最南部的屏东县恒春半岛上，是一个著名的海滨风景区，由鹅銮鼻、四重溪、佳洛水、垦丁海水浴场、热带植物园等景点构成。鹅銮鼻是台湾岛的最南端，中央山脉蜿蜒南来，到这里形成一条长5km、宽2km的山脊，直插波涛汹涌的巴士海峡。它是太平洋、巴士海峡和台湾海峡的分界处，建有一座大灯塔，建成于清光绪八年（1882年）。塔呈多角形，高18m，总高海拔55m，是远东最大的海上灯塔，有“东亚之光”的称号。塔内灯光每隔10s闪亮一次，光力可达20nmile，夜间航行可凭借灯光确定航向。佳洛水景区以奇岩和瀑布闻名，此间山脉直抵海岸，形成断崖，一道清水，从悬崖峭壁间飞落而下，落差300m，注入太平洋中。海滩上形成千奇百怪的岩石、岩洞，有开天石、海后座、鸳鸯石、海蛙石等或坐或立，巧夺天工，是台湾风景区中的一绝。

4. 古迹建筑　台湾在古代长期发展过程中，修建了许多精美建筑，特别是从明朝以后，台湾人民在反抗外来入侵的斗争中，留下了大量的斗争遗址，主要有中山博物院、赤嵌楼、北港妈祖庙、龙山寺、安平古堡、郑成功庙、昭忠塔等。

（1）台北故宫博物院　台北故宫博物院位于台北市区，始建于1962年，占地1.03万m^2，为中国宫殿式建筑，楼高4层，白墙绿瓦。院前广场耸立由6根石柱组成的牌坊，气势宏伟，整座建筑庄重典雅，极富民族色彩。院内收藏文物达64万余件，主要来自北京故宫博物院、沈阳故宫、承德避暑山庄的文物。所藏的商周青铜器、历代的玉器、陶瓷、古籍文献、名画碑帖等都是稀世珍品。台北故宫博物院以国宝闻名，成为中外游人的重要参观对象。

（2）赤嵌楼　赤嵌楼位于台南市区，原为清顺治十年（1653年）荷兰人入侵台湾时所建的普罗文萨堡，旧称赤嵌楼，又称红毛楼。郑成功经营台湾时，曾以此为承天府。原建筑被地震所毁，光绪五年（1879年）在遗址上分建文昌阁和海神庙，仍称赤嵌楼。这是一座具有我国典型民族风格的双层楼宇，造型伟丽。

9.2.5　香港主要旅游地

香港位于我国南部，珠江口东岸，全境包括香港岛、九龙半岛、新界本土和新界离岛四部分。香港简称港，是世界著名的自由港和金融贸易中心，素有“购物天堂”和“美食之都”的盛誉。特殊的历史背景，使香港显现出中英合璧的独特风采。太平山、海洋公园、迪士尼乐园等地是香港主要旅游景区，会展中心、回归纪念博物馆是“九七”回归的历史见证，散布于市郊和离岛的众多郊野公园，是人们郊游踏青的好去处。

1. 太平山　太平山位于香港岛西部，海拔554m，山上建有山顶公园。登临山顶，可以俯瞰香港全貌，特别是香港夜景举世闻名，维多利亚湾两岸高楼林立，流光溢彩，璀璨夺目，在太平山顶观赏香港夜景是香港之行的必备节目。山顶建有凌霄阁，是香港的标志性建筑之一，内设“信不信由你”奇趣馆，展出环球旅游者从世界近200个国家收集的奇异展品。

2. 海洋公园　海洋公园位于香港岛南部，是亚洲最大的海洋公园。三面环海，占地87万m^2，1977年建成开放，包括海洋天地、集古村、绿野花园、雀鸟天堂、山上机动城、急流天地、水上乐园、儿童王国8个部分。海洋天地由海洋馆、鲨鱼馆、浪涛馆、海洋剧场及海拔200m的海洋摩天塔组成，饲养约5000尾、400种不同类别的深、浅海鱼类。鲨鱼馆饲养数十条啡色护士鲨、豹纹鲨、加拉哥斯鲨等，游人可以通过透明的隧道观赏鲨鱼活动。海洋剧场依山而建，供游人观赏海狮、海豚的精彩表演。公园内建有户外登山电梯，长 225m，是世界上最长的户外登山电梯。公园内布局精巧，寓科学、文化教育于娱乐中。

3. 天坛大佛　天坛大佛位于香港大屿山岛木鱼山顶，因大佛底座仿北京天坛圜丘而建，故名天坛大佛。大佛总高 34m，其中佛像身高 23m，由 202 块青铜焊接而成，重 250t，是世界上最大的露天青铜释迦牟尼坐佛。大佛坐南朝北，右手齐胸屈举，五根手指平伸，示意“无畏印”，代表拔除痛苦；左手下垂脚上，反掌向外，指端向下，称为“与愿印”，寓意“施于快乐”，表现了大雄大力和大慈大悲。大佛造型集云冈、龙门佛像和唐代雕塑艺术之精华，庄重慈祥。

4. 宋城　宋城位于香港九龙荔枝角，占地 5500m^2，是仿北宋京城汴京，以《清明上河图》为蓝本而建的。入门为一座雄伟的城门，由两个身穿宋代战袍的士兵把守。城楼雕梁画栋，展出古代兵器。城内小河贯通南北，两岸绿柳垂杨，店铺林立。有香店、茶寮、二郎神庙、酒坊、住宅等。城内有一处“大富之家”，室内陈设华丽雅致，辟有花园，曲径迂回，林木葱郁。街上行人身穿宋代衣冠，一派当年汴京繁华景象。宋城古色古香，动静结合，具有浓厚的东方色彩。

5. 香港会展中心　香港会展中心位于香港岛湾仔码头附近，占地 25 万 m^2，1988 年 11 月落成，由 4 幢建筑物组成，展览大堂前装嵌了 2480m^2、8 层楼高的世界最大的玻璃幕墙，可远眺九龙。会展中心可举办各类大型会议、国际贸易展览，是亚洲最大的现代化国际会议展览中心之一，也是香港最具代表性的建筑之一。1997 年扩建的新翼楼，外形似展翅的海鸟，香港回归祖国政权交接仪式在此举行。楼前摆放有中央政府赠予香港特别行政区的紫荆雕塑。

9.2.6　澳门主要旅游地

澳门位于我国南部，珠江口西岸，东与香港隔海相望。澳门简称澳，地域狭小，景区紧凑，三面环海，景色旖旎，建筑风格中西合璧，多姿多彩。澳门有三多：宾馆酒店多、庙宇多、博物馆多。澳门属于海洋性气候，四季温暖宜人，全年均可旅游，主要景点有大三巴牌坊，妈阁庙，普济禅寺，东、西望洋山，葡京大酒店，澳氹大桥等。

1. 大三巴牌坊　大三巴牌坊位于澳门半岛中央大炮台山西侧，是圣保罗教堂前壁。明万历八年（1580 年）为葡萄牙人所建，1835 年遭大火焚毁，仅存前壁，因形如中国式牌坊而得名。此壁为优质花岗岩四层叠柱式建筑，由 30 多条古希腊式圆石柱组成。底层为前门，石柱及壁龛有精雕细刻栩栩如生的人物雕像及花卉、动物浮雕、青铜镶嵌。整个建筑造型挺秀典雅，富西方宗教艺术色彩，被称为“立体的圣经”。大三巴牌坊是澳门著名古迹。

2. 妈阁庙　妈阁庙位于澳门半岛西南端，又称妈祖阁、天后庙，始建于明弘治元年（1488 年），有弘仁殿、大殿、石殿、观音阁等主要建筑，前三殿均奉祀妈祖神像。妈阁庙依山临海，古木婆娑，在澳门三大古刹中历史最悠久。澳门人信奉妈祖，农历三月二十三日妈祖诞辰，人们都要赶赴妈阁庙祈福求神保佑。

3. 普济禅寺　普济禅寺位于澳门半岛北部，俗称观音堂，始建于明天启年间，占地广阔，有前后两院。前院主体建筑有大雄宝殿、长寿佛殿、观音殿，各有旁门互通，颇具气势。后院为小山岗，林木苍翠。寺内香火鼎盛。这里曾为粤省文人雅士相聚之地，有岭南派书画家高剑父下榻的“妙香堂”。1844 年腐败的清政府与美国在此签订不平等的《望厦条约》，至今园中还留有一张圆形石桌和长石板凳。

4. 东、西望洋山　东望洋山位于澳门半岛东北部，又称松山，海拔 93m，是澳门半岛最高处。东望洋山灯塔、炮台、教堂为东望洋山三大古迹。灯塔耸立山巅，建于 1865 年，为亚洲第一灯塔。教堂又称雪地殿，位于山顶，建于 1626 年，按葡文意为“城之圣母”，其建筑保留了 17 世纪葡萄牙隐修院的特色。教堂外观庄严巍峨，内部精巧奇丽，保存有不少宗教名画，为澳门旅游胜地。

西望洋山与东望洋山遥相对望，因山顶建有一座天主教堂，又称主教山。教堂建筑古朴庄重，周围古树葱茏，环境极为幽静。西望洋山中散布许多欧式豪华别墅，是澳门贵族生活区。

思考与练习

1. 岭南建筑有何特点？其代表作品有哪些？
2. 丹霞地貌有何特点？简介本区主要丹霞地貌景观。
3. 海南最具特色的旅游资源是什么？
4. 本区民俗风情旅游的主要景点有哪些？
5. 本区有哪些现代大型人造旅游景点？
6. 简介武夷山风景名胜区。
7. 为什么说鼎湖山是“北回归线沙漠带上的绿洲”？

第 10 章　西南旅游区

问题导学　当你第一次踏足这片土地，会感到天地造化无处不在的奇迹，无论是卡瓦格博峰终年不化的冰雪，或是东川鲜艳的红土地，千奇百怪的石林，长江第一湾的缓缓流水，千姿百态的动植物，少数民族的万种风情……这所有的一切，都会让陌生的你产生感情。一旦来到了这里，用脚去丈量这片神奇的土地，你会深深地被她迷恋，脑海中挥之不去的是湛蓝的天空、金黄的油菜花、汹涌奔腾的江水、险峻雄奇的高山峡谷，而坝子上美丽的村寨，身穿各式少数民族服装的男女友善的微笑、淳朴的民风民情，绝对会让你流连忘返……

10.1　西南旅游区旅游地理环境特征

10.1.1　旅游自然地理环境特征

西南旅游区包括云南、贵州、广西三省区，面积 79 万 km^2，与老挝、缅甸和越南相邻，区内岩溶地貌发育，山川秀丽，气候温和，四季如春，动植物资源非常丰富。同时，本区还是我国少数民族聚居地，云南是我国少数民族最多的省份，分布有 30 多个少数民族，各民族的风土民情和丰富多彩的传统文化娱乐活动成为本区最具特色的旅游资源。由于本区山高流急，交通不便，影响了大西南的经济发展，却也保护了大西南丰富多彩的民族文化和原始优美的自然风光。旅游业发展水平与丰富的旅游资源还很不相称，随着国家对西部地区的开发，西南地区的旅游业将在国内外占据越来越重要的地位。游人至此，眼见耳闻和身心感受的，将是超凡脱俗的另一世界。

1. 地形以高原、山地为主，岩溶地貌发育　本区跨滇西与滇南山地、云贵高原和广西丘陵盆地。西部云贵高原海拔在 1000～2000m，地表崎岖，贵州就有“天无三日晴，地无三尺平”之说；同时，分布有许多断裂湖和高山跌水、瀑布，如滇池、洱海、黄果树瀑布等著名景观。广西的地形大体是从西北向东南方向倾斜的盆地，东南部为丘陵地貌，海拔多在 1000m 以下，滇西和滇南山地为横断山脉南段，大部分地面海拔为 1000～1500m，以多级的山原面和河谷盆地相间分布，地势起伏大，山高谷深。有梅里雪山、玉龙雪山、虎跳峡等众多神秘莫测的高山峡谷旅游资源。本区碳酸盐岩分布面积与厚度较大。这些地区在高原面未抬升的新第三纪时为热带气候，喀斯特地貌是在当时气候条件下发育起来的。高原面上主要是溶蚀小洼地、漏斗和落水洞等以及散布其间的一些低矮的峰林和石林，以路南石林最著名。在海拔 1000～1500m 的地面上，则以大型溶蚀洼地、矮小的丘陵或石林为特征，大型洼地中有许多落水洞和漏斗，它们成连串分布，其地下往往是暗河。这里是我国也是世界著名的岩溶地区，桂林山水、阳朔风光、织金洞、黄龙洞等都是无山不洞，无洞不奇的著名岩溶景观。

2. 气候类型复杂，地域差异明显　西南大部分地区属于亚热带、热带气候。由于距海较近，气候普遍温暖湿润，一年四季均可旅游。但因地域辽阔，地势高低悬殊，使得气候复杂多样，各地之间差异明显。

云贵高原西部冬季受热带气团控制，气温较高，夏季受海拔影响，天气凉爽，四季如春。昆明是我国著名的“春城”，这里一般没有夏天，春秋长达 9～10 个月，冬季长约 2 个月。

广西北部属于亚热带季风气候，温暖湿润。南部为湿热的热带气候，没有真正的冬季，夏季炎热，但下雨就凉，因此，有“四季皆为夏，一雨便成秋”之说。南宁是一个“草经冬而不枯，花非春仍奔放”的城市。

西部横断山区因海拔高，地势相对高差变化大，导致气候垂直变化明显，有“一山有四季，十里不同天”之说。

3. 天然动植物王国　本区因地形复杂，地势高低悬殊，加以南北跨度大，气候垂直和水平变化明显，环境千差万别，为多种动植物的生存提供了适宜的条件。因此，区内动植物资源十分丰富，各热量带的植物几乎都有，种类达 15000 种以上，其中云南占 12000 多种，几乎占全国植物种数的一半，居全国第一，被誉为“植物王国”。本区的动物种类亦为全国之冠，有大小灵猫、云豹、小熊猫、大鲵、树鼹、金丝猴、绿孔雀、印度象、水獭、懒猴、白颈长臂猿、双角犀鸟、飞蛙等珍稀品种。在野生动物繁多的地区建有许多自然保护区，如梵净山、西双版纳等。

10.1.2　旅游人文地理环境特征

本区是我国古人类的起源地之一，早在距今 170 万年前云南元谋猿人就在这里生息繁衍，还有旧石器时代早、中期原始人活动遗迹。本区自古就是我国与东南亚各国经济文化交往的陆路通道，西汉时期便已开发，我国的丝绸和工艺品经过该地区运往印度、缅甸等国，被誉为“西南丝路”。特别是本区从古至今一直是多民族聚居地，在长期的生产生活中，形成了各自的民族风俗，创造出各自富有民族特色的文化，构成独具优势的人文旅游资源。

1. 少数民族风情浓郁　本区是我国少数民族聚居且人口最多的地区，共有少数民族 30 多个，其中云南少数民族最多，有 51 个民族，而其中有 15 个是云南独有的，占全省人口的 1/3；贵州共有 49 个少数民族，占全省人口的 1/4；广西共有 11 个少数民族，其中壮族最多，占自治区总人口的 37%。少数民族的服饰、礼仪、习惯、建筑及喜庆活动等对旅游者均具有极大的吸引力，如苗族的斗牛会、芦笙节、龙舟节，白族的三月街，傣族的泼水节，彝族的火把节，傈僳族的刀杆节，水族的“过端”赛马，壮族的山歌会等，均吸引了大批旅游者。

2. 边境贸易逐渐繁荣　地处我国西南边陲的云南、广西与越南、老挝、缅甸三国接壤，国境线长超过4000km，拥有瑞丽、畹町、河口、磨憨、天保、金水河、凭祥等众多国家一类口岸。本区分别有铁路与公路同越南、老挝、缅甸相通，由于经济存在不同程度的互补性，缅甸、老挝与我国关系一直比较稳定，保持着友好关系；越南与我国有长期合作的历史，文化传统相似，相通的程度较大，一直与我国经贸往来密切。近年来，得益于中国—东盟自由贸易区建设和澜沧江—湄公河国际次区域经济合作，云南、广西边境贸易、边境旅游等相关产业发展迅速。这一地区的联合开发，不仅对中、缅、老三国边境有利，通过湄公河还可直达泰国及整个中南半岛，对外交往的通达性非常好，市场区域易于扩大，若能重点开发，条件是十分有利的，届时本区边贸经济更为繁荣，边境旅游、跨国旅游也会出现新局面，并且两者相互促进，使边境地区的社会经济更快地发展。

10.2　西南旅游区主要旅游地

本区主要旅游地和旅游资源的总体分布，参见西南主要旅游地和旅游资源简图，如图10-1所示。

云、桂、黔三省主要旅游地概况分别如下：

10.2.1　云南主要旅游地

云南简称“云”或“滇”，地处中国西南边陲，北回归线横贯南部。云南省总面积39.4万km^2，人口4513万，与缅甸、老挝、越南接壤，共有陆地边境线4061km。

云南是一个高原山区的省份，属青藏高原南延部分，地形一般以元江谷地和云岭山脉南段的宽谷为界，分为东、西两大地形区。云南西部为横断山脉纵谷区，高山与峡谷相间，其中以三江并流最为壮观，东部和南部是云贵高原。最高峰是西北部迪庆藏族自治州德钦县的梅里雪山，其主峰卡瓦格博峰海拔6740m。最低点是河口县的元江河谷，海拔仅有76.4m。整个云南西北高、东南低，山地面积占84%以上，高原、丘陵占10%，仅有不到6%是坝子、湖泊之类。云南江河纵横，水系十分复杂，全省大小河流共600多条，其中较大的有180条，多为入海河流的上游。从气候来看，主要受南孟加拉高压气流影响形成的高原季风气候，云南省大部分地区呈冬暖夏凉，四季如春的气候特征。独特的地理环境，使得云南几乎包揽了我国从海南岛至黑龙江的热、温、寒三带共存的所有气候类型和自然景观。既有热带雨林景致，也有北半球纬度最低的雪山冰川，动植物种类丰富，仅高等植物就有1.8万种，兽类300种、鸟类近800种、昆虫1万多种，

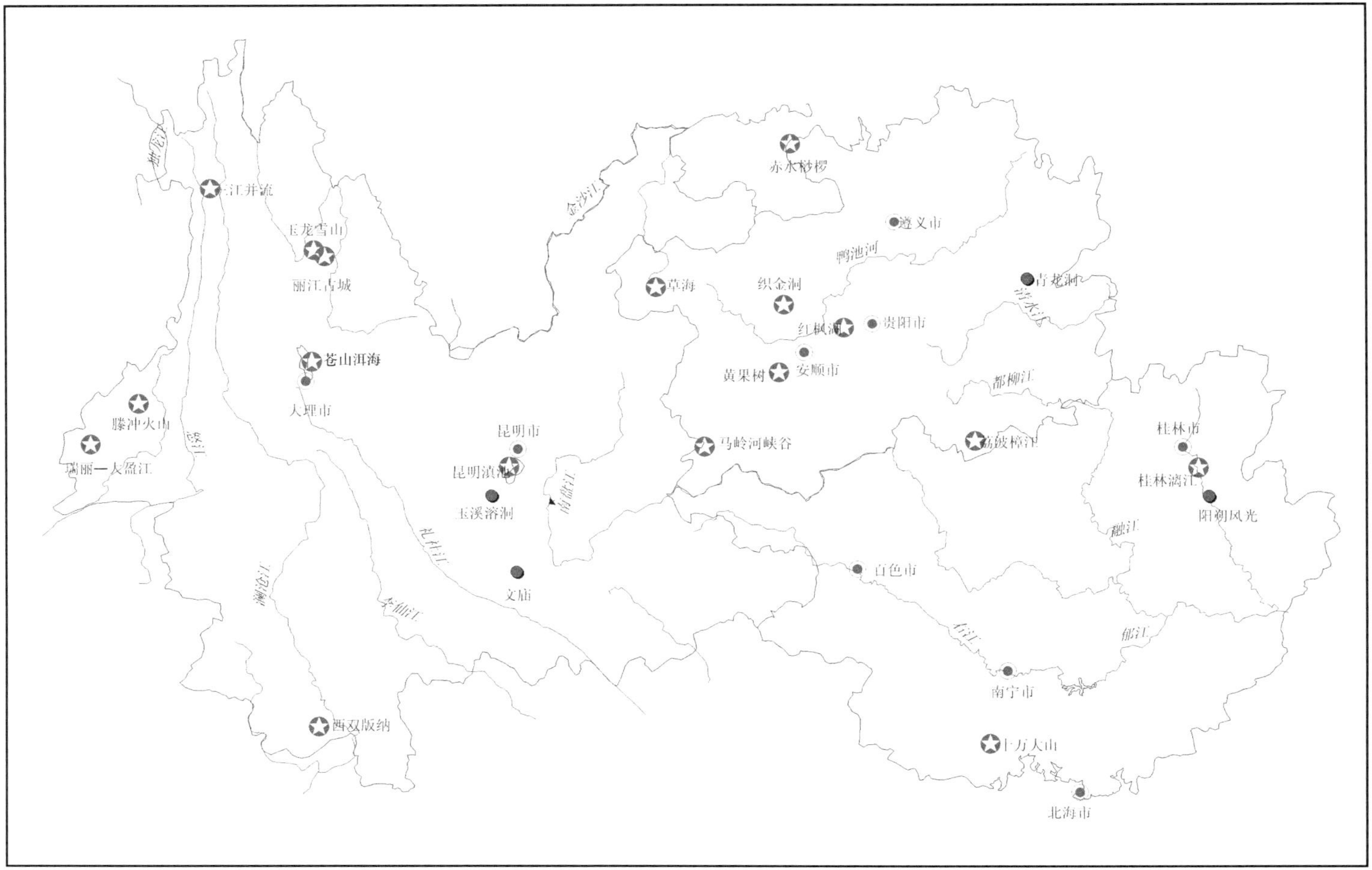

图10-1　西南主要旅游地和旅游资源简图

素有“动植物王国”“花卉之乡”的美誉。云南风味由滇东北、滇西和滇西南三个地区菜点构成，选料广、风味多，以烹制山珍、水鲜见长，口味鲜嫩清香回甜、酸辣适中。

云南由于其独特的地理风貌，特殊的气候状况，多彩的民族风情，奇特的风俗习惯，产生了许多不同于其他地方的奇异现象，并每每被冠以“怪”字，也因而流传下“云南十八怪”说法。例如，鸡蛋用草串着卖，摘下斗笠当锅盖，三只蚊子一盘菜，火筒能当水烟袋，糌粑被叫做饵块，背着娃娃谈恋爱，四季服装同穿戴，蚂蚱能做下酒菜，姑娘被叫做老太，和尚可以谈恋爱，老太爬山比猴快，新鞋后面补一块，汽车还比火车快，脚趾常年都在外，娃娃全由男人带，花生蚕豆数着卖，这边下雨那边晒，四个竹鼠一麻袋。

1. 昆明　云南省省会昆明地处云贵高原中部，南濒滇池，三面环山，是具有 2400 多年历史的文化名城，是云南省政治、经济、文化、科技、交通的中心，成昆、贵昆、昆河、昆玉铁路交会于此。昆明属于低纬度高原山地季风气候，气候温和，夏无酷暑，冬无严寒，四季如春，花开不断，是极负盛名的“春城”。昆明是自然景观和人文景观的荟萃之地，如筇竹寺、圆通山、翠湖、西山森林公园、大观楼、黑龙潭、金殿、安宁温泉和民族村等，形成了以世博会为中心的集自然风光和民族风情为一体的四季皆宜的多功能旅游胜地。

（1）大观楼　大观楼位于昆明市西部 2km 的大观楼公园内。因其面临滇池，远望西山，尽揽湖光山色而得名。大观楼始建于康熙年间，咸丰七年（1857 年），楼台亭榭毁于兵火。现存的楼为同治八年（1869 年）重建，楼前门柱上有清代终生不仕的学者孙髯所撰的长联一幅达 180 字。上联写滇池风光：“五百里滇池，奔来眼底……”；下联书云南历史：“数千年往事，注到心头……”。此联气势磅礴，情景交融，被誉为“海内外长联第一佳者”。

（2）滇池　滇池位于昆明市的西南，古名滇南泽，又称昆明湖。其外形似一弯新月。湖面的海拔为 1886m，南北长 39km，东西最宽为 13km，面积约 340km^2，素称“五百里滇池”。滇池主要有盘龙江、宝象河等 20 多条河流从南注入，又经螳螂江、普渡河汇入金沙江。滇池风光秀丽，碧波万顷，风帆点点，湖光山色，令人陶醉，被誉为云贵高原上的一颗明珠。湖的四周有云南民族村、云南民族博物馆、西山华亭寺、太华寺、三清阁、龙门、筇竹寺、大观楼及晋宁盘龙寺、郑和公园等风景名胜，是独具特色的民族文化旅游度假区。

（3）西山　西山位于昆明市西南部 15km 处，由碧鸡山、华亭山、太华山、太平山、罗汉山等群山组成，矗立滇池西岸，最高峰罗汉峰，海拔 2500m，远眺似一尊庞大睡佛，故称“卧佛山”，又称“睡美人”。山上峰峦起伏，古树参天，为茂密的树木覆盖。其名胜古迹分布在层林叠翠的山涧中，有音乐家聂耳墓、华亭寺、太华寺、三清阁、龙门等游览区。

（4）金殿　金殿位于昆明市东郊的鸣凤山麓，距市区 8km。主殿为青铜铸造，熠熠生辉，耀眼夺目，建于明万历壬寅（1602）年，总重量达 250t，是我国现存最大的纯铜铸殿。金殿系仿照湖北武当山天柱峰的太和宫及金殿，略加变化建成。周围建砖墙保护，有城楼、宫门等建筑，称太和宫。殿内神像、匾联、梁柱、墙屏装饰等均用铜铸。殿亭有小铜亭和竖七星旗一面，石级、地板、围栏均用大理石镶砌，殿宇宏丽，造型精致。殿后有一株明代茶花，每年初春开放，花红似火，格外艳丽。殿内存有七星宝剑、长木柄大刀两件珍贵文物。金殿附近还有世界园艺博览园。

（5）筇竹寺　筇竹寺位于昆明西郊约 10km 的玉案山上。殿堂三层，依山势而建。著名的五百罗汉彩塑排列于寺中，塑像各具神态，是我国民间雕塑艺术的佳作。该寺是中原佛教禅宗传入云南的第一寺。

（6）黑龙潭　黑龙潭位于昆明北郊 14km 处的龙泉山麓的黑龙潭公园内，因山脚有一泉水形成的水潭而得名。黑龙潭又称龙泉观，是元代有名的道观，相传为汉代黑水祠所在地。黑龙潭分上、下观，下观有黑龙宫，面潭西而立，建于明景泰五年（1454 年），沿石阶而上，即为上观，层楼迭阁，殿宇三重。黑龙潭里还有三株久负盛名的古树，即唐梅、宋柏、明茶。观内遍种奇花异草，潭水梅花，山岚烟雾，引人入胜。

2. 西双版纳　西双版纳古称“勐巴拉纳西”，意为“美好、理想而神奇的乐土”，在云南省最南部。景区以景洪镇为中心，面积约 2 万 km^2。澜沧江自西北向东南流贯境内。西双版纳以神秘的热带季雨林和优美动人的傣族风情著称。热带季雨林生机勃勃、欣欣向荣，四季花开，是著名的“植物王国”。这里盛产天然橡胶、咖啡、油棕、椰子、普洱茶、菠萝蜜、芒果、番木瓜和天然染料植物、香料植物等。珍贵树木之丰，奇花异草之多，令人目不暇接，如金鸡纳、美登木、龙血树、萝芙木、大风子、黑黄檀木、柚子等。西双版纳还是全国著名的“动物王国”，动物的种类和数量均居全国之首，有鸟类 400 多种，鱼类 100 多种，兽类 60 多种，两栖动物 30 多种，还有不少爬行动物。景区有野象、野牛、白颊长臂猿、绿孔雀、犀鸟等 38 种，均为国家重点保护的珍稀动物。西双版纳居住着傣、哈尼、瑶、佤、基诺等十几个少数民族。傣族人数最多，集中在景洪周围。傣族民居造型独特，竹楼由 20 ~ 24 根柱子支撑，周围用竹篱或仙人掌围成一个院落，每一个院落就是一个花果园，座座庭院构成一个花园式的村寨。傣族人大多数信奉佛教，较大的村寨附近，均有佛寺，著名的有曼飞龙白塔和景真八角亭。曼飞龙白塔建立在大勐龙的龙寨后的山顶上，塔形似笋，塔身白色，俗称“白塔”“笋塔”。佛塔共九座，主塔居中，高 21m，8 个小塔分列八角，塔身为多层戎芦形，造型优美，浮雕、彩绘、佛像栩栩如生。景真八角亭建于 1701 年，呈八角砖木结构，用金粉印出的花卉动物、人物图案，造型美观，玲珑华丽。亭西清澈的景真湖相传是傣族神话孔雀公主七姐妹沐浴时遇上王子召树屯的地方。傣族有其独特的传统风俗，傣历六月（公历 4 月）是傣族的新年——“泼水节”。“水花放，傣家旺”，人们互相泼水，相互祝福，还举行赛龙舟、赶摆、跳象脚鼓舞、孔雀舞等活动。

3. 腾冲火山群　滇西地处印度板块和欧亚板块急剧聚敛的结合线上，地下断层非常发育，岩浆活动十分剧烈，为我国最为著名的火山密集区之一，地热资源丰富。滇西的腾冲县素有“地热之乡”之称。腾冲地区著名景点有黄瓜箐热气沟、澡塘河热泉、大滚锅沸泉等。黄瓜箐热汽沟是一条南北走向的山沟，沟里从地下喷出的热蒸汽，一年四季烟雾缭绕，热气温度高达 90℃多，含氡和十多种化学物质，对皮肤病、风湿性关节炎、高血压等疾病均有疗效。该处建有温泉疗养所、浴池、蒸床等。澡塘河谷因火山熔岩堵塞，形成一个高 10m 的瀑布。瀑布下游的河心、河岸上，有数十个热气泉和热泉交相喷涌，河面烟雾笼罩，水汽迷茫，水温高于 40℃，几乎处处都能洗温水澡，是名副其实的“澡塘河”。

4. 大理　大理历史悠久，素有“文献名邦”的美名。汉代为叶榆郡，唐代的南诏国和宋代的大理国都在这里建都。大理曾经是云南政治、经济、文化的中心，是我国历史文化名城和风景名胜区之一，有“东方瑞士”之美称。大理属于亚热带气候，年平均气温 15.5℃，四季如春。悠久的历史和璀璨的文化，留下了丰富的文物古迹。崇圣寺三塔、苍山、洱海、蝴蝶泉、三月街、蛇骨塔、南诏德化碑、元世祖平云南碑等均是本地主要的游览景点。此外，具有传统习俗的白族婚礼，以及被人们称做“大理三宝”之一的具有“鹅卵石砌墙不会倒”的特色白族建筑，也是人们喜爱的参观项目。

（1）崇圣寺三塔　始建于唐宋年间的崇圣寺三塔位于大理古城约 1km 处，三座砖塔鼎足立于苍山之麓、洱海之滨。大塔高约 69m，为 16 级密檐式方形空心砖塔，南北两小塔，均高 43m，为 10 级密檐式八角形空心砖塔。外观装饰成楼阁式，显得十分华丽，三塔历经千年风雨、战火，仍巍然屹立，具有较高的历史价值。

（2）洱海　洱海位于大理城北，堪称云南省著名的高原湖泊。因形如耳，故名洱海。南北长 40km，东西平均宽约 7km，海拔 1980m。荡舟湖中，可看到东岸的岛屿、岩穴、湖沼，西岸的林木、沙洲、三塔倒影及村落农舍。“苍山不墨千载画，洱海无弦万古琴”的绝句，即对这个高原湖泊风光的赞美。

（3）苍山　苍山位于大理市西北，共有雄峙嵯峨的 19 峰，海拔一般都在 3500m 以上，最高的为 4122m，山顶上终年积雪，山麓奇花四时不断，飞云变幻多姿，有时淡如轻烟，有时浓似泼墨。“望夫云”和“玉带云”最为奇异。18 条溪水悬流飞瀑，溪水清清，四季不绝。云、雪、峰、溪被誉为苍山的四大奇观。

（4）蝴蝶泉　蝴蝶泉位于苍山云弄峰下，泉池约 7m 见方，泉水清澈如镜。农历四月中旬，蝴蝶树花开、散发出淡淡幽香，成千上万的蝴蝶从四面八方飞来，在泉边漫天飞舞。蝶大如巴掌，小如铜钱，无数蝴蝶还钩足连须，首尾相衔，一串串地从大合欢树上垂挂至水面。五彩斑斓，蔚为奇观。

（5）三月街　每逢三月，大理人涌到苍山中和山峰下赶三月街。赶三月街也是海外游人最喜欢的游览项目之一。街场上布棚栉比，土特产品琳琅满目，赛马场上龙腾虎跃，歌舞台上欢歌妙舞。一年一度的云南少数民族运动会和文艺调演，也在赶三月街期间举行。

5. 瑞丽江—大盈江风景名胜区　瑞丽江—大盈江风景名胜区位于云南省德宏傣族景颇族自治州，与缅甸接壤，面积约 659km^2。瑞丽江和大盈江江水荡漾，白鹭、野鸭群飞，两岸深岩千姿百态，树葱竹翠，缅寺、古塔众多，别具风姿。珍稀濒危动植物较多，有国家一、二级保护动物白眉长臂猿、绿孔雀等 43 种，有濒危植物桫罗双株和岩胡桐等 14 种。此外，峡谷、瀑布、溶岩、溶洞遍布全景区。

瑞丽傣寨田园风光，被誉为“天然农村公园”，有众多的古人类活动遗址、新石器遗址和“西南丝道”遗迹，还有古城、关隘及重要历史事件纪念碑。景区内有几处对外开放的口岸，异国情调奇特。这里是傣族、景颇族、阿昌族、德昂族的主要居住地，民族风情浓郁。

6. 九乡风景区　九乡风景区位于宜良县九乡彝族、回族乡境内，由叠虹桥、大沙坝、三脚洞、明月湖、阿路龙、阳宗海、万家花园 7 个片区组成，以溶洞景观为主，洞外自然风光、人文景观、民族风情融为一体的综合性风景名胜区。九乡拥有上百座大小溶洞，洞体雄伟，暗河幽长，峡谷壮观，洞瀑轰鸣，天生桥重叠，边石坝硕大，暗河中有盲鱼，旧石器时期穴居遗迹尚存，被誉为“溶洞博物馆”。洞外森林茂密，阳宗海高原湖泊水清如镜。万象花园集滇中名贵花卉于一地，阿路龙是古崖刻画地，彝族民俗风情浓郁多姿。

7. 建水风景名胜区　建水风景名胜区位于建水县，有古城、燕子洞、地下洞、地下岩溶和焕文江、红河民族风情区等。该区人文景观丰富，自然景观奇特，历史文化悠久，景观类型多样，被誉为“滇南邹鲁”“云南名邦”。区内有以文庙、指林寺、档门楼、双龙桥、文笔塔为代表的元、明、清各代的古建筑；有以宋家花园、哈尼草房、彝族古学房为代表的特色鲜明的汉、哈、彝各族民居；有以古洞奇观、百万雨燕巢居、钟乳悬匾以及因有采燕窝绝技而著称的燕子洞等。

8. 丽江古城　丽江古城始建于宋末元初（公元 13 世纪后期），距今大约有 800 年的历史，它是中国历史文化名城中唯一没有城墙的古城。古城区地处滇、川、藏交通要冲，自古以来是汉、藏、白、纳西等民族文化、经济交往的枢纽，是南方丝绸之路和“茶马古道”的重镇及军事战略要地。全城面积达 3.8km^2，自古就是远近闻名的集市和重镇。古城现有居民 3 万余人。其中，纳西族占总人口绝大多数，有 30% 的居民仍在从事以铜银器制作、皮毛皮革、纺织、酿造业为主的传统手工业和商业活动。古城的布局是以水为脉络随势自然，古城的街道、房子随着水势、山势自然伸展，体现出一种“天人合一”的园林之美，城区“居庐骈集，蒙坡带谷，房群落，瓦屋栉比”，古城中受中原建城礼的影响，城中道路网不规则，没有森严的城墙。古城街道为五花石铺就的石板路，房屋建筑为传统的纳西族民居“三坊一照壁”和“四合五天井”。黑龙潭是古城的主要水源，潭水在双石桥处被分东、中、西三条支流，各支流配合条条细流入墙绕户，形成水网，极具“家家溪水绕户转，户户垂柳赛江南”的独特风貌。四方街是古城的中心广场，四通八达，是四面八方的人流、物质集散地，因其很像方形的知府大印，由丽江木氏土司取名“四方街”，取“权镇四方”之意，是“南丝绸之路”茶马古道重镇丽江的贸易中心，明代著名旅行家徐霞客曾惊叹于丽江木氏土司官邸——木府“宫室之丽，拟于王者”。丽江古城既是一座桥城，又是一座花城，更是一座水城，这里玉水滢滢，垂柳依依，木桥庄庄，瓦屋鳞鳞，一派“小桥流水人家”景色，被誉为“高原姑苏”“东方威尼斯”，是第二批被批准的中国历史文化名城之一，也是中国向联合国申报世界文化遗产成功的古城之一。

长期的民族交融、多元文化的汇交、悠久的历史积淀，形成了独具特色的以纳西文化为代表的民族文化。境内名胜古迹星罗棋布，自然景观多姿多彩，民族文化璀璨夺目，有世界文化遗产丽江古城、有世界记忆遗产东巴古籍文献、有中外学者称为“音乐活化石”的纳西古乐、有国家 AAA 级风景名胜区黑龙潭及著名旅游胜地束河茶马古镇等。

9. 玉龙雪山　玉龙雪山位于丽江市西北，山势由北向南走向，南北长 35km，东西宽 15km，整座雪山由十三峰组成，高山雪域风景位于海拔 4000m 以上。主峰扇子陡海拔 5596m，玉龙雪山不仅气势磅礴，而且秀丽挺拔，造型玲珑，皎洁如晶莹的玉石，灿烂如十三把利剑，在碧蓝天幕的映衬下，像一条银色的玉龙在作永恒的飞舞，故名玉龙山。玉龙雪山以险、奇、美、秀著称于世。

玉龙雪山是纳西族及丽江各民族心目中一座神圣的山，纳西族的保护神“三朵”就是玉龙雪山的化身，至今丽江还举行每年一度盛大的“三朵节”。唐朝南诏国异牟寻时代，南诏国主异牟寻封岳拜山，曾封玉龙雪山为北岳，至今白沙村北北岳庙尚存，仍然庭院幽深，佛面生辉，拜山朝圣者不绝于途。

玉龙雪山景观大致可分为高山雪域风景、泉潭水域风景、森林风景、草甸风景等，主要景点有玉柱擎天、云杉坪、雪山索道、黑水河、甘海子、白水河及宝山石头城等，是一个集观光、登山、探险、科考、度假、郊游为一体的具有多功能的旅游胜地。玉龙雪山凭其迷人的景观、神秘的传说和至今尚是无人征服的处女峰而令人心驰神往。2007 年 5 月 8 日，丽江市玉龙雪山景区经国家旅游局正式批准为国家 5A 级旅游景区。

10.2.2 广西主要旅游地

广西壮族自治区简称“桂”，南临北部湾，毗邻经济发达的珠江三角洲和港澳地区，西连大西南，是中国与东盟之间唯一既有陆地接壤又有海上通道的省区，是全国唯一的具有沿海、沿江、沿边优势的少数民族自治区。现有人口 5049 万，壮族人口占 1/3，是一个多民族的地方，又是全国重要侨乡。

战国时期，岭南称百越之地，广西属百越的一部分。公元前 214 年，秦王朝统一百越，在岭南设置桂林、南海和象郡，其中桂林郡和象郡包括今广西大部分地区，广西称“桂”由此而来。宋初，广西绝大部分地域属广南西路，后简称“广西路”，这是“广西”名称的由来。

广西总的地势是西北向东南倾斜、四周高中间低的盆地地形。西、北部为云贵高原边缘，东北为南岭山地，东南及南部是云开大山、六万大山、十万大山。喀斯特广布，占广西总面积 37.8%，集中连片分布于桂西南、桂西北、桂中、桂东北。其发育类型之多为世界少见。本区属于亚热带湿润季风气候，雨、热资源丰富，夏热冬暖、夏长冬短、夏湿冬干、雨热同期。

广西的旅游资源独具魅力。有以“山青、水秀、洞奇、石美”闻名于世的桂林山水为代表、遍及广西各地的自然山水风光；有以素有“天下第一滩”赞誉的北海银滩为代表的环北部湾沿岸滨海风光和休闲度假胜地；还有以友谊关、真武阁、花山壁画、灵渠为代表的名胜古迹和人文景观；更有古朴浓郁、绚丽多彩的民族风情。到广西旅游，在饱览秀丽迷人的山水风光的同时，游人可观赏多姿多彩的少数民族风情，如壮族的歌、瑶族的舞、苗族的节、侗族的楼和桥并称为广西民族风情旅游四绝；同时品尝少数民族的美味佳肴，体验少数民族古朴、豪放、热情的待客方式，参与各种民俗表演活动。

广西在中国实施对外开放中，具有明显的区位优势。广西位于中国西南经济圈、华南经济圈与东盟经济圈，处于横贯中国东部、南部、西部的泛珠江三角区域与东盟自由贸易区两大市场的结合部和中心位置。2004 年起，由中国与东盟 10 国共同主办的中国—东盟博览会每年在广西南宁举办，使广西成为双向连接中国与东盟市场的重要枢纽，成为双向沟通中国与东盟最便捷的国际大通道，边境旅游十分发达。

1. 南宁　南宁简称“邕”，为广西壮族自治区首府。它是一座“草经冬而不枯，花非春仍奔放”的美丽城市，距海岸仅 100km。市内路旁尽植亚热带花木，是著名的水果之乡和花园城市，金花茶、相思树格外诱人。其主要景点有南湖公园、伊岭岩、灵水、左江花山、人民公园、西郊公园、自治区博物馆、广西药用植物园等。

（1）南湖公园　南湖公园位于市区东南部，是一个以南湖为主体的富有亚热带风光的公园，面积为 126.6 万 m^2，湖面占 3/4。湖中有亭台阁榭，湖滨开辟苗圃，种植中草药近 2000 种。圃内布置颇具匠心。

（2）伊岭岩　伊岭岩壮语称为“敢宫”，意思是宫殿一般美丽的岩洞，因地处伊岭村而得名。溶洞面积 2.4 万 m^2，游程 1100m，是我国著名的游览溶洞。洞内钟乳石、石笋、石柱、石花、石幔，步步生景，奇幻无穷。洞外有民族风情长廊、壮家竹楼、猴子园、壮乡民俗风情表演游乐项目及设施。

（3）左江花山　左江花山距市区约 180km。这里有神秘的原始森林，河岸曲折，山崖有壁画 80 多幅，有人像、兽形等 1300 多个，其中最大的一幅画是在山崖壁上，宽约 170m，高约 50m。

（4）灵水　灵水位于南宁北武鸣县城西南，是一个天然的泉水潭。潭水面约 5000m^2，水从潭底石缝中涌出，由九股清泉汇集而成，灵水清澈透底，四季不断，水温恒定，壮族人谓之有灵性，故名灵水。

2. 桂林　桂林位于广西东北部、漓江西岸，以盛产桂花、桂树成林而得名。桂林以独具特色的奇秀岩溶风光闻名于世，素有“桂林山水甲天下”之誉，主要景点有叠彩山、象鼻山、独秀峰、七星岩、芦笛岩等。

（1）叠彩山　叠彩山位于桂林市区北，是市区风景荟萃之地，它包括于越山、四望山、明月峰和仙鹤峰，山石层层横断，如层层锦缎相叠而成，故得名。山上建有于越阁、叠彩楼、仰止堂、叠彩亭、望江亭等。此外，还有很多石刻和摩崖造像。

（2）象鼻山　象鼻山又称象山，位于市区南部、漓江西岸。山的形状似巨象站在江边伸长鼻子吸水。象鼻与象身之间形成圆洞，名水月洞，可过小艇。月明之夜看洞中倒影，如皎月浮江。“象山水月”是桂林主要风景之一。山顶有唐代建造的三层实心砖塔，名普贤塔。在水月洞和临江崖壁上还有多处历代石刻。

（3）独秀峰　独秀峰位于桂林市中心，平地拔起，孤峰矗立，高约 100m，四壁如削，挺拔秀丽而得名，并有“南天一柱”之称。登上峰顶，纵目眺望，峰林四立，云山重叠，桂林山水尽收眼底。

（4）七星岩　七星岩在桂林市漓江东岸，是桂林著名的风景区，也是桂林最奇最大的溶洞。《水经注》中就有七星岩的记载，隋唐时已成为游览胜地，留下了不少题刻诗文。这里七座山峰列峙，如北斗七星。七星岩洞分 3 层，以雄伟、宽广、曲折、深邃著称，是石灰岩发育较完全，景物较丰富，保护较完好的地下宫殿。洞内石乳、石笋、石柱、石幔、石花，变幻莫测，玄妙无穷，组成一幅幅绚丽的图景。

（5）芦笛岩　芦笛岩位于桂林城西北郊光明山南侧，因岩洞周围长有可做芦笛的芦笛草而得名。洞深240m，游程约5000m。芦笛岩洞中滴水多，数不清的石钟乳、石笋、石柱、石幔、石花，是名副其实的“大自然艺术之宫”。芦笛岩内还保存着唐宋以来的壁书77则。

（6）阳朔　阳朔县在桂林东南，距桂林约60km，位于漓江下游，素有“阳朔山水甲桂林”之誉，兼有山青、水秀、峰奇、洞巧四绝。阳朔主要名胜有阳朔公园、碧莲峰、书童山、榕荫古渡、月亮山、灵人山、福利镇等。

（7）漓江　漓江是桂江中的一段著名河道，全程437km，漓江两岸的山峰伟岸挺拔，形态万千，茂林翠竹，渔舟几点，山峰倒影，有“船在青山顶上行”的意境，如一幅典型的中国水墨画。漓江兼有山青、水秀、洞奇、石美四绝，还有洲绿、滩险、潭深、瀑飞之胜。沿江胜景众多，著名的景点有：穿山、斗鸡山、镜瓶山、奇峰山、父子岩、大圩、磨盘山、冠岩、绣山、石人推磨、白虎山、浪石、画山、兴坪等。

（8）灵渠　灵渠在桂林市东北66km处的兴安县城边，全长34km，建于秦始皇执政时期，是我国也是世界上最早的运河之一。它连接湘江和漓江，沟通了长江水系和珠江水系，对岭南地区的开发起了重要作用。由于它设计的科学，结构的灵巧，工艺的精湛，对今天的水利工程，仍有参考价值。本景区包括分水塘、铧嘴、大天平、小天平、南北二渠、三将军墓、秦堤、飞来石、四贤祠等。

（9）乐满地度假世界　乐满地度假世界位于广西桂林市兴安县，距桂林市仅63km，是广西目前最大的外商投资旅游项目，占地面积4km^2，于2000年12月25日正式开幕，其中包括时尚、动感、刺激与欢乐并存的主题乐园，集广西少数民族艺术与乐满地欢乐文化为一体的五星级度假酒店，依山势高低错落而建的丽庄园木屋别墅区、美式丘陵国际标准27洞高尔夫俱乐部。乐满地度假世界现为国家5A级景区。

3. 柳州　柳州位于广西中部，又称龙城。柳州周围群山环抱，柳江如玉带穿城而过，堪称山清水秀岩洞奇，唐代以来即为游览胜地。其主要景点有鱼峰山、柳侯祠、都乐岩、大龙潭公园、白莲洞等。

（1）柳侯祠　柳侯祠是柳州市最著名的名胜古迹，为纪念唐代著名文学家柳宗元而建。在江北柳侯公园内，唐代长庆元年（公元821年）初建，原名罗池庙。现柳侯公园内有柳侯祠、柳侯衣冠墓、罗池、柑香亭等。祠内《韩诗苏书柳事碑》，有“三绝碑”之誉。园中部为人工湖，北有盆景园。

（2）鱼峰山　鱼峰山位于市区南部，高88m，山小而高，其形如立鱼，故名“立鱼峰”或“石鱼山”。相传为壮族歌仙刘三姐传歌升天的地方，至今仍有三姐岩、对歌坪等遗址。山上树木葱茏，四季常青，亭台楼阁，适布其间。半山腰有清凉园、盘古洞、纯阳洞、三姐洞等7个岩洞，彼此贯连相通，人称“灵通七窍”。洞内有元、明、清以来的摩崖石刻50多处。山下有小龙潭，潭水清澈，潭边密布花草亭阁，景色雅致。

4. 北海市　北海市是一座风景秀丽的海港城市，市内高楼林立，榕荫夹道，四季常绿。冠头岭雄峙海滨，北海银滩平坦广阔，是优良的海水浴场。目前已建成颇具规模的海滨公园，每天都吸引着来自世界各地的游客。北海还以盛产珍珠而闻名于世，南珠就是我国北部湾沿海所产珍珠。此外还有星岛湖、涠洲岛、斜阳岛等景点。

10.2.3　贵州主要旅游地

贵州省简称“黔”或“贵”，位于中国西南的东南部，唐为黔中道，明置贵州土司，是为贵州得名的开始，后置贵州布政使司，清改贵州省，省名至今未变。贵州总面积为17.6万km^2，总人口为3985.04万，是一个多民族的省份，世居少数民族有苗族、布依族、侗族、土家族等16个。全省有49个民族，少数民族个数仅次于云南和新疆，居全国第三位。少数民族人口占全省总人口的38%左右。

贵州地貌属于中国西南部高原山地，境内地势西高东低，自中部向北、东、南三面倾斜，平均海拔在1100m左右，贵州高原山地居多，素有“八山一水一分田”之说。全省地貌可概括分为：高原、山地、丘陵和盆地四种基本类型，其中92.5%的面积为山地和丘陵。境内山脉众多，重峦叠峰，绵延纵横，山高谷深。北部有大娄山，自西向东北斜贯北境，川黔要隘娄山关高1444m；中南部苗岭横亘，主峰雷公山高2178m；东北境有武陵山，由湘蜿蜒入黔，主峰梵净山高2572m；西部高耸乌蒙山，属此山脉的赫章县珠市乡韭菜坪海拔2900.6m，为贵州境内最高点。贵州岩溶地貌发育非常典型。喀斯特地貌占全省国土总面积的61.9 %，境内岩溶分布范围广泛，形态类型齐全，地域分布明显，构成一种特殊的岩溶生态系统。

贵州的气候温暖湿润，属亚热带湿润季风气候。气温变化小，冬暖夏凉，气候宜人。境内各地阴天日数一般超过150天，常年相对湿度在70%以上。受大气环流及地形等影响，贵州气候呈多样性，“一山分四季，十里不同天”。

贵州旅游资源得天独厚，被誉为“天然公园”。境内自然风光神奇秀美，山水景色千姿百态，溶洞景观绚丽多彩，野生动物奇妙无穷，文化和革命遗迹闻名遐迩；山、水、洞、林、石交相辉映，浑然一体。闻名世界的黄果树瀑布、龙宫、赤水、织金洞、马岭河峡谷等国家级风景名胜区和铜仁梵净山，茂兰喀斯特森林、赤水桫椤国家级自然保护区、威宁草海等国家级自然保护区，犹如一串串璀璨的宝石，五光十色，令人目不暇接、流连忘返。以遵义会址和红军四渡赤水遗迹为代表的举世闻名的红军长征文化，更让人驻足凭吊，追思缅怀。多民族悠久灿烂的历史文化，浓郁神秘的民族风情，以及冬无严寒、夏无酷暑的宜人气候，使贵州成为理想的旅游观光和避暑胜地，荔波喀斯特水上森林和赤水丹霞被列入《世界自然遗产名录》。

1. 贵阳市　贵阳市简称“筑”，古称“竹城”。由于位于贵州省中部，岩溶地貌发育，少数民族汇集，且有冬暖夏凉的宜人气候，使之成为贵州省旅游中心城市。名胜古迹有黔灵山、花溪、甲秀楼、翠微园、阳明祠、天河潭、百花湖等，景色秀丽。国家级风景名胜区红枫湖离贵阳市中心仅32km。

（1）黔灵山　黔灵山位于贵阳城北，由象王岭、白象岭、大罗岭和檀山等组成。此处峰峦叠翠，古树参天，奇石怪木，人们称之“黔南第一山”。山中有植物1500多种，中草药材千余种，常见鸟类50多种，还有成群栖息的猕猴。山腰的宏福寺建于清康熙十二年（1672年），是贵州名刹之一，至山顶瞰筑亭，可览山城全貌。山后有黔灵湖，湖北岸有“圣泉”，泉水忽涨忽缩，终日不停，水味甘甜，相传久饮泉水能换颜却老。山前麒麟洞为一岩溶洞穴，千姿百态的岩溶地貌景观令人心旷神怡。麒麟洞还是当年国民党囚禁张学良、杨虎城将军的地方。

（2）花溪　花溪位于贵阳市西南17km处，是贵阳市郊最为著名的旅游度假胜地，有小山数座参与其间，或突兀孤立，或蜿蜒绵亘，形成山环水美，水清山绿，堰塘层叠，河滩十里的绮丽风光。花溪之美，在于真山真水中的诗情画意，恬静优柔的田园风光。

（3）甲秀楼　甲秀楼位于贵阳南明河鳌矶石上，建于明万历年间。甲秀楼有阿阁三重，高约20m，红栏绿窗，碧瓦雕檐，楼中联匾碑石甚多，以清代刘春霖仿大观楼长联所作的甲秀楼长联最为著名。

（4）地下公园　地下公园位于车水路，主要由白龙洞景区、洞外景区和小车河景区三大景区组成。其独特之处在于：地上是园林风光，地下是溶洞奇景。白龙洞内有奇形怪状的钟乳石、石柱、石笋、石花、石幔等，参差错落，拟人状物，惟妙惟肖。园内林木繁茂，高山针叶树与阔叶树混栽的人工林郁郁葱葱，青山绿水，故有“小花溪”之誉。

（5）红枫湖　红枫湖距贵阳市32km，位于清镇县内。它是贵州高原最大的人工湖泊，每到秋季，枫叶如丹，因而得名。红枫湖具有“阔、秀、奇、爽”四大特色，有“高原明珠”之称。全湖分北湖、中湖、南湖、后湖四个部分，“山里有湖湖里岛，岛上有洞洞中湖”的妙景世所罕见，为国家级重点旅游区。

2. 黄果树瀑布　黄果树瀑布是贵州第一胜景，位于安顺市镇宁县白水河上，以中国第一大瀑布著称，以其为中心整个景区呈现出典型的亚热带岩溶地貌。奇峰林立，溶洞密布，江河纵横，瀑布众多。其中较大的地面瀑布多达18处，地下瀑布14处，千姿百态，变幻无穷，是一个中外罕见的瀑布群。黄果树瀑布宽81m，落差67m，其下冲蚀而成的犀牛潭深达17m，翻空涌浪，万链飞空，其势极为壮阔，素有“天下奇景”之称。由于水势浩大，湿雾弥空，丽日晴空之下，可见彩虹艳丽，流光溢彩。距其 10km 的高滩瀑布，三级迭水，总落差 300m，最下一级宽 30m，落差 120m。瀑布岩洞 30 余个，石林成片，为一岩溶地形风景区。

3. 龙宫　龙宫位于贵州西部，与黄果树风景区毗邻，是贵州省仅有的两个国家 5A 级风景名胜区之一，也是全世界电磁辐射最小地方。龙宫总体面积达 $60km^2$，分为中心、漩塘、油菜湖、仙人箐四大景区，有着全国最长、最美丽的水溶洞，还有着多类型的喀斯特景观，被赞誉为“大自然的大奇迹”。

4. 安顺市文庙　安顺市文庙是贵州省现存规模较大的孔庙。大成殿、大成门的四根龙柱，长 5m，直径可合围，各有两条直径 20cm 的云龙盘绕，造型生动，精雕细刻。安顺龙宫是一处岩溶洞穴，被中外游人誉为世所罕见的“亚太奇景”。

5. 马岭河峡谷风景名胜区　该风景区位于贵州省兴义市，峡谷长 74.6km，具奇、幽、险、秀、壮的特点。其有瀑布上百条，石灰岩悬壁画 10 万 m^2，约 $700km^2$ 的奇峰异石集成东西峰林，是岩溶地貌的天然杰作。徐霞客当年到此赞叹：“天下名山何其多，唯有此处成峰林。”还有景色秀丽的南盘江湖。区内人文景观丰富多彩，民族风情古朴浓郁，有猫儿洞古人类遗址、万屯汉墓群，以及别布依寨、那叠红苗山寨的民族风情博物馆等。

6. 遵义　遵义为黔北重镇，贵州第二大城市，是中国革命历史上的光荣城市，著名的遵义会议会址在今遵义市老城内。遵义会议会址为全国重点文物保护单位。遵义市西部有桃溪寺，其院式结构在黔北寺庙建筑中别具一格，为游览胜地。

7. 赤水风景名胜区　赤水位于贵州赤水市，面积 $300km^2$，境内海拔高差 1500m。赤水风景名胜区有森林约 $26km^2$，楠竹约 $18km^2$；有大小河溪 350 余条，湖塘水库 790 多处；有神奇雄美的丹霞地貌景观；还有以红军四渡赤水、酒乡文化为主体的人文景观，被誉为“千瀑之市、楠竹之乡、桫椤王国”。十丈洞大瀑布、中洞瀑布、万年石伞、渡仙桥、转石奇观、石顶山、桫椤林、竹海、丈百岩等景观引人入胜。

8. 梵净山　梵净山位于江口县北，为武陵山主峰，海拔 2494m 。梵净山自然保护区，有我国最大的两栖类动物娃娃鱼（大鲵），有世界上稀有的我国一类保护动物金丝猴，以及红腹角雉、麝、云豹、华南虎、猕猴等 13 种珍禽异兽。

9. 镇远青龙洞　位于黔东南镇远县城东的中河山，是始建于明洪武二十一年（公元 1388 年），完善于清光绪三年（公元 1877 年）的几组古建筑群的统称，含青龙洞、中元洞、紫阳洞、万寿宫等多组建筑物。该建筑群集儒、释、道多种文化于一体，融宗教建筑、徽派建筑、民族建筑于一炉，堪称山地建筑博物馆。

10. 织金洞　织金洞位于贵州省织金县境内，分为织金古城、织金洞、裸结河峡谷、洪家渡四大部分。织金洞是该景区的精华。织金洞属于高旱位溶洞，是一多层次、多阶段、多类型的岩溶洞穴，分为迎宾厅、讲经堂、雪香宫、万寿宫、广寒宫、灵霄殿、望山湖、水晶宫等11个景区，47个厅堂，总长度12km。织金洞拥有40多种岩溶堆积物形态，各具特色，神奇的银雨树，精巧的卷曲石举世罕见，被称为“岩溶博物馆”。

11. 荔波樟江风景区　荔波樟江风景区位于贵州省的东南部边缘，在荔波县城西南部，距都匀市160km，总面积达270km^2，分为小七孔风景区、大七孔风景区、水春河峡谷景区和樟江风光带，其中小七孔风景区最为优美。区内峰峦叠嶂，溪流纵横，原始森林茂密，岩溶地貌形成的山、水、林、湖、石、峡谷融为一体，呈现出岩溶森林生态环境的完美统一和神奇的特色。区内还有浓郁的少数民族风情，有南方罕见的独山草场风光，自然景观和人文景观丰富多彩。

思考与练习

1. 本区地处我国西南，海陆疆界兼备，对旅游业有何影响？
2. 试述本区著名岩溶山水景观的基本情况。
3. 本区岩溶地貌分布广泛，发育典型的原因何在？
4. 在本旅游区内设计几条山水风光游和民俗风情旅游线路。
5. 简述云南旅游区主要旅游点概况。
6. 在地图上绘出本区主要旅游景点。
7. 试分析本区旅游业发展的方向和对策。

第 11 章　青藏高原旅游区

问题导学　景色奇丽的雪域高原，神秘浓厚的宗教氛围，使很多旅游者为之向往。2006 年 7 月 1 日，举世瞩目的青藏铁路通车，使内地与青藏高原有了便捷的交通，为旅游者建成了登达旅游天堂的“天梯”，极大地促进了青藏高原旅游业的发展。青藏铁路沿线经过哪些著名的景区和景点？青藏旅游的衣、食、住、行有什么特别的注意事项，为什么？本区旅游业发展状况如何？请查找相关内容，做好课前准备。

11.1　青藏高原旅游区旅游地理环境特征

青藏高原旅游区包括青海、西藏两省区，位于祖国的西部。北与新疆、甘肃相连，南与印度、尼泊尔、不丹、缅甸等国为邻，西与克什米尔地区接壤，东与四川、云南毗连。本区面积 192 万 km^2，占国土总面积的 1/5，藏族为主要民族。由于地域辽阔，人口稀少，本区是我国人口密度最低的地区。此外，本区自然环境复杂，宗教色彩浓厚，是个具有潜力、富有神秘色彩的旅游胜地。

11.1.1　旅游自然地理环境特征

1. 奇特壮观的冰雪高山群　青藏高原地势高峻，平均海拔 4000m 左右，是我国面积最大，也是世界上海拔最高的高原，享有“世界屋脊”之称。

高原上横亘着数条巨大山脉。青藏高原上的山脉有东西向和南北向两组，构成了高原地貌的骨架。东西走向的山脉主要有 5 条，自北向南依次为阿尔金山与祁连山、昆仑山、喀喇昆仑山和唐古拉山、冈底斯山和念青唐古拉山、喜马拉雅山；南北走向的山脉主要分布在青藏高原东南部，由一系列平行延伸的高山和深谷组成。

由于地势高、气温低，许多山峰终年积雪，冰川冻土广泛发育。雪山冰川在阳光照射下，银光四射，景色蔚为壮观，故有“冰雪高山”之美誉。

2. 湖泊棋布的鸟类乐园　青藏高原上湖泊众多，是世界上数量最多的高原湖区，总面积约 3 万 km^2，约占全国湖泊面积的 1/3，我国最大的咸水湖青海湖和第二大咸水湖纳木错都分布于此，仅西藏就有大小湖泊 1500 多个，以内陆湖、咸水湖为主，是我国诸多大河的发源地或流经地，如长江、黄河、澜沧江、怒江、雅鲁藏布江等。

3. 独特的高原气候与热带风光　青藏高原地处中低纬度，但高原影响超过纬度影响，形成独特的高寒气候。高耸的山峰银装素裹，众多的湖泊镶嵌在雪峰之下，蓝天白云、雪山倒映、湖光山色、相映成趣，风景壮丽。

高原中部年均气温低于6℃，藏北高原则在0℃以下，比同纬度平原地区低16～18℃。高原全年温差不明显，夏季气温一般在8～18℃，冬季气温不太低，但日温差较大，一般在14～15℃。由于海拔高，空气稀薄，大气透明度高，光照充足，故其成为全国太阳辐射能量最多的地区。拉萨是著名的"日光城"，年日照时数长达3005h，充足的日照与太阳辐射，为太阳能的利用提供了有利条件。高原上季风持续时间长，大风多，尤其集中在夏季，风力作为一项动力资源已逐渐被人们开发利用。

每年这里的降水较少且集中，干湿季分明，地区分布差异明显，一般由东南向西北逐渐减少，东部多时可达1000mm，西部少时仅为13.6mm。由于高原气压低，含氧量少、空气稀薄，故容易产生缺氧症状的高山反应。

在雅鲁藏布江下游谷地，海拔3000m以下的地方，却是另外一番景象。这里气候温暖、降水充沛、四季常绿，一派热带风光，不失为一项宝贵的自然旅游资源。由于这里纬度低、海拔低，北有山体作屏障，南有季风进入，因此气候湿润温和、降水丰富，动植物资源异常丰富。同时，由于谷地落差大，从下至上可以观赏到从我国南部到北部的自然植被带的景象，这种独特的自然环境，不仅是天然的旅游胜地，也是地学、生物学研究的极好场所。

11.1.2 旅游人文地理环境特征

本区有着灿烂辉煌的古代文化。宗教是本区文化中的瑰宝。公元7世纪初，松赞干布建立吐蕃王朝，佛教开始传入西藏，与当地原始宗教相结合，形成了富有浓郁地方特色的佛教体系。宗教是本区整个社会意识形态的统领，宗教历史源远流长，与之相适应便产生了绚丽多姿的民俗风情，形成独具地方特色的文化。

1. 古老的宗教文化与壮观的宗教建筑　本区的宗教文化可谓是源远流长，影响深远。藏族原本信奉苯教，自公元7世纪佛教传入后，并与本地宗教相结合，形成了具有强烈的地方色彩的佛教体系，即"藏传佛教"（俗称"喇嘛教"），并派生出一系列教派。在现有喇嘛教各派中分为红教（宁玛派）、花教（萨迦派）、白教（噶举派）和黄教（格鲁派）四大教派，其中黄教在藏族中的影响最大。

本区宗教文化的最大积淀就是拥有大量的宫殿寺院和珍贵的宗教艺术品。公元641年唐代文成公主与藏王松赞干布联姻，带来了先进的生产力与文明，自此之后各地的建筑艺术家和工匠来到高原贡献技艺，外来艺术的影响与本民族艺术的交融，形成本区鲜明、独特的建筑风格和佛教艺术。拉萨的布达拉宫、大昭寺、小昭寺和日喀则的扎什伦布寺为本区宗教建筑的典范。

本区不仅是我国近现代史上寺庙最多的地区，也是教徒最多的地区，佛事活动兴盛，香火缭绕，终年不断。

2. 多姿多彩的民俗风情　豪迈粗犷、热情奔放为本区居民的性格特征。此地的民居建筑为石砌平顶碉房，外观朴实而实用。牧民则用牦牛毛织成黑色帐篷，冬暖夏凉，迁移方便，藏族同胞男女都蓄辫，喜欢戴首饰，上身穿长袖短衫，外罩宽大长袍，右襟系带，男子穿裤、女子穿裙，男女均穿氆氇长靴或牛皮长靴。这里的藏民大都喜欢食用酥油糍粑、青稞酒和奶油茶。藏族的丧葬方式颇具特色，其中天葬是最为流行的一种方式，塔葬的级别最高，土葬则被视为不流行的一种丧葬方式。

藏族的节庆佳日较多，藏历正月一日为藏历新年，是一年中最重要的节日，届时大家都盛装打扮互相拜年，并到寺院朝拜祈祷。正月十五为酥油灯节，以拉萨八角街的花灯会最为热闹，同时，各大寺院举行法事。四月十五是藏族的佛诞日，为纪念佛祖诞辰和唐朝文成公主入藏的吉日良辰，举行盛大的庆祝活动。七八月的望果节，为欢庆丰收藏民们在此节日里尽情歌舞。此外，还有雪顿节、沐浴节等。

3. 内涵深厚的藏乡文化艺术　藏族人民性情豪迈能歌善舞，歌曲时而柔缓，时而奔放，舞步刚劲豪放。藏戏由古代跳神舞演变而来，是一种适应高原环境的游牧文化戏剧，深受藏民的喜爱。藏族文学、民间故事充满着奇情异彩，在藏文文献中，还保存有大量的有关历史、地理、天文、哲学、医学的著作，此外藏族的壁画、雕塑、医药，构成了藏乡丰富多彩的民族文化艺术。

11.2　青藏高原旅游区主要旅游地

本区主要旅游地和旅游资源的总体分布，参见青藏高原主要旅游地和旅游资源简图，如图 11-1 所示。

青藏高原主要旅游地概况分别如下：

11.2.1　青海主要旅游地

青海自然风光雄奇壮美，具有青藏高原特色。本区有以古墓群、古寺庙、古岩画、古城堡为特征的名胜古迹；汉、藏、回、蒙古、土、撒拉等民族悠久的历史和优秀的文化传统，丰富多彩的民族风情和习俗。这些共同地构成了青海丰富独特、类型繁多的旅游资源。

1. 西宁　西宁位于青藏高原东北部的湟水谷地，青海省省会，青藏高原上最大的城市，是青藏高原和黄土高原，农区和牧区，汉文化、伊斯兰文化和藏文化多元多维结合部。西宁城市功能齐全、设施完善，被称为青藏高原旅游门户；古丝绸南路与唐蕃古道在这里交汇；同时也是中国少数民族地区最大的旅游购物中心。这里夏季凉爽宜人，素有“西宁无夏日”之说，是避暑胜地，还有藏传

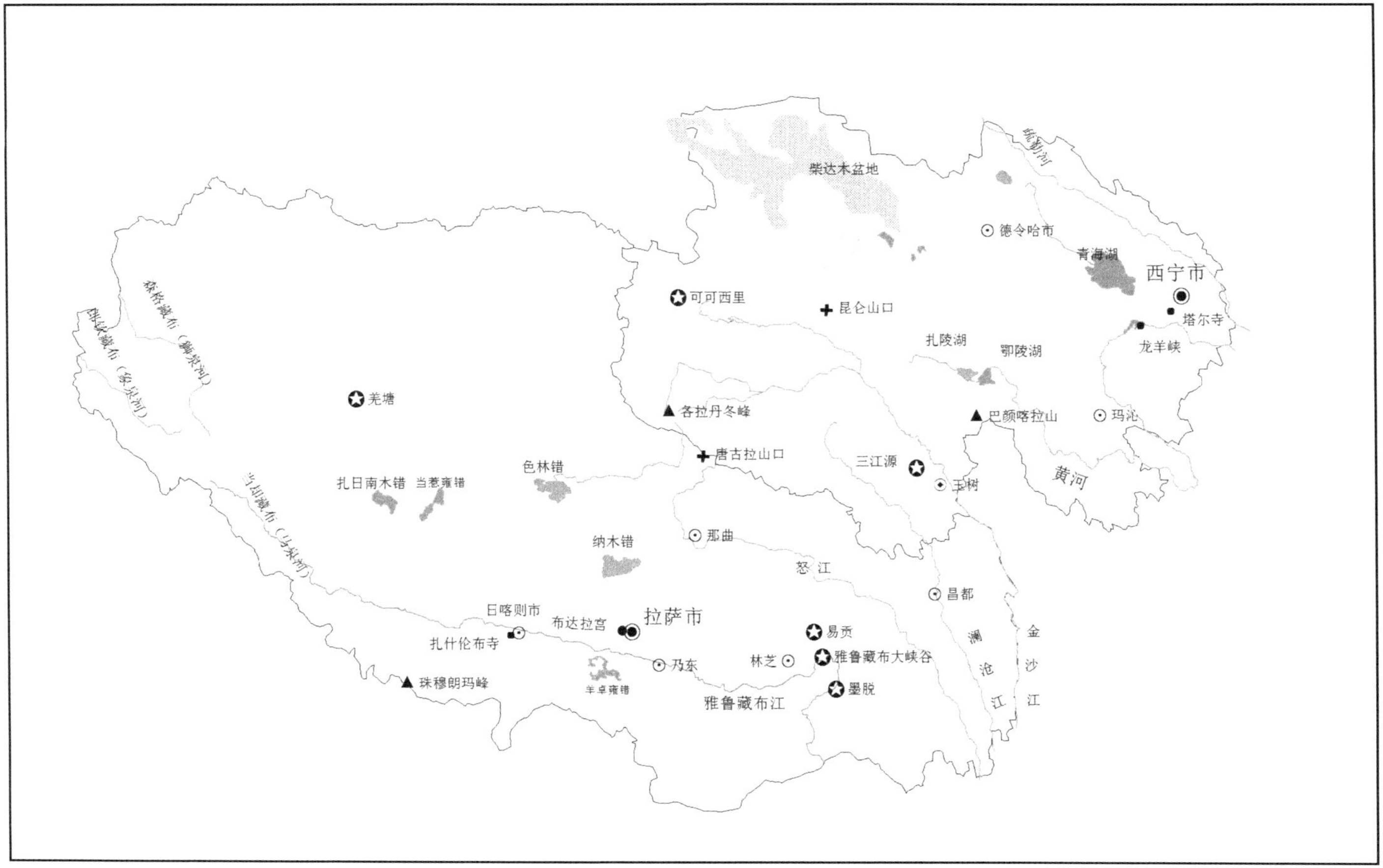

图11-1 青藏主要旅游地和旅游资源简图

佛教黄教创始人宗喀巴诞生地宗教圣地湟中塔尔寺，昆仑文化圣地扎麻隆凤凰山，文成公主入藏的唐蕃古道日月山，湟源古镇“茶马互市”商贾云集的“小北京”特色等自然人文景观。

（1）塔尔寺　塔尔寺坐落在青海省湟中县鲁沙尔镇西南隅的莲花山坳中，距西宁市26km，是西北地区佛教活动的中心。该寺是为了纪念我国佛教史上著名的宗教改革家、藏传佛教格鲁派（俗称黄教）创始人宗喀巴而建的。

塔尔寺的规模宏大，占地达0.67km^2，是我国藏传佛教格鲁派六大寺院之一，黄教创始人宗喀巴的诞生地，在全国及东南亚一带也享有盛名。塔尔寺依山就势，由众多的殿宇、经堂、佛堂、寺舍组成，规模宏大，建筑考究，为一藏汉相结合的古宗教建筑群。大金瓦殿是塔尔寺的主体建筑，大经堂为塔尔寺最大建筑，小金殿是塔尔寺护法神殿。整座寺庙不仅造型独特，富于创造性，藏汉建筑艺术的结合也非常巧妙，协调统一。酥油花、壁画和堆锈为塔尔寺“三绝”。

（2）清真大寺　清真大寺位于西宁市区，始建于明洪武年间，历经几代修葺扩建，规模日趋宏大，是青海省最大的清真寺，也是西宁市规模最大、保存最完整的古建筑。

该寺主体建筑礼拜大殿为中国古代宫殿式建筑，木结构，上装藏式镏金宝瓶，为国内清真寺所仅有。殿内宽敞素雅，可容纳3000人做礼拜。每逢星期五的主斋日和每年的古尔邦节，附近伊斯兰教教徒纷至大殿，万人礼拜，肃穆虔诚。

2. 青海湖　青海湖位于青海省的东北部，距西宁市150km，是中国最大的内陆咸水湖，湖面面积约4500km^2，湖水盐分含量高达20%，素有“东方死海”之称。青海湖古称“西海”，汉代也有人称为“仙海”，从北魏起才更名为“青海”。

青海湖的四周群山环抱，北面是宏伟壮丽的大通山，东面是巍峨雄伟的日月山，南面是逶迤绵延的青海南山，西面是峥嵘嵯峨的橡皮山。湖东岸有两个子湖，一名尕海，系咸水；一名耳海，为淡水。在青海湖畔眺望，苍翠的远山，合围环抱；碧澄的湖水，波光潋滟；葱绿的草滩，羊群似云。一望无际的湖面上，碧波连天，雪山倒映，鱼群欢跃，万鸟翱翔。青海湖周围是茫茫草原。

湖中耸立着五个美丽多姿的小岛，其中的海心山和鸟岛都是著名的游览胜地。海心山偏离湖中心，面积约1km^2，岛上怪石嶙峋，林木葱郁，水鸟栖息，风光可人，有“蓬莱仙岛”之誉。位于湖西北的鸟岛，面积仅0.8km^2，但以岛上栖息着数以十万计的各种候鸟而闻明遐迩。每逢盛夏季节，鸟类云集岛上，飞翔雀跃，鸟巢遍地，鸟蛋比比皆是，一片鸟的世界，成为青海湖一大奇观。

3. 日月山—倒淌河　日月山位于青海湖东侧，海拔最高点为4877m，是青海省内、外流域水系分水岭和农、牧区天然分界线，藏语称“尼玛达哇”，蒙古语称“纳喇萨喇”，都是太阳和月亮的意思。日月山历来是内地赴西藏大道的咽喉，古时候称赤岭，得名于土石皆赤，或赤地不毛。

相传当年文成公主远嫁吐蕃，曾驻驿于此，她在峰顶翘首西望，远离家乡的愁思油然而生，不禁取出临行时皇后所赐“日月宝镜”观看，镜中顿时生出长安的迷人景色。公主悲喜交加，不慎失手，把“日月宝镜”摔成两半，日月山因此而得名。公主离开日月山继续往西走回过头去，向东遥望自己的故乡时，发现视线已被山阻隔，禁不住又流下悲伤的泪水，思乡的泪水幻化成了一条小河，因为同情公主的悲伤，就随着公主一同向西流去，因由东向西，得名倒淌河。

为纪念唐代文成公主进藏联姻，20 世纪 80 年代中期修建了日、月二亭，分立垭口两侧，建筑精巧、辉煌。日亭内有青海省人民政府撰文刻制的“文成公主进藏纪念碑”，记述了文成公主和亲始末及历史功绩。亭内还绘有壁画，再现了文成公主进藏的历史情景；月亭有珍贵的“唐蕃赤岭分界碑”和文成公主在西藏传播中原文化，促进西藏文化艺术与生产成就等方面的壁画。

现在山隘上立有“日月山”三字的青石碑，山顶修有遥遥相望的日亭和月亭，山南脚下有流向独特的倒淌河。

4. 格尔木　格尔木为蒙古语，意为河流密集的地方，被称为“中国盐湖城”，位于柴达木盆地中南部，昆仑山融雪冲积形成的绿洲地带。它是青藏铁路格拉段之起点，拉萨与青海之间的最重要的旅游中转站，连接新疆、西藏、甘肃的重要交通枢纽，也是一座新兴工业城市，青海省的资源开发基地和西藏建设的物资集散基地。格尔木境内有长江源头、昆仑山口、万丈盐桥、江源冰川、昆仑雪景等独具特色的自然景观，许多奇观稀世罕见，是观赏青藏高原风光、野生动物活动和进行科学考察、登山探险的集散之地。

5. 可可西里自然保护区　可可西里蒙语意为“青色的山梁”“美丽的少女”，位于青海省西北部，与新疆、西藏接壤，面积 4.5 万 km^2，夹在唐古拉山和昆仑山之间，是长江的主要源区之一，是目前世界上原始生态环境保存最完美的地区之一，也是最后一块保留着原始状态的自然之地。周围没屏障，地势高峻，平均海拔在 5000m 以上。可可西里自然条件恶劣，人类无法长期居住，至今仍是中国最大的无人区，却是野生动物的天堂。野牦牛、藏羚羊、野驴、白唇鹿、棕熊等青藏高原上特有的野生动物使这里更加妩媚动人。有资料显示，可可西里目前是中国动物资源比较丰富的地区之一，拥有的野生动物多达 230 多种，其中属国家重点保护的一、二类野生动物就有 20 余种。

藏羚羊被称为可可西里的骄傲，是我国特有的物种，国家一级保护动物，也是列入《濒危野生动植物种国际贸易公约》中严禁贸易的濒危动物。“藏羚羊不是大熊猫，它是一种优势动物。只要你看到它们成群结队在雪后初霁的地平线上涌出，精灵一般的身材，飞翔一样的优美跑姿，你就会相信，它能够在这片土地上生存数千万年，是因为它就是属于这里的。它不是一种自身濒临灭绝、适应能力差的动物，只要你不去管它，它自己就能活得好好的。”一个去过可可西里的人这样说。此外，一部《可可西里》的电影和藏羚羊“申吉”活动让更多的人对这块神秘的地方充满了渴望与憧憬。

6. 三江源自然保护区　三江源自然保护区位于青藏高原腹地，青海省南部，是我国长江、黄河和国际河流澜沧江——湄公河的发源地，我国面积最大的自然保护区，我国海拔最高的天然湿地，平均海拔4000多米。该区素有“中华水塔”之美誉，长江总水量的25%，黄河总水量的49%和澜沧江总水量的15%都来自这一地区。

三江源自然保护区自然资源丰富，地形地貌复杂，自然环境类型多样，具有多种植被类型，为动植物资源的分布提供了极其独特的环境条件，它也是世界海拔最高、生物多样性最丰富、最集中的地区。据统计，三江源自然保护区内共有兽类83种，鸟类197种，两栖动物8种和爬行动物7种。

三江源自然保护区纪念碑位于玉树藏族自治州结古镇通天河畔，由花岗岩雕成，纪念碑碑体高6.621m，象征长江正源地格拉丹冬雪峰6621m的高度；纪念碑基座面积363m^2，象征三江源自然保护区36.3万km^2的面积；基座高4.2m，象征三江源4200m的平均海拔；碑体由56块花岗岩堆砌而成，象征中国56个民族；碑体上方两只巨形手，象征人类保护“三江源”。碑体正面刻有原国家主席江泽民亲笔题写的“三江源自然保护区”八个大字，碑体背面是由全国人大常委会原副委员长布赫撰写的碑文。纪念碑高大挺拔，气势雄伟，耸立于通天河渡口房山丘之上。

11.2.2 西藏主要旅游地

西藏自治区位于我国西南边陲，平均海拔超过4800m，境内海拔超过7000m的高峰有50多座，其中8000m以上的有11座，加之气候寒冷、气压低、空气稀薄，所以素有“世界屋脊”和“世界第三极”之称。西藏自治区拥有丰富、独特、堪称世界一流的旅游资源，境内高山嵯峨，湖泊星罗棋布，自然风光雄伟壮丽，民俗风情古朴浓郁，绚丽多彩。辽阔的草原，碧蓝的天空，茂密的原始森林，金碧辉煌的名刹古寺，辽阔的大地纯净无污染，备受世人的青睐。在西藏这块神奇的土地上，有以世界最高的珠穆朗玛峰、世界最深的雅鲁藏布大峡谷、世界第二大的羌塘自然保护区等为代表的自然风光；有以世界人类文化遗产布达拉宫、大昭寺为代表的藏民族悠久的历史文化；有以拉萨雪顿节、那曲羌塘赛马节等为代表的古朴浓郁的民俗风情。

1. 拉萨　拉萨位于雅鲁藏布江支流拉萨河北岸，为西藏自治区首府，其藏语意为“圣地”。拉萨历史悠久，至今已有1300多年，自从公元7世纪初，松赞干布在这里建都以来一直是西藏的政治、经济和文化中心。拉萨是国务院首批公布的 24 个国家历史文化名城之一，拥有国家级重点文物保护单位大昭寺、布达拉宫、哲蚌寺、色拉寺、甘丹寺、罗布林卡、小昭寺 7 处，其中布达拉宫（含大昭寺）被列为《世界文化遗产名录》。

拉萨市不仅是西藏的行政中心，而且是藏传佛教的中心，涵及格鲁、噶举、宁玛、萨迦等多个主要教派及其众多分支派系。拉萨拥有与宗教文化相关联的美妙绝伦的建筑、壁画、唐卡和塑像艺术，独具神韵的藏歌、藏舞、藏戏，神奇的藏医藏药，以及异彩纷呈的风俗民情。拉萨还拥有独特的高原自然风光，如念青唐古拉雪峰，美丽恬静的当雄草原，波光万顷的纳木错高原湖泊，堪称“地热博物馆”的羊八井地热田，以及有“日光城”的美称。

（1）布达拉宫　布达拉宫位于拉萨市中心的红山上，海拔 3700m 以上，占地总面积 36 万 m^2，主楼高 117m，共 13 层，其中宫殿、灵塔殿、佛殿、经堂、僧舍、庭院等一应俱全，是当今世界上海拔最高、规模最大的宫殿式建筑群，集中了藏族建筑艺术的精华。整座宫殿群楼高耸，气势宏伟，登上宫殿的高处还可以鸟瞰拉萨平原的游牧风光。

布达拉宫始建于公元 7 世纪，是藏王松赞干布为远嫁西藏的唐朝文成公主而建，17 世纪重建后，布达拉宫成为历代达赖喇嘛的冬宫居所，也是西藏过去政教合一的统治中心。布达拉宫分为两大部分：红宫和白宫。居中央是红宫，主要用于供奉佛像和举办宗教事务，红宫内有安放前世达赖遗体的灵塔，在这些灵塔中，以五世达赖的灵塔最为壮观。两旁的是白宫，达赖喇嘛生活起居和政治活动的主要场所就是白宫。

此外，宫内珍藏有大量的佛像、壁画、藏经、古玩珠宝，具有很高的学术和艺术价值，是西藏最宝贵的宗教和文化宝库。布达拉宫已经被列入国家重点文物保护单位和《世界文化遗产名录》。

（2）大昭寺　大昭寺位于拉萨市中心，是西藏佛教朝拜圣地，为拉萨最古老建筑之一。寺内主供的释迦牟尼 12 岁时等身像是文成公主入蕃时带来的，拉萨之所以有“圣地”之誉，与这座佛像有关。2000 年 11 月，大昭寺作为布达拉宫的扩展项目被批准列入《世界遗产名录》，成为世界文化遗产。

大昭寺始建于公元 647 年，是藏王松赞干布为纪念尼泊尔尺尊公主入藏而建的，后经历代修缮增建，形成庞大的建筑群。寺建筑面积达 25100m^2，有 20 多个殿堂。主殿高 4 层，镏金铜瓦顶，辉煌壮观，具有唐代建筑风格，也吸取了尼泊尔和印度建筑艺术特色。大殿正中供奉文成公主从长安带来的释迦牟尼 12 岁时等身镀金铜像。两侧配殿供奉松赞干布、文成公主、尼泊尔尺尊公主等塑像。寺内还有长近千米的藏式壁画《文成公主进藏图》和《大昭寺修建图》，有两幅明代刺绣的护法神唐卡，这是藏传佛教格鲁派供奉的密宗之佛中的两尊，为难得的艺术珍品。寺内还保存有唐代以来的大量文物，极为珍贵。

（3）小昭寺　小昭寺坐落在拉萨古城以北，与大昭寺相距约 1km。相传与大昭寺同时开工，同时竣工，同时开光。占地 4000m^2，据说它是由文成公主主持，并由公主从内地带来的建筑师修建的，所以小昭寺的早期建筑系仿汉唐风格。大门朝东，以寄托这位公主对家乡父母的思念。寺庙取名“甲达热木齐祖拉康”，意为“汉虎神变寺”，当地人称“热木齐”，意思就是“汉人的”。

小昭寺历史上几经火焚，现存的小昭寺的建筑大多是后来重修的，只有底层神殿是早期的建筑，殿内的 10 根柱子依稀可见吐蕃遗风：上面镂刻着莲花，并雕有花草、卷云以及珠宝、六字真言。小昭寺主楼 3 层，底层分门庭、经堂、佛殿 3 部分，周围是转经廊道，廊壁上绘无量寿佛像。3 层楼上过去是达赖喇嘛下榻的地方。小昭寺的金顶也是汉地的歇山式样，以斗拱承托，整座建筑风格也是汉藏合壁。寺内原供奉的释迦牟尼 12 岁时等身像，系文城公主由长安携带进藏，是西藏最珍贵的历史文物，后来在金城公主时期被移至大昭寺，而将尺尊公主携带的另一尊释迦牟尼 8 岁时等身像移至小昭寺，成为小昭寺的主圣。

（4）拉萨三大寺　甘丹寺、哲蚌寺、色拉寺为拉萨三大寺。

甘丹寺是格鲁派的祖寺，位于拉萨市达孜县境内，修建在海拔 4000m 的旺古尔山的山坳至山顶处。甘丹赤巴是甘丹寺的最高管理者（宗喀巴为首任甘丹赤巴），设有两个大扎仓，即绛孜扎仓（意即北顶僧院）、夏孜扎仓（东顶僧院）。甘丹寺占地面积达 15 万 m^2，建筑面积为 7.75 万 m^2，佛殿经堂林立，镏金屋顶高耸，灵塔坛城壮丽，僧舍纵横密布，各种建筑依山层叠，是一座规模宏大，气势雄伟的寺院建筑群，其风格式样近似一座小布达拉宫。主要由措钦大殿、宗喀巴寝宫、羊巴坚经院、宗喀巴灵塔祀殿、绛子扎仓、夏孜扎仓及 23 个康村、20 个米村组成。

哲蚌寺位于拉萨西郊约 5km 处的连绵逶迤的根培乌孜山南麓的山坳里，从远处看去，白色的建筑群像一大堆大米，故有此名。“哲”是大米，“蚌”意为堆积、聚集，全称“吉祥米聚十万尊胜洲”。由宗喀巴的大弟子之一绛央曲结·扎西班丹创建。哲蚌寺三面环山，前临拉萨河及开阔的谷地平川，整个寺院依山势逐级修建佛殿经堂、扎仓僧舍，群楼耸立，层次错落有致，规模宏大，雄伟壮观。主要建筑有措钦大殿、甘丹颇章、四大扎仓及康村、僧舍等，各个建筑单位之间既相互联系，又自成体系。每年藏历六月三十日开始的拉萨雪顿节，就在这里拉开序幕，此时成千上万的信教群众和观光旅游者涌入寺中，参与盛会，场面宏大而热烈。

色拉寺位于拉萨北郊色拉乌孜山南麓，全名色拉台钦林，意即色拉大乘寺。因为寺院所在地长满蝗螂树，形成一个很大的园林，故有此名。“色”指蝗螂树，“拉”是园林之意。每到春季，满山坡的蝗螂树盛开紫色鲜花，宏伟壮丽的色拉寺在紫色的海洋中灼灼生辉。主要建筑有措钦大殿、吉扎仓、麦扎仓、阿巴扎仓及康村。色拉寺的建筑密而不挤，杂而不乱，因地制宜，主体突出，体现了格鲁派大寺院的特色风格。色拉寺每天的辩经活动很有特色，是藏传佛教所特有的一种学习方法。

（5）八角街　八角街藏语“帕廓街”的音译，位于拉萨旧城区的中心，是拉萨本来面目保留得最完整的街道，较完整地保存了古城的传统面貌和民居方式。它是拉萨的宗教、经济、文化、民族手工艺乃至西藏的风土人情的集结地，是拉萨乃至整个藏区人文景观的缩影，也是西藏民族文化的“百科全书”，成为旅游者到拉萨必去之地。

八角街并非以街状定名，而是藏语“帕廓”的音译，即寺庙周围的意思。八角街长1.5km，呈圆形，没头没尾，两旁是老式藏房，街心有几尊佛教的巨型香炉，昼夜烟火弥漫，散发着一种松树油脂的香味。每当朝霞和夕阳起落在拉萨市上空时，便有无数藏族佛教徒，转动在这条围绕着以大昭寺为中心的环形道——“八角街”上。拉萨藏族群众几乎每天都要沿着八角街环绕大昭寺三周。这种佛事活动，名叫“绕街”。

过去这里只是单一地围绕着大昭寺的转经道，藏族人把它称做“圣路”。如今的八角街既是转经道，又是一条充满民族特色的购物长廊，是一整片旧的、有着浓郁藏族生活气息的城区。一栋栋石砌的藏式楼房组成的街道大都保留原味藏区，地面铺就着手工打制的石板。

（6）罗布林卡　罗布林卡始建于18世纪40年代，地处布达拉宫西侧，藏语意为“宝贝园林”，为历代达赖喇嘛的夏宫。全园占地36万m^2，是西藏人造园林中规模最大、风景最佳、古迹最多的园林。2001年12月，罗布林卡作为布达拉宫的扩展项目被批准列入《世界遗产名录》。

罗布林卡全园分为三个区：东部宫前区包括入口和威镇三界阁之前的前园；中部为核心部分的宫殿区；西区是以自然丛林野趣为特色的金色林卡。每个景区又根据功能要求，结合自然环境，或宫墙深院，古木成荫，或芳草疏林，繁花似锦，构成不同的景观。罗布林卡的园林布置，既有西藏高原的特点，又吸取了内地园林传统手法，运用建筑、山石、水面、林木组景，创造出不同的意境。例如，湖心宫的设计就有汉族地区古代造园艺术中“一池三山”的痕迹。

2. 日喀则　日喀则市坐落在雅鲁藏布江与年楚河交汇处，是西藏第二大城市。这里土地肥沃、农牧业发达，历来是西藏的粮仓和农牧产品集散地。日喀则市是后藏中心，为后代班禅驻留之所。

日喀则自然风光秀丽，人文景观丰富。以珠穆朗玛峰为首的冰峰雪山，风景秀丽的原始森林带，交相辉映的神山、圣湖、草原，充满神秘、传奇色彩的名寺古刹，独具特色的西藏人文风习，无不让旅游者从中解读到西藏社会发展的历史痕迹。日喀则旅游区的名胜古迹有扎什伦布寺、江孜宗山、萨迦寺等。

（1）扎什伦布寺　该寺位于日喀则城西北的尼玛日山南坡上，是黄教圣地，为日喀则的象征，寺院依山而筑，壮观雄伟，可与布达拉宫媲美，是历代班禅的驻锡地。全寺建筑面积 30 万 m^2，该寺设有殿堂数十座，其中以大强八殿最为雄伟。殿高 30m，共七层。殿内供奉铜镀金弥勒佛，高 26.2m，用黄铜 115700kg，黄金 335kg，仅镶嵌佛像两眉就使用大小钻石、珍珠 1400 余颗，是世界上最大的铜佛坐像。寺内有历代班禅灵塔，均包裹银皮，镶嵌宝石，雍容华贵，塔内藏有班禅舍利肉身，以四世班禅的灵塔最为豪华。

（2）萨迦寺　该寺位于萨迦县奔波山上，是藏传佛教萨迦派的主寺，内建有全藏最大的经堂，寺为宫殿楼阁式结构，大经堂可同时容纳 7000 人在此诵经，藏经库藏有数万卷经书。该寺为萨迦派创始人衮却杰布所创建。此外，寺内藏有由印度传入的“贝叶经”共 3000 多页，为稀世珍宝。

3. 羊八井　羊八井盆地位于拉萨市西北约 90km，盆地中地热资源非常丰富，水热活动十分强烈，地热显示种类多样，规模宏大，有温泉、热泉、沸泉、喷泉孔、热地、水热爆炸穴、热水上升的间歇喷气井、热水塘、热水沼泽等。热田北部有我国大陆第一座湿蒸汽地热电站，还有西藏著名的硫黄矿，富集于古冰川沉积和冰水砂层中。硫黄矿一带的岩浆体被认为是羊八井地热田的热源。

4. 纳木错　纳木错藏语意为“天湖”，是西藏三大圣湖之一，湖面海拔 4718m，东西长 70km，南北宽 30km，面积 1920km^2，是西藏自治区最大的湖泊，中国第二大咸水湖，也是世界上海拔最高的大湖。纳木错位于当雄县城西北方约 60km 的山区，在西藏人的心目中具有非常神圣的地位，每逢藏历羊年，朝圣者不远千里来参加纳木错盛大的转湖节。

思考与练习

1. 简述青藏高原旅游区的旅游环境特征。
2. 青藏高原旅游区的主要旅游点有哪些？
3. 请你设计一条西藏旅游线路。

第 12 章　学科教学实训

问题导学　学习中国旅游地理，一方面需要掌握大量的中国旅游地理知识，另一方面还要具备必要的旅游地理技能。通过学科实训形成旅游地理技能，学生不仅可以有效地掌握旅游地理知识，而且可以培养实际的操作能力。本学科实训包括哪些内容？请做好独立完成学科实训任务的各种准备。

12.1　学科实训概述

12.1.1　学科实训的概念

学科实训是学科职业技能实际训练的简称，是指在学校控制状态下，控制人才培养规律与目标，对学生进行学科职业技术应用能力训练的教学过程。

12.1.2　学科实训的目的

1. 有助于学生理解知识　书本知识是人类长期经验积累的结晶，主要以概括性的文字形式表现。由于人们生活的地域范围有限，对各地千差万别的旅游地理事物缺乏感性认识，因此，在教学过程中有必要安排一定的实训内容。

2. 能够培养学生运用知识、解决实际问题的能力　学习知识的最终目的是为了更好地运用知识，因此在具备一定专业知识的基础上，应加强实训教学，这样不但可以更好地掌握书本知识，而且还能提高学生运用知识、解决实际问题的能力，为今后顺利从事旅游实际工作做好充分准备。

3. 有利于学生非智力因素的提高　在实训过程中，生动的学习内容，灵活多样的学习方式，能够增强学生对专业学习的兴趣，激发学生热爱乡土、热爱社会主义祖国的情感，培养互相团结协作的精神，从而有效地提高了学生学习的主动性、积极性和创造性。

12.1.3　学科实训内容体系

根据旅游地理学科特点及学生今后从事旅游实际工作的需要，将本学科教学实训的内容作如下分类：

1. 验证性实训　这主要是对各种旅游景观获取感性认识的实训。其途径有二：一是课堂教学手段的直观展示；二是野外实地观察。前者主要指各种图片、录像资料等，后者是指学科短途旅游地理实习。

2. 运用性实训　它是指根据所学章、节教学内容解决实际问题，并形成技能的实训。本书主要以每章后的实训题形式出现。

3. 操作性实训　学科动手操作性实训主要包括旅游地理信息的收集、获取和旅游地图的绘制等。

4. 综合实践性实训　它是指综合性的学科实践研究活动，包括学科野外考察、调查和校内学科研究性学习。

上述各类学科实训内容之间不是孤立的，有着前为基础后为发展的递进关系，体现了学科实训内容的层次性。教师在本课教学实训内容的安排上，既要体现阶段训练的层次性，又要兼顾技能形成的连续性。

12.2　旅游地图的使用和编制技能

12.2.1　旅游地图概述

1. 旅游地图的概念　旅游活动是在地理环境中进行的，旅游活动的开展与研究必然需要大量地理环境空间信息，而把这些空间信息表达出来的最有效方式就是地图，这种地图就称之为旅游地图。它是以满足旅游者和旅游工作者的需要为基本出发点，以与旅游相关的地理信息为表达内容的专题地图。

旅游地图能表达的内容可概括为两大类。一类是旅游专题内容，主要体现旅游六大要素——食、住、行、游、购、娱的空间分布和地理特征。具体内容包括各种类型的旅游点、游览街区、娱乐和商业网点、旅游交通、旅游接待设施、旅游管理和咨询机构、医疗、货币兑换、海关和公安机构等。少数旅游地图也反映旅游业发展情况和旅游规划资料。一些为特殊旅游项目而绘制的旅游地图还应有该项旅游所需的特种要素。另一类是为表达旅游专题内容而绘制的基本地理要素，如地形、水文、行政区划、境界线、重要机构和企事业等。此外还提供了旅游路线和日程安排参考资料。

2. 旅游地图的特点　旅游地图是现今地图中版本最多、发行数量最大的地图。作为一种大众性使用专题地图，它有如下特点：

（1）形象直观性　旅游地图中旅游专题要素除用传统的地图符号系统进行抽象表达外，还采用摄影、绘画、多媒体技术等手段，客观表现重点要素的形象特征和空间联系，使旅游地图一目了然，直观形象。有的旅游地图还印有多幅该地区最著名景点的精美图片，配以历代文人雅士的千古佳句，诗情画意，更添景区魅力。

（2）科学精确性　旅游地图的绘制，严格按照数学法则，将地球椭球面上的经纬网投影到平面上，以此作为平面上的坐标系，把地面景物按相应的坐标位置转绘上去。因此，可以在旅游地图上以必要的精度来量算地面上景物的实际距离、面积、方向和点的空间位置，从而为游客提供准确的旅游空间信息和游览指导。

（3）通俗实用性　旅游地图中需求量最大的是导游图，面对的读者常常不是专业技术人员而是一般游客，其构成复杂，文化层次、专业方向、地域等方面差异很大。要满足各类群体游客的需要，旅游地图必须通俗易懂。因此，旅游地图对旅游要素的表示，应采用公共场合惯用的形象符号，力求地图简洁明了、语言通俗易懂、符号形象醒目、注记清晰易读、旅游六要素的表示完备准确、开本规格携带方便、展合顺当，具有通俗实用性。

（4）更新及时性　为了及时反映不断发展的旅游业及其相关方面的变化，提供新信息、新动态，旅游地图应尽可能缩短更新版本的周期，以提高其现势性。

（5）精美艺术性　旅游地图既是游客旅游活动的实用工具，具有实用价值，也是旅游结束后的纪念物，具有收藏价值。为此，旅游地图应力求设计新颖、有特色、编制精美，色彩丰富，着意体现旅游区的地方特色，占领市场，达到宣传旅游资源、旅游区、旅游景点和发展旅游业的目的。

3. 旅游地图的作用

（1）导游服务作用　以游客为主要使用者的旅游地图，主要表示景点名称、特征、分布、联系景点的交通线、交通方式、游程安排、交通班次、最佳游览和观赏时间、地点，以及为游客提供食、住、行、游、购、娱等方面服务的设施位置、规模、档次等内容。它是联系旅游主体和旅游客体的纽带。旅游者可借助旅游地图，明确自身的位置和行将游览的方向和目的，以及决定自身的旅行计划、游览路线、游览点等旅游行动。总之，旅游地图是游客全面了解旅游区的钥匙，可以帮助游客迅速了解旅游区的综合地理环境，解决行、住、食、游、购、娱中的疑难问题。

（2）决策参与作用　区域旅游发展决策的产生，必须首先熟知区内旅游要素的基本情况，能直观、形象、全面反映区域内旅游要素状况的参考材料，旅游地图首当其冲。旅游资源分布图、旅游区划图、旅游发展规划图、旅游路线组织图、旅游市场分布图、旅游客流及旅游设备布局图等，就是专门为旅游管理部门正确决策提供参考作用的旅游地图，能够直观、便捷地为研究人员和管理人员提供准确的旅游空间信息，是执行决策的依据。因此，旅游地图在旅游管理部门制定决策、表述决策和实施决策中具有重要的参考作用。

（3）宣传广告作用　旅游地图使用范围广、发行量大、更新快，因而迅速成为区别于电视、标牌、图片、文字的特殊广告媒体。一幅设计新颖、印刷精美的旅游地图本身就是一幅功能齐全的旅游广告。在旅游地图上，人们用科学性、艺术性统一的地图语言宣传景区、景点，介绍服务机构及服务设施，推出旅游线、旅游项目及旅游报价，推销旅游产品，从而大大提高景区、景点的知名度，增加旅游资源的吸引力，扩大旅游市场，增加旅游创汇，加速旅游资源的价值转换。此外，旅游地图也成为与旅游有关的各类工商企业的广告载体。

4. 旅游地图的分类　旅游地图种类繁多，按不同的分类标准，有不同的分类系统。

（1）按内容分类　根据旅游地图上专题内容的差异，可分为旅游资源图、旅游条件图、旅游客源及其流向图、旅游经济分析图和综合旅游图五类。

1）旅游资源图。旅游资源图是详细表示旅游资源数量、质量特征时空分布的地图。旅游资源图上主要强调自然旅游资源、人文旅游资源和综合旅游资源。

2）旅游条件图。旅游条件图是表示旅游区与旅游活动相关的自然地理要素和人文地理要素的地图。其种类较多。

3）旅游客源及其流向图。旅游客源图是表示旅游者状况空间分布的地图；旅游者流向图主要表示各游客的移动方向、移动途径、移动数量的时空变化。旅游客源及其流向图是旅游市场预测，投资效益分析、旅游资源开发、旅游地域规划不可缺少的依据。

4）旅游经济分析图。旅游经济分析图主要表示旅游经济效益。例如，投资额及投资效益，旅游收入及旅游业在国民经济中的比重等。

5）综合旅游图。综合旅游图是全面表示旅游景点、景区、旅游资源、旅游设施、旅游机构等要素地图。目前市场上发行量最大的城市旅游图、风景区导游图等均属于此类。

（2）按用途分类

1）旅游交通图。这类旅游地图最多的是旅游城市交通图，旅游交通图是表示旅游区内交通状况的旅游地图。主要表示区内的交通种类、交通路线、交通站点售票处等。旅游交通图测绘精确、印刷数量大、功能多、更新快。

2）导游图。导游图主要是指表现制图区内的旅游专题要素，为旅游者提供指导的旅游地图。导游图主要表现旅游资源数量、质量、分布、类型以及与旅游者密切相关的食、住、行、游、购、娱等信息。导游图以中小区域地图较多，如太湖导游图、泰山游览图等。

3）旅游管理规划图。旅游管理规划图是为旅游专业人员和旅游管理部门提供信息服务的旅游地图。旅游管理规划图是拟定旅游发展战略、制订旅游发展规划、确定旅游管理决策及管理目标的依据。它包括旅游资源分布、构成、评价图，旅游设施分布、构成、评价、预测图，旅游客源分布、构成、流向、预测图，旅游市场分析图，旅游经济图，旅游规划图等。

4）特殊职能旅游地图。这类旅游地图是用特殊的制图方法，为达到某一特殊功能而绘制的旅游地图。

（3）按表现的地域范围分类　旅游地图按表现的地域范围分类可分为世界旅游地图、大洲旅游地图、国家旅游地图、大区旅游地图、省区旅游地图、地区旅游地图、城市导游图、旅游点导游图等。

（4）按表现方式分类

1）普通平面旅游地图。它是绝大部分旅游地图能采用的表现方式，所有地图信息均承载于一个平面上，用颜色分层或等高线来表示地形的起伏。

2）透视写景图。它是指用浓淡渐变的颜色代替分层设色，并采用散点透视处理景点向背关系，从而从平面中产生立体效果的旅游地图。

3）遥感影像图。它是以航空图像或卫星照片为底片，经过背景淡化要素强化处理制作而成的旅游地图。

12.2.2 识读旅游地图的方法和步骤

正确识读旅游地图是旅游者从旅游地图上获得所需信息的前提，一般按以下步骤识读旅游地图。

1. 阅读图名、出版单位和时间等辅助要素　它是指旅游者通过对辅助要素的阅读概略地了解制图区域的范围、内容的详细程度以及旅游地图的现势性。现势性是地图所表达地理信息与制图区域地理环境当前实际情况的相符合程度。

2. 阅读旅游地图制图区域的位置、范围　首先阅读制图区域隶属的行政区的名称、级别，其次阅读制图区域隶属行政区的经纬度范围，海陆位置和四周比邻行政区。

3. 阅读旅游地图的地图投影　在旅游地图上了解该图所采用的地图投影可了解图上各点变形性质及分布的规律，有利于从图上获得正确的旅游地理信息。在旅游地图上了解其所采用的地图投影种类有两种情形：

1）在旅游地图上已标出其所采用地图投影的名称，可直接阅读地图投影名称而了解所读图采用的地图投影的种类。

2）在旅游地图上没有标出其所采用的地图投影名称时，可应用所学的地图学知识，根据经纬线的形状判断所读图采用的地图投影种类。具体分两步进行：第一步是根据经纬线形状判断出地图投影的构成种类。例如，旅游地图上经线为放射状直线束，纬线为同心圆弧，即可判断此图采用的是正轴圆锥投影。第二步是根据经纬线的中央经线上纬线间距的变化规律判断出地图投影的变形性质。若纬线间距是从地图的中央向南北逐渐增大即是等角投影；若纬线间距是从地图的中央向南北逐渐缩小即是等积投影；若纬线间距相等即是等距投影；若纬线间距的变化与上述三种情况不符则是任意投影。

4. 旅游地图上景点的方向辨别　在使用旅游地图时，旅游者往往需要辨别图上地物的方位。在旅游地图上辨别地物的方位有三种情形：一是在旅游图绘有经纬网时，可根据经纬线判断方向。具体方法是：图上某一点的真北方向可根据经线判断，在北半球，若经线为直线，过图上该点经线其纬度值大的一端即该点的真北方向，知该点的真北方向既可确定该点的其他方向。若经线为曲线，在图上作该点经线的切线，切线所指纬度值大的一端即该点的真北方向。二是在旅游地图没有绘出经纬网，而绘出用箭头表示北方的方向标时，可过图上某一点作方向标的平行线判断图上该点的方向。三是在旅游地图上既没有绘出经纬网，也没有绘出方向标时，可根据上北下南、左西右东的准则判断图上某一点的方向。

5. 阅读比例尺及在图上进行简单的长度量算　阅读旅游地图比例尺可了解旅游地图的量算精度，比例尺越大旅游地图的量算精度越高，一般中小比例尺地图不具有在图上进行精确量算的价值。在大比例尺旅游地图上可进行精确的长度量算，方法是在图上量出某一直线段或曲线段的长度，根据比例尺即可求出该线段的实际长度，公式为：图上某线段实际长度 = 该线段图上长度/比例尺。

6. 阅读图例　从图例上可以了解图上都表示了哪些内容，它们的分类、分级，及用什么符号和方法表示等信息。

7. 阅读旅游地图的基本地图要素　基本地图要素包括地形、水系、土质植被、境界线、居民地、交通线，这些基本地理要素的阅读有助于获取旅游要素的空间信息。阅读地形，主要了解制图区内地形绝对高度、相对高度、地势、地形类型分布等；阅读水系，主要了解区内主要的河流、湖泊分布、河网密度等；阅读土质植被，主要了解区内地表覆盖情况；阅读境界线，主要了解旅游区的范围界线；阅读居民点，主要了解区内居民地的类型、行政等级、人口数量、分布特点等；阅读交通线，主要了解区内交通线的类型、密度等。

8. 阅读旅游要素　旅游要素主要包括食、住、行、游、购、娱六个方面。由于旅游要素内容丰富，用图者不可能一次性全部阅读完毕。旅游者可根据自身需要选择阅读，获取自己所需的旅游信息。例如，旅游者通过阅读旅游地图上的交通线，选择自己从住地至旅游景点的线路、交通方式等。

12.2.3　自制旅游地图的方法和步骤

旅游工作者在开展旅游活动和研究时，离不开旅游地图，而有时已出版的旅游地图无法满足自己个性化的需求，则需自己动手编制适合自己需要的旅游地图，所以掌握编制旅游地图的技能就显得尤为重要。自己动手编制旅游地图有两种方法，即手工方法和计算机方法。

1. 手工方法　旅游地图的编制程序分资料收集与分析处理，地图设计，绘制底图，绘制专题内容和图面清绘、整饰五个阶段。

（1）资料收集与分析、处理　这一阶段是指根据所编旅游地图的主题和用途，确定图名和收集资料。所收集资料可概括为两类：一类为制图区域内基本地理要素资料，包括制图区域的各种比例尺地形图、地理图；另一类为所编旅游地图所要表达的旅游要素资料，包括已出版的旅游地图主题所涉及的各种专题地图、著作、论文等文献，有关所要表达专题内容的各种数据。

资料分析包括分析资料的现势性、科学性、完备性、定位的可能性等。现势性是指资料的新旧程度，是否反映了最新的科学成果，是否表现了近期的变化等。科学性是指数据可靠及精确的程度，这要从数据的来源、制图方法、原始数据的依据等方面评价。完备性是指资料的齐全程度。定位的可能性是指需要表示地理分布的要素，资料上应有明确的地点和分布范围。

资料的处理包括对资料中的专题要素进行分类、分级，对资料中的专题要素改变数量指标，改变表示方法，对专题要素的实测与统计数据进行系统化整理等。目的是为了所要表达的专题要素便于在旅游地图上正确表达。

（2）地图设计

1）确定制图区域的范围和主要参数。主要参数包括主副图比例尺，图幅尺寸等。

2）地图内容要素的选取。所编绘旅游地图应包括两类要素：一类为所要表达的旅游专题要素，由所编旅游地图的主题和用途确定；另一类为表达专题要素所必需的基本地理要素，是由所要表达的专题要素而确定。

3）专题要素表示方法的选择。专题要素表示方法的选择取决于旅游专题要素的空间分布、数量、质量特征和时间变化等自身特点，所编旅游地图的主题和用途，以及原始资料保障情况。一般点状地物采用定位扩展符号法、定位图表法等；线状地物采用线状符号法、动线法等；面状地物采用点值法、分级统计图法、等值线法等。

4）图例系统与符号的设计。按照编图目的及资料分析的结果，编制合理有序的图例，设计各类专题符号。

5）图面配置设计。图面配置设计包括主体地图的地位与邻区的关系，副图、附图、附表的配置，图名、图例、照片、文字说明等的处理。

（3）绘制底图　旅游地图的底图是编绘专题内容的地理基础。底图的作用在于表示专题要素分布的地理位置及其与有关自然和社会经济现象间的联系。

底图可以通过对相同制图区域的地理图或地形图，根据前面地图设计，简化地理基本要素而取得。但有时所收集的相同制图区域地理底图资料的比例尺可能与所编旅游地图确定的比例尺不一致，则需对底图资料，即现有的制图区域的地理图或地形图进行放大或缩小处理。放大或缩小现有地图可采用网格法，也可用幻灯投影法和缩放尺法完成。

（4）编绘旅游专题要素　需要绘制在所编旅游地图上的旅游专题要素有两种情形：一种是在选作底图的地图资料上具有这种专题要素，则可以从原图上将其选出来，作为所编旅游地图的主题加以突出显示；另一种是底图上没有所要表示的旅游专题要素，则需要根据底图上的经纬网或底图上基本地理要素与旅游专题要素的关系将所要表达的旅游专题要素定位在底图上，并注记。

（5）图面清绘、整饰　地图设计的前四步完成后即完成了所编旅游地图的稿图，以上所进行工作均由铅笔完成。稿图还需经过清绘、整饰才更清晰、醒目。清绘是把在编制稿图时由编绘专题要素定位而绘在底图上，而成图上无需表示的基本地理要素及底图上的临时注记去掉，只留下所要表达的旅游专题要素和必要基本地理要素的过程。整饰是美化和提高所编旅游地图表现力的过程。一般遵循先着底色，然后画各种符号、书写注记、图名，最后画图廓的程序。

在所编旅游地图上着色要注意以下几点：一是明确制图区和非制图区的范围，除了在制图区界线的外缘画上由深到浅的晕色外，还应用底色把两者加以区分；二是颜色的对比性要强；三是图例中的颜色符号，必须在画相应的专题内容时，同时着色。

注记要工整，可手书，也可采取用打印出的印刷字体粘贴的方法。

图面清绘、整饰后，一张旅游地图才算最后完成。

2. 计算机方法　此法的编制步骤与手工方法相似，只是由手工完成的工作均改由在计算机上利用已有的绘图软件，如 Photoshop、方正智绘等来完成。

（1）资料收集与分析、处理　可参考上面的“手工方法”。

（2）地图设计　可参考上面的“手工方法”。

（3）选择确定绘图软件，如 Photoshop。

（4）矢量化　在绘制制图区域地理底图的电子版原图上，勾绘主要地理底图要素；根据不同的用途确定不同的地理底图要素，一般都要包括主要的山脉、水体、道路、主要居民点等。

（5）符号设计　旅游地图中涉及的符号，在图内要素不是太密的情况下，可多设计一些象形符号，使读者能立即理解所表示的内容。符号设计是旅游地图设计的关键。系统符号库提供了一些几何符号和象形符号，但制作不同地区的旅游地图，由于旅游资源不同，所需符号也各不相同，特别是象形符号，通常要根据旅游区域的自然或人文特点，设计相应的符号。在计算机制图系统的符号设计子系统中，主要是点状符号的设计，可通过规则几何符号进行组合、搭配而成，而对于一些比较复杂的象形符号，可以扫描相应或接近的照片，勾绘其轮廓，最后存入符号库。

（6）配文字、照片　照片在智绘系统中是以点状符号来处理的，所以只需在点状符号种类中选择图像，系统将提供对话框选择图像的位置。

照片数据的获取在计算机制图系统中，有两种方式：一种是可直接来自数码相机的数字图像数据，这类数据可直接运用到图幅设计中；另一种是冲洗的照片或宣传画，这类资料，必须通过扫描，转成数字图像数据，才可使用。但要达到较好的效果，通常都需要作一些简单的处理，如图像的剪切、柔化等，这些都可在常用的图像处理软件 Photoshop 中处理完成。以下以冲洗的照片为例简述其在 Photoshop 中的操作过程：

1）打开 Photoshop 系统，选择“文件”菜单条下的“输入”模块，该模块起动扫描仪，并给出扫描仪参数对话框，在此对话框中，可设置扫描精度、颜色种类等。

2）利用裁剪工具，删除所需图像周围的“噪声”。

3）利用“图像”菜单下的“调整”模块，调整图像的模式，如从 RGB 模式调整到 CMYK 模式；调整图像的明暗度、饱和度以及图像的色彩等。

4）存盘，存储为绘图系统可接受的文件格式，如 TIF、BMP 等图像格式。

（7）封面设计　它是指选择反映旅游区主要特色的典型照片作底图，配以文字，还可配适当广告，广告主要反映当地的特产、旅馆，可在图幅的边上配上其照片及文字说明。

（8）地图拼版与整饰　要进行地图拼版与整饰，就首先要对地图版面进行设计。这里所说的地图版面设计是指地图内容如工程（图形数据）、图名、指北针、图例、比例尺等其他地图要素和辅助要素等在纸面上的布局。在“智绘”系统中可利用菜单命令“文件”→“新建地图”或“文件”→“打开地图”进入地图处理界面，前者生成一个空白地图，后者则打开一个已有的地图文件。以下是地图处理模块的各项功能。

地图管理，主要包括新建地图、打开地图和保存地图。

通用编辑，地图处理界面菜单项“编辑”下的命令为图元的通用编辑功能，与智绘系统主界面菜单项“编辑”下相应的命令功能相同。

关于地图编辑，地图处理界面提供了对点图元和线图元一定的编辑功能。“输入工程”命令外的各项命令与智绘系统主界面下对应的菜单命令功能相同。输入工程是将工程界面下生成的工程文件作为一个点类图元输入。操作步骤为：

1）选择菜单命令“点线编辑”→“输入工程”，可以看到鼠标形状的变化。

2）在设计好的地图版面上需要摆放工程（即一幅图）的地方单击鼠标的左键即可。鼠标单击的位置会成为工程摆放的左下角点。

3）系统会弹出一个文件对话框，输入工程文件的名字即可。

注意：地图文件会记录地图中各个工程文件在硬盘上的绝对路径名，尽量不要移动各个工程文件在硬盘上的位置。如果一定要移动工程文件在硬盘上的位置，将工程文件和地图文件存放在相同的目录下，这样系统仍然可以在地图中找到它所包含的工程。

（9）输出　在智绘系统中，工程和地图界面下直接可输出用于印刷出版的标准 PostScript2 文件。该文件将能够在标准的 PostScript2 RIP 上发排。具体操作步骤如下：

1）确定当前的版面范围的有效性，版面范围不能超过照排机或打印机的物理范围。可以通过“图层”→“刷新图层范围”菜单命令来刷新版面的范围，刷新后的版面范围将是版面上所有图元的最小包围框。

2）选择“文件”→“输出”→“PS 文件”，系统会弹出文件对话框，输入 PS 文件的名字即可。

需要注意的是：第一，背景图图像不支持发排 PS 文件。用户可以把经过配准的图像作为图像点图元加入点图层中，进行发排；第二，图像点所选择的文件，系统将自动生成名为“原名_PS. *”的新图像文件，如 temp. tif 文件将自动生成 tempps. tif 文件，用户在发胶片或 RIP 解释时应该把这些文件随同 PS 文件一起复制。

12.3 学科野外考察和调查技能

12.3.1 学科野外考察和调查的意义

学科野外考察和调查能将教学有关内容生动直观地摆在学生面前，使学生能够将课堂所学理论与实际有机地结合起来，起到对课堂所学知识的深化和活化作用。因此，中国旅游地理学科野外考察和调查，是该学科教学的一种重要形式，是课堂教学内容的深入和形式的补充。

12.3.2 学科野外考察和调查的内容

学科野外考察和调查主要任务是指对旅游资源景观以及旅游业发展状况进行考察与调查研究。其具体内容的确定，应根据学校所在地的地理条件，专业类型和培养目标，以及学生实际水平等方面综合考虑确定。

12.3.3 学科野外考察和调查的基本过程

1. 准备阶段　准备工作是搞好野外观察和调查的前提，必须引起组织者和全体学生的高度重视，以确保野外教学工作及后续资料整理工作的顺利有效进行。

（1）制订计划　制订一个切实可行的教学计划，是准备工作的第一步。其内容主要有两大方面：一是教学计划准备，包括确定考察、调查的目的、内容、景区、景点、线路，以及落实导游员或讲解员、调查采访对象、做报告的有关专家领导等；二是生活计划准备，是指在整个行程中各项活动的日期、时间、交通、食宿的安排。

在计划时，组织者要考虑到考察活动中可能出现的一切问题，如安全问题、组织纪律问题等，应事先拟订预防和解决方案，提醒大家注意。

（2）召开实习动员会　为了将野外考察、调查搞得生动有效，在出发前组织者应做好思想动员工作，使每个参与人员都知道每天的日程安排，并按计划要求认真完成每天任务。

（3）组建考察小组　以班为单位在班主任的领导下建立野外考察小组，每小组6～8人，确定组长。小组划分要男女生搭配，进行细致分工，做到各尽其职。

（4）出发前的业务准备和物质准备　出发前，学生应广泛地查阅资料、学习有关文献，对考察地区、考察对象做全面了解，才能做到在野外学习中有针对性地观察和提问。根据不同的考察对象地点、路线、任务，因地制宜准备各种随身物品。一般来说，主要携带笔、记录本、地图、照相机、必要的衣物、钱及必备药品。

2. 考察、调查阶段　这阶段是学生对考察对象进行观察、调查、记录和研究阶段。其具体要求主要包括学生应注意认真观察，注意听讲，及时记录，积极思考，提出问题及遵守纪律。

在野外，学生的视野被打开，各种事物都可能引起学生的注意，因此要防止学生走马观花，随意游览。此外，学生要认真观察、考察对象的特点并分析其形成原因。学生在观察过程中要跟上队伍，注意听取老师或导游员的现场讲解和介绍，并随时记录，有条件者可用小型录音机录音，待休息或返校后将资料整理出来。学生应在讲解之后进一步仔细观察、思考或提出有关问题。如果有必要，可将现场典型景观进行拍照，作为总结的形象材料。

野外考察、调查学习和生活比较紧张，因此同学们应严格要求自己，不能因个人的原因而影响整个集体的行动，更不能单独行动，甚至在外过夜。

3. 总结阶段　总结是指深入系统地对考察、调查所获得的各种材料进行分析研究，整理成文阶段。在室内整理和认真研究的基础上，学生应编写野外考察（调查）报告或针对某一专题进行论文写作。相对论文来说，野外考察（调查）报告有比较固定的格式和内容。其基本结构如下：

1. 题目　题目应该体现野外考察（调查）的基本内容，前面要求冠以野外考察（调查）地区的名称。

2. 绪言　简述下列内容：

（1）考察（调查）区域的地理位置和行政区划。

（2）考察（调查）区域的自然、人文地理概况。

（3）考察（调查）的目的与任务。

（4）考察（调查）的概略过程。

3. 正文　正文包括考察（调查）区域的旅游资源、旅游线路与景点、旅游业现状与发展等方面的部分或全部。

4. 结论部分　该部分主要总结考察（调查）的主要成果；提出考察（调查）过程中的新发现、新见解。

总结的过程可以先进行心得交流，后写总结；也可先写总结，后进行宣读。无论哪种形式都要对学生参与总结的情况做好记录，最后结合论文成绩，以及考察阶段的表现综合评定出本次野外考察（调查）成绩。

思考与练习

1. 学科实训的目的是什么？主要包括哪些内容？
2. 旅游地图有哪些特点和用途？
3. 自制一幅家乡旅游地图。
4. 利用假期考察和调查家乡旅游地理特征。

参 考 文 献

[1] 罗兹柏，张述林. 中国旅游地理［M］. 天津：南开大学出版社，2000.
[2] 甘枝茂，马耀峰. 旅游资源与开发［M］. 天津：南开大学出版社，2000.
[3] 鄢志武. 旅游资源学［M］. 武汉：武汉大学出版社，2003.
[4] 苏文才，孙文昌. 旅游资源学［M］. 北京：高等教育出版社，1998.
[5] 刘振礼，王兵. 新编中国旅游地理［M］. 2 版. 天津：南开大学出版社，2001.
[6] 周进步，庞规荃，秦关民. 现代中国旅游地理［M］. 3 版. 青岛：青岛出版社，2001.
[7] 韩杰主编. 现代世界旅游地理［M］. 2 版. 大连：东北财经大学出版社，2001.
[8] 李娟文，游长江. 中国旅游地理［M］. 2 版. 大连：东北财经大学出版社，2002.
[9] 杨载田. 中国旅游地理［M］. 北京：科学出版社，1999.
[10] 韩杰. 旅游地理学［M］. 大连：东北财经大学出版社，2002.
[11] 董玉明. 中国旅游地理［M］. 青岛：青岛出版社，1997.
[12] 陈锡畴. 中国旅游地理［M］. 北京：高等教育出版社，2002.
[13] 钟惠文，罗兹柏. 中国旅游地理［M］. 北京：中国财政经济出版社，2001.
[14] 戴淞年，徐伦虎，曹玲泉. 中国旅游地理［M］. 2 版. 北京：测绘出版社，1993.
[15] 林婉如. 中国旅游地理［M］. 2 版. 大连：东北财经大学出版社，2000.
[16] 江苏省旅游局. 走遍江苏［M］. 2 版. 北京：中国林业出版社，1999.
[17] 刁兆彦. 典藏中国—西湖［M］. 北京：中国旅游出版社，2002.
[18] 全国导游人员资格考试教材编写组. 旅游法规常识［M］. 3 版. 北京：旅游教育出版社，2001.
[19] 全国导游人员资格考试教材编写组. 导游基础知识［M］. 3 版. 北京：旅游教育出版社，2001.
[20] 李云霞，杨叶昆. 旅行社经营管理［M］. 重庆：重庆大学出版社，2002.
[21] 鲁峰. 中国旅游地理［M］. 海口：南海出版公司，2001.
[22] 周凤杰. 中国旅游地理［M］. 北京：机械工业出版社，2003.
[23] 吴忠军. 中外民俗［M］. 大连：东北财经大学出版社，2001.
[24] 国家文物局. 中国名胜词典［M］. 上海：上海辞书出版社，2001.
[25] 《中国自助游》工作室. 中国自助游 2003［M］. 北京：中国友谊出版公司，2003.
[26] 天域北斗公司. 中国自助游［M］. 济南：山东省地图出版社，2003.
[27] 洪专，凯旋. 河北之旅［M］. 广州：广东旅游出版社，2000.
[28] 李彬. 山西之旅［M］. 广州：广东旅游出版社，2000.
[29] 杨卫平，夏丰. 中原之旅［M］. 广州：广东旅游出版社，2000.
[30] 李鸿鹏，洪专. 陕西之旅［M］. 广州：广东旅游出版社，2000.
[31] 宋立. 福建之旅［M］. 广州：广东旅游出版社，2000.
[32] 金苹，辛力，马勇. 广东之旅［M］. 广州：广东旅游出版社，2000.
[33] 王健生，杨卫平，一明. 海南之旅［M］. 广州：广东旅游出版社，1999.

[34] 李海峰，李海华. 内蒙古之旅［M］. 广州：广东旅游出版社，2001.
[35] 徐君峰，薛放. 中国行旅游手册［M］. 西安：陕西旅游出版社，2001.
[36] 王湘. 旅游环境学［M］. 北京：中国环境科学出版社，2001.
[37] 上海春秋旅行社. 国内旅游必读［M］. 上海：上海社会科学院出版社，1986.
[38] 周海晶. 旅游地理［M］. 北京：高等教育出版社，1995.
[39] 郑辽吉，张娜. 中国旅游地理［M］. 北京：科学技术出版社，2008.
[40] 庞规荃. 中国旅游地理［M］. 4 版. 北京：旅游教育出版社，2007.
[41] 刘振礼，王冰. 中国旅游地理［M］. 3 版. 天津：南开大学出版社，2007.
[42] 李娟文. 中国旅游地理［M］. 3 版. 大连：东北财经大学出版社，2008.
[43] 林婉如. 中国旅游地理［M］. 2 版. 大连：东北财经大学出版社，2008.
[44] 吴春美. 中国旅游地理［M］. 北京：旅游教育出版社，2009.
[45] 陈逢珍，等. 实用地图学［M］. 福州：福建省地图出版社，1998.
[46] 马耀峰，等. 地图学原理［M］. 北京：科学出版社，2004.
[47] 蔡孟裔，等. 新编地图学教程［M］. 北京：高等教育出版社，2000.
[48] 蔡孟裔，等. 新编地图学实习教程［M］. 北京：高等教育出版社，2000.
[49] 保继刚，楚义芳. 旅游地理学［M］. 北京：高等教育出版社，1999.
[50] 吴国清. 旅游线路设计［M］. 北京：旅游教育出版社，2006.
[51] 王瑜，王勇. 中国旅游地理［M］. 北京：中国林业出版社，北京大学出版社，2008.
[52] 杨载田. 中国旅游地理［M］. 3 版. 北京：科学出版社，2010.
[53] 余琳. 中国旅游地理［M］. 北京：机械工业出版社，2009.
[54] 肖星. 中国旅游资源概论［M］. 北京：清华大学出版社，2006.
[55] 罗春祥. 中国旅游地理［M］. 北京：北京交通大学出版社，2008.
[56] 周凤杰. 中国旅游地理［M］. 北京：机械工业出版社，2007.
[57] 王其均. 结庐人境——中国民居［M］. 上海：上海文艺出版社，2006.
[58] 尹华光. 旅游文化［M］. 2 版. 北京：高等教育出版社，2008.
[59] 张广瑞，刘德谦. 2007 年：中国旅游发展分析与预测［M］. 北京：社会科学文献出版社，2007.
[60] 邹海晶. 旅游地理［M］. 北京：高等教育出版社，1995.
[61] 罗春祥. 中国旅游地理［M］. 北京：交通大学出版社，2008.